태국 한인 70년사

[일러두기]

1. 제1부 '재태국 한인의 시작과 미래'의 시기별 구분은 재태 한인의 수가 증가하는 시대적 상황을 중심으로 반영했다.

2. 제3부 한국과 태국의 관계는 태국 개황(외교부, 2022) 책자를 참고하여 작성했다.

3. 제4부 '공공기관, 단체 태국 진출사'는 해당기관 및 단체에서 직접 작성된 원고를 발간 형식에 맞춰 게재했음을 밝혀둔다.

4. 제5부 '태국 한인 기업사'에 소개한 기업은 각 기관의 추천을 토대로 재태 한인회에서 선정했다. 또한 일부 기업은 주태국 대한민국대사관에서 발간한 〈팀코리아〉의 정보를 인용했다.

5. 제7부 '시대와 호흡한 이 사람' 및 각부의 인터뷰 대상자는 편찬위원회와 자문위원회의 추천과 심의를 거쳐 선정했다.

6. 역대 대사 및 한인회장 등에 대한 질문 내용은 집필자가 구성하여 구술 또는 서면으로 진행했으며, 고령인 분들은 가족 및 과거 인터뷰를 통해 간접 구성했다.

한-태수교 65주년 기념

태국 한인 70년사

70-year history of Koreans in Thailand

100년을 향한 전진

재태국 한인들의 삶의 행적

전용창 회장

태국과 한국의 관계는 고려 말에 최초로 접촉한 것으로 기록되어 있으며 이후 현대사에서는 6·25 한국전쟁 참전국으로 당시 태국군 129명이 전사하며 혈맹이 되었습니다. 한국과 태국 간의 수교는 1958년에 이루어져 올해 64주년이 되었습니다. 또한 태평양 전쟁이 끝나고 태국에 자리 잡고 살기 시작한 재태국 한인 1세대 원로 선배님들 이후 한인들이 이 땅에서 살아온 지 벌써 70여 년이 흘렀습니다.

지난 25대 한인회장으로 한인회를 맡으면서 우리의 재태 한인사가 없는 것을 안타깝게 생각하며 많은 선배 원로분들께서 유명을 달리하기 전에 정리해두어야겠다는 일념으로 준비했습니다. 그러나 여러 가지 사정으로 발간되지 못하다가 이번에 마침내 보완, 발간하게 된 것을 매우 뜻깊게 생각합니다.

《태국 한인 70년사》는 재태국 한인들이 지난 70년간 이 땅에서 살아온 삶의 역사이고 다음 세대들과 고국 동포들에게 전하기 위한 기록이기도 하므로 많은 자료와 인터뷰를 통한 증언을 바탕으로 정리했습니다. 한인사에는 원로 선배님들과 이후의 한인들이 태국 사회에 정착하기까지 수많은 어려움과 시행착오를 거친 생생한 발자취를 그대로 담고 있을 뿐 아니라, 2만여 명에 달하는 재태 한인사회의 삶과 행적이 집대성되어 있습니다.

재태국 한인사는 참으로 고난의 연속이기도 했습니다. 민주화 투쟁과 쿠데타를 수차례 겪기도 했으며 2004년 태국 남부를 휩쓸었던 쓰나미, 2011년 태국 전역과 방콕을 물에 잠기게 했던 대홍수, 현재도 진행 중인 코로나 바이러스 팬데믹 등 고통의 시간들이었습니다. 하지만 현재의 태국사회는 한국제품과 대중문화 등 한국에 대한 선호도가 지속적으로 상승하고 있습니다. 태국 고교생만 해도 제2외국어로 한국어를 채택하는 학생 수가 급속히 증가하고 있습니다. 이런 시기에 《태국 한인 70년사》 발간은 재태국 한인들의 자긍심을 높이는 계기가 되리라 믿어 의심치 않습니다.

58년 전 초대 이경손 한인회장님이 처음 한인회를 맡아 재태국 한인들의 구심점 역할을 한 이후 지금의 재태 한인사회가 있기까지 많은 어려움이 있었지만 면면히 그 역사를 이어오고 있습니다. 이는 헌신적 희생을 다한 원로 선배님들과 재태국 한인들의 수고와 노력이 있었기 때문이라 생각합니다.

과거 없이 현재가 존재할 수 없듯이 역사는 소중한 것이며 원로 선배님들의 발자취를 되짚어보는 것은 재태국 한인사회의 어제와 오늘을 통해 내일을 계획할 수 있는 진귀한 자료가 될 것입니다. 70년 역사 속에서 한인 한 분 한 분의 노고와 삶을 미진하게나마 최선을 다하여 기록하고자 했습니다. 이 책을 통해 재태국 한인사회와 태국을 더 잘 이해하고, 소통을 강화하며, 그 과정에서 재태국 한인 2세대들이 좀 더 많은 삶의 기회를 확보하는 데 도움이 되기를 바랍니다. 《태국 한인 70년사》가 그 기초가 될 것이라 생각합니다.

　《태국 한인 70년사》 발간을 위한 편찬위원들의 노고와 재태국 한인들의 성원과 후원, 주태국 대한민국대사관과 재외동포재단의 지원에 깊은 감사를 드립니다. 《태국 한인 70년사》 발간이 한인사회를 화합과 단합으로 변화시키고 조국 대한민국과의 유대를 강화시키는 계기가 될 수 있기를 기원합니다.

2022년 10월
제32대 재태국 한인회 회장 전용창

「태국 한인 70년사」 발간을
진심으로 축하합니다.

한덕수 국무총리

한국과 태국은 수교 이래 60여 년간 인적교류, 경제 협력, 한류 확산 등 다양한 분야에서 눈부신 성과를 일궈왔으며 올해는 '전략적 동반자 관계' 격상 10주년을 맞이하였습니다.

오늘날 한·태 관계가 이룩한 성과는 모두 동포 여러분의 활약 덕분입니다. 1960년대 100명 남짓했던 태국 동포사회는 오늘날 2만 명에 이르는 모범적인 공동체로 성장하였습니다. 우리 한인사회가 더욱 단단하게 하나되어 성장할수록 대한민국의 위상은 그만큼 높아집니다.

우리 정부는 재외동포 여러분이 한민족 정체성을 유지하며 우리 국민과 함께 글로벌 세계시민으로 성장할 수 있도록 재외동포 정책을 세심하게 마련해나가겠습니다. 해외에서 어려운 여건 속에서도 대사관을 중심으로 정부와 협력하여 대한민국의 위상을 높이고 한·태 양국 발전에 기여하고 있는 동포사회의 헌신과 노고에 깊이 감사드립니다.

태국 동포 여러분의 건강과 행복을 기원합니다.

2022년 12월

국무총리 한덕수

후대를 위한 좋은 유산이 되기를

문승현 대사

한인들의 태국 진출과 도약, 그리고 태국에서 겪은 도전과 기회에 대한 역사를 담은 《태국 한인 70년사 (부제 : 100년을 향한 전진)》발간을 진심으로 축하합니다. 특히 한-태 수교 65주년을 앞두고 이 책이 세상에 나오게 되어 더욱 기쁜 마음입니다.

《태국 한인 70년사》는 태국 교민사회 역사상 최초로 교민들이 힘을 모아 태국에 진출한 한인들의 역사를 정리하고 편찬했다는 점에서 큰 의미를 갖습니다. 이번 한인사 발간을 계기로 태국 내 한인들의 활동과 발전이 앞으로도 꾸준히 기록되어, 후대를 위한 좋은 유산으로 간직되기를 기대합니다.

해방 전후 태국에 진출한 한국인들이 겪었을 어려움은 익히 짐작해볼 수 있습니다. 태국 교민사회는 그 출발은 쉽지만은 않았지만, 이후 여러 역경과 고난을 거치면서 지속적으로 발전해왔습니다. 오늘날 경제, 문화, 교육, 체육 등 다양한 분야에서 많은 한인이 진출하여 큰 활약을 보여왔고, 이제는 2세들도 태국 사회의 당당한 일원으로, 그리고 한-태국 양국 관계의 가교로서 중요한 역할을 해나가고 있습니다. 이 자리를 빌려, 태국에서 우리나라의 위상을 드높이는 모든 한인분들의 노고에 치하의 말씀을 드립니다.

주태국 대한민국 대사관은 1960년 3월 개설된 이래 한·태국 양국 관계의 발전은 물론, 태국 내 우리 교민사회의 안녕과 성장을 위하여 힘써오고 있습니다. 태국의 경우 교민사회와 대사관은 그동안 긴밀히 소통하고 협력해 온 좋은 전통이 있습니다. 대사관은 앞으로도 이러한 전통을 잘 살려, 교민사회의 발전을 위해 더욱 노력해나가겠습니다.

각 시대에는 그 시대만의 소명이 있습니다. 그리고 이 소명은 지나간 역사에 대한 객관적인 평가를 토대로 얻어질 수 있다고 생각합니다. 한·태국 관계가 65주년을 맞이하고 있고, 지난 3년여간 코로나 팬데믹으로 인한 정체가 끝나가는 시점에, 우리 교민사회의 지난 70년의 역사를 되짚어보는 것은 지금의 우리의 위상, 그리고 우리 교민사회가 발전해나가야 할 방향성을 점검해보는 데 있어 매우 소중한 기회가 될 것입니다.

역사를 기록한다는 것은 쉬운 일이 아님에도, 한인 70년사의 발간이라는 어려운 작업을 맡아 소중한 결실을 이루어낸 재태국한인회 전용창 회장님과 이유현 편찬위원장님께 우선 깊은 감사의 말씀과 격려를 보냅니다. 이번 사업을 지원해 주신 재외동포재단, 그리고 이 책이 세상에 나올 수 있도록 함께해주신 모든 분의 노고에 감사드립니다.

다시 한 번《태국 한인 70년사 – 100년을 향한 전진》의 발간을 축하드리며,
태국 한인사회의 무궁한 번영과 발전을 기원합니다. 감사합니다.

2022년 10월
주태국 대한민국 대사 문승현

President of the National Assembly and Speaker of the House of Representatives
Kingdom of Thailand

On behalf of the National Assembly of the Kingdom of Thailand and on my own behalf, I wish to convey my sincere congratulations to the Korean Association in Thailand on the publication of the book on 70 years of Korean nationals in Thailand.

Thailand and the Republic of Korea have maintained longstanding historical and cultural ties and mutual cooperation in a wide range of areas from the past up to the present time. Government-to-government relations as well as people-to-people exchanges and contacts between our two countries have significantly contributed to the favorable development of our relationship.

On my part, I had several occasions to meet South Korean leaders. I paid my first official trip to the Republic of Korea as the Minister of Commerce in 1982 to expand our trade agreement during the Chun Doo-hwan administration and received a highly supportive response from the South Korean side. Subsequently, in 1994 and 1999, I made my official visits as the Prime Minister of Thailand, during the administrations of President Roh Tae-woo and President Kim Dae-jung, respectively.

During my first visit to the Republic of Korea as the Prime Minister of Thailand in June 1994, I went together with my delegation to lay a wreath at the Thai Soldiers War Memorial at Pocheon in Gyeonggi province. There we also found a Thai Pavilion constructed in 1974 to honor the Thai soldiers who had fought in the Korean War. A proposal was submitted to me during the visit for the renovation of the pavilion, which I promptly approved, to transform it into a standard Thai-style construction of this type. The pavilion still stands there as a testimony to the long years of Thai-South Korean friendship and cooperation.

I thus greatly appreciate the initiative of the Korean Association in Thailand in recording the contributions of these Korean nationals to Thai-Korean friendship and cooperation in this publication. I am confident that this invaluable initiative will go a long way towards further enhancing the overall relationship between our two countries.

Chuan Leekpai
President

동포사회의 헌신과 노력이 담긴 귀중한 이민사

김성곤 이사장

안녕하십니까.
재외동포재단 이사장 김성곤입니다.
《태국 한인 70년사》 발간을 진심으로 축하드립니다.

태국 한인사회는 대개 제2차세계대전 때 일제에 의해 강제 징용된 한인들이 잔류하면서 시작된 것으로 알려져 있습니다. 이어 1960년대에 한국기술자들이 이주하고, 1980년대에는 해외투자 붐에 따른 사업가들의 이주가 늘면서 차츰 커졌습니다. 이후 한국이 IMF 사태에 따른 경기 침체로 기업들이 생산기지를 대거 동남아로 옮기면서 급격히 팽창하여 오늘날 1만 8,000여 명의 큰 동포사회를 형성했습니다.

지난 70여 년 동안 우리 동포들은 양국이 긴밀한 협력관계를 유지하는 데 큰 역할을 해왔습니다. 양국간 경제교류가 오늘날처럼 증가하고 한류 확산 등 문화협력이 활발하게 이뤄질 수 있는 것도 바로 동포 여러분이 있기 때문입니다.

이번에 발간되는 《태국 한인 70년사》는 이 같은 동포사회의 헌신과 노력이 고스란히 담기는 귀중한 이주사 자료가 될 것으로 기대합니다. 어려운 여건에서도 이처럼 뜻깊은 이주사 편찬을 위해 애써주신 재태국 한인회 전용창 회장님을 비롯한 관계자 여러분의 노고에 진심으로 감사를 드립니다.

아울러 이주사 편찬을 계기로 태국 한인사회가 한 단계 더 발전하기를 기원합니다. 감사합니다.

2022년 10월
재외동포재단 이사장

가슴 뭉클했던 재태 한인 발자취 취재

이유현 편찬위원장

광복과 함께 시작된 태국 한인 역사는 77년에 이르지만 한인사 편찬 일정은 충분치 않았습니다. 이런저런 사정으로 몇 차례나 연기되어 필요성이 더 절실했지만 자료 부족으로 막막할 뿐이었습니다.

기초 정보를 수집하던 어느 순간 가슴이 갑자기 뛰기 시작했습니다. 일제하 강제로 끌려온 한국인들로 태국 첫 한인사회가 시작되었고, 역경을 헤쳐가는 그들의 의지와 도전의 삶을 한 가닥씩 상상할 수 있었기 때문입니다.

초창기 태국 한인들이 뿌려놓은 조국 사랑이 오늘날까지 한인사회 곳곳에 전해지고 있음을 확인하는 데는 긴 시간이 필요치 않았습니다. 한인 원로들을 만나 각계의 존경을 받았던 레전드 한인들의 발자취를 취재할 때는 가슴이 더욱 뭉클해졌습니다. '풍족한' 지금 우리에게 '시대의 어른들'은 누구인가?

'강제 징용'과 함께 재태 한인사의 핵심 키워드는 '6·25 한국전쟁' '관광' '한류'였습니다. 태국의 6·25 한국전쟁 참전으로 양국관계가 특별해졌고, 1980년대 말부터 시작된 한국인들의 태국 관광 러시가 재태 한인사회의 도약으로 이어졌습니다.

태국은 2000년 이후에는 한류 확산의 세계 중심 국가가 되었습니다. 한류
는 태국 곳곳에 변화를 주며 한국인들에게는 새 비전을 제시해주고 있습니
다. 코로나의 강을 건너면서 그 흐름은 더욱 또렷해졌고, 한인 다음 세대들은
더 많은 기회를 맞을 것임이 틀림없습니다.

이번 첫 발간으로 재태 한인사를 돌아보는 작은 오솔길 하나 겨우 냈지만,
부족한 부분이 적지 않습니다. 각 분야와 인물들을 더 충실히 담아내지 못한
아쉬움과 한계가 있었습니다. 이제 다음 세대 또 다른 주자들에게 그 바통을
넘길 수밖에 없습니다.

그럼에도 이번 한인사가 과거와 현재를 비추는 작은 거울이 되어 한인 화
합과 발전의 밑거름이 되길 희망해 봅니다.

한인사 편찬의 엄중함과 중요성을 일깨워준 주태국 대한민국 문승현 대사
님과 끊임없이 '진군의 북'을 울려준 박성희 총영사님께 특별한 고마움을 전
합니다. 기꺼이 시간을 내어 인터뷰에 응해준 분들과 편찬위원, 자문위원 및
도움 주신 많은 분의 노고에도 깊은 감사를 드립니다.

2022년 10월

한태교류센터 KTCC 대표 이유현

CONTENTS

● 태국 한류의 발화점, 드라마 ● 태국 한류를 점프시킨 〈가을동화〉〈겨울연가〉〈대장금〉 ● 드라마의 인기로 한류스타 팬미팅 성황 ● 한국 오락프로 한류에 가세 ●디지털TV의 등장과 한국 드라마의 양적 팽창 ● 태국 K-POP invasion ● K-POP의 고속성장 ● 음악교과서에 등장한 K-POP 가수들 ● 한국 관광 붐 일으킨 태국 한류 ●K-FOOD 한류 ● 한류의 쌍방향 교류

제1부

태국 한인 진출사

한국과 태국의 관계는 언제부터 시작된 것일까?
학자들은 14세기 말 고려 시대부터라고 주장한다. 그러나 태국에 한인들의 거주가 처음 확인된 것은 1900년 초다. 양국의 공식 외교관계 수립은 1958년으로, 2023년은 65주년이 되는 해다. 재태 한인사는 연구자들에 따라 상이하지만 대체로 해방 전과 해방 후 및 6·25 한국전쟁, 베트남 전쟁 이후 시대로 구분하고, 1989년 한국의 여행 자유화와 건설업 활성화에 따른 본격 진출 시대로 분류하는 데 큰 이견이 없다. 해방 후로만 따지면 2022년은 태국 한인사 77주년이 된다.

[1장]

오리진, 한-태 교류의 시작

▶ 한태 교류의 기원

2000년 초반 태국에 한류가 전해지며 태국 한인사는 또 다른 양상을 맞는다. 2010년 이후에는 한류가 크게 확산되며 제조업은 물론 관광, 서비스, 패션, 교육, 유통, 문화 콘텐츠 등 전방위의 한국 문화가 유입되며 새로운 한인 역사가 쓰이고 있다. 2020년 초부터 시작되어 전 세계를 휩쓴 코로나 이후 태국 한인사는 또 다른 양상으로 전개될 수도 있다. 한-태 관계의 오리진과 함께 대한민국의 국격이 크게 상승한 2022년까지 축적된 태국 한인의 삶은 이제 100년을 향한 새로운 전진에 나섰다.

한국과 태국 간 접촉이 드러난 첫 문헌은 1451년 작성된 고려왕조의 연대기 《고려사》다. 공양왕(재위 1389~1392) 3년인 1391년 음력 7월 다음과 같은 기록이 남아 있다.

"섬라곡 왕이 나이 공 등을 사신으로 삼아 배를 감독케 하고 토산물을 실어 고려 국왕에게 바치도록 명했습니다."

조흥국 교수는 〈14세기 말 한국과 태국의 교류〉라는 논문에서 '섬라곡'은 중국어로 '셴뤄후'로 태국의 옛 명칭인 시암을 가리키는 것이었으며, 중국에선 태국의 아유타야 왕조를 지칭하는 국호로도 쓰였다고 주장했다.

'섬라곡'은 당시 고려 정부에게 낯선 이름은 아니었다. 고려 정부는 중국에서 돌아온 사신의 보고를 통해 섬라곡이 베트남, 캄보디아 등과 함께 중국에 조공 사신을 파견하는 중국 변방의 나라라는 것을 이미 알고 있었다는 것이다.

그 후 《조선왕조실록》 중 〈태조실록〉에는 이성계(재위 1392~1398)가 조선왕조를 창건한 1393년 음력 6월 16일 장쓰다오 등 태국인 20명이 조선을 방문했다고 기록되어 있다. 고려 말 공양왕 때 태국으로 돌아간 나이 공 일행이 태국에 한국에 대해 소개했고, 동아시아의 새로운 무역 시장에 대해 알게 된 태국이 한국에 관심을 가진 것으로 추정된다. 조흥국 교수는 나이 공의 방문 때 국왕의 서신에 대한 언급이 없는 것으로 미루어 한국과의 첫 교류 태국인은 정부 관계자가 아닌 무역업 종사자일 수 있다는 의견도 피력했다.

김홍구 교수는 고려 말과 조선 초 이후 양국의 교류 관계는 한동안 이어지지 않다가 왓포 사원에서 태국의 현 왕조인 랏따나꼬신 왕조(1782~현재) 라마 3세(1824~1851) 때 한국인에 대해 기록한 첫 문헌을 찾아볼 수 있다고 밝혔다.

태국 문헌에 나타난 옛 한국인에 대한 인상은 이렇다.

"베트남 사람과 닮은 이방인으로 머리를 묶어 올렸다. 수염이 많고 턱 아래까지 길렀다. 천진 가까운 곳에 살며 우아한 옷차림을 하고 있다. 멋진 비단 바지를 입고 잉우인들이 쓰는 모자를 쓰고 있다."

2000년 이후 한류 열풍으로 태국 젊은이들은 꽃미남 K-POP 보이 밴드 아이돌에 열광한다. 200년 전 태국 사료에 나타난 한국인의 패션이 남다른 것은 우연일까, 필연일까?

한국인이 태국에 무슨 목적으로 들어왔는지 상세한 기록은 남아 있지 않다. 당시 인구조사에 따르면 방콕 인근에 13명의 한국인이 살았으며, 중국인 중의 한 부류로 '찐까올리'로 표기되었다고 한다.(정환승 빠릿인센 2015)

1880년 고종 17년에는 조주 사람과 섬라 사람들로 이루어진 상선이 난파당해 충남 서천군 서면 도둔리와 마량리에 표착하는 사건이 발생했다. 표류 당시 선박에 타고 있던 사람은 총 28명이었으며, 이 중 태국인은 18명이었다.

태국인들은 모두 배를 운항하는 선원으로 추정됐고, 중국인 중 허필제라는 사람은 태국과 중국 대륙 남북을 오가면서 운송, 교역을 하던 선주였다.

결국 태국과 한국의 교류는 고려 말로 거슬러 올라가지만, 간헐적이고 우연한 것에 불과했다는 게 중론이다. 그 이유에 대해서는 당시 조선왕조가 농업을 장려하고 상공업은 억제했던 이념 때문으로 분석된다. 더욱이 한반도 연안까지 출몰한 왜구의 위협은 해외무역 활동에 소극적인 자세를 가질 수밖에 없었고, 태국 아유타야 정부는 조선 시장에 대한 불안정성으로 인해 교역에 관심을 잃고 더 이상 한국으로 사신을 파견하거나 방문하지 않았다는 것이다.

한인들이 본격적으로 태국을 포함한 동남아 지역에 진출하기 시작한 것은 근대에 접어들어서다.

▶ 해방(1945년) 이전의 태국 한인들

1900년 초 고려인삼 상인들은 동남아 각지로 뻗어나갔다. 1916년 2월 17일자 조선총독부 관보에는 "인삼 판매 및 기타 행상을 목적으로 신가파(싱가포르) 지방에 도항하는 자가 점증했으나 대부분 여권을 소지하지 않아 다시 인도, 섬라 태국, 마닐나, 인도 방면으로 가기 위해서 일본 영사관에서 여권을 내려고 하는 자가 적지 않았다"(국사편찬위원회 한국사 데이터베이스)고 적혀 있다.

이 시기는 일제강점기다. 이때 태국에는 어느 정도의 한인들이 거주하고 있었을까?

1919년 3월 일제의 조사자료에 따르면, 태국에 있는 한인은 5명으로 모두 인삼 행상을 본업으로 했다고 한다. 정원택이라는 사람이 쓴 기록에 따르면 1917년 방콕을 방문했을 때 한국인 인삼상인을 만났다고 했으며, 임시정부에서 내무차장을 지낸 이두산이란 사람도 방콕에 거주지를 두고 1930년대까지 인삼 행상을 했다고 전해진다.(김인덕 외 2008)

김영애 교수는 상하이에서 망명 생활을 하던 중 그곳에 일본군이 상륙하자

상하이를 탈출해 방콕으로 간 이경손(1905~1978)
이 일제하 태국에 거주한 최초의 한국인이라고
추정했다.(1960~1970년대 태국사회 속의 한국인)

어의의 손자인 이경손은 서울 출생으로 경신
신학교에서 신학을 공부했고, 일제하 해외 도피
수단으로 인천해원양성소 항해과를 수료한 것
으로 전해진다.

영화감독이기도 했던 그는 1926년 영화소설
〈백의인〉을 조선일보에 연재했는데, 항일 색채
를 띠었다. 이로 인해 일제의 압박을 받자 1931년

● 한인회 초대회장이 된 이경손

상하이로 망명하여 김구를 만나 임시정부에서 활동했으며, 1932년 윤봉길 의
거로 쫓기는 몸이 되자 상하이에서 태국으로 탈출했다는 것이다.

방콕에 온 이경손은 방콕과 말레이 국경을 전전하며 화교학교의 영어교사
로 생활했다. 그러나 태국어를 할 줄 몰랐기 때문에 이주 초기에는 태국 생
활이 힘들었다. 이후 반일 성향의 태국 신문사 비서였던 태국 여성에게서 태
국어를 배웠고, 이후 결혼까지 했다. 결혼 몇 년 후 제2차세계대전이 발발하
면서 시골로 낙향했고, 1945년 일본의 항복으로 전쟁이 끝나자 다시 방콕으
로 돌아와 기업인으로 중개무역을 했다. 1978년 방콕에서 별세한 이경손은
초대 한인회장을 지냈다.

제2차세계대전 때 일본군에 강제 징용되어 군인이나 포로감시원 등 군속
으로 1943~1944년 사이 태국에 온 한인도 많았다. 1941년 12월 일본이 태평양
전쟁을 일으켜 전쟁이 확대된 후였다. 1942년 이후 연합군의 반격으로 해상
보급로가 위협받자 일본은 육로를 통한 보급품 공급 루트를 마련했다. 밀림
과 계곡을 관통하는 비밀 철도였다. 태국의 논프라독과 미얀마 탄비자야의
418km를 연결하는 철도였는데, 방콕과 깐짜나부리를 연결하는 것이 최단 거
리였다.

그러나 깐짜나부리 콰이강에 다리를 놓는 것은 큰 난제였다. 일본은 철도

● 콰이강의 다리는 재태 한인사의 출발이 되었다. 사진은 영화 〈콰이강의 다리〉 속 한 장면

작업과 교량 건설 작업에 연합군 포로들을 투입했다. 당시 일본의 식민지하에 있던 한국인들은 일본 군대의 장병이나 군속으로 끌려와 연합군 포로들의 감시요원이 되기도 했다.

이우철 교수에 따르면, 당시 군속들은 1942년 6월 부산 노구치부대에서 2개월간 특별 훈련을 받았고, 2,700여 명이 3,000톤급 '광산호'를 타고 동남아 전선으로 향했는데, 이 중 영어를 잘하는 300여 명은 콰이강의 다리 공사 현장인 제4포로 수용소와 인근 수용소에 배치되어 연합군 포로들의 감시를 담당했다고 한다.

2015년 8월 9일 KBS 탐사보도 프로 〈시사 기획 창-광복 70년 특집〉 중 '끌려간 소녀들 버마 전선에서 사라지다'는 기밀문서에서 해제된 태국 최고사령부의 문서보관소에서 한인 여성 490여 명의 명단을 확인, 태국에서의 한국인 위안부의 존재를 알리기도 했다. KBS 탐사팀은 위안부 시설이 있었던 깐짜나부리를 찾아 당시의 흔적을 발견하고 주변 태국인들의 인터뷰를 통해 일제의 만행을 알렸다.

김홍구 교수는 1944년까지 동남아 지역에는 포로 감시원, 공사 작업 노무 등의 일에 종사한 한인의 수가 3만 명이 넘었다고도 밝혔다.

1900년 초 소수의 인삼 상인이 태국에 첫발을 내디뎠지만, 일제하 깐짜나부리 다리 공사는 한인들이 태국에 첫 집단 체류하는 계기가 된 셈이다.

김영애 교수는 이들은 일본군으로부터는 식민지 식민으로 차별과 감시를 당했고, 연합군 포로들로부터는 열악한 부상자 치료나 처우에 대한 책임과

● 태국에서 확인된 한국인 위안부 명단

비난을 뒤집어쓰는 등의 고통을 겪었다고 주장했다. 홍중묵(1997년 사망)은 당시 제4포로수용소에서 전담 통역자로 영국군 포로와 일본 포로수용소 소장 간의 통역을 맡았는데, 양자 사이에 끼어 심신의 고초가 컸다고 생전 인터뷰에서 털어놓았다.

해방 전후 인물 중 한인사의 상처로 기록돼 빼놓을 수 없는 사람 중 한 명이 노수복이다. 한국 언론을 통해서도 잘 알려진 노수복은 21세 때 빨래터에서 일본 경찰에 의해 강제로 싱가포르에 위안부로 끌려갔다. 그녀는 제2차세계대전 말기에는 말레이시아로 옮겨졌고, 종전 직후 수용소를 탈출해 태국 남부 말레이시아의 국경인 핫야이에 정착하게 됐다. 탈출 후에는 중국계 남성과 결혼했다.

일본 아사히신문의 마쓰이 야요리 기자는 1984년 핫야이에서 노수복을 만나 위안부 생활의 후유증으로 아이를 못 낳는 노수복의 가슴 아픈 사연을 전했다.(김영애 교수)

노수복의 사연이 전해지자 한국 정부는 그녀의 귀국을 도와 1988년 40년 만의 고국 방문이 이루어졌다. 노수복은 한국어를 거의 잊어버렸지만 어린 시절 살던 경상북도 안동군 봉산면 광덕동은 물론 아버지와 동생의 이름, 민요 '아리랑'과 '도라지'를 또렷이 기억해냈다. 생일을 잊은 노수복은 광복일

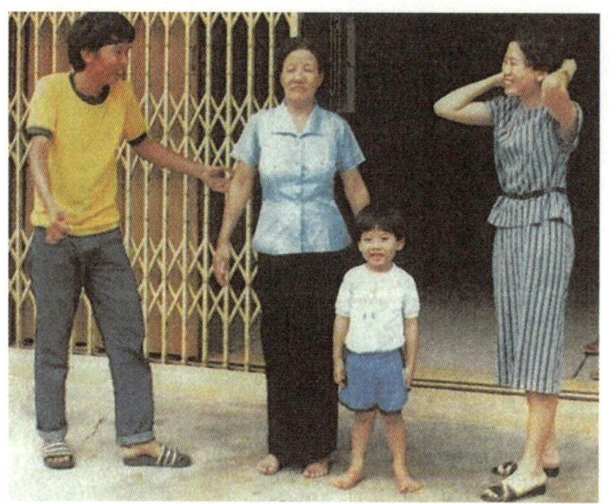

● 태국 가족과 함께 하는 노수복 할머니

인 8월 15일을 새 생일로 정했다. 친동생을 만나기도 했던 노수복은 다시 태국으로 돌아와 2011년 별세했으며, 유골은 경상북도 예천군 선산에 안장되었다. 노수복은 한국을 방문한 뒤 정부가 지원하는 연금 월 2만 7,000 밧을 받아 생활했으며, 별세 전인 2004년과 2007년에는 방콕한국국제학교에 장학금을 내기도 했다.

일제하 태국에 온 한국인들은 해방 후에도 태국에 남아 자의반타의반 태국인과 결혼하거나 정착해 아픈 사연을 품은 채 초기 태국 한인사회를 구성했다.

Thai Tip

'왕의 강'이라고 불리는 태국 짜오프라야 강의 길이는 372km. 강원도 태백에서 발원해 서해로 흐르는 한강의 514km보다는 짧다. 하지만 태국 북부에서 흘러온 핑강, 난강, 용강 등을 이으면 전체 길이는 1,200km에 이른다.

[2장]

해방 및 전후(戰後) 시대 태국 한인들
(1945~1980)

▶ 해방(1945년) 직후 태국 한인들

1945년 8월 15일 일본의 무조건 항복으로 태국 한인들의 상황은 급변했다.

연합국 측은 일본군 또는 일본군 군속으로 동남아 각지에 파병되었던 한국인들을 아유타야의 포로수용소에 집결시켰다. 콰이강 다리 공사에 동원돼 연합군 포로들로부터 적개심이 높았던 한인 군속들은 전범 혐의자로 체포되기도 했다. 여러 자료를 종합해볼 때 당시 종군위안부를 포함한 한국인은 태국에 2,000여 명이나 되는 것으로 추산된다.

광복 후 이들은 대부분 귀국했으나 12~15명은 포로수용소를 탈출해 한국행 배에 오르지 않았다. 태국에 남은 이유에 대해서는 해석이 분분하다.

일부는 귀국선을 탈 여비가 없었고, 일본군들의 악행에 대한 반감 때문에 마음 놓고 거리를 돌아다닐 수 없는 진퇴양난의 처지에서 쌀 많고 인심 좋은 태국에서 생활 터전을 이루게 된 것이라고도 주장한다.(이우철 교수)

젊음을 기반으로 새로운 인생을 도모하며 강한 개척 정신과 의지 때문에 태국에 남게 됐다고도 해석한다.(김영애 교수) 당시 낙후된 고국의 상황을 너무나 잘 알고 있었기에 이국에서 새로운 인생에 도전하는 것이 낫다는 판단을 했다는 것이다.

해방 전후 태국 교민 1세대는 대부분 사망했으나 이경손을 비롯한 박재기, 진기복, 하권모, 임진동, 황해연, 남성현, 이종화, 옥인찬, 이춘산, 조윤찬, 김찬식 등은 태국 첫 한인사회를 이룬 한국인들이다. 초창기 이들의 삶은 고달팠다. 무역, 제조업 등에 종사하며 일본인 또는 태국인과 혼인하기도 했지만 생활은 그다지 넉넉하지 않았다.

초창기 한인들의 가장 큰 어려움은 언어소통이었다. 이경손의 생전 인터뷰에 따르면, 일부 한인들은 태국어뿐 아니라 영어도 전혀 구사하지 못해 그의 태국인 아내가 지인들에게 영어와 태국어를 가르쳤다고 한다. 건강한 몸 외에는 아무것도 가지지 못한 한인들은 개척 정신 하나로 함께 뭉쳐 다니며 닥치는 대로 일을 해 돈을 벌었고, 번 돈은 나눠 쓰기도 했다. 고무 농장, 얼음 공장, 과자 행상 등 온갖 허드렛일을 마다하지 않았다. 그들의 고통이 씨가 되어 태국에 한국인의 뿌리를 내리게 했다.

초창기 한인들은 1964년 '야자수회'를 조직했다. 이경손이 초대 회장이었다. 이는 오늘날 재태 한인회의 출발이 되었다. 부회장은 유엔기구에서 일하던 김석건, 감사는 해운공사 태국 지사장이던 진기복이 맡았다.

해방 후 태국 한인사는 두 차례의 전쟁으로 큰 변화를 겪는다. 6·25 한국전쟁과 베트남 전쟁이다. 6·25 한국전쟁 후 국가 건설 과정에서 해외 진출 및 해외이주법 제정이 이뤄졌다. 태국 한인사회의 인적 구성이 더욱 다양화하기 시작한 것도 이 무렵이다. 종전까진 제2차세계대전과 관련된 한인들이 태국 한인사회를 구성했다면 6·25 한국전쟁 후에는 선교사, 유학생, 유엔기구, 건설사, 여행, 호텔업 등의 종사자들이 태국으로 진출하기 시작했다.

▶ 태국의 한국전쟁 참전과 1958년 한태수교

6·25 한국전쟁에 태국이 유엔군의 일원으로 참전한 것은 양국 관계가 우호를 넘어 혈맹관계로 진전하는 결정적 계기가 됐다. 태국은 1948년 8월 15일

대한민국 정부가 공식 출범한 1년 뒤인 1949년 10월 한국을 정식 승인했다.

이후 1950년 6월 25일 6·25 한국전쟁이 발발하자 16개 유엔 회원국으로 구성된 유엔군의 일원으로 1950년 11월부터 참전했다. 태국군은 1972년 6월 철수 전까지 연인원 1만 315명이 한국에 주둔했다. 6·25 한국전쟁을 통해 맺어진 혈맹관계는 1958년 10월 공식 외교관계 합의로 이어졌고, 1960년 2월 상주 대사관 설치에 합의해 그 해 3월 첫 주태 한국대사관이 설치됐다. 이듬해 1961년 7월에는 주한 태국대사관이 설치돼 오늘에 이른다.

한국외국어대 태국어과 교수를 지낸 최창성은 6·25 한국전쟁과 관련 있는 대표적 인물이다. 한국전쟁 당시 초등학교를 갓 졸업하고 부산으로 피난 왔는데, 태국군 장교가 입양한 것이었다. 중-고교와 교원대학교를 졸업한 최창성은 주태 한국대사관 무관실에 근무하며 교민 자녀를 위한 한국어를 강의했다. 29세까지 태국에서 생활한 그는 한국으로 돌아와 태국어 교수가 되었다.

1966년부터 태국어 교수로 재직한 그는 태국어과 기초 교과 편찬, 한태 및 태한사전 집필, 태국어과 연수프로그램 개설 및 운영, 태국학회 창설, 정상회담 통역, 태국 대학 내 한국어과 설립지원, 태국인을 위한 한국어 교재 편찬 등 한-태국어 교류와 발전에 수많은 업적을 쌓았다. 태국어 전공자들은 그를 한국 태국학계의 태두이자 역사로 기억한다.(박경은 교수)

선교사들의 태국 진출도 시작됐다. 태국 최초의 한국인 선교사는 최찬영

● 한국전 참전을 위해 이동 중인 태국군. 도착 후 대구 UN캠프 훈련 장면

● 1964년 태국을 첫 방문한 박정희 대통령

● 1967년 주태 한국대사관 전경

이다. 6·25 한국전쟁 3년 뒤인 1956년 6월 태국에 왔다. 태국 기독교 총회가 마련해준 방콕의 중국인 교회 3층 옥탑 단칸방에서 선교 사역을 시작했다. 최찬영은 아시아인으로는 처음으로 1962년 태국과 라오스 성서 공회 총무로 취임하기도 했다.

김순일은 1956년 11월 선교사로 파송되어 태국 북부 치앙라이의 제2노회 순회목사로 정글 속 마을을 찾아 전도했다. 1971년에는 방콕 한인연합교회를 설립하고 후임으로 신홍식 선교사를 초청해 담임목사 사역을 하게 하고, 미국 폴러 신학대학원에서 유학했다.(김용섭 목사)

▶ 1960년대 태국 한인 진출사

재태 한인회 11대 회장을 역임한 김석건은 1960년대 태국에 온 한인이다. 태국 유엔기구의 구인 소식을 접하자 서울대 재학 시절 전공한 농업경제에 대한 실무를 쌓아 한국경제 발전에 기여하고 싶다는 생각을 가졌다. 1964년 4월 태국에 들어온 뒤 30여 년 동안 태국의 유엔기구에서 일했다. 당시 한국인으로서는 유엔기구 최장수 근무자다. 국제무대에서 오랫동안 활약한 비결은 고등학교 시절 외국인 선교사 집에서 영어로 성경 공부를 한 덕이라고 한다.

태국 교민사회 2세 교육의 중요성을 강조했던 김석건은 최창성과 함께 주태 한국대사관에 '교민학교' 간판을 걸고 토요학교를 열었다. 한글을 아는 교

민 자녀에게는 국사와 국어, 산수를, 한국어를
모르는 1세대 자녀들에게는 한국어를 가르쳤다.
한국과 한국인의 정체성을 심은 진정한 재태 한
국인 원로들이 아닐 수 없다.

이들이 뿌린 한글과 한국 교육의 씨는 오늘날
까지 이어져 태국에서 태어나고 자란 한인 2세
들의 정체성 형성에 바탕이 되고 있다.

김석건은 인터뷰에서 이렇게 회고했다. "당
시 태국에는 우리 2세들을 교육시킬 학교가 없
었다. 임시방편으로 대사관의 차고 안에 칠판

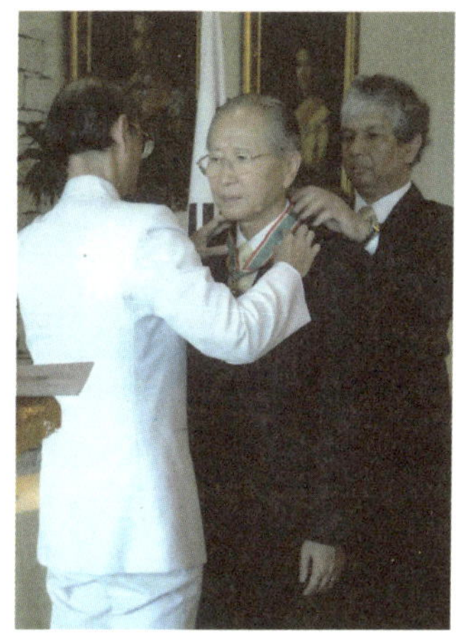
● 2006년 태국 문화교류훈장을 받는
최창성 교수

을 걸고 한글 교육을 시작했다. 1966년 3월 박정희 전 대통령께서 태국을 방
문했다. 대사관 브리핑 뒤 학교 이야기가 나와 한글 교육과 학교 현황에 대
해 보고했다. 그랬더니 깊이 감동하며 600달러를 쥐어주었다. 우리가 '십시
일반'하여 세운 방콕 국제학교는 우리 교민들의 소망이 모여 이뤄진 것이었
다."

주태 한국대사관 참사관 출신인 지백산도 1960년대 태국 한인사회를 구성
한 인물이다. 1960년 공직에서 나와 홍콩과 방콕을 오가며 곡물 중개상을 했
다. 관광호텔사업에 첫 진출한 한국인으로는 이종혁이 언급된다. 1967년 방
콕에 왔는데 둘째 형이 태국 무
관으로 재직 중이었다. 이종혁
은 차를 임대하여 여행업을 시
작했는데 1968년엔 라자호텔에
서 기념품점도 운영했다. 당시
베트남 참전군인들이 주말을 이
용해 태국에 왔고, 관광업이 잘
되었다. 중동 건설붐이 일고 독
일에 광부와 간호사가 진출하던

● 1960년 후반 태국 UN ECAFE 총회 때 한국 대표단과 회의
중인 김석건(왼쪽)

시기이기도 했다. 당시만 해도 방콕에서 항공기를 갈아타야 했기 때문에 이종혁의 기념품점도 번성했다. 1978년부터 1988년까지 맨하탄호텔을 장기 임대해 사업을 확장했다.

1960년대에는 현대건설이 처음으로 해외에 진출한 시기이기도 했다. 현대건설은 1966년 태국 남부 빳따니-나라티왓 구간 105km를 완성했다. 이 도로는 현대건설을 세계에 알리는 계기가 됐고, 현재까지도 가장 잘 만든 도로로 평가되고 있다.

당시 현장의 경리 담당이 이명박 전 대통령이었다는 것은 잘 알려진 사실이다. 폭도들이 들이닥쳤을 때 이명박은 금고통을 붙들고 현대의 자산을 지켜냈다. 1960년대 중반 정주영, 정세영, 정인영 등 현대 임원들이 방콕을 왕래했고, 정세영은 현대의 초대 방콕 지점장을 맡기도 했다. 현대건설은 이후에도 태국 서북부의 딱-턴 구간의 도로공사를 맡기도 했다. 태국에서의 건설공사 경험이 밑바탕이 되어 경부고속도로 건설에 참여하게 되었으며 베트남 캄란만 준설공사, 알래스카 협곡 교량공사 등의 해외 수주와 함께 중동 진출의 토대를 마련했다.(김영애 교수)

1962년 11월엔 대한무역투자진흥공사(코트라)가 방콕에서 가장 교통이 편리하고 번화한 지역이었던 라마(Rama) 1가에 개관했다. 방콕무역관의 개관은 뉴욕, LA, 홍콩에 이어 네 번째로 당시 한국에 대한 태국 시장의 중요성을 말해 주기도 한다.

　방콕무역관 개관식에는 코트라 사장 및 주태국 한국대사, 태국 교민들이 참석했고, 태국 측에서는 재무장관, 무역위원회 위원장, 상의회장 및 각국 외교관, 다수의 기업인이 참석했다. 개관 초기였던 1960년대에는 주로 태국 바이어에게 우리나라 제품을 소개하고

● 1961년 9월 한-태 무역협정이 체결되었다.

거래를 알선하는 업무와 함께 태국 시장에서 유망한 품목을 조사해 국내 업계에 전달하는 업무였다.

　미약하긴 했지만 문화사업도 1960년대 일부 진출했다. 당시 태국은 일본과 중국문화의 영향력이 큰 상황이었다. 이종화는 한국에서 히트했던 영화 〈성춘향〉을 태국에 수입해 상영했다. 흥행에는 성공하지 못했다. '깡완 촌라꾼'이란 태국 이름까지 가진 강철구는 태국에 진출한 한국 연예인 1호로 기록된다. 색소폰 연주로 유명했고, 푸미폰 전 국왕의 음악고문을 맡기도 한 것으로 전해진다.

　1988년 서울올림픽 주제가인 〈손에 손잡고〉를 부른 혼성 4인조 그룹 코리아나의 이용규와 이승규는 자녀들과 함께 1968년부터 4년여간 '식스 코윈스'라는 이름으로 방콕을 중심으로 한 동남아에서 활동했다.

　김영애 교수는 일부 한국연예인의 활동이 태국을 중심으로 이뤄진 것은 당시 베트남 전쟁과 관계가 있다며 스타 더스트 클럽밴드 마스터와 유원타이 건설회사 전무를 지낸 박춘규와 인터뷰를 통해 밝혔다.

　"태국과 인연을 맺은 것은 1963년 동남아 순회공연을 하면서였다. 태국을 시작으로 말레이시아, 싱가포르, 인도네시아를 거쳐 다시 태국으로 돌아왔다. 태국 푸미폰 국왕은 음악을 전공하신 분으로 직접 작곡한 곡만 해도 600곡이 넘었다. (중략) 국민이 가장 존경하고 사랑하는 국왕께서 그렇게 음악에

● 대한항공

조예가 깊으니 국민들도 음악을 무척 좋아하는 편이었다. 악단의 단장이나 마스터가 되면 주위 사람들로부터도 대단한 존경을 받았다. 음악가에게 깊은 존경을 바치는 태국의 분위기가 정말 마음에 들었다.”

방콕 내 한국 음식점도 1960년대 들어 첫 등장했다. 한인회 1대 회장을 지낸 이경손이 교민 6명이 출자한 한국요리점 〈코리아 하우스〉를 개업한 것이다. 이곳은 교민 사교장이며 클럽이기도 했다.

한국-태국 '하늘길'을 처음으로 연 것은 타이항공이었다. 타이항공은 1968년 4월 1일 방콕과 서울을 오가는 역사적인 첫 비행을 시작했다. 그로부터 1년 6개월 뒤인 1969년 10월에는 대한민국 국적의 대한항공이 방콕 상공을 날았다.

▶ 1970년대 태국 한인 진출사

1970년대 들어 태국 한인 진출은 베트남 전쟁과 상관성이 높다. 태국은 파월 장병들의 휴가지이기도 했다. 베트남 전쟁은 1946~1954년, 1960~1975년 총 23년간 일어났는데 한국군이 전쟁에 첫 참여한 것은 1964년 9월 이후로 '2차 베트남 전쟁'이었다. 한국군은 1966년 추가 파병을 했으며, 1971년 12월부터 1973년 3월까지 단계적으로 철수하기 전까지 총 8년여간 참전했다.

한인 원로 김석건은 “당시 한국군의 총사령관은 채명신 장군이었다. 채 사령관은 파월 장병들의 사기를 북돋아주기 위해 방콕의 에라완 호텔에서 위문공연을 가진 적도 있다”고 밝혔다.

위문공연에는 패티김을 비롯해 많은 한국의 정상급 연예인이 출연했다.

베트남 전쟁과 함께 많은 한국인이 태국에 왔고, 월남 패망 후에도 상당수가 진출했으나 체류 허가가 어려워 타국으로 떠나기도 했다. 베트남 전쟁 후 한국 건설회사, 토건회사, 운송회사 등이 연이어 태국에 진출했고 이는 이후 태국 진출의 교두보가 됐다. 베트남에 진출했던 한국인들이 본격적으로 태국으로 온 것은 베트남 경기가 침체되기 시작한 뒤부터다. 이들은 태국을 징검다리 삼아 다시 중동과 호주로 진출하기도 했다.

한인회장을 지낸 강규진은 1970년대 한인사회를 구성한 주요 인물 중 한 명이다. 그는 1971년 베트남에서 태국으로 왔다. 한국에서 미국계 선박회사에 근무하다 베트남 캄란만의 미군부대 군수물자 하청회사인 빈넬의 인사와 경리 파트에서 일했다. 태국을 거쳐 중동에서 식품사업을 하기도 했고, 다시 태국으로 돌아와서는 일본 관광회사에서 일하기도 했다.

강규진은 태국 한인사를 이렇게 말했다. "제1세대에 이어 태국에 온 한국인은 베트남 전쟁 후 베트남에서 이주한 사람들이다. 베트남 전쟁이 끝나자 중동에 건설 붐이 일었다. 베트남에 주재하던 많은 한국인은 일단 태국으로 건너온 뒤 중동이나 미국으로 갔고 일부는 그대로 태국에 정착하기도 했다."

1969년 베트남으로 진출, PX 노무자로 일하던 이철희도 1971에는 태국에 진출 터를 잡았다. 베트남 전쟁으로 태국에 미 공군이 5만 명가량 있었는데, 베트남에서의 PX 사업을 이어가다 중동 건설 붐이 시작되자 태국에 베이스를 두고 태국 인력을 쿠웨이트에 이어 현대건설에 공급했다. 중동에서 제3국 노동자를 고용하게 한 것은 이철희가 처음이었으며, 사업은 크게 성공했다. 이철희는 초창기 실롬에 대형 한식당 고려정을 인수하는 등 다방면의 사업을 전개해 초창기 성공한 재태 한인 첫 주자로 불리기도 했다. 여러 해에 걸쳐 재태 한인회 부회장 등을 역임했다.

제16대 한인회장을 지낸 임완근(1991~1992)도 베트남을 거쳐 태국에 진출한 케이스다. 베트남 전쟁 후 베트남에 진출한 임완근은 1972년 태국으로 와 캐슈넛 오일 채취 공장을 설립해 한국으로 수출했다. 이후 중동 건설 붐이 일자 사우디에 태국 인력을 보내는 사업을 전개했다.

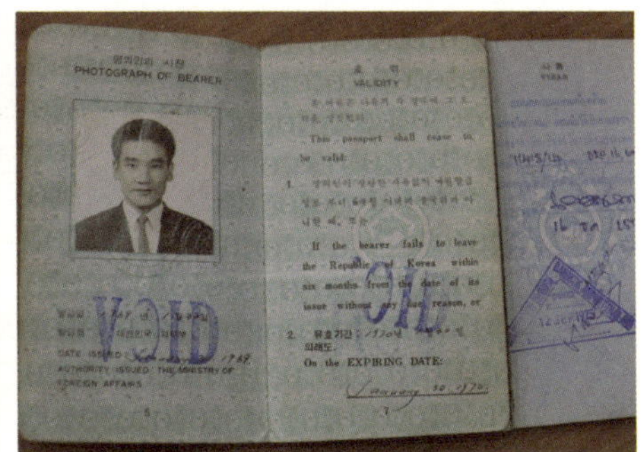

● 1970년대 이철희 원로가 사용하던 여권

공무원 출신인 김형곤도 베트남을 거쳐 태국에 온 케이스다. 베트남 대훈산업 건설 지사에서 근무하던 그는 1975년 4월 29일 월남 패망 하루 전 태국으로 왔다가 그 해 6월에 이란으로 건너가 5년 5개월을 거주했다. 1979년 팔레비 왕조가 붕괴하자 요르단으로 이주해 2년간 거주하며 사업을 하다 1983년 태국으로 돌아와 맨파워 사업을 시작했다. 그의 대상은 이라크, 리비아 등도 포함됐다.

김형곤은 인터뷰에서 다음과 같이 밝혔다. "당시 태국 노동자 소개 커미션이 아주 좋았다. 1인 700달러를 받았다. 하지만 어떤 사람은 3,000달러까지 받기도 했다. 나는 사정을 몰라 적게 받았지만 그 때문에 다른 사람에게 신용을 얻었다."(김홍구 교수 인터뷰) 김형곤은 한태상공회의소 회장, 제27대 한인회장(2011~2012), 노인회장, 방콕한국국제학교 운영위원장 등을 역임했다.

2022년 도쿄올림픽에서 마침내 금메달을 수확한 태국 태권도의 '오리진'도 베트남 전쟁과 관련이 높다. 1966년 태국에 주둔한 미국부대를 상대로 태권도 시범을 보인 것이 계기가 되어 6명의 태권도 사범이 태국에 들어왔다. 김승곤, 박영훈, 허문선, 한상철, 손영래 사범 등이 그들이다. 베트남 전쟁이 끝날 무렵인 1974년 미군들이 본국으로 귀환하자 한국인 사범들이 그때 이후로는 태국인들에게 태권도를 보급하기 시작했다.

태국 태권도를 언급할 때 빼놓을 수 없는 인물은 송기영이다. 송기영 사범은 1972년부터 유명 대학교 체육 교수들을 대상으로 한국어 교육과 함께 태권도 교육을 시켰다. 태권도 사범 30여 명과 태국 전역을 돌며 시범 활동도 했다. 사단법인 태권도협회도 만들었다.

"고등학교 졸업 후 일자리를 찾아보려고 서울 갈 결심을 했다. 여름에는 아이스크림, 겨울에는 땔감 장사도 했다. 그러다 외국에 나가볼까 하는 생각으로 태권도를 하게 됐다. 군 생활 마치고 태권도 가르치러 캐나다로 가보려 했지만 비자 문제로 여의치 않아 태국에 먼저 와 있던 분의 권유로 오게 됐다. 태국에 와서 처음 2년은 괜찮았지만 가르치던 미군들이 떠나면서 경제적 어려움이 컸다. 로열 스포츠클럽에 나갔지만 입에 풀칠이나 할 정도였다. 텃세도 커 힘들었다. 키가 2미터나 되는 미군 해병대는 태권도를 한다며 다니다 죽임을 당하기도 했다."(The BRIDGES 인터뷰, 2013)

송기영은 한인회장(2003~2004)으로 봉사하기도 했고, 송기영 컵 전국 태권도대회를 만들어 태권도 꿈나무들을 찾아냈다. 송기영은 태권도를 통해 인성교육도 함께 시켰는데, 태권도를 '화랑 5계'와 접목한 것이다.

1970년 해외투자법인 1호라는 기록을 세우며 파이롯(Pilot)이 태국에 처음 진출했다. 이미 1950년대 일본에 진출한 파이롯을 한국이 인수하는 형태였고,

● 베트남 전쟁. 한국인의 태국 진출의 계기가 됐다.

● 송기영 사범

1974년에는 박선호가 26세 나이로 법인장으로 부임했다. 한국 파이롯은 1979년 방콕 실롬에 첫 사옥을 짓고 한국 기업으로 사세를 확장해 갔다. 직원 100여 명으로 일본 한국 유럽 대만 등과 무역을 전개하고 잉크, 사인펜, 매직, 라이터 등을 직접 제조하기도 했다. 파이롯은 당시 태국 한인회에 20만 밧을 기부, 오늘의 재태 한인회의 건물 마련에 결정적 역할을 하게 되었다.

10년 넘게 파이롯의 법인장을 지낸 박선호는 "1982년에 방콕 아시안게임이 있었고, 1986년에는 한국에서 아시안게임이 개최됐다. 이것이 태국인이 한국인을 인식하게 된 모멘트가 아닐까 생각한다"고 밝혔다.

박선호는 "1970, 1980년대 주요 경쟁 상대는 대만이었다. 한국 제품은 대만 제보다 품질이 20% 정도 좋았고, 가격은 그만큼 비쌌지만 한국 제품은 싼 것으로 인식돼 정말 어려웠다"고 밝혔다. 박선호는 1985년 이후 개인 무역, 식당 운영 등을 하며 태국에 정착했다.

태국인에 대해서는 이렇게 말했다. "직원 가운데 벤츠 승용차를 끌고 출근하는 사람도 있었다. 대부분 오토바이나 차가 있었던 것 같다. 자동차가 참 많았다. 한국에는 흑백으로 나오는 KBS와 MBC TV밖에는 없었지만 1974년 태국에는 5개 TV 방송이 있었고, 모두 컬러였다. 놀라지 않을 수 없었다. 태국인 직원들은 책임성과 창의력은 없었지만 그때나 지금이나 친절하고 예의 발랐다. 어떤 지시를 내리고 확인하지 않으면 틀리는 경우가 많았다. 이해가 안 되면 오해로 이어졌다. 남의 눈치를 보지 않는 자유스러움이 좋았고, 그런 로컬 컨디션을 받아들일 수 있어 현재까지 태국에 남아 살고 있다."

그는 1970년대 재태 한인사회는 원로교민, 대사관, 대한항공, 코트라 및 베트남, 중동 이주인 등 100여 명 정도 규모의 가족적 분위기였으며 매월 정기

골프, 경조사 및 송별회 등의 모임을 가졌
다고 한다. 그는 1976년부터 1979년까지 한
인회 재무이사 및 골프간사를 역임했는데
기관장 이임시에는 한인회(회장 박재기) 주관
으로 고려정 및 그레트샹하이 등에서 모든
교민들이 참석해 이별의 아쉬움을 달랬고
이때 귀국인들은 이구동성으로 "(오지에 발령
받아) 울면서 왔다가(정들어 떠나기 싫어) 울면서
떠난다"는 소감을 피력해 일명 귀국 소감
의 대명사가 됐다고 기억했다.

● 박선호 회장

Thai Tip

태국의 인구증가는 2021년 54만 4,570명에 머물렀다. 가임 여성 1명이 낳는 출산율
은 1.3명으로 세계 평균 2.5명을 밑돌고 있다. 2040년이 되면 60세 이상은 32%에
이르고 외국인을 제외한 현인구 6,600만 명은 4,000만 명으로 감소할 것이라 전망
하고 있다.

[3장]

태국 한인 도약 시대
(1980~2000년)

▶ 1980년대 태국 한인 진출사

1980년 이후 태국의 한인사회는 양적으로 크게 확대되었다. 관광산업 및 투자 진출 등이 지속적으로 활발해졌기 때문이다.

1986년 대한민국 외교부 재외동포 현황 자료에 따르면 태국 교민 수는 449명(남 288명, 여 161명)이었다. 10년 뒤인 1997년에는 총 7,901명으로 15배 이상 증가했다. 태국 진출 사유는 복합, 다양해졌다.

1980년대 이후 교민사회가 발전을 이룬 것에 대해선 1985년 '플라자 합의' 때문이라고 보는 의견이 많다. 미국, 영국, 독일, 프랑스, 일본 재무장관들의 합의인 플라자 합의는 일본 엔화 가치의 폭등을 불러왔고 국제적으로는 3저 현상을 낳았다.

한국 기업의 수익성이 좋아졌지만 동시에 한국에서 생산 비용이 상승하기 시작했다.(박번순 삼성경제연구소, '한국의 대태국 투자 현황과 특성' 중) 1987년 민주화의 진전과 함께 억눌렸던 노동운동이 활발하게 전개되면서 수출형 노동집약적 업종인 신발, 완구, 섬유 등의 국내 생산비용이 상승했고 이들 기업이 납기일을 맞추기 위해 태국을 비롯한 동남아로 진출하기 시작한 것이다.

● 방콕 모습

    상당수 기업은 인건비가 저렴한 인도네시아를 택했지만 다수의 기업은 태국을 선택했다. 한국 기업들의 대 태국 투자는 섬유, 신발 등뿐 아니라 전자 및 부품 등 보다 기술집약적인 투자도 있었다.

    한국에서 식자재 유통업을 하다 1980년대 태국에 진출한 이응선(대한노인회 태국지회장)의 경우처럼 태국을 중심으로 소련, 한국 등에 한약 원자재를 유통하는 3각 무역에 종사하는 한인도 등장했다.

    1970년 중·후반 시작된 중동진출 붐도 태국 한인들의 증가로 이어졌다. 태국은 중동과 한국의 경유지였으며, 태국을 베이스로 중동에 태국 인력을 공급하는 한인도 다수 등장했다. 중동에서 한국으로 귀국하기 전에 태국에 들러 여행

● 미국에서 열린 G5 재무장관들의 플라자 협정

● 중동 진출 붐에 따라 태국 한인도 증가했다.

하거나 쇼핑을 하기도 했다. 사우디아라비아 등을 거쳐 태국에 정착하는 사례도 있었다.

방콕한국국제학교 건립추진위원과 재태 한인회 부회장 등을 지낸 이형배(재향군인회 태국지회장)는 1990년 태국에 진출했다. 섬유사업 소싱에이전트를 하다 태국으로 진출한 케이스다. 한국의 디지털화와 민주화 노동운동의 영향으로 한국에서 섬유산업이 어려워진 것이 역시 해외 진출의 계기가 됐다. 1990년 태국 진출 후에는 섬유 관련 업계 종사자 모임인 '한올회'를 만들어 20~30명이 140회 이상의 골프 모임을 이어나갈 정도로 활성화되었다고 기억한다.

"한국에서 왔다고 하면 남한이냐 북한이냐를 물어볼 정도로 1990년대 초에도 태국인들의 한국인에 대한 인식은 크지 않았다. 아내가 토요학교 교감을 한 적도 있었다. 덕분에 초등학생 아이들이 한국인의 정체성을 유지하는 데에는 문제가 없었다."

● 이형배 태국 지회장

이형배는 태국 투자가 활성화된 시기에도 건설업, 롯데리아, 섬유공장 등은 태국 진출이 쉽지 않았는데 이는 태국 상류층과 거래를 트기 쉽지 않았기 때문이고, 장기 사용권을 뜻하는 태국 임대제도 등에 대한 무지도 걸림돌이 됐다고 지적했다. 당시 태국 상황을 깊이 모르는 한국인과 기업이 많았다는 의미다.

▶ 태국의 경제성장과 한국기업의 태국 진출

태국에 대한 외국 투자가 홍수를 이룬 것은 1988년 무렵이다. 이 시기는 태국의 공업화와 산업화가 가장 활발한 시기로 태국 경제는 1987~1990년 사이에는 연평균 두 자릿수 경제성장률을 기록했다. 한국 기업들은 미국 등 선진국 시장에 우회 수출용 제품을 생산하기 위해 태국에 진출하기도 했다. 중·저가 전자제품을 생산하던 기업도 많았다.

스피커 업체 삼미사운드가 1987년, 신발 업체 화승산업과 무선전화기 회사 맥슨전자 등도 1988년 태국에 진출했다. 태국 한국 기업체 진출이 크게 늘면서 교민 수도 비례하여 증가한 것은 당연했다.

전용창(25, 32대 한인회장)은 1987년 로케트전기의 주재원으로 발령나 태국에 온 케이스였다. 30대 초반이었고 직책은 과장이었는데, 구매, 총무, 노무, 현장 관리 등을 아우르며 22명의 기술자와 함께 태국에 도착했다. 다른 교민들처럼 언어소통이 불편사항이었다.

전용창은 주재원 3년 기간이 끝나 한국으로 돌아가게 됐는데, 삼성전자, 맥슨전자, 모나미 등 1990년대 초 많은 기업이 태국으로 활발히 진출하기 시작하자 인쇄업이 사업성 있는 아이템이라는 생각으로 태국에 본격 진출했다.

황경선은 한국외국어대 태국어과 석사과정을 마치고 1985년 시나카린위롯 대학의 유학생으로 태국에 진출했다. 그는 축구를 좋아하는 태국인들이 한국이 월드컵에 첫 진출하는 것을 보면서 한국에 대한 인식이 생기기 시작한 것 같다는 의견을 폈다.

● 황경선 회장

1980년 중반 공장, 회사, 상점 등은 모두 요직은 중국계가 차지했고, 태국인은 주로 경찰 등 공무원이나 농업에 종사했다고 한다.

황경선은 유학을 마치고도 태국에 남아 통역에 이어 1987년부터는 여행사업, 식당업 등에 종사했는데 한국에 돌아가도 전임강사 자리를 맡기 어려운 대학의 현실이 태국에 남은 주된 이유였다.

2001년 한태관광진흥협회를 공식 등록하며 노동허가를 내주지 않는 한국 가이드들의 합법화를 위한 노력을 전개하기도 했다. 1995년 태국 관광청장이 무용단을 이끌고 한국에 가서 첫 태국관광 홍보를 할 정도로 태국에서 한국은 중요 시장으로 부각했다고 말했다. 여행 자유화가 시작된 1989년 이후에는 차량이 부족할 정도로 여행업이 번성했다고도 기억했다.

제30대 한인회장을 지낸 임부순은 역시 한인회장을 지낸 아버지 임완근(제16대, 1991~1992년)의 권유로 태국에 왔다가 미국 유학 중 다시 태국으로 돌아왔다. 여행 자유화로 관광객이 넘치자 방콕 펫부리에 500석 규모의 대형 단체 투어 식당의 관리를 맡았다.

"미국에서 파트타임으로 하루 25달러 정도를 벌었는데, 여행 붐으로 가이드들은 한 달에 몇 만 달러를 벌기도 했다. 가이드 중 태국어를 하는 사람이 많지 않았다. 큰 버스 10여 대가 늘 식당 앞에 대기했고, 하루 1,000명 정도가 식당을 찾았다."

여행 자유화 이전 태국은 주로 중동 노무자들이 들르는 경유지였으나 교민 중 20, 30대 연령층은 거의 찾아볼 수 없었다고 한다. 여행 자유화로 관광 가이드들이 유입되며 태국 한인사회가 젊어지는 계기가 됐다는 것이다.

▶ 1990년대 태국 한인 진출사

세계한인무역협회(월드옥타) 방콕지회장을 역임한 윤두섭은 1990년대 초반 태국에 진출했다. 1992년 맥슨전자 신입사원으로 입사한 그는 태국에 파견 나왔다가 정착한 케이스다.

1991년 맥슨전자가 스쿰윗 103에서 일본 공장이 많은 아유타야로 이전했고, 한국 직원은 27명에 달했다. "당시 한국 기업이 많이 진출하던 시기이기는 했지만, 한국인에 대한 존재감은 거의 없었던 것 같다. 마사지를 받으러 가도 일본인이나 싱가포르인이냐고 물어보기 일쑤였다. 지금 같은 스쿰윗 한인상가도 형성되어 있지 않았다. 항구 쪽에 부산식당이 하나 있었고, 나중에 스쿰윗에 서울집이라는 한식당이 생겼던 기억이 난다."

윤두섭은 1996년 Noxan이란 회사를 창사, 멀티비전 사업을 시작했다. 가라오케 등에 프로젝트 대신 TV 여러 대를 설치하는 한국식 스타일을 도입했으나 큰 성공을 거두지는 못했다고 한다. "태국 시장조사를 제대로 하지 않았기 때문이다. 태국인들이 어두운 것을 선호해 밝은 모니터가 먹히지 않은 것이다."

태국 진출 시 태국인의 문화, 정서 등의 연구와 조사가 필요함을 알려주는 대목이다. 윤두섭은 태국 지상파 CH7의 외주 제작사와 TV 협찬 및 광고 등의 일을 하다 태국인 아내를 만나 결혼한 뒤 반도체 구입 및 판매회사를 거쳐 의료기기 수입 등 한국의 첨단기술 등을 태국에 도입하는 사업을 이어가고 있다.

1980년대 말에는 LG전자와 삼성전자 등 대기업이 태국에 대한 투자를 시작했다. LG전자는 1988년 9월 Thai BMC와 합작해 처음 태국에 투자했는데, 선진국에 수출하기 위한 TV를 생산하기 위한 목적이었다.

삼성전자도 LG에 이어 태국에 1989년 합작법인을 설립했다. 역시 선진국 수출용의 컬러 TV를 생산하기 시작했으며, 태국에서 생산된 제품은 대부분 OEM 방식으로 미국이나 유럽으로 수출됐다.(박번순)

LG와 삼성의 투자는 부품업체들의 투자도 촉진시켰다. 일본 업체들이 이미 자리 잡고 있던 아세안 지

● 삼성전자

● 김장열 전 한인 회장

역에서 부품을 조달받기 위해서는 국내에서 협력관계에 있던 중소업체들을 동반하지 않으면 안 되었기 때문이다.

1980년대 말부터 1990년대 전반까지 태국에 1차 진출했던 노동집약적 투자는 1990년대 중반 이후로는 베트남과 필리핀으로 옮겨갔다. 그곳의 인건비가 훨씬 더 저렴했기 때문이다.

한인이 늘고 경제 분야 확대가 지속되면서 한국 언론들도 태국에 주목했다. 1981년 7월 연합뉴스는 태국 방콕 특파원을 신설했다. 제1대 특파원 전종만을 시작으로 2022년 현재까지 41년간 총 14명의 특파원이 파견되어 태국을 포함해 미얀마, 싱가포르, 말레이시아 등의 소식을 한국에 전하고 있다.

9년 뒤인 1990년 2월에는 KBS 방콕 지국이 개설돼 현재에 이르기까지 총 10명의 특파원을 파견하고 있다. 태국은 물론 베트남, 인도네시아 등 동남아와 호주, 뉴질랜드 등 오세아니아주까지 취재하고 있는데 메인은 태국이다. 쿠데타 등 사회문제, 쓰나미 등 자연재해를 비롯해 한류 등 한국 경제나 문화 관련 보도도 국내에 생생히 전달하고 있다. 1982년에는 태국인의 한국 관광 유치를 위해 한국관광공사 태국지사가 개소됐다.

● 방콕 스쿰윗 한인상가

김장열 제24대 한인회장(2005~2006)은 1980년대 중반 이후 태국 한인사회의

● 1987년에 이은 1989년 해외여행 완전 자유화는 재태 한인의 급격한 증가를 불러왔다.

상황에 대해 1980년대 중반부터 1990년대 중반 사이 태국 한인들의 숫자가 기하급수적으로 증가했다고 증언한다. 일본 기업들이 태국에 물밀듯이 생산기지를 구축하는 시기이기도 했는데, 한인 업체들도 태국에 대규모 생산기지를 만들고 7~8년 동안 집중적인 투자를 했다"고 말했다.

태국 진출 계기에 대해선 "당시 한국에서 가장 활발하게 영업하던 해운 용

● 태국 왕궁 전경

선 업체에서 5년 동안 용선 전문가로 일하던 중 해외로 진출하고자 했던 꿈을 펼칠 수 있는 최적의 나라가 어딘가를 찾다가 태국이 가장 매력적으로 보였다"고 말했다.

한태상공회의소 회장을 지낸 이만재는 대우종합상사 근무 시절 태국을 포함 필리핀, 말레이시아 등에서 18년 동안 주재원을 지내다 1985년에 이어 2000년 이후 태국 법인장을 지냈다.

▶ 관광사업 종사 재태 한인의 증가

관광사업을 하는 재태 한인이 늘어나기 시작한 것은 1983년 한국에서 관광 목적의 여권 발급을 처음으로 시행한 것과 맥을 같이한다. 만 50세 이상으로 1년 이상 200만 원 이상의 관광 예치금이 있어야 가능했는데, 이는 해외 관광 사업의 발단이 됐다.

1989년 1월 1일부터는 해외여행 전면 자유화가 실시됐다. 시간적으로도 가깝고, 겨울이 없는 태국을 찾는 한국인 관광객이 급속히 증가하기 시작했다. 1990년 태국을 찾은 한국인 관광객은 40만 명이었으며, 2000년엔 50만 명으로 증가했다. 코로나 이전인 2019년엔 190여만 명에 육박했다.

5~6개에 불과하던 태국 내 한인여행사는 관광객의 수와 비례해 증가했으며, 2007년 중반까지 500여 개까지 우후죽순 설립됐다. 당시 4,000~5,000여 명의 한국인이 방콕은 물론 푸껫, 치앙마이 등에서 관광업에 종사한 것으로 알려졌다.

그러나 관광 가이드는 태국이 외국인에게는 불허하는 노동 직군이라 늘 신변의 불안정성에 처해 있었으며, 공식 숫자도 파악되지는 않았다.

● 정낙범 노인회 수석 부회장

재태국 한인회 자료에 따르면, 갑자기 봇물처럼 들어오는 한국인 관광객의 수요를 감당하기 어려워 당시에는 누구든 태국어를 조금이라도 할 수 있다면 관광 안내원으로 나서는 상황이었다고 한다.

관광업의 호황은 지속되지 못했다. 1990년대 걸프전이 발발하면서 중동 경유지였던 태국의 존재감이 줄어들었고, 쿠데타 발생 등으로 태국 국내 정서의 불안도 영향을 미쳤다.

업체들의 과당경쟁으로 제 살 깎아 먹기가 시작돼 원가에 훨씬 미치지 못하는 요금으로 관광객을 받아 바가지 옵션으로 손실분을 채우는 변칙영업의 서막도 열렸다.(재태국 한인회 자료 중)

인터넷의 발달에 따른 여행 정보의 확산으로 자유여행이란 새로운 패턴의 여행 시스템이 시작됐지만, 시장 장악을 위한 일부 온라인 여행사들의 과다경쟁은 여전히 계속돼 재태 관광사업은 예전 같은 활기를 되찾지 못하고 있다.

여행 자유화 이후 태국에 진출한 첫 세대라고 할 수 있는 강의종은 "체감적으로는 1992~1993년을 거치면서 한국 관광객이 많이 늘어난 것 같다. 1988년 서울올림픽을 거친 뒤라 태국인들도 한국에 대해 잘 알고 있었던 느낌"이라고 말했다. 또 "관광 호황기라 수입이 좋았다. 태국어를 할 줄 모르는 것이 가장 큰 어려움이었다. 당시 태국에 온 관광 가이드들이 비슷하게 느끼는 고충이었다"고 밝혔다.

1990년대 들어 태국 진출 한인들의 직종은 더욱 다양해지고 사연도 많아졌다. 쿠웨이트에서 건축자재 건설업을 하던 정낙범(노인회 수석 부회장)은 그 해 걸프전이 터지자 쿠웨이트로 돌아가지 못하고 라오스에 수력발전소 건설자재를 보내기 위해 1994년 태국에 진출한 케이스다. 그러다 1997년 IMF를 맞으며 사업 실패를 겪고, 제재소, 대기업 프로젝트 TV 공급 등으로 부침을 겪은 끝에 불굴의 의지로 연간 1억 달러의 쿼터를 가진 태국 시멘트 원자재 딜러 등으로 자리 잡았다.

1990년대 말에도 한국인과 한국에 대한 인지도는 그다지 높지 않았다. 1998년 용접기, 드릴 기계 공구 등 철재류 사업으로 태국에 온 이정국 한인회 고문은 "1990년대 중반 이후에도 한국 건설회사들이 태국에 활발하게 진출했다. 친구가 태국 큰 회사에 납품하는 거래처를 가지고 있어 태국에 오게 됐지만 태국인들과의 노사관계는 쉽지 않았고, 태국 공구상들의 비리로 애를 먹기도 했다. 한국인의 존재감도 그다지 높지 않았다"고 회상했다.

1993~1994년 한인회 17대 회장을 지낸 강규진은 1993년 한국 한 언론과의 인터뷰에서 태국 내 한인 청소년을 위한 학교 건립의 필요성을 역설하며 태국 내 한인 수와 진출 기업의 수를 언급하기도 했다. 당시 인터뷰에 따르면, 재태 한인 수는 4천여 명이었으며, 종합상사 13개, 투자업체 40여 개, 건설사 7개가 태국에 진출해 있었다. 1986년 외교부 분석에 따른 태국 교민 수는 449명에서 7년 만에 10배 가까이 증가했으며, 4년 뒤인 1997~1998년에는 8,000여 명으로 늘어나 재태 한인사회의 본격적인 도약이 이뤄진 시기임을 알 수 있다.

Thai Tip

태국에서 행운의 숫는 9, 불운의 숫자는 6이다. 9는 '까오'라고 발음된다. 그런데 '발전하다', '앞으로 나아간다'라는 태국어 발음이 '까우나'다. 두 단어의 발음이 비슷하기 때문에 9가 행운의 수로 여겨지게 된 것이다. 6이 불길한 수인 것은 '넘어지다' '고꾸라지다'를 '흑롬'이라고 말하는데 숫자 6이 '흑'으로 발음되는 까닭이다.

[4장]

태국 한인 도전과 기회의 시대
(2000~현재)

▶ **새천년, 다원화된 한인사회와 한류**

새천년이 시작되며 태국 한인사회는 한층 더 다원화됐다. 대기업은 물론 각종 공기관을 비롯, 소비재와 서비스 업종의 진출이 왕성해졌다. 앞선 시대와는 사뭇 다른 '호재'가 등장했기 때문이다. 이른바 한류다.

2000년대 초반 TV 드라마로 시작된 한류는 재태 한인사회 삶의 모든 분야에 영향을 미쳤다. 이 중 소비재 분야에 미치는 효과는 절대적이었다.

2010년 이전까지를 한류의 개화기라고 한다면 2010년 이후는 광범위한 확산의 시기였다. 한국인의 위상은 높아졌고, 한국 브랜드의 인기는 날로 상승했다.

태국인에게 한국은 깨끗하고 스마트한 나라이자 IT 강국이었다. 한류가 미치는 영향력은 실로 막대해 한국을 찾는 태국 관광객이 급증했고, 한국어의 인기가 치솟아 전세계 한

● 한류 스타에 열광하는 태국 젊은이들

국어를 배우는 인구의 25% 이상이 태국인으로 분석되기도 했다. TV만 켜면 나오는 한국 드라마, 일주일도 거르지 않고 열리는 K-POP 콘서트와 팬 미팅 등의 영향이었다.

중국과 일본에서 혐한류와 항한류가 제기됐지만, 개방적인 태국은 한류의 새로운 전진기지로 부각되며 진화와 증폭을 이어갔다. 패션, 미용, 화장품 등의 한국 소비재는 물론 한국형 프랜차이즈의 진출로도 이어졌다. 각종 화장품 브랜드가 진출했고, 드라마에서 연예인이 착용해 인기를 끈 컬러 렌즈의 판매고가 1년 만에 2000배 이상 성장한 경우도 있었다.

여학생들은 K-POP 걸그룹의 헤어스타일 붐에 학교측의 훈육 방침과 마찰을 빚기도 했다. 태국 수상이 드라마 〈태양의 후예〉 애청자라며 공개했고, 또 다른 수상은 딸이 한국어를 부전공으로 공부하고 있다고도 밝히기도 했다. 방콕 한인상가를 방문한 태국 공주는 드라마 〈선덕여왕〉을 언급하며 애정을 표현하기도 했다.

해방 전 일본에 강제 징집돼 모진 수난과 고통을 겪었던 한인 1세대, 그리고 6·25 한국전쟁 때 태국의 원조를 받던 헐벗은 한국의 흔적은 더 이상 태국에 남아 있지 않았다.

태국 상점에서 한국 제품을 팔면서 '풍 마짝 까올리(막 한국에서 왔어요)'란 문구로 마케팅을 펼치거나 백화점 식품 코너마다 작은 태극기가 걸려 있는 것은 더 이상 주목할 만한 일도 아닌 오늘이 됐다.

한류가 태국에 짙은 안개처럼 드리우는 사이 태국의 정치·환경적 요인은 결코 녹록지 않았다. 새천년으로 들어서며 태국은 2, 3년 단위로 큰 재난과 정치적 불안이 갈마들었다. 재태 한인들도 시련 앞에 놓였다.

2004년 쓰나미를 시작으로 2006년 군사쿠데타, 2008년 공항 폐쇄, 2011년 대홍수, 2013년 방콕 셧다운과 유혈시위, 2014년 또다시 군사쿠데타, 2020년 초부터 시작된 코로나 등이 이어지며 서비스업 의존도가 높은 한인사회는 후퇴와 전진의 쳇바퀴를 거푸 돌리지 않을 수 없었다.

태국 군사정권이 들어선 뒤 2014년 7월부터 강화된 '비자런'의 단속은 재태

● 2006년 쿠데타를 발표하는 태국 육군참모총장, 오른쪽은 정정 불안 속에 열린 코리안 페스티벌

한인들의 줄이은 본국 귀환을 부채질했다. 설상가상 2019년 말부터 시작된 코로나는 2020년 3월 이후 태국의 전면적인 국가봉쇄로 이어져 한인사회도 태국 진출 이래 최대 위기를 맞았다.

관광객의 격감, 방역지침에 따른 영업제한 조치는 관광업과 서비스업에 종사해온 태국 한인들에게는 그야말로 직격탄이었다. 한인의 수가 줄었고, 잘나가던 프랜차이즈, 음식점 등도 문을 닫아야 했다. 한인사회는 코로나를 전후로 또 다른 '역대급 위기'에 봉착한 것이다.

그러나 한인 1세대가 굳센 개척 정신과 인내로 태국에 뿌리를 내렸듯이 태국 한인사회는 또 다른 출발선에 서길 주저하지 않고 있다. '위기 속의 기회'라는 말이 있듯, 한류의 열기는 식지 않으며 성공의 디딤돌을 다지는 젊은 창업가들도 등장하고 있다.

2000년 이후 정치적 격변과 환난이 이어진 태국은 재태 한인들에게는 시련이었지만 한편으로는 새 질서를 주도할 기회의 시대이기도 했다.

▶ 태국 격변기 재태 한인들(2000~2010)

새천년 들어 2004년 푸껫 쓰나미는 한인사회의 존재를 태국에 알린 계기가 됐다. 쓰나미가 발생하자 재태 한인사회는 한인회를 중심으로 구호 활동에 적극 나섰다. 삼성, LG, 현대 등을 비롯한 각 기업체에서 6억 원에 상당하는 물품과 구호기금을 마련했고 다방면으로 지원 활동을 펼쳤다. 재태 한인 회에서도 현금 100만 밧을 모아서 당시 수상이던 탁신 총리에게 한인회 간부 들과 함께 전달하기도 했다.

쓰나미 2년 뒤인 2006년 9월에는 태국의 18번째 군사 쿠데타가 발생했다. 탁신 총리가 UN 연설차 뉴욕에 가 있는 사이 군사 쿠데타가 터진 것이다. 옐 로셔츠와 레드셔츠 시위대가 격렬하게 대립하며 태국 사회 혼란이 극에 달 했다.

쿠데타 6개월 전 제18대 대한민국대사로 태국에 부임한 한태규 대사는 당 시를 이렇게 회고했다. "태국 외교부로부터 밤 10시쯤 쿠데타가 일어나 정부 건물을 모두 장악했다는 긴급전화를 받았다. 공관 비상연락망을 통해 전직 원 비상대기 후 교민 안전대책을 강구했다. 지역 한인회, 동포단체에도 바쁘 게 연락을 취했다. 쿠데타 다음 날 오전 외교관들에게 브리핑을 할 테니 상 황실로 들어오라는 전갈을 받고 들어갔다."

태국 정권이 갈마드는 사이 2008년은 한-태수교 50주년이 되는 해였다.

드라마로 시작된 태국 한류의 열기가 레인, 동방신기 등 K-POP 가수들의 대형 공연으로 이어지며 한국 대중문화 콘텐츠가 전 분야로 확산되었다.

한-태수교 50주년을 기념하는 태국 내 첫 종합한류 축제가 재태 한인회의 주최로 방콕의 중심부인 시암패러건에서 화려하게 개막돼 유명 한류 스타가 방문하고, 한복 패션쇼 및 양국 문화공연, 양국 대중 가수들의 무대가 큰 화제가 되었다. 그러나 2008년 말 에는 사상 초유의 또 다른 환란이 기다리고 있었다. 반탁신의 옐로 셔츠가 수완 나품 공항을 점령해 국제공 항이 폐쇄되는 전대미문의

● 수완나품 국제공항을 점거한 시위대

사건이 발생한 것이다.

재태 한인들은 관광객의 유치가 아니라 어떻게 하면 한국인을 고국으로 빨리 돌려보낼 수 있을까를 고민했다. 공항 폐쇄 직전인 2008년 10월 제19대 대사로 부임한 정해문 대사는 "공항이 폐쇄된 줄 모르고 혹시라도 공항에서 항공편을 기다리는 한인들이 있지 않을까 하는 우려가 머릿속을 맴돌았다. 소식에 늦은 몇 명의 한인을 공항에서 데리고 나와 대사관 근처 안전한 호텔로 임시 대피시키기

● 정해문 한국대사

도 했다. 십시일반 음식 지원도 했다. 호텔에 전화해 투숙 관광객 현황을 파악하게 한 후 이들과 비상연락망을 유지하도록 하면서 임시 항공편 투입 문

● 거리를 가득 메운 시위대 모습

제를 본국과 협의했다.”

2008년 치앙마이와 푸껫에는 명예 영사관이 처음 설치되기도 했다.

2009년 4월 아세안 관련 정상회담에 참석했던 이명박 전 대통령은 시위대의 행사장 난입으로 하루 만에 돌아가는 일도 발생했다.

그 당시 대사였던 정해문 대사는 “아세안+ 한중일 정상회의와 동아시아 정상회의 참석을 위해서는 다른 호텔로 이동해야 하는데, 불가능해 보였다. 우리 대통령은 일본 총리와 같은 숙소인 호텔에서 양자 정상회담을 하고 있었는데, 나는 메모지 한 장 들고 한일정상회담장으로 뛰어 들어가 대통령에게 ‘남은 아세안 관련 정상회의 일정이 모두 취소되었다’는 아피싯 총리의 발표문을 보고했다”고 회고했다.

일촉즉발의 혼란이 이어졌던 태국이 아닐 수 없었다. 그럼에도 태국 내 한국의 인지도는 고공비행을 계속했다. 태국의 정치적 갈등 속에서도 2008, 2009년 2년간 태국 지상파 TV에서만 역대 최대인 무려 86개의 한국 드라마가 방송됐다. 주요 방송 황금시간대는 한국 드라마가 독차지했고, ‘한국적인 것’이 크게 유행했다. 정치에 실망한 대다수 태국인을 TV 화면 앞에 불러 모은 현상이 아니었을까? 재태 한인사회의 자부심은 크게 높아졌고, 재태 한인사회는 더욱 다채로워졌다.

[2000년 이후 태국 사회의 주요 일지]

날짜	주요 내용
2001년 6월	타이락타이(TRT)당 총선 압승, 탁신 총리 취임
2004년 12월	남부 푸껫 등에 쓰나미 발생
2006년 9월	군사쿠데타
2007년 5월	헌법재판소, TRT 등 4개 정당 해산 명령
2008년 12월	국제공항 폐쇄, ‘아세안+3 정상회의’ 취소
2010년 4월	반정부 시위, 방콕시내 총격전 91명 사망
2011년 9월	대홍수, 사망자 602명, 수재민 402만 가구
2012년	정정 불안, 반정부 유혈시위 지속

2014년 1월	방콕 셧다운 시위, 5월 군사쿠데타, 비자런 단속
2016년 10월	푸미폰 국왕 서거
2019년 3월	총선
2020년	코로나로 3월부터 국가 전면 봉쇄

▶ 한류의 확산과 기회의 태국(2010~현재)

2000년 초반 시작된 한류는 2010년을 거치면서 더 뜨거워졌다. 반면 태국사회의 분열은 더 심화됐다. 탁신 정부를 몰아낸 군부세력의 집권 후에도 정치적 불안정은 지속됐다. 2010년 4월에는 시내 백화점이 불타고 총격전이 벌어지며 90명이 넘게 사망했다. 한인 일부는 짐을 꾸려 태

● 탁신을 지지하는 시위대. 2000년대 이후 태국은 친탁신과 반탁신의 대립이 끝없이 이어지고 있다.

국을 떠나기도 했다. 급기야 2011년에는 전 국토의 70% 이상이 잠긴 대홍수가 발생했다.

그러나 반정부 시위와 홍수 속에서도 한국 대세는 유지됐다. 홈쇼핑을 비롯해 탐앤탐스, 할리스커피, 설빙 등의 빙수류 등과 같은 한국 음료, 라면 및

● 2011년 태국 국토의 70%를 덮친 홍수

● 임재홍 한국대사가 한-태 우호축제에서 수해를 당한 태국인들에게 힘을 내라고 외치고 있다.

즉석제품 등 K-FOOD 소비가 크게 늘었고, 각종 한국 브랜드의 인기가 치솟았다.

탐앤탐스는 최초로 24시간 영업제를 도입하기도 했다. 한국 브랜드라고 하면 일단 한수 먹고 들어가는 분위기였다고 한다. 탐앤탐스 김지용 법인장은 "커피값이 없는 젊은 친구들은 카운터 앞의 컵이라도 가져가려는 분위기였다"고 말했다.

그러나 한류 브랜드의 부침은 사이클이 짧아졌다. 한국 빙수가 곧 태국 로컬업체들과의 경쟁에 맞닥뜨린 것이 한 예다. 2012년에는 한국농수산식품유통공사(aT) 방콕 사무소가 개소됐다. K-푸드가 K-POP, K-드라마에 이은 한류의 큰 테마 중 하나로 떠오른 가운데 동남아 소비 트렌드 리딩 국가이자 세계인의 주방이라 불리는 태국 내 한국 농식품의 우수성을 보다 적극적으로 홍보하고 소비를 확산하는 데 목표를 뒀다.

● 한국문화원

태국에 큰 재난이 닥칠 때마다 한인사회는 아픔을 함께 나누며 소통했다. 대홍수 때 부임한 임재홍 대사는 2011년을 이렇게 회고했다. "대사 부임 후 한 달 만에 홍수가 왔다. 처음에는 한국 장마와 비슷하거니 생각해 1주일이면 끝날 것으로 생각했는데 두 달 가까이 이어졌다. 북쪽에 많이 내린 비가 완만한 국토를 흘러 남쪽으로 오면서 이어진 홍수니 한마디로 '햇볕 쨍쨍한 날의 홍수'였다. 곳곳에 구호물품을 전달하러 많이 다녔다. 지금도 파이팅이라는 뜻의 태국어 '쑤쑤'가 생각난다. '쑤쑤'만 계속 외치고 다닌 것 같다.”

군부가 들어선 뒤 외국인 불법체류 단속이 개혁 조치의 하나로 이뤄졌다. 재태 한인들의 ‘비자런’이 문제가 되었다. 주재국의 합법적인 법집행을 문제삼을 수는 없었지만 미처 대비하지 못한 한인사회에 큰 혼란이 일지 않을 수 없었다.

2013년 7월에는 방콕에 한국문화원이 개원했다. 태국의 한국문화원은 동남아에선 베트남, 인도네시아, 필리핀에 이어 네 번째이며 세계적으로는 25번째였다. 방콕 중심부이자 유동인구가 가장 많은 스쿰윗에 위치한 한국문화원은 지상 3층,

● 전재만 한국대사가 불우 어린이들을 찾아 봉사활동을 하고 있다.

● 노광일 한국대사가 봉사활동을 하고 있다.

1351㎡ 크기의 150석 규모의 공연장 ‘한마당’, 상설전시를 위한 ‘전통문화관’, 강의실로 사용되는 ‘세종실’ ‘훈민정음실’과 귀빈 접견용의 ‘사랑방’과 한식 강좌를 위한 ‘요리강좌실’ 등을 갖췄다.

▶ 한류의 끝판왕, 한국어교육

한류와 함께 시작돼 가장 돋보이는 전진을 이룬 분야는 한국어 교육이다. 이는 재태 한인사회뿐 아니라 한인 2, 3세에게도 엄청난 영향을 미치고 있다.

2011년 신학기부터 태국 중등학교에 60여 명의 한국어 교사가 처음 파견됐는데 주태 한국대사관에서는 여러 명의 대사들이 10년 가까이 바통을 이어가며 태국 내 한국어 파급에 전력을 기울였다. 한국어는 2018년 마침내 태국 대학입시의 제2외국어 선택과목으로 채택됐다.

2022년 대학 입시에서는 일본어를 제치고 중국어에 이어 두 번째로 많은 태국 학생들이 한국어를 제2외국어로 선택하는 쾌거를 이루었다. 전 세계에서 한국어를 배우는 청소년의 4분의 1이 태국인인 것으로 분석되고 있다.

이와 관련 노광일 대사(2015. 11~2018. 11)는 "한국어의 제2외국어 채택은 가장 보람 있는 일로 기억한다. 재임 시절 태국 총리, 부총리, 대법원장 등 누구를 예방하든 한국어의 제2외국어 채택을 의제 삼아 말했다. 외무부를 방문할 때는 직원들로부터 '처음 만나는 자리에서 한국어 이야기는 너무 강조하지 않으셨으면 좋겠다'는 말을 들었을 정도였다"며 "한류의 '끝판왕'은 한글을 배우는 것이라고 생각했다"고 말했다.

재태 한인들의 염원을 담아 방콕한국국제학교는 2020년 7월 마침내 새 교정을 갖는 꿈을 이뤘다. 방콕 다운타운에서 2시간 걸리는 외곽 농촉에 있다가 도심에서 더 가까운 람인트라로 이전한 것이다. 등하교로 파김치가 됐던 아이들이 기를 펴게 되면서 학생들도 몰려들었다. 전교생 90명이 채 안 되던 학생들은 이전한 지 2년도 안 돼 140명으로 증가했다.

1990년대 전후 태국에 폭발적으로 증가한 한인 2세들이 2010년 이후 청소년과 성인이 되어 태국사회에 진출하고 있는 것은 또 다른 한인사회의 큰 변화다.

태국에서 태어나 성장한 이들은 어떤 의식을 가지고 있을까?

2006년생으로 태국에서 태어나고 성장한 박서연 양은 한국어, 태국어를 능숙하게 구사하며 대학은 한국으로 가겠다는 뚜렷한 목표를 세워놓고 있다. 그 이유는 한국 부모의 교육과 한류의 영향 덕이다.

"토요학교에 다니며 한국 마인드가 생겼다. 한류 덕에 친구들 사이에서도 늘

● 박서연(왼쪽), 윤나라(오른쪽)

유리했고 주목받았다. 고학년으로 올라갈수록 더 그랬다. 태국 친구들이 한글이나 한국 음식, K-POP도 물어봤다. 한국인에 대한 정체성에 의문이 든 적은 한 번도 없었던 것 같다. 한국 드라마나 웹툰을 보면서 언제부터인가 한국에 대한 '로망'이 생겼다. 그래서 대학도 한국으로 가겠다는 결심을 굳혔다.”

2002년생으로 한국인 아버지와 태국인 어머니 사이에서 태어나 태국에서 자란 윤나라 양도 한국인의 성향이 강하다. 한국과 태국 여권 둘 다 가지고 있지만 아버지의 권유로 태국학교 방학이면 한국에 가서 공부하고, 드라마 내용이나 한국스타들의 SNS에 올라온 한글을 태국 친구들에게 알려주면서 태국에 살면서도 '한국 정체성'이 시나브로 스며든 케이스다. 영어와 태국어를 잘 구사하는 윤나라 양은 “혼혈은 기회”라고 말했다. 노광일 대사의 '한류의 끝판왕'은 한국어라는 말과 일맥상통하는 부분이 아닐 수 없다.

이는 1960년대 초반 한인원로인 김석건 회장이 대사관 주차장에 칠판을 걸고 마련한 한글학교를 통한 한국어 교육이 50년 넘게 면면히 이어져온 결과라고 해도 과언이 아니다.

▶ 코로나 위기, 하나로 뭉친 한인들

2019년 말부터 시작된 코로나로 인해 태국은 2020년 3월부터 전면적인 국가봉쇄를 단행했다. 태국에 제한 없이 입국하게 된 것은 2022년 7월 1일부터로 무려 2년 3개월이 걸렸다.

장기간의 코로나는 재태 한인사회에도 고통과 절망을 안겨주었다. 이동 제한과 영업 제한에 따라 관광업과 서비스업에 종사하는 한인들이 폐업하거나 귀국행렬에 올라야 했다.

태국은 코로나가 확산되자 2020년 3월부터 국가봉쇄에 들어갔지만 코로나의 유일한 해결책인 백신은 1년 뒤인 2021년 2월 28일에야 첫 접종을 시작했다. 실질적으로 내국인 우선 백신접종 방침에 따라 재태 한인들은 곳곳마다 기약 없는 유료 예약을 하며 감염에 그대로 노출됐다.

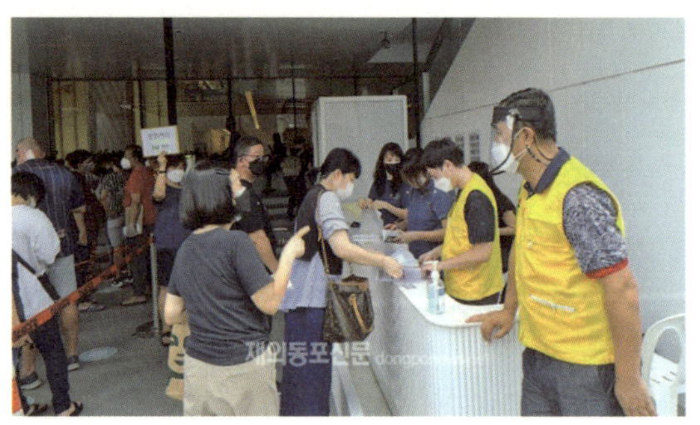

● 재태 한인 무료백신 접종

위기의 시기에 한인들은 하나로 뭉쳤다. 홍지희 재태 한인회 부회장을 중심으로 한인회, 코윈, 한-태 상공회의소, 월드옥타 방콕지회 등이 협력해 한인 3,700여 명이 태국 내 타국보다 가장 먼저 태국정부로부터 무료백신 접종을 받은 것이었다. 방콕뿐 아니라 치앙마이, 파타야, 촌부리 지역 취약 한인들의 백신 접종이 가장 먼저 성사됐다.

코웨이 등 한국기업에서도 병원에 필요한 공기청정기와 방역 물품 등을 기증하고 협력해 이를 계기로 재태 한인회와 한국대사관은 주요 태국 종합병원들과 MOU를 맺고 할인 혜택과 특별 의료 서비스를 시작할 길이 마련됐다.

코로나 기간 중 넷플릭스 등 새롭게 등장한 OTT 플랫폼을 통해 K-콘텐츠가 글로벌 인기를 차지하면서 한국인들은 태국에서 또 다른 기회를 맞을 조짐이다. 전세계를 휩쓰는 K-POP 그룹 방탄소년단(BTS), 〈오징어 게임〉〈미나리〉 등에 이어 태국에서는 K-콘텐츠가 인기 순위를 휩쓸고 있다. 한류가 가장 뜨거웠고, 식지 않은 태국에 또 다른 질서와 변화가 예고되고 있는 것은 물론이다.

맨주먹으로 태국을 개척해온 재태 한인 세대들이 70년간 이어오며 심어놓은 강인한 DNA는 재태 한인들이 코로나의 강을 훌쩍 뛰어넘어 또 다른 기회의 100년을 향해 힘차게 나아가고 있다.

특히 2023년은 한-태 수교 65주년으로 2022년 하반기부터 본격화된 태국의 포스트 코로나와 함께 새로운 희망의 원년이 될 것임이 틀림없다.

태국 한류 20년사
-태국 한류의 개화와 확산-

한류는 2000년 이후 태국 거의 모든 분야에 오랫동안 뜨거운 영향을 미치고 있다. 방콕 다운타운엔 한국풍이 유행하고, 한국 음식, 한국 제품을 찾는 태국인들이 크게 늘었다. 코로나로 뜸하던 K-POP 가수들도 다시 태국행 비행기에 오르고 있다.

● 싸이 '강남스타일' 콘서트 현장

중국과 일본에서 혐한류와 항한류가 제기되는 사이 한국 엔터테인먼트 업계에서 태국은 언제부터인가 '황금어장'으로 떠올랐다. 연예 비즈니스뿐 아니다. 한국어, 패션, 한국여행, 한국제품 등 전방위로 확산되며 한국 주가(株價)를 잔뜩 끌어 올렸다. 2000년 초부터 시작된 태국 한류는 2010년 이후부터는 활짝 핀 모습이다. 태국 한류는 재태 한인사회에 중대한 영향을 미쳐 떼려야 뗄 수 없는 관계가 되었다.

잘 만들어진 슬프고도 아름다운 드라마 〈가을동화〉와 〈대장금〉이 초반 한류를 이끌고 영화 〈미나리〉, 드라마 〈오징어게임〉, K-POP BTS가 글로벌 아이돌로 떠올랐듯 좋은 콘텐츠가 한류의 지속성 유지의 답이라는 데 이견이 없다. 한류는 재태 한국인의 자부심을 고양시키고 있다.

태국 한류의 발화점, 드라마

　2003년 여름 태국의 한 중국계 음반업자는 한국 드라마를 패키지로 대량 구입했다. CD도 아닌 비디오테이프에 복사한 뒤 더빙을 거쳐 태국 방송사에 납품했다. 한국 미니시리즈 5편을 한꺼번에 구입했지만 에피소드 한 편당 비용은 200만 원이 채 넘지 않았다. 대량 구입은 태국 시청자들의 좋은 반응에 주목한 것이었다. 깨끗한 화면과 빠른 전개, 리얼리티 넘치는 구성은 태국인들을 TV 앞으로 불러 모으기에 충분했다.

　태국에 한국 드라마가 처음 수입된 것은 이보다 3년쯤 앞선 2000년이었다. 한국에서의 직수입이 아닌 중국을 징검다리 삼아 태국에 들여오는 형태였다. 이 때문에 2000~2001년 태국에서 방송된 한국 드라마에는 중국어 자막이 그대로 있었다.

　태국에 첫선을 보인 한국 드라마는 MBC-TV의 〈별은 내 가슴에〉였다. 국영 방송인 CH5를 통해 방송됐는데 중국을 거쳐 수입된 것이었다. 2000년 CH5에서 방송한 또 다른 드라마 〈안녕 내사랑〉도 수입 경로는 중국이었다.

　두 드라마의 남자 주인공이 모두 중국에서 인기 절정이었던 안재욱인 것도 우연찮다. 당시만 해도 태국은 한국 드라마 수출에서 중국의 변방에 지나지 않았던 셈이다.

　태국 방송사들이 한국 드라마에 더 큰 관심을 보인 것은 2002년 들어서다. 중국계 태국 음반업자가 한국 드라마를 대량 구

● 〈가을동화〉의 한 장면

● 첫 한류 팬미팅을 가진 손예진

입한 것도 이 무렵이다. 한국 드라마 수입 붐을 이끈 방송사는 지금은 사라진 iTV라는 곳이었다.

iTV는 탁신 전 총리가 지분을 보유한 친나왓그룹이 세운 방송사로 태국 유일의 민영방송사였다. 1992년 개국했는데, 2002년 〈호텔리어〉〈맛있는 청혼〉 등 한국에서도 인기 있었던 멜

● 윤석호 감독 인터뷰하는 *itv mc*

로드라마를 수입해 방송했다. 반응이 좋았다. iTV는 이듬해인 2003년 〈이브의 모든 것〉〈러브레터〉〈가을동화〉〈진실〉〈겨울연가〉 등 무려 14개의 드라마를 주요 시간대에 내보냈다.

출근길 교통상황 등 톡톡 튀는 콘셉트로 편성하던 iTV가 한국 드라마를 집중 방송한 것이 태국에 한류를 알리는 '청신호'로 볼 수 있다. 〈호텔리어〉의 여주인공 송윤아는 2003년 화보 촬영을 위해 태국을 방문했다가 호텔 로비에서 기다리던 열성 팬들을 보고 자신이 먼저 깜짝 놀라기도 했다.

인기 드라마 콘텐츠는 특정 스타의 부각으로 이어지는 순서를 밟는다. 태국에서 최초의 팬미팅을 가진 여주인공은 〈맛있는 청혼〉과 영화 〈클래식〉의 손예진이었다. 방콕 국제영화제에 초청받은 손예진은 '손예진과 차 한잔을'이란 타이틀로 간단한 스낵과 차를 마련하고 한국 관광 홍보 겸 팬미팅을 가졌는데, 500여 석의 무료 좌석이 10분도 안 돼 꽉 찼다. 팬들은 복도 및 출입구 밖에까지 몰려들어 한국 드라마에 나온 한국 배우에 엄청난 관심을 보였다. 당시만 해도 영화나 드라마에서 보던 한국 스타를 가까이에서 본다는 것은 태국인들에게 흔치 않은 일이었다.

태국 한류를 점프시킨 〈가을동화〉〈겨울연가〉〈대장금〉

iTV가 방송한 드라마 중에서 한국을 가장 잘 표현해내며 태국인들의 정서에 깊게 호소한 것은 윤석호 PD의 〈가을동화〉였다. 한국의 모습을 수채화

● 대장금

같은 영상미로 표현해내고 이복남매 간에 얽힌 슬픈 사랑의 운명을 그려낸 이 드라마는 태국을 울음바다로 만들었다.

"얼마면 돼?"하고 외치는 원빈의 명대사는 마사지 집 아줌마들까지 외울 정도였다. 〈가을동화〉는 2003년 토·일요일 오후 시간대에 모두 3차례나 방송됐는데, 태국에 한국 드라마와 한류열풍을 본격적으로 일으킨 드라마였다.〈가을동화〉〈겨울연가〉로 이어지는 윤석호 PD의 4계절 시리즈는 태국 방송사들의 한국 드라마 수입 러시로 이어졌다.

iTV는 2002년 이후 6년간 '아시안 시리즈'란 타이틀로 띠프로까지 편성하며 무려 40여 개 가까운 한국 드라마를 태국 안방에 쏟아냈다. TV를 통해 전해지는 한국적인 모든 것이 태국에 스며들기에 충분했다.

iTV는 태국 정치변혁의 소용돌이 속에서 2007년 폐국을 맞았다. 3조 원에 가까운 방송 허가권료와 벌금을 내지 못해 방송이 중단됐기 때문이다.

iTV는 탁신 전 총리 재임 시절의 후광을 업고 편성비율을 당초 허가된 규정을 넘어 엔터테인먼트 프로그램 비중을 높였다. 이 틈을 타 한국 드라마가 가장 활발히 태국 TV에 소개될 수 있었던 배경이 된 것은 아이러니컬하기만 하다.

민영방송사 iTV의 폐국은 한류 확산을 멈춰서게 할 가능성이 높았다. 그러나 한번 달아오른 한류는 쉽게 식지 않았다. 문화 파급은 칼과 장벽 그 무엇으로도 막을 수 없는 법이다.

채널 파워가 높은 다른 국영 방송사들이 한국 드라마 수입에 적극 뛰어든 것이다. 특히 태국에서 가장 시청 점유율이 높은 CH7의 한국 드라마 수입은 태국인들의 한국문화에 대한 관심을 가일층 촉발시키는 계기로 작용했다.

CH7는 2005년 송혜교, 비 주연의 〈풀하우스〉가 시청 점유율 70%를 넘기며 히트한 것에 큰 자신감을 얻고 2006년에 이어 2007년 토·일요일 아침 시간대를 중심으로 2년 연속 연간 10개 이상의 한국 드라마를 골든타임을 이용해 안방에 내보냈다.

한국에서도 유명한 〈파리의 연인〉 〈러브스토리인 하버드〉 〈이 죽일놈의 사랑〉 〈낙랑 18세〉 〈궁〉 〈온리유〉 〈마이걸〉 등 젊은 층이 좋아할 만한 멜로 드라마들이 CH7을 통해 차례로 태국에 퍼져나갔다. 당시 CH7의 한국 드라마 수입담당 크리사다씨는 "한국 드라마는 구성과 전개가 짜임새 있고, 태국인의 정서에도 맞아 반응이 좋다"고 말했다.

CH7보다는 다소 소극적이었지만 CH3은 호흡이 긴 한국 사극에 관심을 드러냈다. 2005년 〈대장금〉을 방송한 게 공전의 히트를 기록했다. 여기 탄력을 받아 같은 해 〈서동요〉 〈허준〉을 잇달아 태국 안방극장에 선사했다.

태국에서 방송된 한국 첫 사극이었던 〈대장금〉은 태국 한류의 인기를 점프시켰다.

당시 시청률을 추적해보면 최고 15%, 평균 10% 내외여서 초대박이라고는 할 수 없지만 50회가 넘고, 긴장감이 넘치는 구성과 반복적인 노출로 한국 음식, 한복, 전통 등을 알리는 계기로 작용했다. 한국 드라마 가운데 20회가 넘는 장편은 〈대장금〉이 처음이었다. 결국 iTV가 한류를 소개했다면 CH7은 불을 붙였고, CH3은 한류에 기름을 부은 셈이 된 것이다.

방콕 시내에 한국 음식점이 늘어나고, 태국 식자층들이 한국 음식을 이야기할 때 〈대장금〉 이야기를 화

● 푸껫에서 촬영된 〈풀하우스〉의 한 장면

● 한국관광공사 태국지사를 방문한 이민호

두로 꺼내는 것은 드라마의 영향력을 말해주는 본보기다. 심지어 〈대장금〉이 끝난 뒤에는 한복을 입은 코믹 모델을 내세운 태국 피자 광고가 등장하기도 했다.

CH3은 〈상도〉 등의 사극에 이어 〈패션 70〉〈유리구두〉〈황태자의 첫사랑〉 등 현대 멜로물도 적극 수입, CH7과 함께 iTV가 주도하던 태국의 한류를 2015~2018년 무렵까지 10년 이상 쌍두마차가 되어 이끌어갔다.

드라마의 인기로 한류스타 팬미팅 성황

인기 드라마의 주인공들이 태국에서도 스타로 부각되는 것은 당연했다. 〈마이걸〉의 이준기와 이동욱 이다해, 〈옥탑방 고양이〉〈러브스토리 인 하버드〉의 김래원, 〈풀하우스〉〈이 죽일 놈의 사랑〉의 비, 〈서동요〉〈온리유〉 등의 조현재, 〈궁〉〈커피프린스〉의 윤은혜 등이 2010년 이전까지 태국의 한류 스타들이었다. 당시 최고 한류 스타였던 김래원과 이다해는 재태 한인회의 초청으로 태국을 방문해 한태 수교 50주년 행사와 함께 봉사활동을 하기도 했다.

CH7에서 인기리에 방영된 〈풀하우스〉의 주인공인 비가 태국에서 한국 가수로는 처음으로 단독 콘서트를 열었다. 입장권 판매가 시작되자마자 매진을 기록한 것은 드라마 효과에 힘입은 것이었다.

태국 초기 한류 붐을 주도한 드라마는 K-POP으로 진화할 준비를 하고 있었다. 한류 스타들도 팬미팅을 위해 보컬 연습을 하고, 새로 제작되는 드라마는 동남아 팬들을 겨냥해 아이돌을 캐스팅하는 경향도 보였다.

2008~2009년 2년간 태국 지상파 TV에서만 무려 86개의 한국 드라마가 방송됐다. 1부 50분을 적용하고 평균 16부작으로 나눠 따져봐도 태국인들은 주요 방송 황금시간대에 단 하루도 빠지지 않고 한국을 대하게 된 것이었다. 이쯤되면 '한국적인 것'이 유행하지 않는 게 오히려 이상할 정도였다.

엄청난 양의 한국 드라마 방송은 한류 스타를 낳고 한국 패션, 한국 관광, 한국어 학습 열기의 효과를 내기 시작했다. 음반시장의 침체기를 겪던 가요

시장도 태국을 토대로 확실한 기반을 쌓아갔다. 드라마 음반(OST)도 자연스럽게 태국시장으로 쏟아져 들어왔다.

한국 오락프로 한류에 가세

2009년 이후 케이블 TV 트루는 한국방송 프로그램 수입의 또 한 축을 차지하기 시작했다. 종전의 태국 TV들이 주로 드라마를 수입한 반면, 트루는 드라마는 물론 오락, 쇼, 가요프로까지 안방에 쏟아냈다. 한국의 'X맨' '러브레터' 등 오락프로 등이 트루를 통해 태국에 들어왔다. 한류의 또 다른 진화가 시작된 것이었다.

태국 방송사들이 한국 방송 프로그램에 적극적인 것은 크게 두 가지 의미로 풀이된다. 첫째는 한국 프로그램들이 갖는 경쟁력 자체이고 두 번째는 비교적 싼 가격이다. 태국에 방송되는 한국 드라마의 수출 가격은 이후 상승했지만 초창기엔 한 편당 200만원을 넘지 않았다. 한국 드라마의 평균 제작비가 이미 억대를 넘어간 시점임을 감안하면 상대적으로 질 높은 드라마를 헐값에 사들이는 태국 방송사 측에선 그야말로 수지 맞는 장사였던 셈이다.

2008~2009년 정점을 이뤘던 태국 방송사들의 한국 드라마 방송 러시는 2010년 이후 웬일인지 급격히 줄어들었다. 2010년엔 전년도에 비해 37%가 줄어든 27편만 방송됐다. 2012년엔 CH5와 CH9는 한국 드라마를 편성하지도 않았다. 〈가을동화〉〈대장금〉〈풀하우스〉 같은 드라마 콘텐츠를 견인할 초대박이 나오지 않은 이유가 컸다. 아마도 이는 한국 드라마의 신선도가 과거만큼 못하다는 것과 만만찮은 가격 상승이 요인으로 작용한 것으로 풀이된다.

드라마 방송 횟수가 현격히 줄어 한국에 대한 노출빈도가 감소되면 '한류'도 예전만 못할 수 있다는 의견이 제기됐다. 당연한 이론이었다. 문제는 양보단 질이었다. 명품 드라마가 한류를 롱런으로 이끌며 다른 분야까지 견인할 수 있음은 물론이다.

디지털TV의 등장과 한국 드라마의 양적 팽창

태국은 2014년 4월부터 디지털 TV 시대가 본격화되면서 한국 드라마에 대한 관심이 다시 한 번 고조되는 계기로 작용했다. 종전까지는 CH3, 5, 7, 9, 11 Thai PBS 등 6개의 지상파 TV가 있었지만 디지털TV가 가동되면서 채널이 48개까지 늘어났다.

이 가운데 PPTV는 한국 드라마를 2014년 19개나 편성했고, 워크포인트, JKN, MONO29에 이어 2018년엔 아마린TV 등도 한국 드라마 수입에 가세했다.

태국 한류에 불을 지핀 동력이 된 CH3과 CH7도 한국 드라마 편성 시간을 다시 늘렸다. 디지털 TV가 본격 가동된 2016년 이후 2018년까지 이 두 채널의 한국 드라마 방송 비중은 전체 방송사들이 방송한 한국 드라마의 44%나 차지했다. 스토리 구조가 탄탄하고 영상미가 뛰어난 한국 드라마들은 태국 방송사들에게는 여전히 포기할 수 없는 콘텐츠였다.

2018년 태국에선 역대 최다의 한국 드라마가 방송됐다. 각 방송사가 홈페이지를 통해 공개한 프로그램 라인업을 그 해 12월까지 모두 합해보면 총 62개의 한국 드라마가 태국 안방을 찾아갔다.(한태교류센터 KTCC 자료 인용, 지역방송은 제외)

CH7과 CH3은 여전히 다수의 한국 드라마를 편성했다. 특히 CH3은 패밀리와 SD 두 채널을 활용해 역대 최다인 19개의 드라마를 방송했다. '케이블

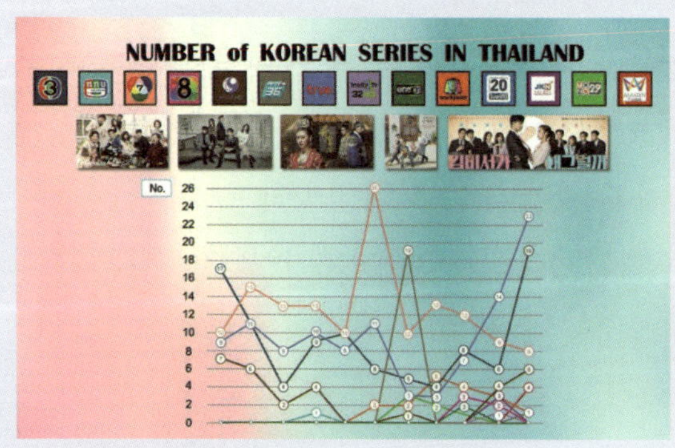

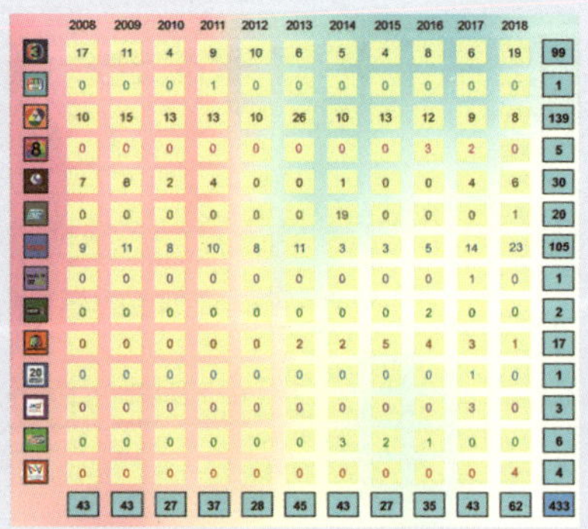

	2008	2009	2010	2011	2012	2013	2014	2015	2016	2017	2018	
3	17	11	4	9	10	6	5	4	8	6	19	99
	0	0	0	1	0	0	0	0	0	0	0	1
	10	15	13	13	10	26	10	13	12	9	8	139
8	0	0	0	0	0	0	0	0	3	2	0	5
	7	8	2	4	0	0	1	0	0	4	6	30
	0	0	0	0	0	0	19	0	0	0	1	20
	9	11	8	10	8	11	3	3	5	14	23	105
	0	0	0	0	0	0	0	0	0	1	0	1
	0	0	0	0	0	0	0	0	2	0	0	2
	0	0	0	0	0	2	2	5	4	3	1	17
20	0	0	0	0	0	0	0	0	0	1	0	1
	0	0	0	0	0	0	0	0	0	3	0	3
	0	0	0	0	0	0	3	2	1	0	0	6
	0	0	0	0	0	0	0	0	0	0	4	4
	43	43	27	37	28	45	43	27	35	43	62	433

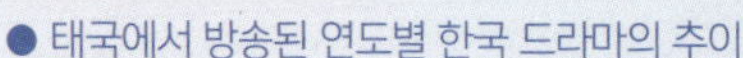
● 태국에서 방송된 연도별 한국 드라마의 추이

공룡'으로 불리며 전국 지상파 못지않은 영향력을 가지고 있는 트루는 태국 방송사 가운데 가장 많은 23개의 드라마를 내보냈다.

한국 드라마의 르네상스 시대를 반영하듯 장르와 소재도 다양해졌다. 그러나 과거 드라마가 다수 재방송돼 드라마 편수 집계는 이제 큰 의미가 없어졌다.

● 〈오징어 게임〉

특기할 만한 점도 발견됐다. 2018년 전체적인 방송 편수는 늘어났지만 CH7의 2018년 편성을 보면 황금시간대를 비껴 방송했다. 월요일 오전 11시 10분, 새벽 1시대, 평일 오전 9시 50분 등으로 시청 시간대가 그다지 좋은 편은 아니었다. 1~2년 전 방송됐던 드라마의 재방률도 상당히 높아졌다.

태국 디지털 TV 방송사가 늘었지만 경영 악화 탓에 이들 방송사에선 핫한 드라마를 거의 수입하지 못했다. 이런 가운데 트루가 새로 수입해 방송한 윤아, 지창욱 주연의 〈The K2〉, 이종석 주연의 〈W〉와 공유의 〈도깨비〉 Ch3의 〈별에서 온 그대〉, PPTV 〈김비서가 왜 이럴까〉 등이 인기를 끌었다. 공유, 이종석, 박서준 등이 태국의 핫 스타로 떠오른 게 당연했다.

2018년 이후부터는 지상파 방송의 한국 드라마 방송 편수의 의미가 더 줄어들었다.

인터넷을 통해 실시간 시청이 가능해졌고, 코로나 시대를 맞기 전부터 넷플릭스 등 OTT 플랫폼이 등장하면서 부터였다. 한국 영화 〈미나리〉에 이어 드라마 〈오징어게임〉 〈킹덤〉 〈갯마을 차차차〉 등 한국 콘텐츠가 넷플릭스 태국 인기 톱 순위를 수없이 차지했다. 이제 태국과 한국 안방은 시차가 사라졌다. 드라마로 시작된 20년 역사의 태국 한류가 새로운 영역으로 접어들고 있는 것이다.

태국 K-POP invasion

드라마로 시작된 태국 한류는 K-POP이 바통을 이어 팽창을 이어가고 있다. 규모 있는 첫 단독 콘서트는 2006년 2월의 레인(비)이었지만, 불과 5년 뒤에는 어떤 가수가 태국에 오갔는지 모를 정도로 그 수가 늘어났다.

한때 전속가수 500여 명을 보유하며 태국 가요시장을 쥐락펴락하던 태국 엔터테인먼트 공룡 GMM 그래미사는 2000년 중·후반 한국음반 수입에 적극 가세했다. 레인의 첫 콘서트 이후 그래미사가 5년 동안 수입한 한국 앨범은 100개가 넘었다. 한국 연예기획사 SM은 한국 드라마 수입에 본격 뛰어든 트루와 합작법인까지 설립했다. '강남스타일'의 전 세계적 돌풍과 함께 태국 K-POP은 팽창을 거듭했다. 태국에서 외국 음원이 차지하는 비중은 2007년 이전까지는 5% 이내에 불과했다. 2009년 이후 20%대로 증가했는데, 그 중심에는 단연 한국 음악이 있었다. 한 해 300여 개의 앨범을 내던 그래미 사가 한국음악에 관심을 갖고 수입에 나선 것은 K-POP의 태국 유입에 고속도로를 낸 것이나 다름없었다.

태국에서 K-POP은 초창기 베이비복스 등이 인기를 끌며 시장 인지도를 높이는 역할을 했으나 규모 있는 콘서트로는 발전시키지 못했다. 한국 드라마가 방송되면서 드라마 음악에 대한 관심이 높아졌고, 레인 등 비주얼을 갖춘 가수들이 태국 문턱을 손쉽게 넘기 시작했다고 분석된다.

그래미 사는 2007년 원더걸스, 슈퍼주니어, 빅뱅, 소녀시대 등의 새 앨범을 싹쓸이했고, 2010년 한 해에는 29개의 한국 앨범을 라이선스 구입 형태로 태국에 유통시켰다. 기존의 아이돌뿐 아니라 CNBLUE, 샤이니, FT아일랜드 등의 그룹과 보아, 태양, G드래곤 등의 솔로 앨범도 소개됐다. 태국 팬클럽 사이트는 일본과는 달리 비회원이며 복수로 활

● JYP의 2007년 태국 오디션

동하긴 하지만 한국 음반이 29개나 소개된 2010년에는 동방신기의 인터넷 팬 회원 수는 77만 명이 넘는 것으로 조사됐다.

K-POP의 고속성장

드라마로 시작된 한류의 인기를 등에 업고 진출한 K-POP의 열기는 처음부터 뜨거웠다. 2006년 2월 1만 석 규모의 방콕 외곽 임팩아레나 홀에서 열린 레인의 콘서트 입장권 가격은 가장 비싼 것이 6,000 밧(22만 원)으로 대졸 신입사원 급여의 절반에 이르는 매우 높은 수준이었다.

가수 역량이 뛰어났지만 드라마의 후광도 컸다. 레인은 콘서트를 갖기 전 주인공으로 출연한 드라마 〈풀하우스〉가 CH7에서 방송돼 시청점유율 70%대를 기록하며 엄청난 반향을 일으켰다. K-POP의 빠른 전파 속도를 알게 해 준 대표적인 사례다.

한국에서 이미 톱가수의 반열에 오른 그는 2004년 5월 방콕에서 음반 홍보를 위한 '쇼케이스'를 가졌지만 지명도는 그다지 높지 않았다. 1년 9개월 뒤의 콘서트가 그처럼 대성황을 이룬 것은 아마 스스로도 믿기지 않을 듯했다.

레인에 이어 동방신기, 신화, 플라이투더스카이 등이 태국 내 K-POP 단독

● K-POP 가수의 방콕 콘서트 장면

콘서트의 2, 3, 4번째 바퉁을 차례로 이어갔다. 단독 콘서트뿐 아니라 2011년 이후부터는 정상급 아이돌 20여 팀이 총출동하는 매머드 콘서트도 열렸다.

그러나 이들 콘서트가 모두 성공을 거둔 것은 아니었다. 어떤 콘서트는 객석을 절반 정도밖에 채우지 못했다. 한때는 2주간 4팀의 한국 콘서트가 서로 경쟁을 벌이기도 했다. K-POP 공급과다 시기가 온 것이다. 레인의 첫 콘서트 이후 불과 6~7년 만에 벌어진 일이었다. 그럼에도 2020년 코로나 이전까지 K-POP 콘서트가 끊임없이 태국에서 펼쳐진 것은 팬들의 성원이 식지 않았기 때문이다.

K-POP 한국어 가사를 이해하기 위해 한국어를 배우려는 태국 젊은이들이 늘어나는 현상도 등장했다. 2012년 이후부터는 매년 한국어 교사들이 중등학교에 파견되고 있다. 2PM과 닉쿤, 슈퍼주니어, 빅뱅, 동방신기, 카라, 2NE1, 비스트 등 20팀의 가수가 한 해 태국 제품의 모델로 등장하기도 했다. 2020년 이후에는 블랙핑크의 태국인 멤버 리사 등 소수의 태국인 K-POP 가수들만이 제품 모델로 활약하고 있다.

음악교과서에 등장한 K-POP 가수들

K-POP이 고공비행하는 도중 2011년에는 놀라운 일이 벌어졌다. 다수의 K-POP 가수들이 태국 중고등학교 교과서에 실린 것이다. CN블루, 레인, 빅뱅, 슈퍼주니어 등이 그 주인공들이었다.

태국의 교과서는 20여 개 출판사에서 출판한다. 각 학교들은 이 중에서 마음대로 교과서를 채택할 수 있는데, 한국 가수들이 등장한 교과서는 빅 5 안에 드는 곳이었다.

닉쿤은 중2 교과서 '음악산업의 소개'라는 장르에 가수의 직업군으로 소개됐고, CN블루는 고3, 고2 교과서에 등장해 마룬5와 함께 외국의 대표적 음악가로 실렸다. 레인은 '사회적으로 영향을 미치는 음악가'로 고2 음악 교과서에 나왔고, 빅뱅은 중2 교과서에 '아시아의 간판 아티스트'로, 슈퍼주니어는 고3 교과서에 '가장 유명한 콘서트로 태국에 영향을 미치는 가수'로 언급됐다.

태국 내 K-POP이 대중적 인기뿐 아니라 청소년의 교육과 정서에도 깊숙한 영향을 미치는 단계로 전이되고 있음을 보여주는 대목이다.

하지만 태국 쪽에서 보면 외국 음악인 K-POP이 태국에서 영원할 수 없다는 데는 이론이 없다. 그럼에도 태국의 많은 음악 관계자는 BTS의 경우를 예를 들며 K-POP의 장래를 긍정적으로 바라본다. 싸이의 '강남스타일'처럼, 세계를 휘어잡는 BTS처럼 초대형 스타들이 나온다면 10년은 더 너끈하다는 견해다. 또 외국 문화가 태국에 미치는 영향에 대해서도 "태국 문화의 개성이 강해 걱정할 필요 없고, 그동안에도 잘못된 게 없으므로 고민할 이유도 없다"는 개방적인 자세를 보이고 있다.

● 교과서에 등장한 K-POP 가수들

한국 관련 120여 편의 논문 및 단행본을 저술해 태국 학자 가운데 단연 한국학 연구의 최고 권위자로 손꼽히는 담롱 탄디 교수는 이렇게 말했다.

"태국의 전통문화는 상당히 강하다. 외국 문화에 의해 쉽게 영향받거나 대체되지도 않는다. 외국 문화들은 종종 '유행'이나 '새 패션'처럼 다가왔지만 우리가 과거에 경험했던 것처럼 시간과 공간을 통해 사라졌다. 게다가, 태국 문화의 여러 분야는 세계 최고다. 음식, 태국 복싱 등과 전통음악과 춤 등은 국가정체성을 공고히 해주고 있다. 영국, 할리우드, 일본 문화가 태국 무대에서 사라지고 있는 동안 한국 문화는 태국 젊은이들의 새로운 선택으로 부상한 것이다. 외국 문화의 유행은 상승하고, 정점을 이뤘다가 점차적으로 쇠퇴하는 법이다." 태국 문화의 자신감을 대변해주는 대목이 아닐 수 었다.

● 싸이의 강남스타일

한류의 범람에 대해 한편에서는 우려의 목소리도 들린다. 특히 대학 졸업자의 첫 급여가 60만원 미만인 소득을 감안할 때 높은 입장료와 많은 공연은 K-POP 확산의 부담으로 작용할 수 있다는 것이다. K-POP이 태국에서 계속 우량 콘텐츠로 이어가기 위해선 현지 정서를 존중하고 팬들과 소통해야 한다는 지적도 있다. 2011년 태국 대홍수 때 태국인을 대상으로 부적절한 인터뷰를 한 아이돌 그룹은 그 뒤 10년이 지나도 외면받았다.

한국 관광 붐 일으킨 태국 한류

태국에 한류가 꽃피면서 한국을 찾는 태국 관광객들의 발길로 잦아졌다.

한류가 시작되기 전인 2002년까지 1년 평균 7만 명을 약간 웃돌던 방한 태국인은 2004년 처음으로 10만 명을 돌파한 뒤 2012년에는 38만 명을 넘겼다. 10만 명에서 20만 명을 돌파하는 데 6년이 걸렸지만 20만 명에서 30만 명은 딱 1년이 걸렸다. 코로나 이전까지 태국인은 일본, 중국, 대만, 미국, 홍콩에 이어 한국을 여섯 번째로 많이 찾고, 중화권을 제외하면 3~4번째로 많다.

태국인의 한국 관광 러시는 한국의 높아진 국격과 경제발전 등 다양하고 포괄적인 요인에서 기인하지만 한류의 영향이 크다는 데 이의를 제기하는 사람은 많지 않다. 태국에 한류가 거의 없었던 2001년 한국을 찾은 태국 관광객은 전년도에 비해 오히려 16.8%의 감소율을 보였고, 2002년엔 1.2%, 2003년엔 5.8%의 증가율에 그쳤다. 2003년 이후 태국 내 한류의 확산 시점과 방한 태국인의 증가를 우연이라고 봐야 할까?

태국은 2003년 〈가을동화〉〈겨울연가〉〈진실〉 등 14개 드라마가 TV 주요 시간대에 방송됐고, 이듬해 방한 태국 관광객이 처음으로 10만 명을 넘어섰다.

태국에 한국 드라마가 방송된 2003년 이후 10년간 드라마 방송 편수와 방한 태국인의 증가율을 분석한 바에 따르면, 신기하게도 일치한다. 태국 지상파의 한국 드라마 방송 편수가 전년도에 비해 늘면 그다음 해 방한 태국인의 증가율도 전년보다 높았다. 반대로 한국 드라마의 방송 편수가 줄어들면 그다음 해 방한 태국인의 증가율은 약속이나 한 듯이 전년도에 비해 감소했다. 2012년 한국에 간 태국인은 38만 7,000여 명으로 한류가 없었던 10년 전에 비해 395%나 증가했다.

● 태국인들이 선호하는 남이섬

한국 드라마 속의 다양한 관광지를 둘러보는 것은 현재까지도 태국인을 대상으로 한 여행상품 프로그램의 주를 이루고 있다. 태국인이 가장 많이 가는 '남이섬'은 태국에서 인기리에 방송된 〈겨울연가〉의 주무대이자 태국 풀로케 태국영화 〈헬로스트레인저〉의 무대이기도 하다. 서울시는 2010년 서울을 중심으로 촬영된〈헬로스트레인저〉가 태국 내에서 박스 오피스 1위에 오르며 크게 흥행한 뒤 한국을 찾는 태국인이 전년도에 비해 40% 증가했다고 공식 발표했다. 한국인을 연상시키는 태국어로 '권문호'란 이름으로 개봉된 〈헬로스트레인저〉는 영화 속 주인공이 한류 촬영지를 방문하는 내용으로 구성되어 있다.

K-FOOD 한류

한국 음식을 찾는 태국인도 날로 증가하고 있다. 2020년 3월 이후 2년 넘게 코로나가 지속되며 태국인들 사이에 김치, 라면, 고추장 등 한국 주요 식

● 태국인이 즐겨 먹게 된 한국 김치

품의 소비가 크게 증가하는 추세다.

딸기 등 일부 한국 식품의 선호 현상이 있었으나 코로나 기간 중에 한국인이 주로 소비하는 식품류 소비가 태국인 사이에서 매우 뚜렷해지는 현상을 보이고 있다. 이는 김치찌개, 떡볶이 등 한국 음식을 만드는 기본 양념인 고추장의 수입에서도 확인된다. 한국농수산식품유통공사(aT) 방콕지사의 자료에 따르면, 코로나 이전인 2019년 64만 1,596달러를 기록했던 태국의 한국 고추장 수입은 2021년 10월 기준 147만 2,824달러로 증가했다. 2020년에도 144만 5,689달러를 기록해 코로나 이전 대비 2.2배 이상 늘어났다.

방콕 한인 밀집 지역에서나 더러 볼 수 있었던 한국 식품 전문 매장들이 태국인 거주 골목 곳곳에 문을 열고 있는 것도 전에 없던 일이다. 한국 아이스크림, 과자, 양념 등 한국 내 슈퍼를 연상시킨다. 김치의 수출량도 폭발적이다. 코로나 이전인 2019년 60만 1,494달러에서 2020년엔 1,110만 2,333달러로 증가했다. 2021년 10월에는 102만 4,698달러로 다소 감소했는데, 이는 태국 현지에서 김치를 직접 담가 먹기 때문으로 해석된다. 한국식품 소비 증가는 코로나로 이동이 제한되고 재택근무로 집에 머무는 시간이 늘면서 넷플릭스나 유튜브 등 영상 콘텐츠를 통해 한국 식문화를 접할 기회가 증가한 영향으로도 풀이된다. 아이러니하게도 코로나가 태국 내 한국 음식의 소비 증가 현상을 견인한 셈이다.

코로나 기간 중 한국 영상 콘텐츠의 태국 내 인기는 절정이다. 짜빠구리 등 한국 식문화가 담긴 영화 〈기생충〉에 이어 드라마 〈이태원 클래스〉 〈오징어 게임〉 〈갯마을 차차차〉 등까지 최고 시청 순위에 올랐다. '음식왕' 백종원도 리모컨만 누르면 태국 TV 곳곳에 나온다.

태국 젊은이들의 가정 사례도 흥미롭다. 태국 쭐라롱꼰대 3학년인 나파트라 뿐나차야(20)는 회사원인 50대 중반의 아버지, 어머니와 함께 사는 중산층 가정이다. 나파트라의 집에는 언제부터인가 고추장이 기본 양념으로 갖춰져 있다. 김치찌개, 김치볶음할 때 이용하는데 한 달에 한 번 정도는 한국 음식을 요리한다. 조리하기 쉽고 맛도 좋기 때문인데, TV만 틀면 나오는 한국 드라마에서의 식사 장면을 보며 언제부터인지 알 수 없을 정도로 자연스런 모습이 됐다고 한다. 태국, 일본 라면도 있지만 한국 라면은 종류와 맛도 다양해 자주 먹는 편이다.

다섯 식구가 사는 젠지라 톰프라이(22) 가족도 한국 드라마를 통해 음식 정보를 얻은 케이스다. 짜장을 직접 만들고 김치를 직접 담근다. 하지만 한국에서 수입한 김치가 더 맛있다는 데는 이론이 없었다. 고추장도 기본 음식 재료로 주방의 한 공간을 차지하고 있다.

간편식의 대명사인 한국 라면의 태국 진출은 더욱 눈부시다. 2019년 1,578만 달러가 태국에 수출됐는데 2020년엔 2,246달러, 2021년에는 2,359만 달러로 증가했다. 샤인머스켓 등으로 고급화한 포도, 배, 감 등의 수출도 매년 큰 폭으로 성장하고 있다. 한국 배를 가장해 한국어로 포장한 중국 배의 출현이 한국식품 수출 지원 당국의 골머리를 앓게 하고 있다.

한국식품의 태국 진출과 함께 눈여겨보게 되는 부분이 있다. 김치의 수출량 증가가 정체된 반면 고추장은 지속적으로 증가한다는 점이다. 김치는 태국 배추, 파, 소금, 고춧가루, 각종 소스를 활용해 담글 수 있지만 겉보리의 발아 과정을 거친 엿기름이 있어야 하는 고추장은 대체가 쉽지 않다. 이 때문에 태국 가정에서 고추장을 직접 만들어 먹는 경우는 거의 없다. 고추장은 한국 음식을 완성하는 마법 같은 '비법' 소스인 셈이다. 한국 소스류의 증가는 한식 소비의 저변 확대를 엿볼 수 있는 바로미터이기도 하다.

코로나는 '재택 문화 소비' 현상을 불러왔고, 한국 콘텐츠의 인기와 함께 한국식품을 태국 안방에 내려놓았다. 라면처럼 간편하고 김치처럼 건강하며, 고추장처럼 복제 안 되는 그 무엇의 연결 고리를 찾는 과제도 남았다.

한류의 지속성을 위해서는 쌍방향 교류의 중요성이 제기된다. 태국 음식, 태국 마사지 등이 인기가 있지만 뜨거운 태국 한류에 비해 태국 대중문화가 한국에 미치는 영향은 상대적으로 크지 않다. 태국을 찾은 한류 스타들이 콘서트나 팬미팅에 그치지 않고, 태국 사회 및 그들을 연호하는 팬들과 소통하는 모습은 한류의 미래를 밝게 하는 긍정적 요인이다.

재태 한인회의 초청으로 방문한 탤런트 이다해가 전기밥통을 들고 고아원을 찾은 것이나, 조현재의 환경보호 운동, K-POP SS501 김형중의 나무 심기 캠페인 등이 그 예다. 또 한류 스타 수백여 명은 주태국 한국대사관이 주최한 한-태 우호문화축제에서 2010년에 이어 2011년, 2018년에도 수해민 돕기를 위한 애장품 기증으로 성금을 모으기도 했다.

한류 스타들이 이처럼 대규모 자선행렬에 참여한 것은 태국 외 타국에서는 찾아볼 수 없는 일이었다. 2020년 초부터 시작된 장기간의 코로나 이후

● 태국 삼성생명과 재태한인회의 CSR 활동

● 고아원을 방문한 이다해

● 환경보호 운동에 나선 조현재

태국 한류는 또 다른 모습으로 진화할 가능성이 높다. 드라마나 K-POP으로 시작해 이미 다원화된 콘텐츠를 통한 무한 분화와 팽창은 아닐까? 그러나 태국 사회와 호흡하고 소통하는 노력은 세월이 아무리 지나도 불변의 요인 일 수밖에 없다.

● 불우아동을 방문한 플라이투더스카이

Thai Tip

태국 관광청(TAT)에 따르면 코로나 이전인 2019년 총 3,979만 명의 외국인이 태국을 찾았다. 프랑스, 스페인, 미국, 중국, 이탈리아, 터키, 멕시코에 이어 세계 8위 수준 이었다.

재태 한인회의 발자취

58년 전인 1964년 조직된 '야자수회'는 오늘날 재태 한인회의 모태가 되었다. 초기의 재태 한인회는 여러 어려움 속에서도 한인회 건물을 마련하고 한인2세들의 한국어 교육과 한인 화합이란 일관된 가치를 추구했다.

터전을 일구고 사는 태국의 고통과도 늘 함께 했다. 쓰나미, 홍수, 코로나 등 재해가 닥칠때마다 태국사회에 한국인 특유의 온정을 전했다. 재태 한인회를 중심으로 음으로 양으로 봉사하고 헌신한 한인들의 노력이 바탕이 돼 건강한 태국 한인의 역사가 이어지고 있음은 물론이다.

[1장]

재태 한인회의 태동과 발자취

▶ 첫 재태 한인회 '야자수회'

초창기 한인들은 1964년 '야자수회'를 조직했다. 이경손이 초대회장이 됐다. 오늘날 재태 한인회의 출발이었다. 부회장은 유엔기구에서 일하던 김석건, 감사는 해운공사 태국 지사장이던 진기복이 맡았다. 당시의 한인회는 친목도모의 성격이 강해 경조사 정도에 참가하는 상부상조의 목적이었다.

김석건 원로는 1927년생으로 1960년대 태국에 처음 온 뒤 한인회 1, 2대 부회장을 맡고 1981년에는 한인회 11대 회장을 역임하며, 재태 한인회의 시작과 발전 과정을 낱낱이 지켜본 증인이다.

● 재태 한인회 태동 전인 1960년 UN 회의로 태국에 출장온 김석건(왼쪽 두 번째)

그는 제1대 한인회의 설립 배경을 이렇게 설명했다.

"당시에는 한인회라 하지 않고 교민회라고 했다. 태국에 사는 한인들이 조금씩 늘어나면서 친목 모임 같은 것을 만드는 게 좋겠다고 생각했다. 그래서 처음으로 생긴 모임이 '야자수회'다. 특별한 의미는 없었다. 남국의 정서를 나타내는 야자수의 이미지를 딴 것이다. 야자수란 이름이 노래에도 자주 등장했다. 당시 방콕에는 터줏대감이라고도 할 수 있는 박재기씨, 해운공사의 태국지사장으로 와 계시던 진기복씨, 무성영화에서 변사(辯士) 역도 했고 〈아리랑〉 영화의 감독까지 했던 신사 이경손씨 등이 주요 원로인사로 꼽혔다. 그 외에 하권모씨, 임진동씨, 황해연씨, 남상헌

● 야자수회 초대 회장 이경손(1964)

씨, 이종화씨, 이춘산씨, 조윤찬씨, 김춘식씨 등 원로 교포들이 계셨다. 그래도 명목이 회장 선출이니 선거를 하는 게 좋겠다는 의견이 나와 회장 선거를 했다. 나는 이경손씨를 지지했다. 그분의 폭넓은 대인관계가 우리 교민사회를 결성하는 데 큰 역할을 할 것으로 믿었기 때문이다. 그런데 일부 사람들은 전부터 태국에 오래 사신 분을 밀어드려야지 왜 하필이면 다른 곳(중국)에서 온 분을 지지했느냐고 나에게 핀잔을 주기도 했다. 선거 결과는 이경손씨의 압도적 지지로 나타났다. 이경손씨는 야자수회 회장으로 당선되자 곧 나에게 부회장을 맡아달라고 부탁했다. 사실 난 당시 유엔기구에서 근무하고 있어 '야자수회'하고는 직접적 또는 업무적 관계를 가지고 있지는 않았지만 태국 생활을 하는 입장에서 교민사회에 나의 힘이 조금이라도 도움이 된다면 다행이 아니겠느냐고 생각해서 한인회의 초대 부회장직을 수락했다. 이후 한인회는 복수 부회장 제도를 도입해 부회장직을 맡은 분이 여럿 있지만, 당시엔 부회장이 나 혼자였다. 회장이 무슨 일이 있으면 언제나 회장을 대신하여 모든 일을 처리해야 했다. 그게 계기가 되어 이경손씨 뒤를 이어 한인회장으로 부임하셨던 박재기 회장 시절에도 부회장을 계속 맡았다."

한인회 초기는 베트남 전쟁 기간으로 당시 태국은 파월 한국군 장병들의 휴가지이기도 했다. 파월 장병들의 사기를 북돋아주기 위해 한국 톱스타들이 출연하는 가운데 방콕의 에라완 호텔에서 장병 위문공연을 열었으며, 재태 한인회는 주도적 역할을 맡았다. 이경손 초대 한인회장은 한인대표로 환

영사를 하기도 했다.

김석건 원로는 2대 회장인 박재기 회장에 대해서는 이렇게 회고했다.

"박재기씨는 정말 태국의 한인사회에서는 빼놓을 수 없는 인물이었다. 말썽을 피우거나 문제를 일으키는 사람이 있으면 당장 불러서 혼을 냈다. 당시 방콕에는 유엔기구에서 장학금을 받고 공부하던 외국어대학교 손병순이라는 학생이 있었다. 콜롬보플랜에 따라 유엔에서 지급되는 장학금이었는데 한 달에 미화 50달러 정도로 아무리 태국 물가가 싸다해도 생활하기에는 참 어려웠다. 이경손 회장이나 박재기씨 같은 분들은 타국에 와서 공부하느라 고생한다고 손병순씨를 자주 그분들 집으로 불러 같이 식사를 하곤 했다. 태국에 처음으로 한인회가 결성되고 회장과 부회장이 정해졌지만 정작 한인회를 운영할 회칙이나 정관 같은 게 있을 리가 없었다. 그냥 모두들 친목모임으로 만났기 때문이다. 만나서 주로 하는 이야기도 누구누구 집의 경조사 아니면 건강을 챙기는 일들이었다. 그렇게 지내다가 모임의 성격이 점차 공식화되자 무슨 회칙이라도 있어야 하는 게 아니겠느냐는 의견이 나와 그 자리에서 내가 종이에다 직접 회칙이라는 걸 썼다. 그게 한인회의 맨 처음 회칙이다. 그 뒤 여러 차례 회칙이 바뀌어 지금의 한인회 정관이 된 것이다."

▶ 재태 한인사회 초석을 다진 박재기 회장

● 2대~7대, 9~10대 박재기
  회장(1965~75, 77~80)

2대 박재기 한인회장은 별세한 지 20년이 넘었지만 여전히 재태 한인사회에서 추앙되는 인물이다. 그의 사진이나 기록조차 정리되어 있지 않은 게 아쉽지만, 해방 후 초기 한인사회를 말하는 재태 한인사회의 원로들은 그를 태국 한인사에 뼈대를 세운 인물로 꼽는 데 주저하지 않았다.

재태 한인회의 1대 회장은 이경손이 맡아 1964년 한 해를 역임했지만 박재기 회장은 이듬해인 1965년부터

1975년까지 내리 10년간 한인회를 이끌었고 1977년부터 3년간 다시 한인회장을 역임했다. 재태 한인회의 역사상 최장 기간, 최다선 회장이었다.

▍원로들이 말하는 박재기 회장

이철희(1943년생), 박선호(1947년생), 황경선(1955년생) 세 분의 재태 한인 원로가 스쿰윗 한인회 사무실에 모여 고 박재기 회장을 떠올리며 긴 대화를 이어가며 그를 추억했다. 45년 전 박재기 회장이 동분서주하며 재태 한인 후세들을 위해 구입한 바로 그곳이었다.

지금 한인회 건물을 구입한 것이 박재기 회장 때였지요?

박선호 1977년 박재기 회장이 두 번째 한인회 회장의 임기를 시작하는 첫해였어요. 한인회에서 모아둔 돈 20만 밧이 있었는데 파이롯의 고홍명 회장이 20만 밧을 기부했지요. 하지만 한인회관 후보지 가격이 60만 밧을 호가해 박재기 회장이 백방으로 모금해(특히 방태 인사들 대상) 20만 밧을 추가해 구입하게 되었지요. 당시 저는 파이롯의 방콕 법인장으로 나와 있었습니다. 방콕 로열스포츠클럽 멤버가 되고 보니 이미 대사, 공

● 박재기 회장을 추억하는 한인 원로들

사를 비롯해 원로교포 박재기 회장과 지백산, 진기복, 권오찬, 김석건, 고홍명 회장 등이 친교를 나누고 있었습니다. 당시 막내인 저는 귀여움을 받으며 원로분들의 교민사회에 대한 사랑과 의지를 확인할 수 있었습니다.

박재기 회장은 제2차세계대전 때 일제 학도병으로 태국에 온 것인가요?

이철희 일제가 콰이강의 다리를 건설할 때 군속이라고 들었습니다. 해방 후 귀국선에 오르지 않은 분 중 한 명이었습니다. 초창기 태국에 남은 한국인들이 여권이 있을 리 없고 신분 보장도 안 됐지요. 고생이 이만저만 아니었습니다.

박재기 회장은 당시 한인사회 연장자로 엄한 어른이었지만 곤궁한 사람들에게는 온정을 베풀었다고 들었습니다.

황경선 한마디로 타고난 리더라고 할 수 있습니다.

박선호 체구가 크고 목소리가 우렁찼습니다. 한국에서 방문객들이 오면 기부금 모금을 지속적으로 설득하는 모습을 봤습니다. 박 회장님 때 한인회 건물 구입과 토요학교 설립 등 많은 일이 있었습니다. 한인회가 건물 매입을 위해 축적했던 20만 밧도 오로지 박 회장님 노력의 결과물입니다. 당시 20만 밧이면 지금은 20배 이상 가치가 있지 않을까요? 더 될까요?

식수 정화사업을 했다고 기록되어 있습니다.

박선호 정확히 말하면 얼음 공장이었다고 할 수 있을 것 같습니다. 저한테도 '얼음 먹지 마라, 그다지 깨끗하지 않다'는 말씀을 하셨어요. (웃음) 택시도 타지 않고 대부분 걸어다니셨던 것 같아요.

이철희 아, 그거야 거리에 따라 다르겠지요. (일동 웃음) 저는 당시 어리고 막내였지만 그분의 업적을 떠나 인간적인 면에 대해선 너무 잘 알고 있습니다.

박선호 학교를 세우려는데 비용이 없다며 지원을 해달라는 요청을 곳 곳에 자주 말씀하시는 것을 들었습니다. 박재기 회장은 한인회관 마련 뿐 아니라 2세 자녀교육에도 열성적이었습니다. 자체 교육시설이 없어 전전긍긍하던 토요한글학교를 활성화하기 위한 모금을 계속했고 결국 은 문교부(현 교육부)에 탄원해 일정 보조금을 정기적으로 수령하게 했습 니다. 한인회 소속 정식 한인학교를 세우기까지 펫부리의 돈보스코 직 업학교에서 한인학교를 운영하게 되었죠. 현재 미국에 거주하는 저의 세 자녀도 그때 배운 한국어 실력으로 지금까지 한국어를 할 수 있게 된 것을 늘 감사히 여기고 있습니다.

이철희 관련해서 태국 각 대학에 한국어과가 생기게 된 배경이 생각 납니다. 제8대 회장인 임진동 회장 때 한국어과가 창설됐는데, 20만 밧 을 모아 태국 교육기관에 기증했습니다.

황경선 지금의 한인사회를 이룬 여러분이 계시지만 박재기 회장님 은 누구라 할 것 없이 존경하고 기억하는 어른이라고 할 수 있습니다.

박재기 회장은 1998년 1월 김영삼 대통령으로부터 국민훈장 목련장을 받았으며, 2000년 6월 14일 별세하자 첫 한인회장으로 치러졌다.

한인사회 초창기의 인물 중 한 명인 임진동은 1976년 제8대 한인회장에 취임했고, 한인회 1, 2대 부회장이던 김석건은 박재기에 이어 제11대 한인회장을 역임했다.

김석건은 박재기 회장이 구입한 한인회 건물을 등기하고, 박정희 대통령의 태국 방문 때는 환영사를 하는 등 재태 한인사회에 이정표를 많이 남겼다. 특히 한인 2세들을 위한 교육에 골몰했다. 교육시킬 마땅한 학교가 없자 한국대사관 차고 안에 칠판을 걸어놓고 한글교육을 시작했다. 오늘날 방콕한국국제학교는 초창기 한인들의 소망이 모여 이뤄낸 결실이라 할 수 있다.

제14대 김진혁 한인회장 때는 재태 한인회가 사단법인으로 정식 등록됐다. 베트남 전쟁 후 베트남에 진출했다가 1972년 태국으로 이주한 임완근은 1991년부터 1992년까지 제16대 한인회장을 역임했다. 25년 뒤에는 그의 아들 임부순이 제30대 한인회장에 선출되면서 재태 한인사회에서 처음으로 부자 한인회장이 탄생하기도 했다.

제17대 강규진(1993~1994년), 18~19대 안홍찬(1995~1998년), 20대 최도윤(1999~2000년) 회장을 거치는 동안 재태 한인 수는 폭발적으로 증가했다. 한인들이 종사하는 직업도 다양해졌다.

역대 한인회장들은 6·25 한국전쟁 때 한국을 도운 참전용사에 대한 관심을 기울이기 시작했고, 강규진 회장은 방콕 돈므엉 인근의 고아원을 방문하며 보은의 발걸음을 걷기 시작했다. 안홍찬 회장의 한인회는 처음으로 참전용사협회에 장학금을 전달했다. 이뿐 아니라 한인회는 태국사회와 함께 호흡하려는 노력의 하나로 태국사회의 그늘진 곳을 살피는 활동도 이어나갔다.

김석건 원로 등 재태한인 원로들은 가장 저돌적으로 업무를 추진하던 인물 중 한 명으로 20대(1999~2000년) 최도윤 회장을 꼽는다. 최도윤 회장은 자신이 하던 여행사업을 모두 아들에게 물려주고 회장 임기 중에 다양한 사업을 개발하여 추진했다. 방콕한국국제학교 설립을 추진했고, 뒤를 이은 전원수

한인회장(2001~2003년)은 교육인적자원부의 인가를 받아, 방콕 한국국제학교가 마침내 교사 신축공사에 들어갔다.

▶ 한국인의 온정과 한류 전파한 재태 한인회

2000년 이후 한인회는 태국사회 깊숙이 파고들었다. 곳곳에서 한국과 한국인의 이미지를 각인시키는 활발한 활동을 이어나갔다.

태권도 사범이던 송기영 회장이 한인회를 이끈 2003~2004년 태국 곳곳에 태권도가 파급되며 인기를 끌었다. 1972년 12월 태국에 온 송기영 회장은 로열스포츠클럽에서 태권도를 가리키며 태국 태권도 인구 확산의 결정적 발판을 마련했다. 1975년 태국 태권도 학교가 설립되고 이후 2만여 명의 태권도인이 배출됐다. 태권도 보급에 따른 저변 확산으로 최영석이라는 걸출한 태권도 코치가 태국 태권도국가대표 팀에 부임하며 태국은 2004 아테네올림픽에서 처음으로 동메달을 수확하는 쾌거를 이룬다.

2004년 12월 26일 태국 남부에 쓰나미가 발생하자 재태 한인사회는 한인회를 중심으로 구호활동에 적극 나섰다. 당시 김장열 한인회장은 쓰나미가 발생한 며칠 뒤인 2005년 1월 1일 새벽 첫 비행기를 타고 푸껫으로 날아가 희생자들의 장례식과 영결식으로 한인회장 첫 임기를 시작할 정도였다. 한인들은 수백 구가 넘는 희생자의 시신을 넘나들며 구호품을 전달하고 봉사활

● 푸미폰 전국왕은 김장열 회장(왼쪽)에게 훈장을 수여했다.

● 한인문화회관 개축 기념식

● 코리아 페스티벌 개회사를 하는 전용창 회장

동에 나섰다.

김장열 회장은 "쓰나미는 태국인들에게 한국은 따뜻한 이웃이며 태국사회의 일원이라는 모습을 보여준 계기라고 생각한다. 모금 활동을 시작해 삼성, LG, 현대 등을 비롯한 각 기업체에서 6억 원에 상당하는 물품과 구호기금을 마련했고, 다방면으로 지원활동을 했다. 재태 한인회에서도 현금 100만 밧을 모아서 그 당시 수상이었던 탁신 총리에게 한인회 간부들과 함께 전달했다"고 말했다. 쓰나미 구호 활동으로 당시 푸미폰 국왕은 재태 한인사회를 대표한 김장열 한인회장에게 국왕훈장을 수여하기도 했다. 김장열 회장은 한인회 사무실을 한인 문화회관으로 개축하기도 했다.

2008년은 한-태수교 50년의 해였다. 제25대 전용창 한인회장이 중심이 된 재태 한인회는 한-태수교 50주년을 기념하는 태국 내 첫 종합한류 축제를 방콕 중심부인 시암패러건에서 화려하게 개최했다.

유명 한류 스타가 방문하고, 한복 패션쇼 및 양국 문화공연, 양국 대중가수들의 무대가 큰 화제가 되며 한류 확산의 촉매제가 됐다. 태국 왕실을 방문해 한국의 문화와 종교를 알렸고, 국립 쫄라롱꼰대학 축제에는 '한국의날' 행사를 개최해 태국 젊은 세대에게 한류가 전해지는 데 일조했다. 태국 고아원 방문 등 그늘진 태국사회에 한국인의 온정을 전달하는 행사도 역대 한인회를 이어가며 계속 개최됐다.

2010년(박종각 회장)에는 시린돈 공주가 방콕 스쿰윗 상가를 방문하고, 제 1회 공주컵 국제태권도대회가 열렸다. 1년 뒤인 2011년(김형곤 회장)에는 태국 국토의 75%가 물에 잠기는 대홍수가 발생했다. 한인들은 상부상조하며 태국 수재민 지원에도 발벗고 나섰다. 2013~2016년 동안 한인회장을 연임한 채언기 회장은 재태국 청소년들을 위한 꿈나무 한마당을 개최해 오늘에까지 이어지

● 재태 한인 꿈나무 한마당이 해마다 개최되고 있다.

● 6·25 한국전쟁 참전용사 행사

● 방콕한국국제학교 새 교정

고 있으며, 대규모 한마음 체육대회를 통해 태국 내 한인들의 결집을 드러내기도 했다.

　1990년대 초반에 시작된 6·25 한국전쟁 참전용사에 대한 보은행사는 한인회를 중심으로 오늘날까지도 변함없이 이어지고 있다. 2017년(임부순 회장)에는 한국전 참전 마을에서 한가위 잔치가 열려 태국 및 한국을 동시에 훈훈하게 했다.

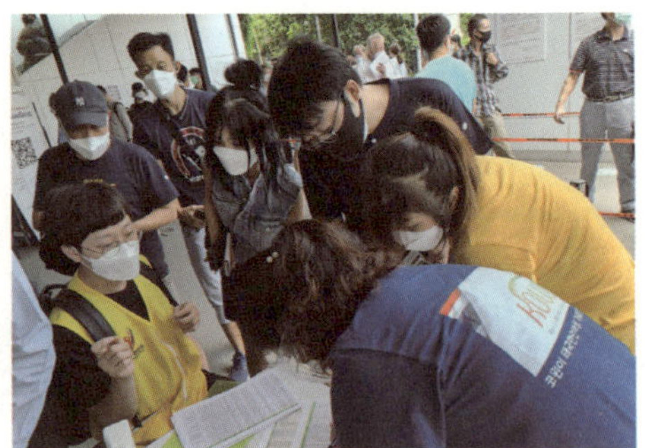

● 교민 백신 지원과 나눔 활동

2019~2020년(황주연 회장)에는 코로나19 피해가 큰 경북 지역에 구호성금을 전달해 세계 한인회의 모범사례로 기록됐다. 관광업이 끊기자 곤란에 처한 태국 내 교민을 위해 한인회는 생계키트 지원을 시작했다. 생계키트 지원은 방콕뿐 아니라 치앙마이 등 지역 한인사회에서도 다수 실시돼 고통을 나누었다.

재태 한인과 역대 한인회가 공을 들인 숙원사업이던 방콕한국국제학교도 2020년 7월 마침내 도심에서 가까운 곳에 새 교정을 갖는 꿈을 이뤘다. 방콕 다운타운에서 2시간 걸리는 외곽 농촉에 있다가 도심에서 더 가까운 람인트라로 이전한 것이다.

더 넓은 새 학교 전용 부지 매입 등의 과제가 여전히 남아 있지만, 장시간의 등하교로 파김치가 됐던 파김치가 됐던 아이들이 기를 펴게 되면서 학생들도 몰려들었다. 전교생 90명이 채 안 됐던 학생들은 이전한 지 2년도 안 돼 140명으로 증가했다. 재태 한인들은 30여 업체 이상이 '후원의집' 프로젝트에 참여해 재정적 도움을 주고 있다.

2020년 3월 이후 태국이 국가봉쇄를 선언하며 2년여간 계속된 코로나 사태로 재태 한인사회는 직격탄을 맞았다. 특히 바이러스가 확산되는 가운데 태국의 자국민 우선 백신접종 정책에 재태 한인들은 무방비 상태에 노출됐다. 이때 재태 한인회는 태국에 진출한 어떤 외국 교민사회보다 앞서 한국 교민들을 위한 단체 무료 백신접종을 이끌어내고, 이후 태국 병원과도 MOU 체결을 통해 재태 한인들의 안전확보와 편의에 앞장섰다.

 **Thai Tip**

프랑스의 부이야베스, 중국의 샥스핀과 함께 똠얌꿍은 세계 3대 수프로 인정받는다. 태국어로 '똠'은 끓이다, '얌'은 새콤하다, '꿍'은 새우를 뜻한다.

[2장]

재태 한인회를 이끈 사람들

전용창 재태 한인회장은 '처음'이란 수식어와 가장 잘 어울릴 법하다. 아시아에서는 처음으로 '한인의날'을 기념하는 행사를 태국에서 개최했고, 한류가 꽃피기 시작하자 태국 대중문화와 앙상블을 이루는 한–태 첫 종합축제도 그가 최초로 만들어냈다. 한인회장으로서 추진하다 끝내지 못한 첫 재태 한인사 발간도 14년 뒤 한인회장이 되어 다시 또 꺼내 들었으니 뚝심이 이만저만 아니다. 그는 한국인의 자존심을 갖고 재태 한인회가 나가야 할 방향을 명확하고 분명히 제시한다. 화합과 이해, 소통이다. 1987년 기업 주재원으로 태국에 첫발을 디딘 뒤 태국 생활 35년이 한인회의 대소사와 함께한 삶이기도 했다.

태국에 진출한 계기가 궁금합니다.

1987년 로케트전기의 주재원으로 발령나 오게 됐습니다. 30대 초반이었고 직책은 과장이었는데 구매, 총무, 노무, 현장관리 등을 아울렀죠. 22명의 기술자들과 함께 태국에 왔는데, 전에는 한 번도 와본 적이 없었어요.

돈므엉공항으로 내렸습니다. 8월이었으니까 한국도 태국만큼 더운 여름이었죠. 태국에 내리는 순간 냄새가 다르다는 것을 느꼈습니다. 그것이 나쁜 느낌은 아니었고요. 전에 느껴보지 못한, 적응되지 않은 냄새라고 할까요? 얼굴에 와 닿은 더운 바람도 기억납니다.

첫 태국 생활이니만큼 어려움이 있었겠네요.

언어소통이 가장 힘들었어요. 태국 현지인 중 한국어를 하는 직원을 통해 모든 일을 해결해야 했습니다. 하지만 차츰 새로운 언어를 대하는 것에 대한 즐거움이 있었고, 생소하긴 하지만 태국어를 배우려는 의욕도 생겼죠. 태국 인들에게서는 우리가 어릴 때 경험하던 '인정'이라는 것이 느껴졌어요. 태국 노랫소리도 좋았어요. 한국의 트롯과 비슷한 느낌이었다고나 할까요? 집, 직장 주변에 사시사철 피는 화사한 꽃들은 특히 너무 좋았습니다. 주재원 3년 기간이 끝나 한국으로 돌아갔는데, 이런 것들이 마음에 떠나지 않아 결국 사표를 내고 태국으로 와 지금의 대영포장 인쇄를 하는 계기가 되었습니다.

당시는 한국기업들이 태국에 많이 진출하던 시기죠?

삼성전자, 맥슨전자, 모나미 등 1990년대 초 많은 기업이 태국으로 활발히 진출하기 시작했습니다. 한국기업들의 진출과 관련, 인쇄업이 사업성 있는 아이템이라는 생각을 하게 됐습니다.

태국 내 한국과 한국인에 대한 인식은 어땠습니까?

태국인들은 한국인들에 대해 낯설어 하는 것 같았지만 잘 해준다는 느낌을 받았습니다. 언제든지 자주 웃고 미소로 대해줬습니다. 1988년에 서울올림픽이 있었지만 그 영향이 일반적이지는 않은 것 같았습니다. 지금의 스쿰윗 한인상가에는 1990년 중반 이후에나 한국 음식점이 3~4개 정도 있고, 한국 마트가 1개 있었을 정도였습니다.

2007~2008년에 25대 한인회장을 지냈습니다. 계기는 어떤 것입니까?

한인회장에 출마하기 전에도 한인회 홍보이사를 하면서 한인회 활동을 하고 있었습니다. 이 때문에 방콕한국국제학교 등 전임 회장들이 하는 일에 깊숙이 관여되어 있었습니다. 재태 한인사회의 화합을 이루고 단합을 이뤄봐야겠다는 생각을 했습니다. 한류를 잘 활용해 한인타운도 활성화시키고 싶은 마음도 컸습니다. 한인회장 임기 첫해인 2007년에는 '세계한인의날'인 10월 5일을 기념해 아시아 22개국 한인회장들이 모이는 '한인회의날'을 아시아에서는 처음으로 태국에서 개최했습니다. 재태 한인 2,000여 명이 참가한 큰 행사를 방콕 앰배서더호텔에서 열었습니다. 장윤정 등 6명의 한국가수도 방문해 교민분들도 즐거워했습니다. 1년 뒤인 2008년에는 방콕 시암패러건에서 '코리아 페스티벌'을 개최했습니다. 한-태수교 50주년을 기념한 행사였습니다. 마침 인기를 끌고 있는 한류 붐을 연결해 한인사회를 태국에 알리고 이해시키고자 하는 마음이 가장 컸습니다. 그 전에는 이처럼 양국의 대중가수들이 한 무대에 오르고 전통공연까지 펼치는 대규모 한-태 축제가 없었습니다.

처음 개최하는 행사들인만큼 어려움이 적지 않았을 것 같네요.

한인회장 재임 기간인 2007~2008년은 태국의 정치적 불안이 심각한 시기였습니다. 옐로셔츠와 레드셔츠로 나뉘어 정치적 갈등이 컸고, 반정부 시위도 극렬했습니다. 행사나 축제 개최가 위태로웠지만 다행스럽게도 그 기간만큼은 심하지 않아 아슬아슬하게 행사를 잘 치러낼 수 있었습니다. 행사 재원 조달은 늘 어려운 문제였습니다. 약속된 지원금이 취소돼 어려움이 가중됐습니다.

2021~2022년 제32대 한인회장이 되셨으니 14년 만에 다시 회장직을 맡게 된 것이네요.

코로나로 재태 한인들이 힘들어 하는 시기입니다. 그 때문인지 한인회 회장으로 나서는 사람이 없었습니다. 한인회가 비상체제로 운영되다 누군가는 있어야 할 것 같아 나서게 되었습니다. 한인회는 봉사의 의미가 크지만 재원이 없으면 운영하기 쉽지 않습니다. 그러나 이에 앞서 서로 이해하고 소통하며 '한마음'을 갖는 것이 더 중요합니다. 저 역시 부족하지만 한인회를 한인사회에 꼭 필요한 단체로 인식시키고 싶었습니다. 한인사를 발간하려는 것도 그런 노력의 일부입니다. 사실 한인회장 시기인 2007~2008년에 추진했지만, 자료 확보 등에 시간이 너무 없었습니다.

다시 한인회장을 하며 한인사를 발간하려는 것도 그 때문인가요?

저는 인쇄인입니다. 자금 문제 등 한인사를 발간하기가 어렵다는 것을 잘 알고 있습니다. 한인사 발간에 의의를 두는 것은 개인이든 가정이든 회사 또는 단체든 역사가 있고 과거가 있습니다. 태국에는 한인사가 있고, 한인회관도 있습니다. 다른 나라는 태국보다 교민의 역사가 짧아도 한인사를 펴내어 뿌리를 살펴보고 미래를 대비합니다. 태국 한인의 역사가 65년이 넘어가는데 한인사가 없다는 것에 자괴감이 들었습니다. 한인회장으로 그런 것들에 대한 성찰이 제기되면서 다른 것은 몰라도 한인사는 꼭 펴내야겠다는 생각을 했습니다.

태국에 처음 왔을 때와 지금 무엇이 가장 크게 달라진 것 같습니까?

태국에 한국인이 많지 않았습니다. 모임 등 어디에서라도 한국인을 만나면 이웃처럼 반가웠습니다. 모임을 해도 잘 뭉쳤죠. 우의도 돈독했습니다. 한인사회가 다원화되고 팽창하면서 경쟁도 생겨났고, 생각도 다양해졌습니다. 한국에 가는 태국인들이 엄청나게 늘어난 것도 체감하는 변화입니다. 여러 분야에서 발전한 한국의 모습이 태국인의 마음속에 각인되고 있다는 느낌입니다. 내가 한 사업들을 봐도 그렇습니다. 홍삼, 화장품 등은 일상생활에서 먹고 바르는 것인데, 처음에는 이런 한국 제품들을 못 믿어 했습니다. 화장품을 처음 취급했을 때 태국인들에게 접근하기는 쉽지 않았습니다. 지금은 화장품뿐 아니라 다양한 분야의 소비재들이 상상을 초월할 정도로 소비되고 있지 않습니까?

특별히 기억나는 한인 원로들이 계십니까?

김석건 회장님을 비롯해 안홍찬, 최도윤, 전원수 회장님 등 여러분입니다. 모두 한인회 단합을 위해 애쓰셨습니다. 전임 회장님들과 선배들이 이 자리를 지켜왔기에 지금이 있는 것이라 생각하고 감사드립니다.

방콕한국국제학교인 것 같습니다. 학교에 대한 정식 인가가 나왔을 때 가장 기뻤고 초기 학교 부지를 선정할 때 방나나, 온눗 등 시내 가까운 곳으로 하지 못한 것이 가장 안타까웠습니다. 얼마 전 학교를 도심 쪽으로 이전해 통학 거리는 줄어들었지만 임차비를 내야 하고 학교의 확장에도 문제가 있어 아쉬움이 남아 있습니다.

개인적 소견이기도 하지만 존경받고 신망 있으며 재태 한인을 위해 봉사 정신을 가진 한인회장이 나왔으면 하는 바람입니다. 모든 한인은 누구나 다 봉사의 마음을 가지고 있습니다. 화합할 수 있도록 이끌어가는 리더십이 가장 필요합니다. 리더가 어떻게 하느냐에 따라 한인회가 달라질 수 있습니다. 나도 그렇게 못하고, 내 자신도 부족하지만 한인회에 대한 불신 해소도 중요합니다. 어디서든 사람이 우선입니다. 한인회도 좋은 리더와 봉사의 마음을 가진 한인들로 채워질 때 더 발전해나갈 것이라고 믿습니다.

▶ 김장열 (24대)
쓰나미 재앙 덮친 태국과 슬픔 나눈 한인회장

1990년 전후 재태 한인사회는 양적·질적으로 크게 성장했다. 한국 기업의 투자 진출 러시가 시작되었고, 여행 붐과 함께 한인의 수도 폭증했다. 한국 기업들은 태국에 대규모 생산기지를 만들고 집중 투자에 나섰다. 2005~2006년 제24대 한인회장을 지낸 김장열 전 한인회장도 재태 한인사회의 도약기인 1987년에 태국에 진출했다. 해운 전문가로 인정받아 노동허가서를 받은 첫 한국인이기도 하다.

1980년 중반부터 1990년 중반 사이 태국 한인의 수가 기하급수적으로 늘어났습니다. 당시 태국 경제가 성장세를 타던 시점이죠. 특히 일본 기업들이 물밀듯이 태국에 생산기지를 구축하면서 태국의 산업화가 본격적으로 시작되었다고 할 수 있습니다. 한인업체들도 태국에 대규모 생산기지를 만들고 7~8년 동안 집중적인 투자를 했습니다. 우리 한인사회의 역사가 그때를 기점으로 크게 성장했다고 볼 수 있습니다. 반면 태국은 당시만 해도 1차산업의 굴레를 벗어나지 못한 상황이었죠.

태국과 인연을 맺게 된 계기가 있나요?

한국에서 가장 활발하던 해운 용선업체에서 5년 동안 용선 전문가로 일하고 있었습니다. 해외 진출의 꿈을 갖게 되며 최적의 나라가 어딘가를 찾던 중 태국이 가장 매력적으로 보였어요. 태국은 농·수산물 및 광물의 수출 물량이 엄청나게 많은데도 운송 화물선이 없었고 해운 전문가가 없다는 것을 알았거든요. 그래서 태국의 한 운송업체와 정식 계약을 맺고 해운 전문가로 노동허가서를 받은 첫 한국인이 됐습니다. 직업신고할 때 '머린 슈퍼인텐던트'(Marine Superintendent)라는 영문으로 등록했는데 '해양감독관'이라고 할까요? 해운업은 '자본집중산업'입니다. 하지만 더욱 중요한 것은 돈보다 신용이죠. 그래야 선주들이 배를 빌려줍니다. 전 세계의 유수한 선주 및 화주들과 쌓은 신용이 태국에 진출해 사업을 할 수 있는 용기와 자신감을 갖게 해줬습니다.

태국 진출초기 가장 어려운 점은 어떤 것이었나요?

처음 파트너십을 맺었던 태국 사주의 이기적인 운영방식과 계약을 지키지 않는 행태로 불과 1년 반 만에 결별해야 하는 엄청난 어려움과 위기가 있었습니다. 하지만 그동안 좋은 사업관계를 지원해준 거래 업체들의 적극적인 협조와 도움으로 무사히 위기를 극복했죠. 태국 진출 2년 만에 독립법인으로 새로 출발할 수 있었습니다.

한인회장을 맡던 2004년 푸껫에 쓰나미가 왔죠?

2005년 1월 1일 새벽 첫 비행기를 타고 푸껫으로 날아가 희생자들의 장례식과 영결식으로 저의 한인회장 첫 임기를 시작했습니다. 우리 한국인들이 태국인들에게 우리도 그들의 따뜻한 이웃이며 태국사회의 일원이라는 모습을 보여준 때라고 생각합니다.

우리 한인동포들도 태국 사회의 일원으로 태국인 모두와 함께 슬픔을 나눈다는 메시지를 전하고 싶었습니다. 쓰나미 재앙 시 우리 한인동포들이 십시일반 힘을 합쳐 보내준 사랑에 대한 보답으로 2005년 12월 2일 한인의날에 당시 푸미폰 국왕으로부터 재태 한인사회를 대표해 국왕훈장을 수훈하게 된 것도 큰 보람이었습니다.

태국 한인사회는 어떻게 봅니까?

한인들의 업종 분포를 살펴보면, 기본적으로 다른 나라의 한인사회에 비해 다소 취약한 면이 있습니다. 종사하는 업무 분야가 제조 분야가 아니라 서비스업에 치중되어 있기 때문입니다. 그러다 보니 장기적이고 규모가 큰 투자업체가 비교적으로 적은 형편입니다. 또 서비스업이 주가 되다 보니 한인들도 유동성이 커서 안정되지 못한 면이 있습니다.

한인회장을 역임할 때 중점 사항은 무엇이었나요?

재태 한인회는 태국에 살고 있는 한인들을 하나로 단결시키는 구심점이 되어야 한다고 정의를 내렸습니다. 그에 따라 한인회는 한인들의 복지향상을 위해 봉사하고 베푸는 곳이 되어야 한다고 생각했고요. 회장이 되면서 한인회 기금으로 150만 밧을 찬조금으로 냈고 한국국제학교에도 발전기금으로 50만 밧을 기부했습니다. 한인회 사무실을 현대식 건물로 옮겨 새로운 이미지를 구축하는 데 기반이 되도록 했습니다. 이어 시작한 게 한인문화회관 건립입니다. 30년이나 된 낡은 사무실을 개조했습니다. 건물 안팎을 새로 단장하고 각종 문화활동을 할 수 있는 공간을 만드는 데 꼬박 1년이 걸렸습니다. 2005년 12월 1일에 드디어 한인문화회관의 개관식을 가졌습니다. 그날을 기념하기 위해 '한인의날'로 공식 선포했습니다. 우리 재태국 한인들이 새로운 모습을 선보인 날이기도 합니다.

한인회가 지속적으로 추진해야 할 사업은 어떤 게 있을까요?

기본적으로 한인들이 가장 필요로 하는 일과 타국에서 살면서 당할 수 있는 불이익에 대한 보호 활동이 기본이 되겠지요. 그 나라의 좋은 이웃이라는 이미지를 심어 나가는 활동, 즉 이곳 태국이라면 가장 대표적인 것이 한국전 참전용사와 그 가족들을 위해 정기적으로 도움을 줄 수 있는 사업도 하나의 좋은 본보기가 될 것입니다.

또한 우리와 언어가 통하지 않고 역사, 문화가 다른 곳에서는 우리 한인들이 뜻하지 않은 불의의 사고나 피해를 당할 수가 있습니다. 부당한 대우를 받을 때도 있었지요. 그런 경우 한인회에 도움을 청해 변호사를 선임받아 정당한 법적 보호를 받을 수 있도록 하는 것이지요. 한인회는 한인들이 낯선 객지 생활을 해나가는 데 조금이나마 도움을 줄 수 있는 나침반과 지렛대의 역할을 해나가야 한다고 생각합니다.

민주평통자문회의 태국 지회장도 맡으셨죠?

2007년에 2선 평통자문위원으로서 제13기 평통 태국지회장에 임명되었습니다. 그동안 민주평통이 남북한의 평화통일에 대한 국민들의 열망과 염원을 모아 국가의 통일정책에 국민의 뜻을 반영시켜나가는 구심체 역할을 해오고 있다고 생각합니다.

한인회장 당시 대사관과의 협력 사항들은 어땠나요?

윤지준 대사님과 한태규 대사님을 모시고 대사관과 한인회가 상호 긴밀하고 존중하는 협력체제를 구축해나갔습니다. 막 출범한 방콕한국국제학교의 운영에 관해 대사관과 어려운 상황도 있었지만 새 재단이사회를 구성해 정상적인 운영체제로 탈바꿈시켰습니다.

2년간의 코로나 이후 태국 한인사회의 지형도 많이 바뀔 것으로 예상합니다.

코로나 팬데믹은 전 세계의 통로를 막아버렸고 세계의 관광시장은 쑥대밭이 되었습니다. 그동안 재태국 한인사회의 주류를 형성하며 활발한 활동을 해오던 여행 및 관광산업에 종사하던 많은 교민이 폐업을 하며 한국으로 철수해 교민 수도 급감했습니다. 이제는 한국의 IT산업을 기반으로 한 4차산업에 종사하는 젊은 인력들이 대거 진출하면서 한인사회의 기반도 점점 확고하게 다져질것으로 기대합니다.

박종각 전 회장은 2010년 제26대 한인회장을 맡아 시린돈 공주의 방콕 스쿰윗 한인상가 방문 행사를 치렀다. 당시 정해문 주태 한국대사 시절 성사시킨 이 행사는 태국 왕실에 한국문화를 알린 초유의 일이었다. 한인상가를 방문한 시린돈 공주는 당시 태국 TV에서 방송 중이던 한국 드라마 '선덕여왕'의 주인공 이름까지 언급하며 한국 드라마 팬인 것을 드러냈고, 한식도 좋아하고 있다는 것이 처음으로 공개되기도 했다. 태국 국민들로부터 존경받는 태국 공주의 한인상가 방문은 태국인들의 한식, 한국 문화 등에 대한 관심을 높이는 효과로 이어졌음은 물론이다. 박종각 회장은 한인상가에서 남아공월드컵 응원전을 이끌며 한인 단합을 도모하기도 했다.

태국 진출 시기와 계기는 무엇인가요?

1996년 12월 태국에 왔어요. '교육이민'의 성격이 컸습니다. 큰애가 중2, 둘째가 초등학교 5학년이었는데 사교육비도 만만치 않은 데다 서울 역삼동에 살았는데, 상대적 빈곤감을 느꼈습니다. 총 19년 동안 여행사 일을 했는데, 업무차 태국에 자주 오면서 태국 교육 시스템이 잘 되어 있다는 것을 나름 알고 있었던 데다 아내의 친척도 마침 태국에 있었죠.

태국에서 한 일은 어떤 것입니까?

태국에 갔던 아내가 덜커덕 지금의 스쿰윗 상가에 식당자리 임대계약을 하고 왔어요. 개업이나 해놓고 돌아갈 예정이었는데 결국 정착하게 됐어요. 식당개업 후 몇 개월 간은 영업이 잘 됐지만 그 뒤 IMF가 와서 2년 동안 고생했어요. 태국에 오기 2~3개월 전 부부가 식당 일을 배운 게 전부였습니다. 냉면 고깃집 콘셉트였고 일본인과 한국교민 대상이었습니다. 더운 나라라 냉면이 잘 될 줄 알았는데 그건 아니었습니다.

코로나 이후 한류의 열기를 더 실감하실 것 같네요.

코로나를 지나면서 식당을 찾는 태국인의 비중이 확실이 늘었습니다. 한국 가수 방문이나 예능 프로를 보면서 한식에 대한 관심이 늘어났고, 코로나로 이동제한 등에 묶였던 소비 심리가 살아난 것 같습니다.

1990년대에도 어려운 점이 적지 않았을 것 같습니다.

태국 종업원 관리가 힘들었습니다. 갑자기 출근하지 않는 사례도 빈번했습니다. 태국은 생활의식 자체가 한국과 다릅니다. 그러니 사업하기 쉽지 않은 나라가 분명합니다. 아이들이 교육을 잘 마쳤으니 태국 이주 목적은 달성한 셈이죠.

한인회장을 맡은 경험을 토대로 한인회에 대한 제언이 있다면?

조직이 잘 운영되려면 자금이 있어야 합니다. 한인회는 본인의 영달보다는 한인사회를 위해 봉사할 사람이 맡아야 합니다. 한인회장 입후보 때 내는 기부금은 재임 중에는 운영비로 쓰면 안 됩니다. 한인회의 자본금으로 축적해 정작 필요한 곳에 쓰이도록 해야 한다는 생각입니다.

▶ 김형곤(27대)
재태 한인 역사의 산 증인 한인회장

김형곤 전 한인회장은 재태 한인사회 단체장을 다수 역임했다. 2011~2012년 제27대 한인회장을 비롯해 한–태상공회의소 회장, 방콕한국국제학교 운영위원장을 비롯해 대한노인회 태국지회장도 역임했다.

　　2011년 이어진 태국 대홍수 때는 한 달 넘게 한인교민 지원에 나섰고, 재태 한인의 어른들을 위한 '노인잔치'를 열어 경로사상을 고취시키기도 했다.

　　전후 베트남 건설사 근무-태국 이주-중동 관련 인력 사업 등 1970~1980년대 재태 한인들이 겪어온 길을 고스란히 걸은 역사의 산 증인이기도 하다. 여전히 항공 관련 비즈니스를 전개하며 재태 한인회를 반듯하게 세워야 한다는 소신을 갖고 있다.

한인사회에서 여러 활동을 하셨습니다.

　　한인회장, 국제학교운영위원장, 한태상공회의소 회장 등도 했습니다. 한태상공회의소는 32개국 모임체의 맨 마지막에서 나름 열심히 뛴 결과 16위 정도로 위상이 높아지는 결실도 이루어냈습니다.

베트남, 태국, 이란, 요르단을 거쳐 1983년 태국에 정착하셨다고 들었습니다.

　　태국에 오게 된 것은 독일 회사와 관계가 있습니다. 태국에 있으면서 이라크와 두바이, 리비아에 근로자를 보내는 '맨파워' 비즈니스를 했습니다. 해외 동포들이 '자유민주공화국'의 정립을 위해 그 역할을 다해야 합니다.

한인사회의 발전 방향을 위한 조언을 해주신다면.

　　한인회는 동포사회의 구심점이 되어야 합니다. 그러기 위해선 한인회를 반듯이 세워야 합니다. 성장을 위해 원로들의 자문을 받는 것도 필요합니다. 몇 년 동안 코로나가 심각했고, 한국의 국내정치도 불안했습니다. 이런 때일수록 해외동포들이 더욱 단단히 결속을 다져야 합니다. 여기에 각 동포단체들이 서로 호응하고, 그 안에서 단결을 이뤄야 합니다. 그 역할을 한인회가 맡아야 합니다. 한인들도 더욱 경각심을 가져야 합니다.

채언기 회장은 2000년대 들어 첫 연임한 한인회장이다. 그가 한인회장을 맡은 2013~2016년은 태국 내 한류 열풍과 함께 한국 브랜드 주가가 한껏 치솟은 시기였다. 4년간 한인회장을 맡으며 재태 한인사회에 '1호기록'을 많이 만들어 냈다. 한인이 대규모로 참석한 한마음체육대회 및 아직도 이어지고 있는 청소년들을 위한 꿈나무 한마당 등이다. 말을 내세우기보단 실행력을 앞세운 한인회장이었다.

2000년 이후 한인회장을 연임한 첫 번째 회장이었습니다.

회장을 맡기 전에도 한인회 임원으로 10년 정도 참여했습니다. 재태국 한인이 발전하려면 한인회가 역할을 해야 한다고 생각했습니다. 세계 다른 나라도 모두 안고 있는 문제지만 재정적으로 자립하는 한인회를 운영해보고 싶었습니다. 병원, 골프장 등을 이용할 수 있는 '한인카드'를 만드는 일에 착수해 끄룽타이뱅크, 범룽랏병원과도 연계했지만 오래 이어지지 못한 것은 여전히 큰 아쉬움으로 남아 있습니다.

2014년이죠. 자동차가 경품으로 걸린 대규모 한인체육대회가 개최된 기억이 납니다.

한마음 체육대회였는데, 1,000명 이상의 재태 한인이 참석했던 것 같습니다. 개인은 물론 기업체에서도 십시일반 출원하여 단합을 이룬 기억이 있습니다. 한인회장으로 4년간 있으면서 해마다 꿈나무 한마당대회를 했습니다. 지금까지 10회 이상 이어져오고 있다고 들었습니다. 재향군인회와 참전용사 자녀들과 함께 하는 체육대회도 열었던 기억이 새롭습니다.

한인회가 구심점을 가지려면 어떤 노력이 필요할까요?

어느 나라나 마찬가지입니다. 한인회는 한인이 많이 참여하는 것이 중요합니다. 하지만 아쉽게도 그에 대한 필요 의식을 가지고 있지는 않습니다. 이를 위해서는 한인회가 동포사회의 각 유관 기관들과 협조 및 연대를 잘해야 합니다. 유관 기관과의 협조가 이뤄지고 협력하면 뭉칠 수 있습니다.

태국에는 언제 오신 건가요?

1991년도에 지인하고 왔다가 태국이 잘 맞는 것 같다는 생각을 했습니다. 요식업에 주로 종사했지만 재정적 어려움이 적지 않았습니다. 젊었으니까 버텼습니다.

태국과 한국의 모습은 어떤 면이 가장 많이 달라진 것 같습니까?

외국인에 대해 배타적이지 않고 차별이 없으며, 한국처럼 압박감이 없는 태국 분위기는 처음 왔을 때나 지금이나 같은 것 같습니다. 처음 왔을 때도 태국인은 순수했고 현재도 그렇다고 생각합니다. 30년 전과 비교하면 태국인의 한국에 대한 인지도도 크게 높아졌습니다. 하지만 태국인의 한국인에 대한 인식이 개선됐느냐는 생각해볼 문제인 것 같습니다.

교민 온라인 정보 매체인 한아시아를 운영하고 있습니다.

2008년부터 운영하고 있습니다. 비즈니스 차원보다는 교민에게 필요한 것을 제공하고 있다는 생각이 더 큽니다. 코로나를 겪어서 누구나 알지만 방역에 대한 중요성은 앞으로도 계속 제기될 것입니다. 관련 방역제품 사업을 전개하고 있습니다.

▶ 임부순(30대)
재태 한인회 첫 부자(父子) 한인회장

1964년 이후 한인회 58년 역사 동안 부자(父子)가 대를 이어 한인회를 이끌기도 했다. 1991~1992년 제16대 회장을 역임한 임완근 회장에 이어 2017~2018년 제30대 회장을 지낸 임부순 회장이다. 임완근 회장 당시 재태국 한인사회는 여행 자유화가 본격 시작되며 한인사회가 중흥기를 맞기 시작했고, 25년

뒤인 임부순 회장 시기에는 한류가 크게 확산되어 재태 한인사회도 한층 역동적이고 다원화됐다.

부친에 이어 한인회장을 역임했습니다.

'한인사회의 단합'이 회장 출마의 모토였던 것 같습니다. 보여주기식 행사보다는 동포단체들과 협업하면서 한인회가 한인사회의 구심점이 되는 내실을 기해야겠다는 생각을 했습니다. 아버지는 베트남 전쟁 전후 복구 건설사업을 하시다가 1970년대 초반 태국으로 오셨죠. 스물여섯살 때인 1984년 4월 아버지의 권유로 군 제대 후 바로 태국에 오게 됐는데, 그때만 해도 방콕에 한국 식당이 10개 안팎, 관광지 파타야에는 '코리아나'라는 식당이 하나 있을 정도로 교민의 수가 많지 않았어요. 쏭끄란 하루 전날 처음 태국에 왔는데, 길가에 나갔다 물벼락을 맞고 화를 냈던 기억이 납니다. 태국 문화에 대해서도 전혀 모르던 시절이죠. 태국에 아마 당시 20대나 30대 한국인은 거의 없었을 겁니다. 1990년대를 거치면서 재태 한인사회가 많이 젊어졌죠. 제가 한인회장을 맡던 2000년 대 후반은 많은 것이 달라져 있었죠.

한인회장을 맡으며 특히 기억에 남는 일들은 어떤 것입니까?

오랫동안 쓰지 않던 한인회 건물을 수리하고 다시 들어갔습니다. 한국전 참전마을을 찾아가 한가위 잔치를 했을 때 좋아하시던 모습들이 눈에 선합니다.

1980년대와 1990년대를 거치는 동안 재태 한인사회도 부침이 많았죠?

1980년대 초반까지만 해도 순수한 관광객은 많지 않았습니다. 교민이 200명 정도 됐을까 싶네요. 중동 건설붐이 일면서 태국은 중동 노무자들이 들르는 경유지였어요. 태국을 거쳐야 한국과 중동에 갈 수 있었거든요. 중동에 있다 한국으로 들어가며 기념품을 사는 곳이기도 했고, 이런저런 사유로 정착한 분들도 있었죠. 1989년도에 여행자유화가 됐는데 아버지의 요청을 받고 미국에서 공부하다 3년 만에 태국으로 돌아왔습니다. 방콕 펫부리에 500석 규모의 대형 한식당을 냈는데, 하루에 1,000여 명이 이용했을 정도로 단체 여행객이 넘쳤습니다. 여행 자유화로 한국인들의 관광 러시가 시작됐을 때이기도 합니다. 하지만 1990년에 걸프전이 발발했고, 태국에서도 쿠데타가 발생해 정정이 불안한 탓에 이런 관광 붐도 곧 위축되고 말았습니다. 중동 건설 붐 때는 태국에 계신 여러 한인들이 중동에 태국 인력을 공급하는 '맨파워' 일을 했습니다. 아버지도 사우디에 태국 인력을 보냈습니다. 나중에는 업체가 난립하면서 경쟁이 심해졌죠. 아버지는 원목에 칠을 하는 캐슈넛 오일을 한국으로 수출하기도 했습니다. 한인회장을 맡으시면서 단합을 위한 골프대회를 열기도 했는데, 성황을 이뤘습니다.

한인사회의 발전을 위한 조언을 하신다면?

자발적 참여 분위기를 조성해야 합니다. 동포 단체가 여럿인데 동포단체부터 서로 화합하고 공기관과의 협조까지 아우르면 화합 분위기로 나갈 수 있다고 봅니다. 1990년대 이후 정착한 동포 2세들이 성인이 되어 나오고 있는 만큼 뿌리를 찾아주는 일도 중요한 것이죠.

Thai Tip

태국인 중 성정체성이 모호한 사람들은 인구대비 3~17%로 추정된다. 성전환수술 또는 여성성으로 인해 군입대를 면제받는 남성들은 정신병자로 분류됐다. 그러나 2008년 이후부터는 성전환자란 명목으로 징집 대상에서 제외되고 있다. 다만 면제 대상자는 징집일부터 3년간 여성으로 살아왔다는 것을 증명해야 한다. 호르몬 처방, 병원의 수술 증명서 등이다.

[3장]

재태 한인회의 조직과 주요 활동

▶ **32대 재태 한인회 연혁 및 조직도**

[재태 한인회 연혁]

순	대	연도	성명	주요 활동
	초대	1964	이경손	재태국 한인회의 전신 '야자수회' 결성
	2~7대, 9~10대	1965~1975, 1977~1980	박재기	토요학교 설립 박정희 대통령 태국 방문 수쿰윗 18 한인회관 건물 구입 1998년 김영삼 대통령 국민훈장 목련장 수여
	8대	1976	임진동	교민단합을 위한 골프대회 등 운영

	11대	1981~1982	김석건	전두환 대통령 태국 방문 한인회관 건물 등기 1998년 김대중 대통령 국민훈장 동백장
	12, 13, 15대	1983~1986, 1989~1990	손병순	토요학교 헌신
	14대	1987~1988	김진혁	재태국교민회 사단법인 정식 등록
	16대	1991~1992	임완근	골프모임 정례화, 한인단합 도모
	17대	1993~1994	강규진	재태국한인회 회계 신고 등록
	18~19대	1995~1998	안홍찬	참전용사 협회 장학금 최초로 결성 김영삼 대통령 태국 방문 '재태국한인회'로 명칭 변경, 회관건물 법인명의 등기
	20대	1999~2000	최도윤	방콕한국국제학교 설립추진

	대수	기간	성명	주요 활동
	21~22대	2001~2003	전원수	방콕한국국제학교 설립 방콕한국국제학교 교육인적자원부 인가 방콕한국국제학교 교사 신축 한인회장 선출 간선제로 변경
	23대	2003~2004	송기영	태국 각 곳에 태권도 보급
	24대	2005~2006	김장열	쓰나미 피해 복구 성금 탁신 수상에게 전달 한인회 사무실 이전(영사업무 일부 접수 대행) 기존 한인회 사무실을 한인 문화회관으로 개축
	25대	2007~2008	전용창	태국왕실방문(시린돈 공주 알현)~한국 문화, 종교 알림 쫄라롱꼰 대학 한국 축제 지원(한국의 날) 상록오케스트라 후아힌 왕실학교 음악캠프 방문 태국 여성 유가족 방문 위로금 전달 태국왕실 관리 태국고아원 방문 제1회 코리아페스티벌개회
	26대	2009~2010	김도연 -박종각	시린돈 공주 스쿰윗 한인상가 방문(한국문화체험) 제1회 공주컵 국제 태권도 대회
	27대	2011~2012	김형곤	태국 홍수 한국 동포 지원 한국 동포 노인잔치 대통령 표창 수상
	28~29대	2013~2016	채언기	제1회 재태국한인회 꿈나무한마당 제1회 한마음 체육대회 K-POP 경연대회 황교안 국무총리 태국 방문 동포간담회

	대수	기간	회장	주요 활동
	30대	2017~2018	임부순	한인회 건물 리노베이션 한국전 참전마을 한가위 잔치
	31대	2019~2020	황주연	COVID-19 대구, 경북지역 구호성금 및 물품 (3,000만 원) 전달 한국 교민 생계키트 지원 시작 문재인 대통령 태국 방문, 동포간담회 방콕한국국제학교 이전 3·1운동 및 대한민국 임시정부 수립 100주년 국민참여 기념 사업 선정
	32대	2021~	전용창	COVID-19 생계키트 지원, 백신 무료접종 지원

[제32대 재태 한인회 조직도]

회 장 : 전용창

자문 위원단	
대한노인회 태국지회	이응선
제향군인회	이형배
민주평화통일자문회의	강의종
세계한인무역협회 OKTA	장은경
코윈 KOWIN	조윤정
한태상공회의소	김종민

수석 부회장(방콕토요학교 교장 겸임)

임환선

감사

이우철

사무 국장

배경진

고문단
송기영
김장열
채언기
임부순
황주연
이정국
채승우

교육 부회장		체육·봉사 부회장		대외 협력 부회장		여성 부회장		문화·관광 부회장	
김정옥		김영훈		이인규		홍지희		노상수	
상임이사	최호준	상임이사	이종경	상임이사	배명문	상임이사	김진수	상임이사	박형진
이사	정진규	이사	심세환	이사	조순호	이사	김성택	이사	이동성
이사	권기남	이사	정준호	이사	정광영	이사	이진오	이사	안태민
이사		이사	박태영	이사		이사		이사	
이사		이사		이사		이사		이사	

소재지 및 연락처

주소 : The Korean Association in Thailand

3/1 Soi 18 Sukhumvit RD. Klongtoey, BANGKOK 10110 THAILAND

Tel : 02-258-0331

Home page: www.thaikorean.kr

E-mail: thaihanin@gmail.com

Thai Tip

태국의 일부 뷔페 식당, 관광지, 호텔에서는 성인과 소아의 구별을 키로 하는 곳이 적지 않다. 입구에는 아이들의 키를 재는 줄자가 설치되어 있다. 기준점은 130cm. (120cm로 하는 곳도 있음) 그 이하면 성인요금의 절반 정도로 할인된다.

▶ 사진으로 보는 재태 한인회 주요 활동

● 광복 70주년 기념 첫 한인상가 기념 행사

● 감사패 받는 강규진(왼쪽), 송기영 한인 원로

● 해군 순양훈련 함대 환영식 및 특별공연

● 유니버시아드 대회 남북여자 축구 응원전(2007년)

● 떡 나누기 행사에 나선 김석건 원로(맨오른쪽)

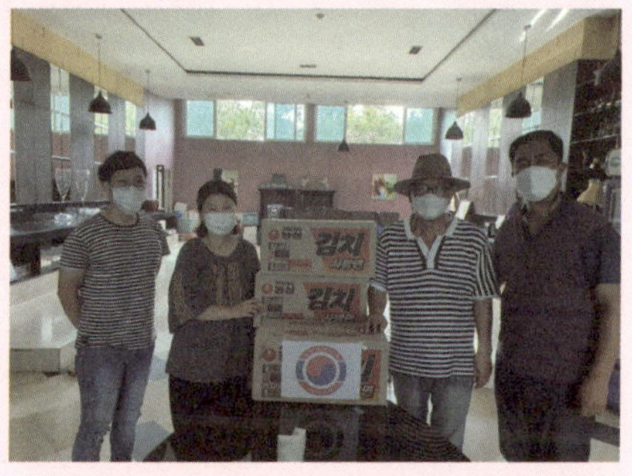

● 한마음 나눔의날 행사

● 재태한인을 위한 태국어 강좌

● 설맞이 떡 나눔 행사, 교민 생계키트 지원

● 3·1절 및 광복절 행사 주최 주관

● 재태 한인 꿈나무 한마당 사생대회

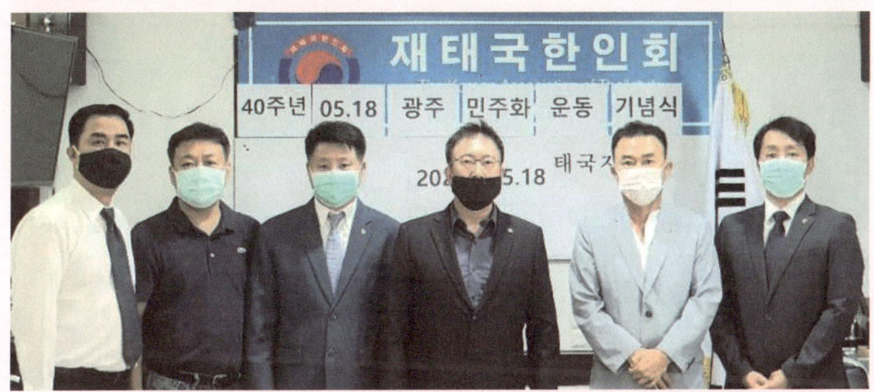

● 광주 민주화 운동 기념식

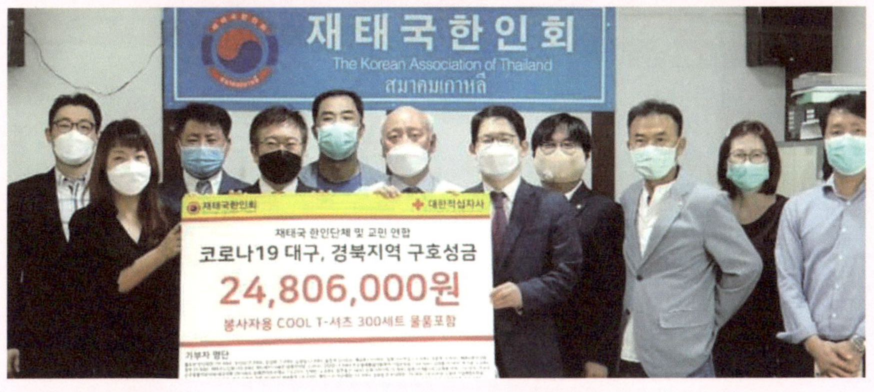

● 대구 구호성금 기부

● 문재인 대통령 국빈방문 동포간담회

 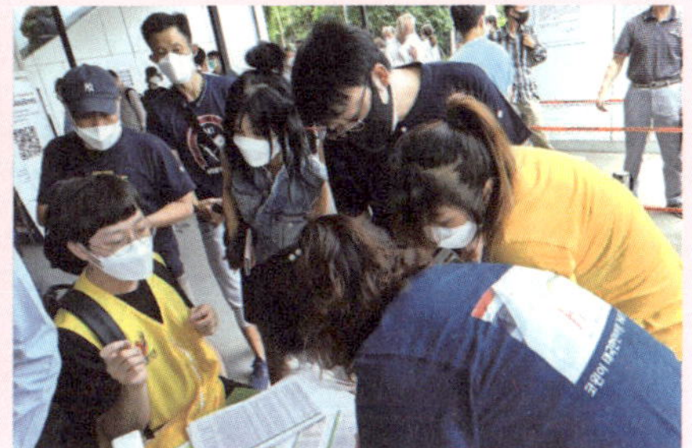

● 한국교민 코로나 무료 백신 접종 지원

● 6·25 한국전쟁 참전용사 기념식

● 코브라 골드훈련 위문품 전달　　● 태국 한인의날 행사

● 참전 용사촌 리틀타이거홀 준공식

● 한인 화합을 위한 대사배 골프대회 개최

● 태국왕실 공주컵 태권도 대회

● 재태 한인 송년의밤

▌재태 한인회 촌부리회

Korea Association in Thailand Chonburi (Pattaya, Rayong) Division

파타야 지역 관광객 대상 영업을 시작한 한식당 코리아나(서세진)와 서울회관(김인섭)을 중심으로 30여 년 전 모임을 갖게 된 상인연합이 오늘날 촌부리 지회의 태동이 되었다. 친목 모임 성격의 교민 모임은 2000년 개최된 아시아 스포츠 경기에 참가한 남북한 선수들이 파타야 바다 및 인근 호수에서 수상 경기를 하게 되었고, 응원 경비 마련에 호응한 교민들이 대회 종료 후 한인회를 만들기로 하면서 조직화되었다. 한국 관광객의 증가로 촌부리 지역에도 유사 업종이 크게 늘면서 한인회 참여가 활성화됐다. 또한 삼성전자, LG전자, 한라공조, 각 협력업체들이 인근 지역인 촌부리, 시라차, 라용 등에 들어서며 직원 가족들의 교회, 성당, 학교 등에서 교류가 확대되었다. 2006년 재태국 한인회 전은수 회장과 협의하여 재태 한인회 촌부리 지회로 명칭을 바꾸었다. 또 지회의 김동민 지회장이 영사협력관에 임명(2015년 12월)되어 주태국 대한민국대사관과도 더욱 유기적으로 협력하는 계기를 마련했다.

▌파타야 지역

관광 관련 업체들이 가장 먼저 진출했다. 현재 촌부리 지회의 주축이 되고 있다. 한식당 20여 개, 마사지 업소 10여 개, 가라오케 3개, Art 전시장 2개, 라텍스 판매소 5개 등이 있으며 이와 관련된 한인이 500여 명 된다. 종교단체로는 4곳의 교회가 있으며, 파타야 선교교회는 약 160여 명의 신도가 있고,

천주교 미사는 60여 가족이 참석하고 있다.

▌촌부리(시라차, 램차방) 지역

신발 제조업체들이 진출했으나 현재는 많이 감소했다. 삼성전자 공장이 소재하며, 부근에 협력업체들의 공장들이 운영되고 있다. 직원 및 가족들은 파타야에 거주하기도 한다. 삼성전자 협력업체에는 한국인이 직접 경영하는 직접 납품업체(A-Vendor)가 60여 개, B-Vendor가 70여 개 있다. A-Vendor 회원을 중심으로 협성회(회장 김형대)가 조직되어 있으며, 한인회를 적극 지원하고 있다.

▌라용 지역

LG전자의 대형 공장이 소재하고 있어 관련 협력업체들이 부근에 공장을 운영하고 있다. Hanon System(한라공조)의 생산공장이 Bowin 공단에 있으며 협력업체들도 산재해 있다. 태국의 최대 석유화학 단지인 라용의 Maptaphut에는 지난 20여 년간 대림건설, 삼성 엔지니어링, 현대건설, GS엔지니어링, SKC 건설, POSCO 엔지니어링 등이 석유화학 공장들을 완공했으며 GS와 SKC가 합동으로 10억 달러 공사를 완료하기도 했다. POSCO 엔지니어링이 PTT 발주의 LNG Receiving Terminal 공사를 수행하고 있다. 40여 명이 참석하는 교회가 있다.

[조직도]

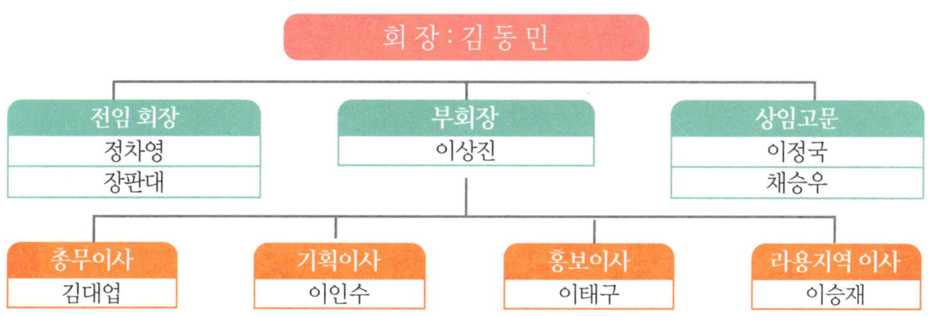

주요 활동

- 태국 국제공항 폐쇄에 따른 한국여행객 지원: 2008년 12월 방콕 수완나품 공항이 폐쇄되어 1만 2,000여 명의 한국 관광객이 우타파오 공항으로 집결, 파타야 거주 한인이 중심이 되어 음료, 식사 무료 지원 및 안내 등 봉사
- 방콕 홍수 교민 지원: 2011년 9월 방콕 대홍수로 파타야 마사지 업소 및 식당 등 300여 명의 수용 시설 준비 및 식사 제공
- 교민 입원 환자를 위한 모금: 2015년 촌부리지회 회원 뇌졸중 입원에 따른 수술비 60만 밧 성금 마련 전달
- 토요 한글학교 개설 및 지원: 에덴교회(김기병 목사)에서 개설한 한글학교 정식 인가 지원
- 정기 골프대회 주관: 삼성전자 협성회, LG전자 협력업체, 한라공조 등이 참가하는 100명 이상의 교민 골프 축제 주관
- 한인 관광객 사고 발생시 지원 업무
- 사타힙 항구 입항 해군함, 해병 장병 영접 및 지원
- 순회영사 지원
- 선관위 지원 업무(재외국민 부재자투표 홍보 활동)
- 삼일절 및 광복절 행사 등 정부행사 참석 지원
- 촌부리 21연대 6·25 행사 참석

소재지 및 연락처

주소 : 267, Moo9, North Pattaya, Nongprue, Banglamung, Chonburi, Thailand 20150

Tel : 038 362331-2

Fax : 038 415363

 **Thai Tip**

태국 마사지는 인류 무형유산에도 올라 있다. 2019년 12월 12일 콜롬비아 보고타에서 개최된 유네스코 총회에서 등재됐다. 여러 종류의 마사지 중 유네스코에 등재된 것은 '누엇타이(นวดไทย)'. 전통 마사지. 태국어로는 '누엇팬보란(고대식 마사지)'이라고 하는데, 요가처럼 스트레칭과 함께 지압을 하는 방식이다.

▌치앙마이 한인회

THE KOREASSOCIATION IN CHIANGMAI

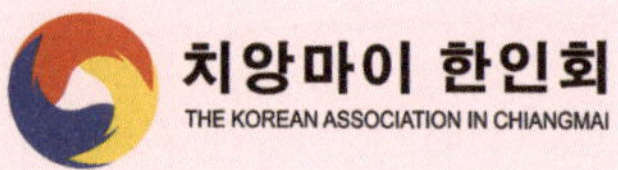

치앙마이 한인회는 태국 북부 치앙마이에 있는 한인회다. 치앙마이는 태국 제2의 도시이자 북부지역 교육, 행정의 중심도시다. 경쟁력 있는 국제학교(쁘램, NIS, APIS, 란나, CMIS, ABS)가 있고, 태국 북부의 최대 도시이자 산림 휴양도시로 다양한 산악레포츠 및 골프 코스가 있고, 저렴한 물가, 안전한 치안 등이 강점이다. 치앙마이 한인회는 2006년 설립, 현재 박용빈 한인회장이 8대 회장을 역임하고 있다.

[연혁]

날짜	내용
2006~2007년	1대 한인회 시작 김태조 회장
2008~2009년 6월	2대 한인회장 장충식
2009년 6~12월	3대 한인회장 진세욱 (2대 회장 유고로 6개월간 회장직)
2010~2015년	4, 5, 6대 한인회장 김철식
2016~2019년	7대 한인회장 문영달(7대부터 3년 임기제로 변환)
2019년~현재	8대 한인회장 박용빈

[한인 현황(약 3,000명)]

날짜	내용
교육	약 1,000명(학부모, 학생 포함)
선교	약 1,000명(지속적인 선교활동으로 가족인구 포함)
은퇴	약 500명(은퇴자 인구의 꾸준한 증가 추세)
여행업	약 200명(여행사, 가이드 및 유관업체 등)
단기거주	약 300명(치앙마이 한달살기 등 장단기 여행자)

▋주요 활동

- 코로나 이전, 매년 교민 체육대회(골프 등) 및 명절 행사로 화합 도모(회당 약 1,000여 명 참석), 사건사고 지원(한 달 약 10여 건 사건사고 지원 – 경찰서, 이민국 등)
- 순회영사업무 지원 연 4회 이상(연간 약 600여 건의 민원업무 처리)
- 대사관 영사민원 접수 및 수신, 발신, 지원(재외국민등록, 거주확인서, 운전면허확인서, 공증 등)
- 이민국 업무안내 [TM30(거주지 신고), TM47(90일 신고), 코로나로 인한 임시체류 연장 등]
- 치앙마이대학, 라차팟대학 행사 지원(세종어학당, 서강어학당 등)
- 코로나의 장기화로 침체된 지역시설 지원(지역 내 병원, 경찰서 및 이민국 등에 방역용품 및 도시락 전달/지원)

● 한인 골프대회

● 교민 추석 대잔치

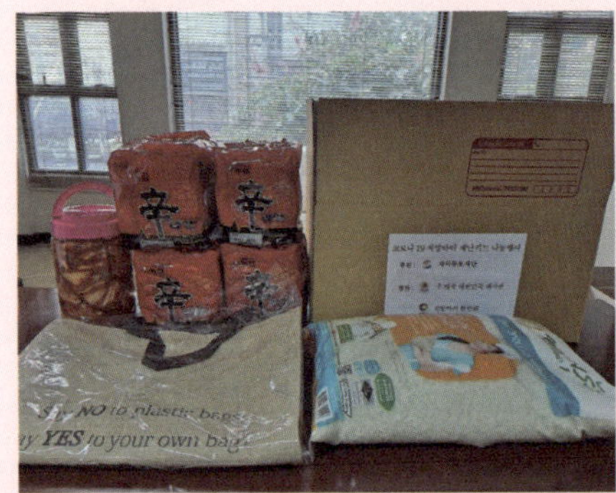

● 코로나 교민 지원 활동

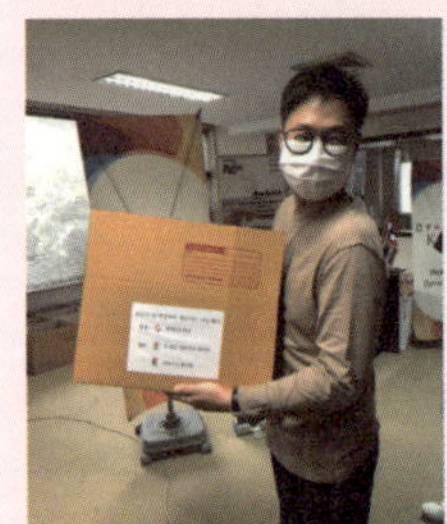
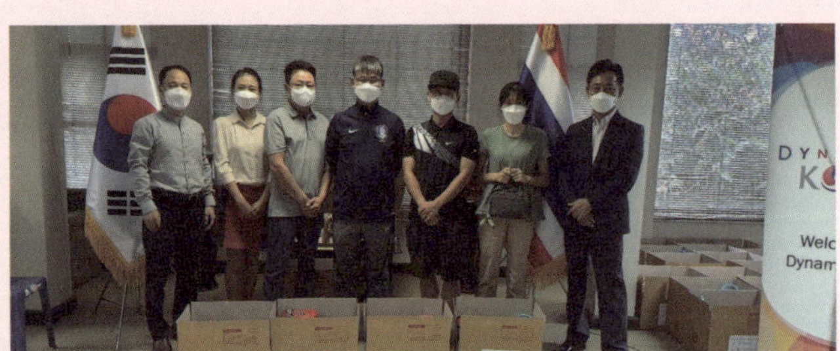

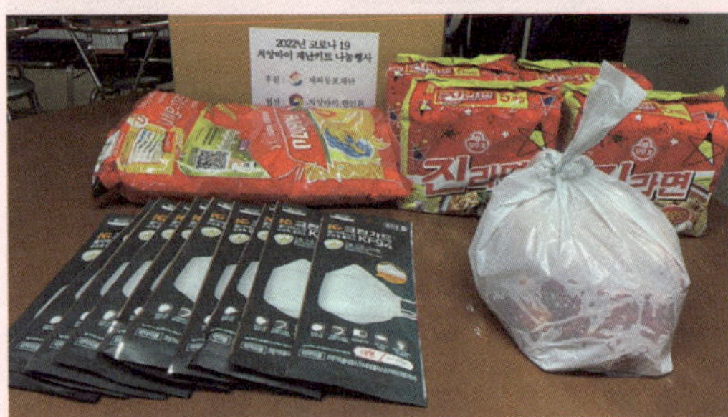
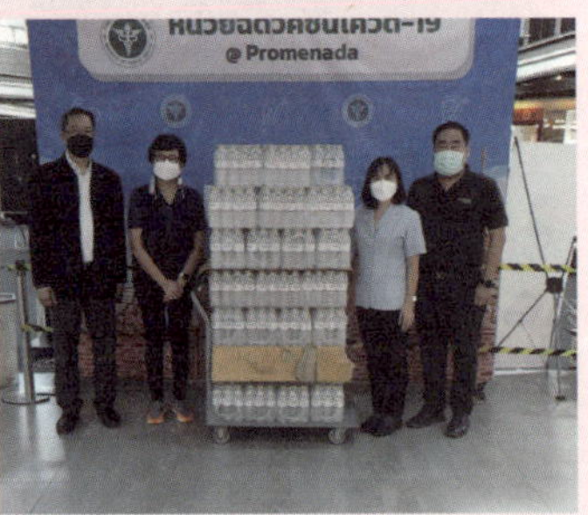

● 재난키트 나눔 행사

소재지 및 연락처

주소 : 3Floor V Group Building 50 Huaykaew Rd, T ChangPuak A, Muang Chingmai 50300

Tel : 053-405-176

E-mail : ansrltjs1004@gmail.com

Thai Tip

태국 결혼식의 필수는 남자가 신부측에 지불하는 씬쏫(สินสอด)이라는 지참금이다. 액수는 신부 쪽에서 결정해 신랑측에 통보한다. 여기에 귀금속도 첨가한다. 평범한 샐러리맨이라면 액수가 얼마나 될까? 적어도 10만 밧(약 370만 원)은 되어야 한다는 것이 일반적이다.

▌치앙라이 한인회
THE KOREASSOCIATION IN CHIANGRAI

치앙라이는 미얀마, 라오스와 국경을 맞대고 있는 태국 최북단에 위치한 주로서 140만여 명이 거주하는 지방도시다. 인구의 12.5%는 산악 부족이며, 카렌족, 아카족, 리수족, 메오족, 무세르족 같은 소수민족이 차지하고 있다. 치앙라이 한인회는 2012년 설립돼 오늘에 이르고 있다. 치앙라이에 거주하는 한인은 선교사 및 교육, 여행업 종사자 등 약 200여 명이다.

[연혁]

날짜	내용
2012~현재	조태현 회장
2012~현재	배준묵 이사, 김성진 이사
2012~2016	3대 한인회장 진세욱(2대 회장 유고로 6개월간 회장직)
2010~2015	권영진 총무
2017~2019	오성길 총무
2020~현재	박기남 영사협력원 겸임

[치앙라이 한인 현황(200여 명)]

날짜	내용
교육	60여 명(학부모, 학생 포함)
선교	100여 명(현지 거주 및 한국 왕래자 포함)

은퇴	10여 명
여행업	20여 명(식당, 여행업 관련 종사자)
단기거주	10여 명(단기 여행자)

▌주요 활동

- 교민 화합 및 친교를 위한 연 1회 명절행사(코로나19로 2020년부터 중단)
- 주태 한국대사관 공지 사항 및 생활정보 관련 사항들 교민 단톡방 공지
- 순회영사 업무 연 1회 실시
- 코로나19 기간 동안 대사관 공지 내용 교민과 공유(마스크, 위생장갑 배포)
- 사건사고 지원(연 1회 지역 경찰서 및 출입국 관리소 대사관 직원들과 방문)
- 연 1회 주태 한국대사 방문, 대표교민 간담회
- 대면 또는 비대면 비자 관련 교민 문의사항 상담
- 2015년 강릉시와 자매결연 체결(2015년 강릉시장 방문. 2016년에는 치앙라이 완차이 시

  장 강릉시 상호 방문)
- 치앙라이는 타 지역에 비해 소수 교민으로 한인회비 없이 운영
- 한인회 사무실 미비, 순회영사업무 등 한인회 임원, 교민 협찬]

● 치앙라이 한인회 추석 모임

● 코로나19 마스크 및 위생장갑 배포

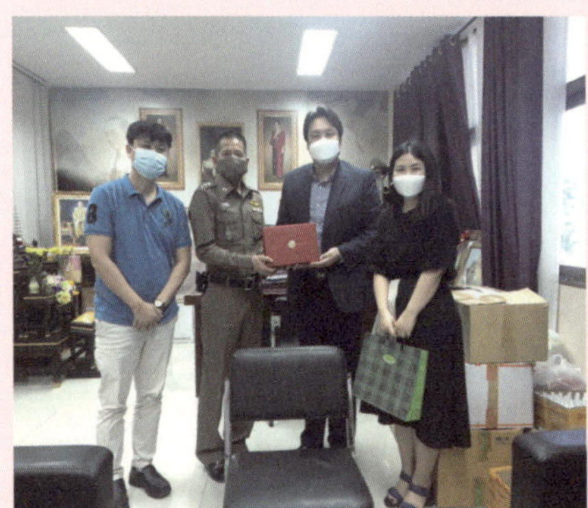

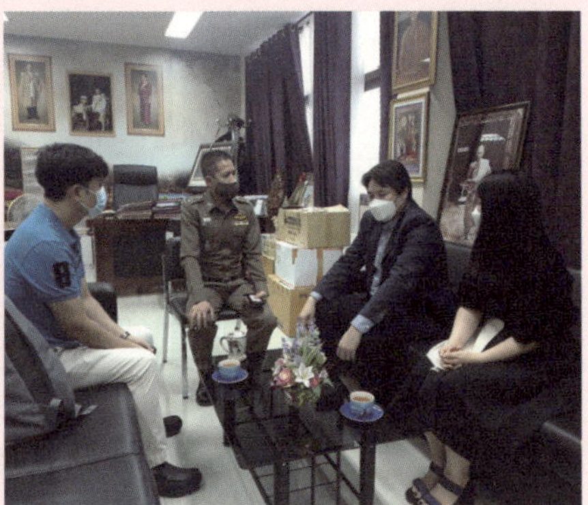

● 치앙라이 경찰서 방문

● 치앙라이 순회영사 업무

● 주태 한국대사 교민 간담회

소재지 및 연락처

Tel : 093-85-5575

Thai Tip

태국은 사원에서 치러지는 장례식에 조화를 보내고 조의금도 전달한다. 조화는 노랑, 빨강, 흰 꽃 등으로 다양하다. 사원 안에 세워놓기도 하고, 높은 곳에 매달기도 한다. 화장전 망자의 입에는 동전 몇 닢을 넣기도 한다. 저세상서 또는 다시 태어나면 부자가 돼라는 환생의 염원을 담고 있다.

▌푸껫 한인회
The Korean Association in Phuket

푸껫은 태국 남부에 위치한 태국 최대 섬으로 수도 방콕에서 862km 떨어져 있다. 주변 섬 포함 550㎢로 35만여 명이 거주한다. 태국의 대표적인 휴양 관광지답게 아름다운 바다와 함께 다양한 해양 스포츠를 즐길 수 있으며 시밀란, 피피, 산호섬 등 수려한 섬과 18곳의 유명 해변을 갖고 있다. 재태 푸껫 한인회는 1996년 발촉해 장욱 회장을 1대 회장으로 선출했다. 코로나 이전에는 1,000~1,500명의 한인이 거주하며 주로 관광·서비스업에 종사했다.

[연혁]

날짜	내용
1996. 10	재태 푸껫 한인회 창립총회 개최, 제1대 회장 장욱 선출
2002. 12	제2대 한인회장 진명표 취임
2004. 12	제3대 한인회장 진명표 연임
2006. 08	박현양 부회장 한인회 회장 권한 대행
2007. 01~2008. 12	제4대 김태원 한인회장 취임
2009. 01~2010. 12	제5대 김태원 한인회장 연임
2011. 01~2012. 12	제6대 윤지원 한인회장 취임
2013. 01~2104. 12	제7대 김태원 한인회장 취임
2015. 01~2022년 현재	재태 푸껫 한인회 사무국 체재 운영 중

▎주요 활동

- COVID-19 이전 1,000명~1,500여 명이 코로나 기간 중 130~160여 명으로 축소됐다. 관광 재개와 함께 여행사, 가이드, 유관 업체 등의 복귀로 250여 명 수준으로 회복. 지속 증가할 것으로 예상
- 1996년 이후 현재까지 2004년 쓰나미(한국인 사망자 18명) 등 사건사고 지원
- 2004~2014년 푸껫 한인의밤 행사 및 교민 친선 골프대회 개최
- 2008년 한-태수교 50주년 행사
- 2009년 신종 인플루엔자 예방 및 대응 수칙 발표. 관광경찰 자원봉사, 순회영사 업무
- 2021년 5월 푸껫 지역 외국인 대상 백신접종 관련 동향 및 접종 상황 대사관 지원. 마스크 및 재난 키트 교민 배포
- 코로나19 상황 교민 임시 체류 연장 지원

연락처

Tel : 076-211-499, 076-214-944, 087-814-1510

E-mail : tkaiphuket@gmail.com

[4장]

재태 한인회 축제, 코리아 페스티벌

▶ 한인회, 대사관, 민간이 함께 쓴 역사

한류의 꽃이 피어날 무렵 재태 한인들은 태국과 적극 호흡했다. 재태 한인회, 주태국 한국대사관, 공공기관, 민간기업들이 함께해 2008년 태국 속의 작은 한국 '코리아 페스티벌'을 개최한 것이다.

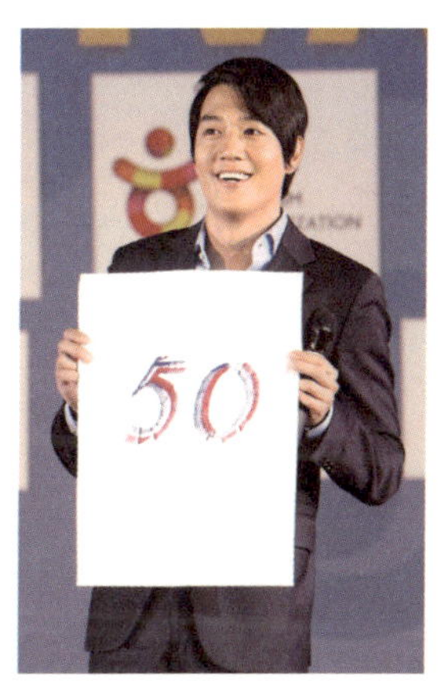

● 연기자 김래원이 참석해 50주년을 축하했다.

한-태 수교 50주년을 기념해 재태 한인회가 주최한 '코리아 페스티벌'은 이름을 바꾸어 2022년까지도 양국 문화 축제의 장으로 이어지고 있다.

'코리아 페스티벌'은 당시 제25대 한인회장이던 전용창 회장이 보인 뚝심의 결과였다. 전용창 회장은 "태국 사회 곳곳에 영향을 미치던 한류를 통해 한국인의 위상을 높이고 태국인과 화합하는 공존의 장을 마련하려 했다"고 밝혔다. 한국·태국의 대형 종합문화 축제가 열린 것은 이전까지는 한-태 역사상 유례가 없었다.

'코리아 페스티벌'은 이듬해인 2009년 공기업인 한국관광공사가 '눈 내리는 태국'이란 제목으로 주최의 바통을 이어갔다. 늘 여름인 나라에 눈이 내리고, 스키슬로프가 조성됐다.

2010년에는 주태국 대한민국대사관과 민간기업인 한태교류센터 KTCC
가 6·25 한국전쟁 60주년을 기념해 UN 참전국인 태국에 감사를 표하는 'Big
Thanks in Thailand'를 공동 주최했다.

태국 남부에 홍수가 이어지자 한류 스타 130여 명이 소장품을 보내 태국인
들과 고통을 함께했다. 태국 팬들이 한류 스타들의 애장품을 경매하는 '쌍방
향 소통'의 효시로 화제를 모으며 한국인의 온정을 태국에 알렸다.

2011년부터 '코리아 페스티벌'은 '한태우호문화축제'(Thailand Korea Friendship
Festival)로 이름을 바꿔 태국 문화부와 주태 한국대사관이 공동 주최하는 정부
행사로 안정적 축제로 자리 잡기 시작했다. 해마다 주제를 달리하며 태국사
회와 함께하고 한국을 알리는 계기가 됐다. 국토의 75%가 물에 잠긴 2011년
대홍수 때는 '수재민 돕기' 행사가 펼쳐졌다. 임재홍 주태국 대한민국 대사는
수해로 시름에 빠진 태국인을 위해 수해 현장 곳곳에서 '콘타이 쑤쑤(태국인 파
이팅)'를 외쳤고, 태국인들은 이를 보고 감격했다.

2012년 지구 온난화가 글로벌 이슈로 부각하자 '한태우호문화축제'는 '환
경보호'를 타이틀로 내걸었으며, 2013년에는 한-태 수교 55주년을 기념하며
'Youth The Key to the Future'라는 주제로 청소년을 위한 따뜻한 무대를 꾸
몄다.

2014년 아세안경제공동체가 출범하면서 '한태우호문화축제'는 '아세안과
함께'라는 제목으로 아세안 및 태국과 함께 호흡하고자 했으며, 남북 긴장
관계와 메르스 사태가 이어지던 2015년에는 광복 70년을 기념하며 'Visit &
Taste'란 콘셉트로 발길이 끊겼던 태국인들의 한국 방문을 이으려는 노력을
전개했다.

반정부 시위와 공항 폐쇄, 대홍수에도 8년간 변함없이 이어지던 축제는
2016년 멈춰섰다. 70년간 국가원수를 지낸 푸미폰 국왕의 서거에 따른 국가
적 추도 분위기 때문이었다. '한태우호문화축제'는 2018년 주태 한국문화원
이 '안녕 타일랜드, 사왔디 코리아'로 부활시켜 양국 문화축제의 바통을 이어

● 축제에 몰려든 구름 관중

● 태권도 공연 장면

가고 있다.

'코리아 페스티벌'과 '한태우호문화축제'에는 인기 절정의 한류 스타들이 참여해 화제를 모았다. 김래원, 이다해, 윤태영, 김형준, 남궁민 등 당시 태국에서 큰 인기를 끌던 배우는 물론 조성모, 이기찬 등을 비롯한 가수, 난타, 서울팝스오케스트라, 태권도 공연팀, 국악, 남사당패 등 수십 팀의 공연팀이 무대에 올라 해마다 '작은 한국'을 구현해냈다. 태국에서도 아이스 사란야, 마이크, 와이 등과 화제의 영화와 드라마 주연배우들 및 다채로운 공연팀이 한국 공연팀과 앙상불을 이뤘다. 한태우호문화축제를 위해 태국을 찾은 한류 스타들과 공연팀들은 '고아원 방문' '나무 심기 행사' '결손가정 어린이 돕기' '재해지역 방문' 등 태국 곳곳의 그늘진 곳을 단 한 해도 거르지 않고 찾아가는 봉사와 기부로 '한국의 온정'을 전했다.

● 한국 방문을 홍보하는 플래시몹

● 한국 연예인들이 애장품을 기증했다.

태국과 한국의 수교 50주년을 기념해 개최됐다. 태국에서는 드라마를 통해 한류 열풍이 본격화된 시점이기도 하다. '코리아 페스티벌'의 첫발을 내딛게 한 것은 재태 한국인들이었다. 재태 한인회가 주최하고 한태교류센터 KTCC가 주관한 첫 코리아 페스티벌은 방콕에서 가장 럭셔리한 대형 쇼핑몰인 시암파라곤에서 10월 10일부터 12일까지 3일간 화려하게 개최됐다.

한복패션쇼가 첫선을 보였고 중견가수 남진과 씽, 핑크하트 등의 K-POP 가수들이 차례로 무대에 올

● 2008년 브로슈어

● 코리아 페스티벌의 개막 축사를 하고 있는 정해문 한국대사

● 태국 가수 아이스의 공연

● 2008 코리아 페스티벌 아이돌 공연

● 한국 전통 공연

● 2008년 코리아 페스티벌에서는 첫 한복 패션쇼가 선보였다.

랐다. 태국에서 당시 가장 뜨거운 인기를 끌던 마이크&꼽, 아이스 사란유, 팩, 베베 등 GMM 가수들이 무대를 장식했다. 무엇보다 한류 스타 김래원이 초청돼 큰 화제를 모았다. 이 밖에도 오케스트라 연주회와 국악공연 등이 이어졌으며, 코리아 스타 오디션에는 수백 명의 태국 청소년들이 몰려들어 인산인해를 이루는 진풍경을 연출했다. 2008년 코리아 페스티벌의 성공적 개최는 매년 한국과 태국의 페스티벌이 이어지는 전기를 마련했다.

▶ 2009년 코리아 페스티벌 'Snowy Korean in Thailand'

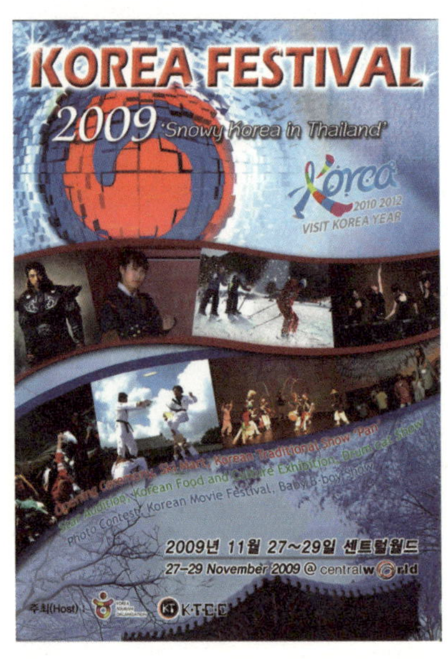

● 2009년 브로슈어

1년 내내 한여름인 태국에서 눈 축제가 펼쳐졌다. 한국관광공사와 한태교류센터 KTCC가 공동 주최한 2009년 코리아 페스티벌은 11월 27일부터 29일까지 방콕의 심장인 센트럴월드에서 '눈 내리는 한국'이란 주제로 펼쳐졌다. 2010~2012 한국 방문의 해를 앞두고 태국에서 한국의 겨울 관광을 홍보하기 위해 기획된 이 페스티벌에는 강원도를 비롯한 각 지역의 스키리조트 등이 대거 참가해 한국의 겨울을 알렸다.

스키 시범, 스키복 패션쇼 등이 열렸으며 스키슬로프가 만들어져 이채를 띠었다. 행사 내내 〈해운대〉 〈왕의 남자〉 〈괴물〉 등 한국 영화제가 펼쳐졌고, JYP 등 한국 대형 연예기획사들이 참가한 가운데 오디션이 펼쳐졌다. K-POP 걸그룹 타이니지의 민트는 이때 오디션에 선발돼 정식 가수가 됐다.

또 김덕수 사물놀이 '판'을 비롯해 드럼캣쇼, 비보이와 발레를 접목한 베이비쇼, 태권도쇼 및 한복 입어보기, 한국 여행 사진 콘테스트, 한국 음식 축제

● 한국 전통 공연

● 불우 어린이 돕기 봉사활동

● 2009년 페스티벌

● 스키 슬로프

● 윤태영이 고아원을 방문했다.

● 멋진 한국 공연 드럼캣쇼

등 다양한 체험 행사가 마련됐다. 드라마 〈태왕사신기〉의 윤태영과 한국에서 촬영한 태국영화 〈우연〉의 여주인공 자(Ja)가 스키복 패션쇼에 참가하기도 했다. 공연팀과 행사 관계자들은 고아원을 찾아 기증품을 전달하고 봉사의 시간을 갖기도 했다.

▶ 2010년 코리아 페스티벌 'BIG Thanks in Thailand'

태국군의 한국전쟁 참전 60주년을 기념해 '보은의 페스티벌'이 펼쳐졌다. 주태 한국대사관과 한태교류센터 KTCC가 공동 주최, 11월 30일부터 12월 5일까지 방콕 남웡안 에스프라나드에서 열려 태국 남부의 홍수 피해자를 돕기 위한 행사를 겸했다. 태국에서 방송된 드라마로 큰 인기를 끌고 있는 김래원, 조현재, 이다해, 이준기, 이민호, 공유, 이정재, 하정우, 김선아 등 톱스타를 비롯해 슈퍼주니어, 소녀시대 , 브라운아이드걸스, 동방신기 등 한국 연예인 130여 명이 소장품을 기증해 76여만 밧을 수재민 돕기에 전달했다.

동방신기가 기증한 작은 손가방이 100여만 원에 팔리고 강호동의 모자가 수십만 원에 낙찰되는 등 한류의 열기가 확인되기도 했다. 드로잉 쇼를 비롯해 한국 아트갤러리, 한국 전쟁 사진 전시, 태국 한류 역사 전시가 펼쳐져 주목을 받았다. 또 서울 팝스 오케스트라는 2010년 태국 박스오피스 1위에 오

● 2010년 브로슈어

● 헬로스트레인저(권문호) 기자 회견

● 배우 이민호의 기증품 옥션

● 한류스타들이 기증한 애장품 전시 장면

● 수해 돕기 성금 지원

른 한국 풀로케 태국 영화 〈권문호(헬로스트레인저)〉의 여주인공 능티다 소폰과 협연을 펼쳐 화제가 됐다.

▶ 2011년 한태우호문화축제 ‘Together for Flood Victims’

홍수 피해자와 아픔을 같이하고 용기를 준 페스티벌이었다. 수도 방콕을 비롯한 25개 지역을 덮친 태국 대홍수로 수백만 명의 수재민이 발생한 해였다. 고가도로에는 침수에 대피한 차량들이 수킬로미터까지 이어지고, 홍수를 피해 방콕을 비우고 피난 행렬에 나서기도 했다.

주태 한국대사관과 태국 문화진흥국이 공동 주최하고 한태교류센터 KTCC가 주관을 맡아 처음으로 한태우호문화축제(Thailand Korea Friendship Festival)란 이름으로 검소하게 개최되었다. 이때부터 코리아 페스티벌은 한태우호문화축제 바통을 이어갔다.

● 수해현장에 위문품을 전달하고 있는 임재홍 한국대사
(오른쪽 두 번째)

● 수해 돕기 성금 지원

홍수로 한 차례 연기된 한태우호문화축제
는 12월 23일부터 25일까지 방콕 센트럴월
드에서 열려 문화공연과 수해 지역 방문 등
으로 이어졌다. 한국에선 태권도 공연팀 블
랙레오포드를 비롯해 미소쇼, 드로잉쇼, 커
버댄스 공연 등이 펼쳐졌으며, 올리비아 리
는 쿠킹쇼를 선보이기도 했다.

자원봉사단과 의료진, 공연단은 방콕 인근
의 수해마을을 방문해 의료 봉사활동 및 나
무심기를 했다. 이민호, 이병헌, 조현재, 김
래원, 한효주 등 한류 스타들은 위로 영상과
함께 소장품을 기증했다. 당시 임재홍 주태 한국대사는 개막식에서 홍수로
온갖 어려움을 겪는 태국인들을 위로해 감동을 주었다.

● 2011년 브로슈어

▶ 2012년 한태우호문화축제 'Together for Green World'

지구온난화 방지와 환경보호를 위한 주제
로 진행되었다. 주태 한국대사관이 태국문
화부와 공동 주최, 페스티벌의 위상이 더욱
높아졌다. 행사에 참여하는 공연단도 더욱
다채로워졌으며, 태국 언론으로부터 더욱
주목을 끌었다.

12월 14일부터 16일까지 2011년에 이어
센트럴월드에서 펼쳐진 축제에 한국에선
K-POP 아이돌 SS501의 멤버 김형준과 걸그
룹 타이니지, 태국에선 〈헬로스트레인저〉의
능티다 소폰, 테친 등의 스타들이 무대에 올

● 2012년 브로슈어

● 태권도 공연

● 태국 여배우 누나 공연

● 태국 가수의 공연

● 가수 김형준의 나무 심기 환경 보존 캠페인(짜뚜짝 공원)

랐다. 한국에선 월드비트 비나리 등과 동아대 태권도 공연팀 블랙레오포드 등이 참가했으며, 태국에선 노라댄스 및 우람 안래 댄스 등 수준 높은 전통 공연을 선보였다.

한태 사진작가들이 앵글에 담은 양국의 아름다운 풍경들도 전시를 통해 공개됐다. 재태 기관 및 기업체, 자원봉사단은 방콕 내 철도공원을 찾아 재활용 쓰레기통을 설치해주고 나무를 심으며 환경보호의 의미를 되새겼다. 한태우호문화축제는 한식 홍보의 장으로도 자리 잡았다. 한식 만들기 퍼포먼스와 함께 한식홍보관에서는 한식 시식과 선호도 설문조사, 전시 등이 펼쳐져 주목을 끌었다.

▶ 2013년 한태우호문화축제 'Youth The Key to The Future'

태국 내 뜨거운 한류의 열기와 함께 청소년을 위한 축제가 마련됐다. 11월 22일부터 24일까지 펼쳐진 축제는 가장 먼저 불우소녀들의 집인 방콕 라자위티를 찾아 정수기를 설치해주고 담벼락 보수 등의 CSR 활동을 전개해 훈훈함을 더했다. 어린이들에게 식사를 선물하고 작은 공연을 마련해주기도 했다.

센트럴월드에서 펼쳐진 행사에는 한국의 조성모, 대국남아 등의 가수들이 초대됐고, 태국에선 태국 버전 '풀하우스'의 남녀 주인공 마이크와 엄이 무대를 달궜다. 동아대 태권도 공

● 2013년 브로슈어

연팀 '블랙레오포드'는 3년 연속 축제에 참가하는 진기록을 세웠다. 한국에선 다문화가정 어린이 합창단인 '레인보우' '타무' 공연 등이, 태국에선 산족 공연인 '차우더이'와 남부 지역의 '렁 따이' 공연이 펼쳐졌다.

한국관광공사가 마련한 한국관광의 밤은 축제의 하이라이트. 한복 명인

● 한국전통공연

● 조성모 공연

● 궁중 한복 패션쇼

● 태국 가수 로즈의 공연

● 축제를 보기 위해 태국인들이 끝없이 밀려들었다.

윤성호 디자이너는 '왕의 나라' 태국에 조선왕조의 궁중 한복을 재현해내는 패션쇼를 처음으로 선보였다. 이 밖에 한태 55주년을 주제로 한 청소년 포스터 콘테스트가 큰 화제가 됐으며, 젊은이들의 끼와 실력을 맘껏 겨루는 댄스 배틀과 커버댄스 대회가 열리기도 했다.

▶ 2014년 한태우호문화축제 'Together with ASEAN'

2015년 아세안경제공동체의 출범을 기념해 '아세안과 함께'라는 주제로 방콕 센트럴월드에서 11월 28일부터 30일까지 펼쳐졌다. 첫날부터 태국과 태국에서 활동 중인 '사연 있는' 인기 가수들이 한꺼번에 무대에 올라 주목받았다. 한국에서 음반을 낸 태국 가수 나튜와 K-POP 2PM의 태국인 멤버 닉쿤의 여동생 처린, 한태 K-POP 걸그룹인 타이니지였다. 또 세계 17개국 공연으로 해외에서 더 잘 알려진 K-POP 루나플라이를 비롯해 K-POP 스타일의 태국 인기 걸그룹 G-20 등도 무대를 장식했다.

● 2014년 브로슈어

김영동 교수가 예술감독을 맡은 나는새공연예술진흥회의와 전통 공연팀 천우 등은 한국전통 공연과 로이 이산, 럽콴카오 등의 이색 태국 공연도 소개됐다. 한국에서 화제가 된 박칼린 감독의 카붐쇼와 현대무용인 앰비규어스의 '인간의 리듬'도 태국에 첫선을 보였다. 또 한국 관광의 밤 행사로 줄타기, 널뛰기, 떡메치기 등 다채로운 한국 민속의날 행사가 태국에선 처음으로 재현되기도 했다. 미스코리아 2014 선 이서빈 양과 미스 타일랜드 유니버스 핌봉콧 찬깨우 양은 각각 한복과 태국 전통의상으로 미와 멋 대결을 펼쳤다.

공연단과 재태 기관 및 한인기업들은 태국 방콕의 최대 빈민가 끌렁떠이

● 줄타기 공연

● 난타공연

● 현대극 공연

● 음식 나눔

● 태국 가수 공연

● 포스터 콘테스트

의 빈민 자녀 돌봄센터 돕기 활동에도 나서 공연을 선사하고 정수기, 학용품 등 물품 기증과 함께 음식 봉사의 시간을 가졌다. 이 밖에 한-아세안 정보전시회, 한식홍보 전시회, 아세안을 주제로 한 청소년 포스터 경연대회, 난타쇼, 한식 쿠킹쇼, 히스팝, 커버댄스 팀의 공연이 펼쳐졌으며 곧 부산에서 열리는 한-아세안 특별정상회의를 알리는 홍보 활동도 전개하는 등 푸짐한 콘텐츠를 선보였다.

▶ 2015년 한태우호문화축제 'Visit & Taste'

한국의 메르스, 태국의 폭탄 폭발 이후 양국 방문과 문화교류를 증진하자는 취지에서 'Visit & Taste'를 주제로 개최됐다. 주태 대한민국대사관과 태국문화부가 공동 주최하고 한태교류센터 KTCC가 주관해 11월 13일부터 15일까지 방콕 센트럴월드에서 양국 인기 스타들의 문화공연으로 역대 가장 화려하게 펼쳐졌다.

태국에서 〈냄새를 보는 소녀〉 〈부자의 탄생〉 등으로 신 한류스타 대열에 합류한 남궁민은 태국 인기 여배우 뭇과 '우정 대사'로 임명됐다.

● 2015년 브로슈어

남궁민은 무료 팬미팅, 봉사활동 등에 참여해 주목을 받았다. 태국에서 방송된 한국 드라마 OST로 태국 팬들의 귀에 익숙한 K-POP 발라드 가수 이기찬과 태국 GMM 그래미의 듀, 애쁠, RS의 타임타이, 와이 등의 인기 가수들이

● 한국 가수 이기찬

● 태국 가수 와이

● 노광일 대사가 불우 어린이 시설에 성금을 전달하고 있다.

차례로 무대에 오르며 한태 앙상블을 이뤘다. 2015 미스코리아 이민지 양은 한식 홍보를 펼쳤고, 양국 예술가들의 공동창작극이 처음으로 선보이도 했다.

태권도 동아대 시범단 블랙레오포드와 태국 무에타이 라이브 시범단이 차례로 무대에 서 양국의 명예를 건 기량을 겨뤘다. 무형문화제 이영신의 소래타래 등 한국 전통공연팀과 폰칸덕 등 유명 태국 공연도 매일 무대에 올랐다. 이 밖에 광복 70주년을 기념한 나라사랑 태극기 그리기 대회, 한식 요리 경연대회, 한글쓰기 대회, 청소년 탤런트 선발대회와 'Let's go Korea, Come to Thailand'의 플래시몹 등 '참여형 축제'로 확대됐다.

● 한글쓰기 경연대회

● 태권도 공연(블랙 레오포드)

　축제 기간 중 재태 한인상인연합회와 자원봉사자, 전 공연단은 파타야의 불우어린이 시설을 방문해 물품과 공연을 선물하고 식사를 마련하는 등 봉사활동을 이어나갔다.

▶ 2018~2019년 '안녕 타일랜드, 사왓디 코리아'

　한-태 수교 60주년을 기념하는 문화축제로 주태국 한국대사관(한국문화원)과 태국 문화부가 주최하고 한국국제문화교류진흥원, 한태교류센터 KTCC 주관으로 2018년 10월 6일부터 7일까지 태국 방콕 센트럴월드에서 20개의 다채로운 한-태 프로그램을 선보이며 큰 주목을 받았다. 국기원 태권도 시범단은 품새 및 다양하고도 강력한 격파시범으로 관중을 열광케 했다. 이어 100여 명이 참여한 한복 플래시몹과 한태 전통음악교류 공연, 고릴라 크루의 비보이 댄스, 사춤, 무에타이 공연, 태국 전통 공연, 2018년 세계대회 우승을 차지한 커버댄스 팀 등이 무대에 올라 양국 문화의 화려하고 진기로운 앙상블을 선보였다.

　태국인들을 위한 체험 프로그램으로는 한글날을 앞두고 십자말풀이와 빙수만들기 경연대회 등이 벌어져 이채를 띠었다. 센트럴월드 7층 그래미홀에서 별도로 열린 공식 개막식에는 국기원 태권도 공연 및 가수 소향에 이은 K-POP 아이돌 FT아일랜드의 콘서트로 절정을 이뤘다.

　태국 가수로는 로즈 시린팁에 이은 파나다, 태국에서 활동하는 한국가수 지연과 태국인 한국인으로 구성된 힙합그룹 316, 한국·태국·미얀마인의 다국적 걸그룹인 로즈쿼츠가 잇따라 무대를 수놓았다. 대미를 장식한 주인공은 태국 톱가수 캠더 스타였다.

　한류를 사랑하는 태국팬들에 대한 감사의 뜻을 모아 EXO, 세븐틴, 레드벨벳, 장동건, 현빈, 송중기, 박보검 등 태국에서 높은 인기를 끄는 K-POP 스타와 탤런트, 영화배우 170여 명이 애장품을 보내 열린 한류 스타 자선박람회는 행사 내내 가장 뜨거운 관심을 받았다.

　스타들의 애장품 전시장은 인산인해를 이뤘고 연도별 한국 드라마와 태

● 한태수교 60주년 행사

● 연예인 소장품 경매에 170여 명이 참가했다.

국내 콘서트 및 팬미팅 현황 , 한국에서 촬영된 태국 드라마 및 영화 소개도 눈길을 끌었다. K-POP 가수 40여 명(팀)이 보내온 80여 장의 사인 CD는 추첨을 통해 팬에게 고루 증정됐으며, 애장품 경매 및 팬클럽 기부 형식을 갖춰 태국 불우 청소년 돕기 기금을 조성했다.

● 팬클럽들이 경매에 참가했다.

자선경매의 최고가는 4만 밧(한화 140만 원)으로 기록됐으며, 총액은 508,227.75밧으로 연말 방콕 불우 어린이 시설 2곳에 기부됐다.

2019년 9월 7일엔 퓨처파크 랑씻 Zpell 내 특설무대에서 진행되었다. 이욱헌 주태국 한국대사가 태국 전통의상을 착용하고 태국 문화부 차관(뻐라멧 응암피쳇)은 한복을 입고 양국 우호증진 세리머니를 거행했다. 한국 전통연희 및 무용, 태국문화부 소속 반딧파타나신 전통무용 공연이 펼쳐졌으며 한국문화상자(국립민속박물관), 한식 체험, 한국 관련 퀴즈 대회, 한국어 '간장공장 공장장' 말하기 대회 등 한국문화콘텐츠 및 참여형 프로그램이 진행되었다. 또 K-POP 대중가수(태국 내 한류 2세대인 소녀시대 '유리') 공연 및 K-POP 커버댄스 등이 펼쳐졌다.

● 한국 연예인들의 애장품 경매금 전액이 불우 어린이 시설에 기증됐다.

● 2019 '안녕 타일랜드, 사왓디 코리아'의 한 장면

주태국 한국문화원과 해외문화홍보원(KOCIS)이 9월 24일부터 10월 15일까지 방콕에서 한-태 전략적 동반자 관계 10주년을 기념해 한국문화주간 행사 '코리안 컬처 씬'을 개최했다. K-POP, 웹툰, 사찰 음식, 비보이, 국악, 한복 등 한국 소프트파워의 다채로운 모습들이 코로나 이후 2년여 만에 오프라인을 통해 공개됐다. 9월 24일 K-POP 아이돌 스타와 한국전 참전용사를 소재로 한 웹툰이 공개됐고, 9월 29일부터는 방콕 퓨처파크 랑싯 쇼핑몰에서 K-POP 커버댄스페스티벌, 아시아 모델 페스티벌, 글로벌 한복 모델 선발대회 등이 이어졌다. 같은 장소에서 한국문화원과 태국 문화부가 공동 주최하는 한태문화축제 '안녕 타일랜드, 사왓디 코리아'도 2019년에 이어 3년 만에 열렸다.

또 10월 3일에는 정관 스님이 '새벽 사원'으로 알려진 방콕 왓 아룬에서 한국 사찰음식을 마련해 문승현 주태국 한국대사와 함께 태국 승려 110명에게

● 문승현 한국대사가 2022년 '안녕 타일랜드, 사왓디 코리아'의 개최사를 하고 있다.

● 참전용사 한복 기증 행사

● 한복 모델 콘테스트

● 12회째 맞은 K-POP 커버댄스 타일랜드

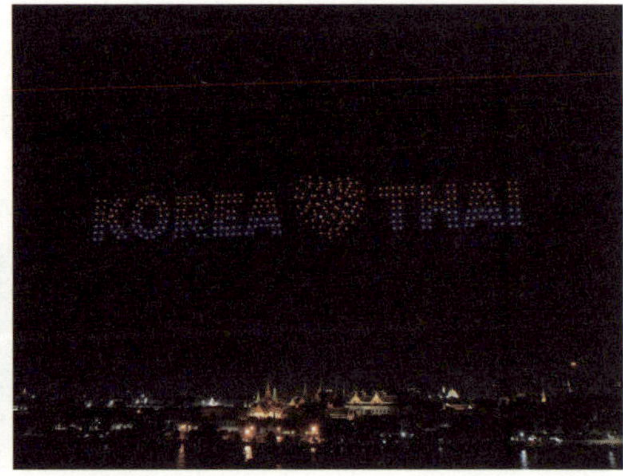

● 발우공양 행사에 참가 중인 문승현 한국대사(맨왼쪽)와 드론쇼

● 한국 문화행사를 관람하는 태국인들과 아시아 모델 페스티벌

대접하는 발우공양 행사가 진행돼 주목을 받았다.

10월 4일 오후에는 방콕 짜오프라야 강변에서 드론쇼가 펼쳐져 한국과 태국 국기 및 양국을 상징하는 호랑이와 코끼리, 양국 우호를 표현하는 문구 등이 BTS의 '퍼미션 투 댄스'에 맞춰 밤하늘을 수놓았다. 이 밖에 국악동호회 청흥등당 공연, 방콕 한국영화제 '한산' 상영, 공주컵 태권도대회 등이 10월 15일까지 이어져 풍성한 한국문화를 알렸다.

제3부

한-태 교류 발자취

대한민국은 1958년 10월 태국과 정식 외교관계를 수립해 2023년 수교 65년째를 맞는다. 한국과 태국은 2012년 11월 수교 55주년을 맞아 양국간 긴밀한 협력증진을 위한 '전략적 동반자 관계'를 수립했으며, 코로나 이전인 2019년 양국의 인적 교류는 250만 명에 이르는 등 양국 관계가 매년 확대되어가고 있다.

[1장]

한국과 태국의 관계

▶ 타이족의 기원과 국왕

기본정보

- 국명 : 타이왕국(Kingdom of Thailand)
- 정체 : 입헌군주제
  - 국가원수 : 와치라롱껀 국왕

    (H.M King Maha Vajiralongkorn Phravajiraklaochaoyuhua)

    ※ 짜끄리 왕조 제10대 왕(2016. 12. 1. 즉위, 2019. 5. 4.~6. 대관식 거행)
- 정치형태 : 내각책임제
  - 총리 : 쁘라윳 짠오차(Prayut Chan-o-cha)

    ※ 제29대 총리(2014. 8. 취임, 2019. 6. 재선출)
- 의회 : 양원제(상원 250명, 하원 500명)
  - 상원의장 : 폰펫 위칫촌라차이(Pornpetch Wichitcholachai)
  - 하원의장 : 추언 릭파이(Chuan Leekpai)
- 수도 : 방콕(Krung Thep Maha Nakhon (Bangkok))(21년 12월 기준 인구 552만 7,994명)
- 면적 : 51.3만㎢(한반도의 2.3배)
- 인구 : 6,617만 1,439명(2021. 12. 31자 관보 기준)

- 인구 증가율 : 0.46%(최근 10년)

- 평균수명 : 남 71.2세, 여 76.1세

- 남녀 성비 : 100 / 103.8

● 민족 : 타이족 85%, 화교 12%, 말레이족 2% 등

● 종교 : 불교 93.2%, 이슬람교 5.5%, 기독교 0.9%, 무교 0.3%, 힌두교 0.1%

● 언어 : 타이어(공용어), 중국어, 말레이어

- 문맹률 : 7.1%

● 경제 지표 (2021년 기준)

- 국내총생산 : 5,018억 달러(BOT)

- 1인당 국민소득 : 7,217달러(BOT)

- 교역 : 4,992억 달러(수출 : 2,696억 달러, 수입 : 2,296억 달러)(Trade Statistics)

- 외환보유고 : 2,460억 달러(BOT)

- 외채 : 1,977억 달러(BOT)

- 경제 성장률 : 1.6%(NESDC)

- 물가 상승률 : 1.2%(BOT)

- 실업률 : 1.2%(NESDC)

- 화폐 단위 : Baht(밧)(1Baht = 100Satang)

- 환율 : USD 1=THB 33.38(BOT, 연말 환율)

  ※ 2021년 연평균 환율 USD 1 = 32.0 THB(IMF)

● 주요 자원 : 천연고무, 타피오카, 주석, 텅스텐, 안티모니, 천연가스

● 기후 : 고온다습한 열대성 기후이며, 3계절로 대별

  ※ 3~5월 고온, 6~10월 우기(남부는 12월이 우기), 11~2월 비교적 저온

- 연평균 기온 : 28℃(최고 32.5℃, 최저 23.7℃)

- 연평균 강우량 : 1,600㎜

- 연평균 습도 : 79%(최고 94%, 최저 60%)

● 서울과의 시차 : −2시간

● 회계연도 : 10월~익년 9월

몽골족의 혈통을 이어받은 타이족은 여러 개의 부락으로 나뉘어 있다가 651년 중국 남부 운남성에 난짜오 왕국을 건립했다. 난짜오 왕국은 1253년 몽골에 정복당했고, 유민들은 동남아 지역으로 3갈래로 나뉘어 남하했다. 이 중 한 그룹이 짜오프라야강 계곡으로 진출했고, 오늘날 태국인의 조상이 됐다는 게 정설이다.

태국 최초의 통일국가는 수코타이 왕국(1238-1438)년이다. 수코타이 왕국은 200년 동안 9명의 왕이 통치했다. 3대 람캄행 대왕 때인 1238년 태국 문자를 창제하고 크게 번성했다. 수코타이는 1378년 속국이었던 아유타야에 항복해 독립을 상실했고, 1438년에는 완전히 병합됐다. 아유타야 왕국(1350-1767년)은 417년간 지배하며 무역왕국을 이루며 중국을 비롯한 한국 유럽과도 교역에 나선다. 당시 중국은 명나라, 한반도는 고려말을 거쳐 조선 시대로 이르는 시기였다. 아유타야는 1767년 버마에 의해 멸망했으며 딱신왕이 버마군을 몰아내고 톤부리 왕조를 세웠으나 1년 만에 패망했고, 짜끄리 장군이 수도를 방콕으로 삼고 1782년 랏타나꼬신 왕국을 개국했다.

태국은 라마 7세 때인 1932년 군-민간 관료 중심의 인민당 쿠데타로 절대 왕정이 종식되어 입헌군주제가 됐다. 태국의 국왕은 태국어로 팔람 또는 영어로 라마(Rama)라 호칭하며, 2016년 10월 13일 라마 9세인 푸미폰 국왕이 별세하자 장자인 와치라룽껀 국왕이 라마 10세에 즉위해 오늘에 이르고 있다.

▶ 1958년 정식 외교관계

태국은 1949년 대한민국 정부를 승인했으며, 1950년 한국 6·25 한국전쟁 때는 유엔군의 일원으로 미국에 이어 두 번째로 참전했다. 양국의 지속적인 우호관계는 1981년 사증면제협정 체결로 이어져 한국인은 비자 없이도 90일간 태국에 체류할 수 있게 되었다.

정치 및 안보 부문에 있어서도 양국 간 교류와 회의는 활발하여 군사 훈련 및 참관을 지속해왔으며, 태국군은 휴전 이후에도 1972년 5월까지 태국 군인

6,665명이 유엔군으로서 서울에 상주했다.

1999년에는 21세기 한-태 관계에 관한 공동성명 및 공동위원회(JC) 설립에 서명하여, ARF(ASEAN Regional Forum, 아세안지역포럼), ASEAN+3 및 APEC(Asia Pacific Economic Cooperation, 아시아태평양 경제협력체) 같은 지역적 및 다국적 단계의 협력 틀을 마련했다. 태국은 다변화 국제정세에 따른 중립외교 방침을 밝히며 1975년 5월에는 북한과도 외교조약을 체결했다.

[기본 관계]

날짜	내용
1949. 10.	태국, 대한민국 정식 승인
1950. 11.	태국, 6·25 한국전쟁 참전
1958. 10.	외교관계 수립(한국의 아홉 번째 수교국)
1960. 2.	상주대사관 설치 합의
1960. 3.	주 태국 대한민국대사관 개설
1961. 7.	주한 태국대사관 개설

※ **태국군의 6·25 한국전쟁 참전**

1. 총인원: 1만 5,708명 1950. 11. 7~1953. 7. 17: 6,326명(사망 129명, 부상 1,139명, 실종 5명) (육군 1개 보병대대, 프리킷함 7척, 수송선 1척, 수송기 1편대) 1953. 7. 17~1972. 7. 25: 7,015명(육군 1개 중대 병력 유지)

2. 태국참전 기념비: 경기도 포천시 영북면 운천리 소재, 태국 촌부리 6·25 참전부대 (21연대) 및 태국 방콕시 소재

[정치·외교 관계]

날짜	내용
개관	• 태국은 한국전 당시 전투병력을 파견(1950. 11)한 전통적 우방으로서 특히 한반도 평화, 북핵문제 등 주요 사안에 우리 정부 입장을 지속해서 지지 - 남북한 동시 수교국(1975. 5. 북한과 외교관계 수립) • 양자관계는 물론 ASEAN, ASEM, APEC 등 다자관계에서도 밀접한 우호협력관계 유지

주요 정치·
외교 교류
현황
	1) 한·태국 정책협의회 및 한·태국 공동위원회
	• 1991년 이상옥 외무장관 태국 방문 시 아르사 외무장관과 정책협의회 개최 합의
	  - 1992년 12월 제1차 한·태국 정책협의회 개최(서울)
	  - 1998년 6월 제2차 한·태국 정책협의회 개최(방콕)
	• 1998년 7월 쑤린 외무장관 방한 시, 외무장관을 수석대표로 하는 한·태국 공동위원회 설립협정 서명
	  - 2003년 6월 제1차 공동위원회 개최
	• 양국 외교부 고위급(차관/차관보) 정책협의회 개최
	  - 2010년 6월 제1차 한·태국 정책협의회 개최(서울)
	  - 2016년 3월 제2차 한·태국 정책협의회 개최(치앙마이)
	  - 2018년 5월 제3차 한·태국 정책협의회 개최(서울)
	
	2) 한·태국 군수 공동위원회
	• 1991년 합의
	
	3) 우호협회 및 단체
	• 의원친선협회
	  - 2009년 7월 한국·태국 의원친선협회 구성(회장 : 황우여 의원)
	  - 2011년 9월 태국·한국 의원친선협회 구성(회장 : 닌라완 상원의원)
	  - 2010년 7월 한국 의원단 태국 방문
	  - 2010년 10월 차이 태국 하원의장 공식방한 계기 띠라찟 전 태국·한국 의원친선협회장 방한 등
	  - 2015년 5월 씨싹 태국·한국 의원친선협회 회장 일행 방한
	  - 2017년 8월 씨싹 태국·한국 의원친선협회 회장 일행 방한
	  - 2022년 7월 윤호중 한국·태국 의원친선협회 회장 태국 방문
	• 한·태국 상공회의소(Korean Thai Chamber of Commerce, KTCC)
	  - 1977년 결성, 회원사 약 220개
	• 6·25 한국전쟁 참전 용사회
	  - 1952년 3월 24일 결성, 회원 약 4,000명
	• 태국·한국 친선협회
	  - 2011년 결성
	
	4) 다자 회의를 통한 양국간 고위접촉
	• ASEAN+3, EAS, APEC 및 ASEM 정상회의(정상, 외교장관 등)
	• ASEPMC 및 ARF(외교장관 : 매년 7월)
	• ACD 회의(정상급 또는 차관보급 이상)
	• ESCAP 총회

<table>
<tr><td rowspan="2">명예영사관
개설·운영</td><td>• 치앙마이 명예영사관: 2007년 7월 20일 개설
명예영사 : 와차라 딴뜨라논(Wachara Tantranont)
· 2007. 3. 23 최초 임명, 2013. 4. 10 연임, 2018. 4. 9 2차 연임</td></tr>
<tr><td>• 푸껫 명예영사관 : 2008년 7월 29일 개설
명예영사 : 토사폰 텝파붓(Tosaporn Tephabutra)
· 2008. 1. 28 최초 임명, 2013. 1. 28 연임, 2018. 1. 28 2차 연임</td></tr>
</table>

▶ 주요 인사 교류 현황

박정희 대통령(1966. 2.), 전두환 대통령(1981. 7.) 이래 오랫동안 우리나라 대통령의 태국 공식 방문이 이뤄지지 않고 있다가 김영삼 대통령이 ASEM 회의 참석차 태국을 방문(1996. 3.)했고, 노무현 대통령(2003. 10.)과 이명박 대통령(2009. 4., 2009. 10., 2012. 11.), 문재인 대통령(2019.9., 2019.11)이 태국을 방문했다.

태국 총리로는 타넘(1967. 4.), 타닌(1977. 9.), 쁘렘(1981. 11.), 추안(1994. 6., 1999. 4., 2000. 10.)이 방한했고, 노무현 대통령 시절에 탁신 총리(2003. 8, 2005. 5., 2005. 11.), 이명박 정부 시기, 아피싯 총리(2009. 6.), 잉락 총리(2012. 3.), 박근혜 정부와 문재인 정부 시기 쁘라윳 총리(2014. 12., 2019. 11.)가 한국에 방문했다.

탁신 총리는 노무현 대통령의 평화번영 정책을 지지하며 동남아 국가 연합(ASEAN) 차원에서도 적극 협력할 것임을 표명했고, 양국 정상은 지역 및 국제무대에서 더욱 긴밀히 협력키로 했다고 밝혔다. 또, 양국간 전통적 우호 협력 관계를 돈독히 하기 위해 공동 노력키로 합의하고 자동차, 농산물 등의 분야에서 관세 및 비관세 장벽의 완화를 위해 노력키로 했다. 또한, 형사 사법 공조 조약 및 정보기술(IT) 협력 양해각서를 체결하고 관련 분야 협력도 강화키로 했다.

2012년 10월 이명박 대통령의 태국 방문 및 잉락 총리와의 정상회담을 계기로 양국은 수교 55주년(2013년)을 맞아 양국 관계를 전략적 동반자 관계로 격상시키는 MOU를 체결함으로써 한태 양국은 미래의 공동 번영을 위해 한 단계 더 높은 관계로 나아가게 되었다.

2014년 한-아세안 특별정상회의를 계기로 박근혜 대통령과 쁘라윳 총리의 정상회담이 한국에서 개최되었다. 쁘라윳 총리는 동 회담 당시 한태 양국

● 1959년 이승만 대통령의 초대 주한 태국 공사 신임장
제정식

● 1961년 한-태 무역 협정 조인식

은 전략적 동반자라는 특별한 관계로서 양국간의 우호협력 관계가 더욱 긴밀해질 것으로 확신한다고 했다.

2019년 9월, 문재인 대통령은 태국을 공식 방문했다. 태국이 아세안 의장국을 수임하는 해에 태국 신임 정부의 첫 외빈으로 방문한 문재인 대통령은 양국간 전략적 동반자 관계를 더욱 강화해 나가자며, 경제, 환경, 인프라, 문화 등 다양한 분야에서의 협력을 한 단계 더 역동적으로 발전시키자고 했다.

동일 연도에 한-아세안 특별정상회의가 2019년 11월 26일 대한민국 부산에서 개최되었다. 회의는 대한민국 문재인 대통령과 태국(아세안 의장국) 쁘라윳 짠오차 총리가 공동으로 주재했으며 아세안 회원국 정상들과 아세안 사무총장이 참석했다.

● 1967년 박정희 대통령의 태국 방문

● 1967년 타넘 태국 수상의 한국 방문

● 1981년 전두환 대통령의 태국 방문

● 1991년 시린톤 공주의 한국 방문

● 2000년 김대중 대통령과 추안 수상의 정상회담

● 2001년 김대중 대통령과 탁신 수상의 정상회담

● 2003년 탁신 수상의 한국 방문

● 2012년 이명박 대통령과 잉락 총리의 정상회담

● 2014년 박근혜 대통령과 쁘라윳 총리의 정상회담

● 2019년 문재인 대통령과 쁘라윳 총리의 정상회담

● 2022년 윤석열 대통령과 쁘라윳 총리의 정상회담

● 2022년 APEC 정상회의 계기 한덕수 국무총리의
태국 방문

● 2022년 APEC 계기 동포 초청 만찬 간담회

윤석열 대통령은 아세안 관련 정상회의(2022. 11., 캄보디아 프놈펜) 참석 계기 쁘라윗 총리와 취임 후 첫 정상회담(11. 11.)을 갖고 양국 관계 발전 방향과 한반도와 역내 문제에 관한 협력 등 상호 관심사에 대해 논의했다. 양 정상은 2022년 '한-태국 전략적 동반자 관계' 수립 10주년을 맞아 양국 관계를 보다 체계적으로 발전시켜 나갈 필요성에 공감하고, 향후 5년간 6개 중점분야(정치·안보, 녹색경제, 미래산업·교역, 보건, 지속가능한 발전, 인적 교류)에서의 협력계획을 담은 '2022~2027년 한-태 공동행동계획'을 채택했다.

한덕수 국무총리는 APEC 정상회의(2022. 11. 18.~11. 19.) 참석차 태국에 방문하여, 태국을 포함한 다수의 정상급 인사들과 공급망 안정성, 디지털, 기후변화 등 경제 안보 관련 이슈에 대해 논의했다. 아울러, 태국 내 주요 동포단체를 대상으로 '동포 초청 만찬 간담회(11. 18.)'를 개최하여 모범적인 공동체로 성장한 태국 동포사회를 평가하고, 격려했다.

[한국 주요 인사의 태국 방문]

날짜	방문인	날짜	방문인
1966. 2.	박정희 대통령	1967. 9.	정일권 국무총리
1972. 5.	김용식 외무장관	1975. 4.	최경록 대통령 특사
1976. 6.	박동진 외무장관	1976. 6.	정일권 국회의장
1978. 3.	정일권 국회의장	1981. 7.	전두환 대통령
1983. 1.	이범석 외무장관	1984. 12.	이원경 외무장관
1985. 12.	신현확 부총리	1987. 2.	이재형 국회의장
1987. 4.	최광수 외무장관	1989. 3.	최호중 외무장관
1990. 2.	김재순 국회의장	1991. 7.	이상옥 외무장관
1991. 10.	박철언 체육·청소년부 장관	1992. 2.	이진삼 체육·청소년부 장관
1992. 9.	이상옥 외무장관, 한봉수 상공장관	1992. 10.	김진영 육군참모총장
1992. 12.	박준규 국회의장	1993. 4.	한승주 외무장관
1993. 12.	김대중 아시아·태평양재단 이사장	1993. 12.	김동진 육군참모총장
1994. 5.	한승주 외무장관	1994. 7.	한승주 외무장관
1994. 9.	이영덕 국무총리	1994. 11.	이시윤 감사원장

1996. 2.	공노명 외무장관	1996. 3.	김영삼 대통령
1996. 5.	이양호 국방부 장관	1997. 10.	강경식 부총리
1999. 11.	한덕수 통상교섭본부장	2000. 2.	한덕수 통상교섭본부장
2000. 5.	이헌재 재경장관	2000. 7.	이정빈 외교장관
2000. 10.	한덕수 통상교섭본부장	2000. 12.	조성태 국방장관
2002. 6.	최성홍 외교장관	2003. 5.	황두연 통상교섭본부장
2003. 6.	윤영관 외교장관	2003. 8.	윤영관 외교장관
2003. 10.	노무현 대통령	2003. 11.	진대제 정보통신장관
2004. 6.	진대제 정보통신장관	2004. 10.	김원기 국회의장
2005. 1.	정동채 문화장관	2005. 8.	김대환 노동장관
2007. 9.	박명재 행정자치장관	2007. 9.	전윤철 감사원장
2008. 4.	김종훈 통상교섭본부장	2009. 2.	윤증현 기획재정장관
2009. 2.	김종훈 통상교섭본부장	2009. 4.	이명박 대통령
2009. 10.	이명박 대통령	2010. 3.	김형오 국회의장
2012. 2.	권재진 법무장관	2012. 4.	김성환 외교장관
2012. 6.	홍준표 대통령 특사	2012. 8.	권도엽 국토해양장관
2012. 11.	이명박 대통령	2013. 1.	이강국 헌법재판소장
2013. 1.	강창희 국회의장	2013. 5.	정홍원 국무총리
2013. 11.	최문기 미래창조과학장관	2015. 8.	박한철 헌법재판소장
2016. 4.	최양희 미래창조과학장관	2016. 9.	박한철 헌법재판소장
2016. 10.	황교안 국무총리	2016. 12.	강은희 여성가족장관
2017. 4.	김재수 농림수산식품장관	2018. 5.	백운규 산업통상자원장관
2018. 7.	강경화 외교장관	2019. 9.	문재인 대통령
2019. 11.	문재인 대통령	2021. 8.	정의용 외교장관
2021. 12.	서욱 국방부 장관	2022. 3.	황기철 국가보훈처장
2022. 7.	정상화 공군참모총장	2022. 11.	한덕수 국무총리

[태국 주요 인사의 한국 방문]

날짜	방문인	날짜	방문인
1961. 9.	Khoman 외무장관	1964. 1.	Khoman 외무장관
1967. 4.	Thanom 총리	1968. 3.	Praphat 부총리
1970. 10.	Prakob 대법원장	1975. 11.	Chatichai 외무장관
1977. 7.	Harin 상원의장	1977. 9.	Thanin 총리
1979. 10.	Dawee 부총리	1980. 4.	Boontheng 하원의장
1980. 11.	Boonchu 부총리	1981. 3.	Khoman 부총리
1981. 5.	Pramarn 부총리	1981. 11.	Prem 총리
1982. 5.	Chan 총리실 장관 겸 하원외무위원장	1983. 10.	Arthit 최고사령관
1983. 10.	Prapas 외무부 부장관	1984. 1.	Bhichai 부총리
1985. 4.	Kosol 상무장관	1985. 8.	Siddhi 외무장관
1985. 10.	Ukrit 하원의장	1985. 10.	Sommai 재무장관
1985. 12.	Kosol 상무장관	1988. 10.	Siddhi 외무장관
1991. 11.	Arsa 외무장관	1992. 5.	Vajiralongkorn 왕세자
1993. 3.	Marut 하원의장	1994. 6.	Chuan 총리
1997. 4.	Michai 상원의장	1997. 5.	Supachai 부총리
1998. 7.	Surin 외무장관	1999. 4.	Chuan 총리
2000. 3.	Supachai 부총리 겸 상무장관, Tarrin 재무장관	2000. 10.	Chuan 총리
2002. 1.	Adisai 상무장관	2002. 12.	Korn 외교 부총리
2003. 8.	Thaksin 총리	2005. 5.	Thaksin 총리
2005. 11.	Thaksin 총리	2006. 5.	Suranand 총리실 장관
2008. 6.	Suraphong 부총리 겸 재무장관	2009. 3.	Kasit 외교장관
2009. 6	Abhisit 총리	2009. 8.	Kasit 외교장관
2010. 10.	Chai 하원의장	2011. 10.	Surapong 외교장관
2012. 3.	Yingluck 총리	2012. 11.	Somsak 하원의장
2013. 2.	Yingluck 총리	2013. 5.	Somsak 하원의장
2013. 8.	Sirindhorn 공주	2013. 9.	Chaturon 교육장관
2014. 10.	Dapong 자원환경장관	2014. 12.	Prayut 총리
2015. 6.	Tanasak 외교장관	2016. 3.	Dapong 교육장관
2016. 3.	Somkid 부총리 및 6개 부처 장관	2016. 6.	Surasak 자원환경장관
2016. 8.	Chatchai 농업협동장관	2017. 7.	Arkhom 교통장관

2018. 2.	Prawit 부총리 겸 국방장관	2018. 5.	Don 외교장관
2018. 10.	Somkid 경제 부총리	2018. 9.	Adul 노동장관
2019. 1.	Sontirat 상무장관	2019. 11.	Prayut 총리
2022. 2.	Napadej 공군사령관	2022. 4.	Ubolratana 공주
2022. 6.	Suchart 노동부 장관	2022. 10.	Anucha 총리실 장관
2022. 10.	Anutin 보건부 장관	2022. 11.	Anek 고등교육과학혁신부 장관
2022. 11.	Chaiwut 디지털경제사회부 장관		

▶ 조약 체결 현황

협 정 명	서명일	발효일
무역협정	1961. 9.	1961. 9.
무역전시품면세통관협정	1963. 5.	1963. 5.
항공협정 (1969. 11., 1970. 5., 1978. 12., 1989. 10., 1991. 10. 개정)	1967. 7.	1968. 3.
관용여권 사증 및 수수료 면제협정	1967. 9.	1967. 10.
이중과세방지협정(2006. 11. 개정)	1974. 8.	1977. 10.
운수소득면세협정	1981. 1.	1981. 1.
사증면제협정	1981. 11.	1981. 12.
과학기술협력협정	1985. 6.	1985. 8.
투자보장협정	1989. 3.	1989. 9.
정부간공동위원회설립협정	1998. 7.	1998. 7.
범죄인인도조약	1999. 4.	2001. 2.
해운협정	2002. 5.	2002. 8.
형사사법공조조약	2003. 8.	2005. 4.
문화·교육협력협정	2004. 8.	2004. 8.
태국의 한-아세안 FTA 상품 및 서비스협정 가입의정서	2009. 2.	2010. 1.
수형자 이송조약	2012. 2.	2012. 12.
민사상사 사법공조 협약	2013. 5.	2015. 4.
역내포괄적경제동반자협정(RCEP) *한-태 포함 15개국	2020. 11.	2022. 2.(한국) 2022. 1.(태국)

[2장]

—

주태국 대한민국 대사관

▶ 대사관 주요 기능 및 활동

1960년 2월 한국과 태국은 상주 대사관 설치에 합의했으며, 1960년 8월 초대 유태흥 대사가 취임했다. 현재의 대사관 건물은 한태 외교관계 수립 32주년인 1990년에 완공되었다.

2021년 12월 제 24대 문승현 대사가 취임했다. 2022년 대사관은 정무, 경제, 문화, 영사 등 다양한 분야에서 한·태 협력관계를 강화하고 우리 교민사회 발전 기반을 확대하기 위해 노력했다.

정부, 방콕 중심의 외교에서 외연을 확대하여 시민사회, NGO, 지자체 등 여러 에이전트들과의 네트워크를 구축하고 협력관계를 강화했다. 현지 금융, 경제 분야의 유력 기관 및 인사와의 접촉을 확대하여 '카오야이 공원 내 한국 트레일 조성' 등 협력사업의 기반을 마련했다.

'한-태 커플 전통혼례' '뚝뚝 시집보내기' 등 다양한 행사와 현지 언론사 인터뷰를 통해 우리 문화를 전파하는 데 힘썼다.

태국 재외동포 사회와의 소통 및 협력 강화를 위해서도 노력했다. 특히 교민 의료 지원을 위해 대사관-한인회-현지 병원 간 3자 MOU를 체결했으며(메드파크, 싸미티웻), 더 많은 병원과의 MOU 체결을 추진 중이다. 영사서비스 개선을 위해 전화 회선 확보 및 민원 안내인 추가 채용 등 민원 관련 안내를 강화하고, 방문객에게 더욱 친화적인 민원 환경을 조성하여 민원인 편의를 제고했다.

또한, 강당 등 관내 시설 개보수 및 환경 정비를 통해 연초 재외투표를 지원했으며, 대사관을 설계한 김중업 건축가의 탄생 100주년을 기념하여 교민잡지와 인터뷰를 진행했으며, 관련 안내자료 등도 제작했다.

[주요 기능]

정무과	• 주재국 정부와의 정무 분야 외교 교섭과 국제협력 • 주재국 정치정세와 대외정책에 관한 조사보고 • 정무 관련 국제기구와의 협력 및 동 기구의 활동에 관한 조사보고 • 공공외교 및 문화홍보 업무 조율
경제과	• 주재국 정부와의 경제통상 분야 외교 교섭과 국제 협력 • 주재국 경제정세에 관한 조사 보고 • 경제 관련 국제기구와의 협력 및 동 기구의 활동에 관한 조사 보고
영사과	• 재외국민보호 • 여권, 병역, 영사확인 등 민원 업무 • 공증, 사증 업무
운영지원과	• 공관 사무 관리 • 인사, 예산, 문서, 보안, 청사 관리 등 행정 관련 서무
무관부	• 주재국과 국방외교 및 협력 지원 • 국가안보 관련 자료수집

소재지 및 연락처

주소 : 23 Thiam-Ruammit Road, Ratchadapisek, Huai-Khwang, Bangkok 10310, Thailand / 전화 : +66-2-481-6000

근무시간 : 08:30~12:00, 13:30~17:00(월~금)

시차 : -2시간

업무 : 정무, 경제, 영사, 운영지원 등

1대(J1960. 8.)	2대(1963. 12.)	3대(1964. 10.)	4대(1968. 3.)	5대(1971. 3.)
대사관 승격, 초대 유재흥 대사 취임	이동원 대사	장성환 대사	한표욱 대사	임윤영 대사

6대(1974. 4.)	7대(1976. 8.)	8대(1979. 9.)	9대(1981. 2.)	10대(1985. 1.)
천병규 대사	박근 대사	김인권 대사	권태웅 대사	김좌수 대사

11대(1989. 2.)	12대(1992. 9.)	13대(1994. 3.)	14대(1997. 3.)	15대(1999. 3.)
정주년 대사	한탁채 대사	정태동 대사	김내성 대사	김국진 대사

16대(2002. 3.)	17대(2004. 1.)	18대(2006. 3.)	19대(2008. 10.)	20대(2011. 9.)
최혁 대사	윤지준 대사	한태규 대사	정해문 대사	임재홍 대사

21대(2012. 10.)	22대(2015. 11.)	23대(2018. 11.)	24대(2021. 12.)	
전재만 대사	노광일 대사	이욱헌 대사	문승현 대사	

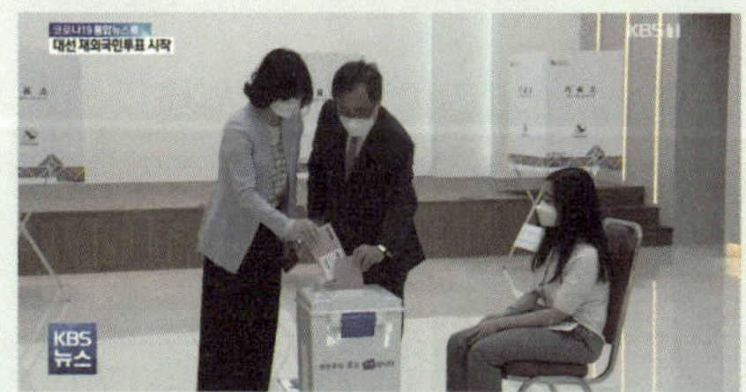

● 제20대 대통령선거 재외투표(2. 23~2. 28)
(사진출처 : KBS)

● 제103주년 3.1절 기념식(3. 1)

● 쁘라윳 총리 면담(4. 21)

● 한인회관 방문(4. 21)

● 한국 전통혼례 개최(3. 25) (사진출처 : 문화원)

● 카오야이 국립공원 방문(3. 2)

● 파싸껀 치앙라이 주지사 면담(4. 4)

● 태국 동북부 주지사 면담(5. 18~19)

● 아마타 시티 방문(4. 19)

● 육군 21연대 기증식 참석(4. 28)

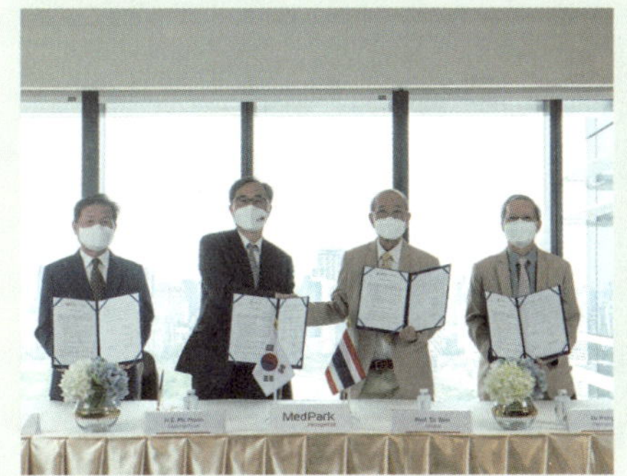

● 메드파크 병원 MOU 체결(5. 6)

● 민원서비스 제고를 위한 민원인 면담(5. 18)

● 민주평통 제20기 자문위원 만찬(6. 8)

● 방콕한국국제학교 방문(6. 21)

● 찻찻 신임 방콕시장 면담(6. 28)

● 뚝뚝 시집보내기 행사(6. 27)

● 싸미티벳 병원 MOU 체결(7. 21)

● 2022 대한민국 유학 태국 동문의 밤(8. 6)

● 제77주년 광복절 경축 행사(8. 15)

● 아마타 그룹 회장 관저 만찬(8. 17)

● 영사협력원 워크숍 개최(9. 21~22)

주태국대한민국대사관 건물 건축한 김중업 탄생 100주년

주태국대한민국대사에게 듣는다

▲ 주태국대한민국대사관 본관 절면 모습

대한민국 건축가 김중업은 1922년 3월 9일 평양 건평리에서 태어나 1988년 5월 11일 사망했다. 일본 요코하마고공(현 요코하마국립대학) 건축과에 입학한 후 건축공부를 한 후 1944년 한국으로 귀국 후, 조선주택영단(현 LH의 전신)에 재직하다 서울대학교 공과대학 조교수가 되었다. 한국전쟁중 이탈리아 베니스 국제예술회의 한국대표로 참석했다가 그대로 프랑스 드보르쥐지에 아틀리에를 방문해 즉석에서 견습생으로 시작해 정직원이 되어 1956년까지 현지에서 일을 했다. 이후 한국으로 귀국 해 김중업 건축연구소를 설립하고 이후 홍익대학교 교수, 건축 도시계획연구소 초대 소장 등을 맡았다.

김중업의 건축 작품으로는, 부산대학교 본관, 건국대학교 도서관(현 외국어교육관), 서강대학교 본관, 주한 프랑스 대사관, 유유산업 안양공장(현 김중업박물관), 삼일빌딩(31빌딩), 단암빌딩, 안국빌딩 그리고 주태국대한민국대사관 건물 등이 있다.

▲ 김중업 작품 : 좌로부터 산부인과 병원, 서강대학교 본관, 김중업 건축박물관 내부

64 굴한잡지

● 교민잡지 인터뷰 발간(9. 27)

● 국경일(개천절) 행사 개최(10. 4)

● 한-태국 경제협력 포럼(10. 6)

▶ 영사과 민원서비스 개선 사항

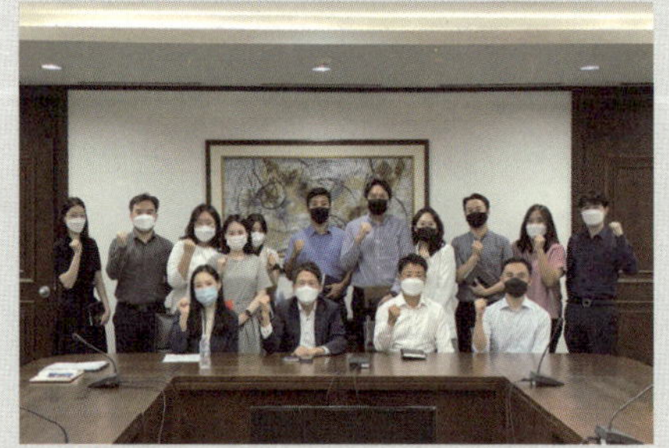

● 영사과 직원 민원역량 강화 교육 개최

● 직원 단체사진(사진출처 : 〈교민잡지〉)

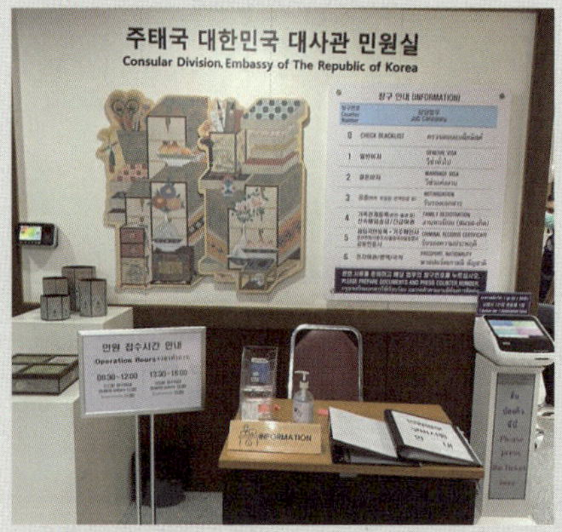

● 민원실 안내데스크 설치

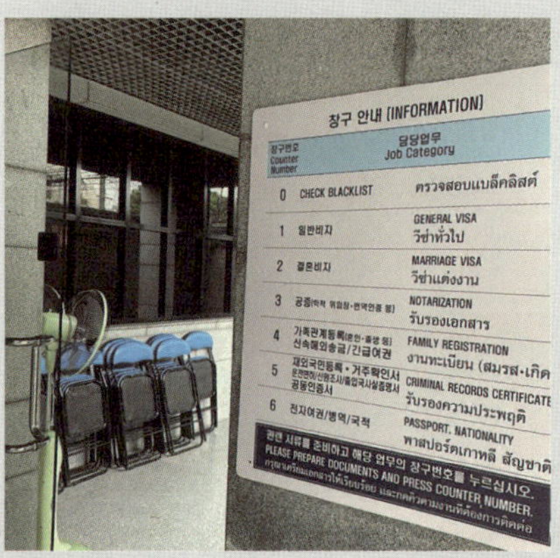

● 야외대기석 대형선풍기·의자 등 설치

● 문화홍보 영상 상영

● 민원별 대기줄 신설

주태국 한국문화원

Korean Cultural Center in Thailand

　주태국 한국문화원은 2013년 7월 4일 동남아에서 베트남, 인도네시아, 필리핀에 이어 네 번째로 설립되었으며 전 세계 34개 문화원 중 25번째로 설립되었다.

　주태국 한국문화원은 지상 3층, 총면적 1,351㎡ 규모이며 부대시설로는 130석 규모의 소규모 공연장이자 다목적홀인 '한마당', 전시실, 상설전시 및 체험활동을 위한 '전통문화관', 각종 문화 강좌 및 한국어 강의실로 사용되는 '세종실'과 '훈민정음실', 전통한옥 콘셉트의 '사랑방', 한식 강좌를 위한 '요리강좌실', 다양한 한국서적 및 영상자료 등이 구비되어 있는 '자료실' 등으로 구성되어 있다.

　K-POP, 한식, 한복, 한글, 국악, 웹툰 등 다양한 한국문화를 태국에 알리기 위하여 행사, 전시, 홍보, 영화제, 한식강좌, 세종학당, 한국문화보부상 등 다채로운 문화행사와 교육프로그램을 진행하고 있다.

[연혁]

순번	연도, 월	내용
1	2013. 7.	방콕 수쿰윗 개원
2	2013. 11.	개원기념 코리안심포니 오케스트라 공연

3	2014. 6.	한태 공연예술 교류 프로젝트 Next
4	2015. 3.	한태 공연예술 교류 프로젝트 Next 2
5	2016. 9.	한태 번역도서 교류전 및 문화행사
6	2018. 9.	한태수교 60주년 기념 코리안심포니 오케스트라 공연
7	2018. 10.	한태수교 60주년 기념 한태문화축제 '안녕 타일랜드, 사왓디 코리아' 개최
8	2019. 9.	Together with ASEAN국립국악관현악단 초청 공연
9	2019. 9.	한태문화축제 '안녕 타일랜드, 사왓디 코리아 2019' 개최
10	2020. 1.	Happy Seollal 2020 설날행사
11	2020. 6.~12.	온라인 한국문화 참여 이벤트 '뚝뚝 까올리' 연중 개최 (태권도챌린지, 한복천 마스크 만들기, 한국 드라마 따라 하기 등)
12	2021. 10.	국경일 계기 미디어파사드쇼 및 문화행사
13	2021. 11.	오징어게임 한국놀이 체험전
14	2022. 2.	드라마 속 한복전시 및 한복패션쇼 개최
15	2022. 3.	한국전통혼례 체험 개최
16	2022. 5.	한태 소프트파워 교류 행사 개최

▌주요 사업

가) 프로그램 현황

- **(한국어 강좌)** 세종학당
  - 2013년 시작
  - 한국어교원 수 : 총 4명(세종학당재단 파견 2명, 현지 채용 2명)

연도	2019	2020	2021	2022(진행 중)
학생수	467	237	523	252

  - **(일반인 강좌)** 1년 3학기, 2022년 1학기 운영 중(초·중급 7개반)

- **(관광업계 종사자 대상 강좌)** 2016년 개설(40명)

- **(한국전 참전군 후손 대상 강좌)** 2018년 개설(20명)

- **(BTS로 배우는 한국어)** 2020년 개설(온라인)(38명)

- **(국악 강좌)**

  - 2019년 시작

  - 한국인 강사 1명

  - **(가야금)** 8주 과정. 초급1, 중급1 과정 운영 중(각 8명)

  - **(단소)** 8주 과정. 초급1 운영(10명)

  - **(소금)** 8주 과정, 초급1 운영 예정(20명)

  ※ 가야금 강좌 기반으로 한·태 국악 동호회(청홍둥당) 결성, 매월 1회 정기모임 개최

- **(케이팝 강좌)**

  - 2013년 시작

  - 3~5주 단기 과정으로 케이팝 보컬, 댄스 등 운영

  - 2022년 1차 과정 온·오프라인 수강생 총 589명

- **(한식 강좌)**

  - 2013년 시작

  - 8주 과정으로 김치, 잔치요리, 사찰 음식, 분식 등 주제별 운영

  - 코로나19로 2021. 4 이후 운영 중단

  - **(한식 워크숍)** 미국, 영국, 호주, 싱가포르, 인도네시아, 태국 등 7개국 무관부 배우자 모임 대상 김장체험 워크숍 진행(2021. 10. 18.)

  - **(외부 협업 강좌)** 파타야시청과 협업하여 파타야 시민 대상 직업교육 내 '김치와 한국요리' 강좌 운영(2022. 5. 18.~19.)

한태 교류 콘텐츠 개발 및 문화행사

- **(웹툰)** 참전 용사 소재 웹툰 제작 추진 및 한태 웹툰 전시

– 한국 글작가와 태국 만화작가와 협업하여 카카오 웹툰 연재 추진 중

* 문화원이 글작가 지원 및 원고 공동 작업, 카카오가 만화작가 지원

– 웹툰 IP를 활용한 드라마 및 영화 콘텐츠 소개를 통한 관심도 제고

- **(문화행사)** 태국 랜드마크 한태 우호 미디어파사드쇼 추진
- **(찾아가는 문화원)** 북동부(치앙라이, 부리람), 남부(끄라비) 등
  – 한국어 교육 및 문화강좌를 실시하고 있는 지역이나 문화원 초청 지역을 찾아 공연·전시·체험프로그램· 강좌 등을 실시하여 한국문화 저변 확산

한국 문화 홍보 강화

- **(태권도)** 태국태권도협회·까셋삿대학 태권도 아카데미 개원, 태권도 대회 및 강좌(참전용사마을, 21연대, 왕립경찰사관학교 등) 지원, 태권도의날 제정 캠페인

  * 태국태권도협회 태권도 대회, 장애인 태권도 대회, 공주컵 태권도 대회 등 지원

- **(한식)** 가수·유튜버 등 유명인이 한식당 방문, 본인의 사연과 한식 소개 영상 콘텐츠 제작(태국 OTT 방영 중)

  * 태국 현지 한식당 및 테마파크 한글 표기 오류 수정 작업 병행

- **(한복)** 드라마 속 한복 체험전(2월), 전통혼례·돌잡이 등 정기 체험전을 통한 한복 홍보

  * 문화원 경비 인력 한복 상시 착용

- **(한글)** 한국어 교육 온라인 영상콘텐츠 제작, 세종학당 온라인 수강생 확대 및 현지 교원 양성 과정 운영, 현지인 운영 한식당 및 한국관련 업체 대상 한국어 바로잡기 캠페인, 대사배 말하기 대회 확대 추진

  * 세종학당 현지인 교원 양성 사업 시행 중

- **(국악)** 가야금 동호회 지원, 가야금·단소 강좌 확대 개설
- **(케이팝 아카데미)** 태국 방송사 MCOT, 실라빠껀대학교 및 호원대학교 케이팝학과 공동 추진으로 수혜자 확대

문화원 국유화 사업

- 텅러역 문화원 사옥 리모델링 진행 및 입주 준비

국립공원 내 '한국의 길' 조성

- 카오야이 국립공원 '한국의 길' 트레킹 길 조성(2022년 목표)
  - 현재 미국, 독일, 스위스 트레킹 길이 있으며 중국·일본의 길 조성 중

한태 상호 방문의 해 캠페인 추진

- 2022·2023 양국 상호 방문의 해 선포(2022년 11월) 및 캠페인 시행
  - 코로나 이전 250만의 양국 인적 교류를 300만 이상으로 교류 확대 추진
  - 양국 음식·태권도 등의 관광상품 개발 및 콘텐츠 강화

문화원 개원식

전시회 등

소재지 및 연락처

주소 : 219/2 (Sukhumvit 15-17)Sukhumvit Road, Klongteoy-Nua, Wattana, Bangkok 10110 Thailand

Tel : +66 (0)2 651 0165-8

Fax : +66 (0)2 651 2212

E-mail : kccthailand@gmail.com

▌주태국 한국교육원

Korean Education Center in Thailand

태국 한국교육원은 태국 방콕에 2012년 6월 한국 교육부가 주태국 대한민국대사관 부속기관으로 설립한 재외교육기관이다. 태국 한국교육원은 태국 내 한국어 교육 보급 및 확산을 위해 중등학교를 중점으로 교육 지원 사업을 추진하고 있으며, 현지 학습자의 요구와 수준을 고려한 다양한 한국어 강좌를 개설하여 운영하고 있다. 또한 주태국 재외국민을 위한 다양한 교육지원 사업을 추진하고 있으며, 태국인 유학생 유치 및 양국의 국제교육 교류협력을 위해서도 적극 노력하고 있다.

소재지 및 연락처

주소 : 801 Unit, 8th floor, 42 Tower Building, 65, Soi Sukhumvit 42, Sukhumvit Road, Kluaynamthai, Klongtoey, Bangkok 10110

Tel : +66 (0)2 115 1028

[연혁]

순	연, 월	내용
1	2012. 6.	방콕 개원

2	2014~2017	태국인 한국어 교사 특별 양성 한국 내 연수 지원 (140명 태국 공립학교 공무원 임용)
4	2015	태국지역 한국유학박람회 개최
5	2016. 6.	태국 대학입시 제2외국어 과목 한국어 채택
6	2016. 10.	한국-태국 교육 협력 양해각서 체결(양국 교육부 차관, 기술교육 분야 교원 파견 등)
7	2018. 2.	태국 대학입시 제2외국어 과목 한국어 최초 시행
8	2018. 10.	한국어 교과서 1~6권(초급) 완간
9	2019. 9.	한국어 교육 협력 양해각서 체결(양국 정상 임석)
10	2019. 9.	한국어 말하기 대회 개최(양국 정상 배우자, 교육부 장관 등 참석)
11	2020. 3.	한국어능력시험 대비서 TOPIK(Ⅰ·Ⅱ) 완간
12	2020. 11.	제1회 태국 한국어 교육 발전 모색 세미나 개최(이후 매년 개최)
13	2021. 1.~4.	2020 태국 현지 한국어 교원 양성과정 운영(쫄라롱껀대학, 씰라빠껀대학)
14	2021. 5.	해외 초중등 한국어 표준 교육과정 개발
15	2021. 12.	재태 청소년 진로탐색 워크숍 개최
16	2022. 1.~4.	2021 태국 현지 한국어 교원 양성과정 운영(쫄라롱껀대학)
17	2022. 4.	태국 한국어 교원 연수센터 개관(씰라빠껀대학)
18	2022. 4.	태국 대입 제2외국어 시험 응시생 수 일본어 추월(사상 최초, 중국어에 이어 2위 기록)
19	2022. 5.	2022년 한국유학박람회 개최
20	2022. 6.	태국 한국어 교육 연구 센터 개관(씨나카린위롯대학)
21	2022. 8.	2022 대한민국 유학생 동문회의 밤 개최
22	2022. 8.	한국어 말하기 대회 개최(한국의 노랫말 감상 발표회)
23	2022. 9.	태국인 학습자를 위한 한국어 읽기 시리즈 발간(지도서 제외)

▌주요 사업

가. 주요 프로그램 현황

- 한국어 교사 파견 및 양성

  - 원어민 한국어 교사 파견 : 2011년부터 매년 50여 명의 원어민 한국어 교사를

태국 중등학교에 파견. 2022년 53명의 교사 파견

– 태국 현지 한국어 교원 양성 과정 운영 : 2020년부터 태국 쭐라롱껀대학교와 씰
라빠껀대학교를 현지 운영 기관으로, 이화여자대학교를 국내협력대학으로 지
정하여 운영 중. 2020년 사업 64명 수료, 2021년 사업 29명 수료(2021년부터는 쭐
라롱껀대학만 운영)

● 한국어 교원 역량 강화 및 한국어 교재 개발

– 태국 한국어 교원 연수 센터 : 2022년부터 한국어 교사 재교육 중점 기관으로서
씰라빠껀대학교를 연수 센터로 지정해 운영(세계 최초), 한국어 교육 기본 역량 강

화를 위한 정규과정과 최신 한국어 교육 동향을 배울 수 있는 특별 과정 등으로 운영

- 한국어 교사 TOPIK 강좌 운영 : 태국인 한국어 교사의 한국어 실력 향상을 위해 태국인 한국어 교사를 대상으로 특별 한국어 강좌 운영(2021~)

- 한국어 교재 개발 : 태국 한국어 교과서 1~6(2018, 초급), 태국의 한국어 학습자를 위한 읽기 시리즈(2022, 중급), 태국 한국어능력시험 대비서(Ⅰ·Ⅱ) 등 개발

● 한국어 채택교 지원 및 한국어 확산 노력

- 한국어 말하기 대회 개최 : 한국어 학습에 대한 열기를 고조시킬 수 있도록 태국 중등학교 및 대학교를 대상으로 한국어 말하기 대회 개최, 우수자 방한연수 기회 제공

- 전문가 세미나 개최 : 태국의 한국어 교육 발전 모색을 위한 세미나 개최를 통해

● 한국어말하기 대회(2022), 한국어 교육 발전 모색 세미나(2021)

● 태국 한국교육원 유학박람회(2022), 유학동문의 밤 행사(2022)

태국의 한국어 교육 발전 방안 모색

- 한국어 교육 연구 센터 운영 : 시나카린위롯대학교를 한국어 교육연구센터로 공모 선정(2022), 태국의 한국어 교육 통계 구축 및 한국어 교육 발전 방향 등 제시

- 학교급별 맞춤 지원 : 중등학교는 학습 교구, 한국어 전용 교실 구축 등을 지원하고, 대학은 학과별 특화사업(연구비, 교재, 한국어 행사, 취업 지원 등) 지원

- 유학생 유치 활동

  - 찾아가는 유학설명회 : 대사관, 한국대학, 유관기관 등과 협업하여 태국 중등학교 및 대학교로 찾아가는 유학설명회 수시 개최

  - 유학박람회 및 국제유학박람회 : 교육원 자체 유학박람회 개최 및 OCSC 주관 국제유학박람회에 참여하여 태국의 한국 유학에 대한 관심 고조

  - 유학동문회 : 한국유학동문회를 활성화하고 참여 동문 확대, 동문 행사 개최

- 한국어능력시험(TOPIK) 시행 및 연계 지원

  - 연간 약 3회 태국 전역에서 TOPIK 시험을 시행하고, 중등학생들을 대상으로 TOPIK 방과후반 등을 지원하여 한국어 실력 향상 추진

- 맞춤형 한국어 강좌 운영

  - 정규강좌 : 교육부 「한국교육원 한국어강좌 교육과정 및 수료기준」(2021. 10.)에 따라 학습자 수준별 맞춤형 한국어강좌 운영

  - 특별강좌 : TOPIK 점수 취득, 취업 대비, 한국유학 등 학습자의 다양한 수요를 반영한 분야별, 대상별 맞춤형 강좌 운영

  - 다문화 강좌 : 결혼이주 예정자의 한국어 학습 및 한국정착 지원 등을 위한 다문화 한국어강좌(1단계~2단계) 운영 및 다문화가정 학부모 한국어교육 지원 등 다문화가정 교육 지원 강화

- 재태 청소년 교육 및 평생학습 지원

  - 진로교육 : 재태 한인 청소년 진로탐색 워크숍 등 진로 및 진학 문제를 고민하고 이야기 나눌 수 있는 계기 마련

● 한국어 강좌

- 청소년 특강 : 한인 청소년이 미래 핵심역량을 키우고 자신의 꿈과 끼를 펼쳐나
  가는 것을 지원하기 위한 청소년 특강 개설

- 한글학교 지원 : 한국어 말하기대회 등 태국 지역 한글학교(5개교) 교육 및 각종
  교육·문화 행사 지원(대사관 협업)

- 평생학습 : 재태 교민들의 평생학습 수요 충족 및 현지생활 정착 지원의 일환으
  로 교민 태국어 학습 등 지원(한인회, 노인회 협력)

● 한태 교육 교류 협력 활성화

- 학생교류 : 초중고 온라인 쌍방향 공동수업, 대학간 MOU 체결 등 초·중·고교

● 재태 청소년 진로탐색 워크숍(2021), 재태 청소년 진로 온라인 강좌(2021)

및 대학 단위 다양한 국제교류활동 지원

- 교사교류 : 한국 직업교사를 태국 직업학교에 파견하여 태국의 직업교육을 지원하고 한국의 직업교육 모델 안내(2017~)

- 신남방 중점교육원 운영

  - 한국어 교육 선도모델 창출 및 교육원 특화사업으로 한국어 보급 확대

  - 포스트코로나 대비 유학생 유치, 한태 교육협력 등 국제교육협력 강화

  - 신남방 지역 한국어 보급 확대 등을 위한 인근 국가 지원 강화

나. 주요 성과

- 양국 교육부 협력, 세계 최대 규모 한국어 원어민 교사 파견(2011~, 매년 50여 명)

- 태국 대입시험 과목 채택(2016) 및 시행(2018~)

- 태국 대입시험 한국어 응시생 수 사상 최초 일본어 추월, 중국어에 이어 2위(2022)

[태국 대학입시시험(PAT) 제2외국어 응시 현황(2018~2022)]

구분	2018년			2019년			2020년			2021년			2022년		
	응시자	응시비율*	순위	응시자	응시비율	순위	응시자	응시비율	순위	응시자	응시비율	순위	응시자	응시비율	순위
GAT (공통과목)	230,566			215,585			202,341			198,203			160,787		
P7.1 (프랑스어)	7,245	17.02%	3	5,939	15.85%	3	5,164	14.68%	4	4,386	14.47%	4	3,158	14.70%	4
P7.2 (독일어)	2,396	5.63%	6	2,189	5.84%	6	1,928	5.48%	6	1,340	4.42%	6	852	3.97%	6
P7.3 (일본어)	6,385	15.00%	4	5,910	15.77%	4	5,216	14.83%	3	4,996	16.48%	2	3,672	17.09%	3
P7.4 (중국어)	13,398	31.47%	1	12,216	32.61%	1	11,732	33.35%	1	10,500	34.65%	1	7,470	34.77%	1

과목	응시	비율	순위	응시	비율	순위	응시	비율	순위	응시	비율	순위	응시	비율	순위
P7.5 (아랍어)	931	2.19%	7	682	1.82%	7	681	1.94%	7	507	1.67%	7	200	0.93%	7
P7.6 (팔리어)	8,129	19.10%	2	6,798	18.14%	2	6,776	19.26%	2	4,555	15.03%	3	2,363	10.99%	5
P7.7 (한국어)	4,087	9.60%	5	3,731	9.96%	5	3,685	10.47%	5	4,023	13.27%	5	3,770	17.55%	2
P7 합계	42,571	100%		37,465	100%		35,182	100%		30,307	100%		21,485	100%	

* 제2외국어 과목별 응시 인원/제2외국어 전체 응시인원×100

※ 출처 : TCAS(주관 Council of University Presidents of Thailand), NIETS[The National Institute of Educational Testing Service(Public Organization)]

● **한국어 학습자 세계 최대 규모**(한국어 채택 중등학교 175개교, 한국어 학습자 수 46,446명, 2021년)

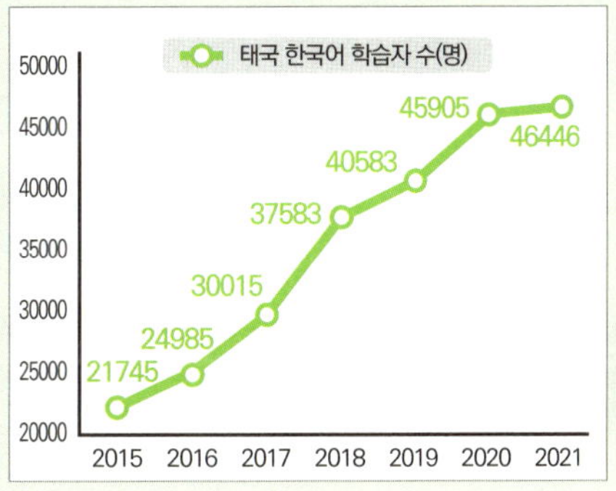

Thai Tip

태국 레스토랑에선 수신호(手信號)가 일반적으로 사용된다. 대부분 앉은 자리에서 계산하는데 계산서를 요청할 땐 테이블 위에 손가락으로 작은 원을 그린다. 메뉴판을 달라고 할 때는 눈이 마주친 종업원에게 손가락으로 사각형을 그린다.

[3장]

태국과 함께한 대한민국 대사들

제24대 주태국 대한민국 대사로 2021년 12월 부임한 문승현 대사는 '비공인' 신기록 행진을 이어가고 있다. 부임 후 만난 태국 정·재계 주요 인물이 2주 만에 60여 명, 한 달 동안 셀 수 없을 정도로 많은 사람을 만났다.

재태 한인들을 만나면 공복(公僕)인 공무원의 자세를 거듭 언급한다. 그의 말에 열정과 진정성이 담겨 있다. 태국 곳곳에 한국과 태국의 우정을 심는 일에 유독 바쁘다. 오자마자 카오야이 국립공원 내 한-태 우호 트레일 설치를 추진하더니, 부산 아세안문화원에는 태국 툭툭이를 보냈다.

한 해 250만 명에 이르던 양국 방문이 코로나로 멈춰섰는데, 2023~2024 한-태 상호 방문의 해를 추진하는 등 양국 교류의 물꼬를 되돌리려고 애쓰고 있다. 재외동포 편익 제고를 위해 한인회와 협업하여 방콕 주요 병원과 MOU를 체결했다. 민원실을 방문하여 민원인 이용 시설과 장비를 점검하고 민원인을 직접 인터뷰하며 불편사항을 청취하고, 해결을 위해 몸소 뛰었다.

문승현 대사는 태국에서 어쩌면 가장 먼저 코로나 엔데믹에 들어선 한국인 일지 모른다.

코로나 팬데믹에 부임해 쉴 틈 없는 일정을 소화하고 계십니다.

한 달에 60~65건 정도의 일정을 소화하고 있습니다. 한 업무당 여러 사람이 나오는 경우도 있어, 만나는 사람 수가 많습니다. 외교관으로서는 사람 만나는 일이 가장 중요합니다. 우리 대사관 직원들에게도 다양한 대사관을 방문하고 여러 인사를 만나라고 강조합니다. 많이 만나다 보니 여기저기서 적극적인 한국대사라는 말을 듣는 것 같습니다.

에너제틱하게 활동하는 원동력이 무엇인지요?

책임감이라고 생각합니다. 공무원은 국민의 세금으로 사는 직업군입니다. 무엇보다 강한 소명의식을 가져야 합니다.

부임 전 태국에 오신 적이 있나요?

대통령 국제행사 준비로 방콕에 한두 번 온 기억이 있습니다. 하지만 주로 호텔에 있었지요. 태국을 살펴볼 시간적 여유는 없었습니다.

부임 전 느낌과 실제 겪고 있는 태국은 차이가 있습니까?

불교 국가, 라마 10세, 마사지 등 피상적인 느낌밖에는 없었습니다. 부임 직전 근무지인 워싱턴의 한 인도계 미국인 지인이 저의 태국 부임 소식을 듣고 매우 흥미로운 시기에 태국에 간다고 말해주더군요. 시위, 총선 등의 정치적 변화가 있는 태국 내 복잡한 상황을 의미하는 것임을 알게 됐습니다.

한-태 관계의 이정표가 될 일을 벌써 여러 건 추진했습니다. 의미 있는 일 세 가지 정도만 꼽는다면 어떤 것입니까?

카오야이 국립공원 내 한-태 우호 트레일 설치가 우선 그중 하나일 것 같네요. 독일대사가 카오야이 국립공원에 태국-독일 우호 트레일을 설치한다고 해서 가봤습니다. 한-태 우호의 상징으로 한국 트레일이 있었으면 좋겠다는 생각이 들었습니다. 한국 관광객들도 트레킹을 좋아하고, 방콕-카오야이 간 고속도로 건설이 한창이라 완공되면 한 시간 남짓이면 갈 수 있는 거리가 된다고 하더군요. 게다가 스위스, 독일, 미국은 이미 트레일이 있었고, 일본, 중국도 준비하고 있다고 하더군요.

재원 문제를 고민하다 병원을 운영하는 친형에게 도움을 얻을까도 생각했습니다. 2022년은 한-태 전략적 동반자 관계 10년째이고, 양국 우호의 의미를 살릴 수 있다는 정부 관련 부서의 판단과 환경을 연계한 한-태국 국립공원 간의 협력 등으로 재원 문제가 해결이 되면서 순조롭게 풀리기 시작했습니다. '뜻이 있는 곳에 길이 있다'는 말을 실감했습니다. 한-태 우호 트레일은 입구에 한국형 정자를 설치하고 전통 돌담길과 현판을 제작하는 등의 단계를 거쳐 올해 안에는 완성되지 않을까 생각합니다.

두 번째로는, 한-태 전략적·동반적 관계 10주년을 이어 태국 외교부와 5개년 계획을 수립해 추진하고 있습니다. 가령 1년에 한 차례는 외교장관 협의를 갖는 등 외교, 문화 등의 분야에서 5년간의 로드맵을 이어가는 것이죠.

마지막으로, 태국 현지 병원들과 MOU를 맺은 것도 의미 있는 일이었습니다. 체코 대사로 근무할 때 호텔 화재 사고로 외국인 여러 명이 사망한 일이 있었습니다. 한국 여대생 2명의 사망 수습을 위해 백방으로 뛰었는데 다른 나라들의 경우 관련 통보 시스템이 이미 확립되어 있는 것을 알게 됐습니다. 태국 병원들과의 MOU를 통해 사고 시 연락망 체계를 가동할 수 있고, 태국 교민들에게도 혜택이 돌아갈 수 있습니다. 병원 MOU 건은 대사관도 나섰지만 한인사회에서 함께하고 있다는 점에서 의미가 더 큰 것 같습니다.

2023~2024 한-태 상호방문의해 선포를 준비하고 있습니다. 코로나로 인해 양국간 인적 교류가 중단된 것이 가장 큰 어려움이었던 것 같습니다.

작년 말 이후 국방부 장관을 비롯해 국회대표단 세차례 등 여러 정부부처 인사들의 태국 방문이 있었습니다. 여전히 쉽지 않지만 인적 교류가 시작됐다고 할 수 있습니다. 부임하자마자 과하게 돌아다니다 저도 코로나에 걸렸지만, 이제 코로나 상황 속에서 살아가야 하는 것 같습니다. 한국분들이 태국을 워낙 좋아하니까 관광객들의 태국 방문 회복은 시간이 지나면 해결되리라고 봅니다. 제가 고민하는 부분은 양국간 경제교류입니다. 태국 경제는 일본이 장악하고, 중국이 무서운 기세로 쇄도하고 있습니다. 경제교류가 잘 되어야 재태 한인사회도 확장되고 양국 관계도 실질적 발전을 이룰 수 있을 것입니다. 한-태 투자 포럼 개최, 동부경제회랑(EEC) 외국투자 설명회, 국내 기업의 건설 프로젝트 등 여러 사안이 추진되고 있습니다.

요즘은 태국 재무부 장관을 만나도 소프트파워를 화두로 꺼냅니다. 한류를 어떻게 유지해나가느냐가 핵심 과제입니다. 현지 문화 및 정서를 존중하고, 현지 수용성을 키워나가야 합니다. 이미, 카카오, CJ 등 민간 분야는 협업이 시작됐다고 봅니다. 한-태 소프트파워 심포지엄 등도 한-태 양국 간 소프트파워 분야에서 협력을 강화하는 방법이 될 것입니다. 한류를 너무 상품화로 접목하는 것은 바람직하지 않습니다. 중장기적 관점에서 봐야 할 것 같습니다. 그러려면 생태계가 만들어져야 합니다. 가령 한국어를 배운 태국 대학생들이 졸업 후 취업할 수 있는 진로도 그중 하나입니다. 대사관 입장에서는 '플랫폼'을 만드는 과제가 있습니다. 한국어 말하기대회, 한국유학 동창회 등 작은 생태계가 모여 큰 생태계를 만드는 것이며 그것이 한류를 지속 가능토록 하는 해법이라고 봅니다.

교민사회의 오랜 염원이던 한인 70년사 발간에 대한 소회를 부탁드립니다.

역사의 기록은 쉽지 않습니다. 엄중한 것입니다. 한인사는 재태 한인사회가 성장했다는 하나의 지표이기도 합니다. 70년 역사를 돌아보며 토대를 놓는 게 중요합니다. 부족하면 부족한 대로 그 자체가 기념비적인 일이고 한인사회의 역량을 드러내는 결과입니다.

주로 미국에 계셨습니다. 미국과 태국의 한인 규모에도 큰 차이가 있고, 종사 업종도 다릅니다. 태국 교민사회를 어떻게 보십니까?

미국은 광복절 행사만 해도 워싱턴 인근 여러곳에서 열립니다. 태국 한인사회는 다들 조금씩 양보하는 전통을 잘 발전시켜왔다는 느낌을 줍니다. 대사관과 한인사회 협력도 잘 되는 것 같습니다. 코로나 기간 동안 다들 어려운 가운데 방콕, 파타야 등에서 서로 구호 활동을 하는 따뜻한 모습도 보았습니다.

향후 한인사회와의 협력 방안 및 재태 한인사회 발전을 위한 조언이 있으신가요?

한인회를 중심으로 한 한인사회가 동포 2세들의 중요성을 인식하고 젊은 세대를 아우르는 방법을 찾았으면 합니다. 2세들은 귀중한 자산입니다. 한국의 정체성을 심어주고 2세들의 네트워크를 연결해줄 수 있는 플랫폼을 만들어주면 좋겠다고 생각합니다.

코로나 이후 한-태 사증 면제가 재개됐지만 태국인 절반 정도가 입국이 불허되고 있습니다. 반면 태국의 한국 관광객 유치도 중요한 과제인데, 이 문제 어떻게 해결해야 할까요?

양국 관계를 큰 틀에서 봐야 하고 부정적 측면보다는 긍정적 측면을 고려해야 합니다. 가령 조선 건조 능력 1위인 한국의 조선업체에서 인력 확보를 위해 동남아시아를 다 조사해봤더니 태국 인력이 최고인 것으로 나타났다고 합니다. 합법적 체류 인력을 늘려야 합니다. 또 입국 불허의 기준이 분명하게 제시되어야 한다는 생각입니다. 대사관에서는 태국 언론보도 및 여론 등을 적극적으로 점검하고 해명할 것은 해명하는 등 대사관 TF팀을 편성해 관련 사안에 대해 적극 대응하고 있습니다.

2023년은 한-태 수교 65주년입니다. 전략적 동반적 관계인 양국의 미래 발전을 위한 제언을 부탁합니다.

태국에 와서 놀란 점이 많습니다. 태국은 이미 15세기에 유럽과 교역하며 동서양간 중개무역을 한 나라입니다. 태국을 '싱글 컨트리'로 보지 말아야 합니다. 메콩강을 중심으로 한 거점 국가로 보면 협력의 여지가 더 많아질 것입니다. 태국을 속속들이 알아야 합니다. 태국과의 협력을 어떻게 가져갈 것인가는 결국 아이디어에 달려 있습니다. 아이디어를 적극 발굴하고, 추진해나가야 할 것입니다.

태국의 어느 곳을 여행해보셨습니까?

8개월 동안 치앙마이, 치앙라이, 파타야에 이어 차로 4시간 이상 걸리는 이산 4개 지역과 푸껫 등도 다녀왔습니다. 남부 지역도 방문했습니다. 3년 재임 기간 동안 77개 주의 3분의 2는 다녀보고 싶습니다.

태국과 태국인에 대한 느낌은 어떠합니까?

'미소의 나라'답게 친절하고 따뜻한 사람들인 것 같습니다. 한국 사람들이 손재주가 많다고 하는데 태국인들도 다르지 않은 것 같습니다. 스위스 시계의 40% 정도가 태국에서 생산되고 덴마크 귀금속도 태국에서 생산되는 양이 많다고 들었습니다. K-POP 아이돌 그룹의 외국인 멤버도 태국인이 가장 많지 않습니까? 태국은 IT에도 관심이 많습니다. 한국과 문화적 감성도 비슷해 서로 협력해나갈 여지가 많습니다. 그것을 구체화하는 것이 정부의 역할입니다.

▶ 한태규(18대)
갈등과 혼란의 태국 역사 지켜본 한국 대사

2006년 태국은 혼돈의 시기였다. 탁신 총리가 UN 연설차 뉴욕에 가 있는 사이 군사 쿠데타가 터진 것이었다. 옐로셔츠와 레드셔츠 시위대가 격렬하게 대립하며 급기야 2008년 11월에는 국제공항이 폐쇄됐다. 쿠데타 6개월 전 18대 대한민국대사로 태국에 부임한 한태규 대사는 태국 혼란기를 고스란히 겪어냈다. 태국 정권이 갈마드는 사이에도 한-태 수교 50년의 관계를 잘 이어갔고, 한-아세안 FTA 체결, 탈북민 국내 입국 시스템 등을 공고히 구축했다. 한류가 뜨거워지기 시작한 시점으로 레인, 동방신기 등 K-POP 가수들의 대형공연도 직접 관람하며 한국 대중문화 콘텐츠의 태국 인기를 체험하기도 했다.

태국 부임 후 얼마 안 돼 쿠데타가 일어났습니다.

태국 외교부로부터 밤 10시쯤 쿠데타가 일어나 정부건물을 모두 장악했다는 긴급전화를 받았습니다. 공관 비상연락망을 통해 전 직원 비상대기 후 교민 안전대책을 강구했습니다. 지역 한인회, 동포단체에도 바쁘게 연락을 취하기도 했고요. 쿠데타 다음 날 오전 외교관들에게 브리핑을 할 테니 상황실로 들어오라는 전갈을 받고 들어갔던 생각이 납니다.

정권이 자주 바뀌는 혼란의 시기였습니다. 대정부 접촉 면에서도 어려움이 있었을 것 같습니다.

외교 관련 문제에서는 큰 불편을 느끼지는 않았던 것 같습니다. 시위가 거의 매일 있었어요. 왕당파인 옐로 셔츠와 친탁신 레드 셔츠가 대립했죠. 레드 셔츠는 선출된 정권을 지지하는 것이니 당시로 보면 민주화 세력이라고 해야겠죠.

귀임하시던 해인 2008년은 한-태 수교 50주년이었습니다.

국경일 행사를 마지막으로 대사 임기를 마쳤던 기억이 납니다. 재임 시절 치앙마이와 푸껫에 명예 영사관을 개관했습니다.

재임 시 탈북민의 국내 입국 시스템을 잘 마련하셨습니다.

탈북민들 문제를 푸는 데 힘을 많이 쏟았어요. 우리 쪽에선 난민으로 인정해달라는 것이었죠. 결국 탈북민을 태국이 불법입국자로 체포해 벌금을 내고 추방하는 것으로 타협점을 찾아 한국으로 송환하는 길을 찾았죠.

2006년부터 대형 K-POP 콘서트가 열리며 한류가 큰 인기를 얻었습니다. 동방신기, 신화 등의 콘서트가 있었는데 당시 한류 현장에 가보신 적이 있나요?

그럼요. 제가 부임하자마자 레인 콘서트가 태국에서 처음으로 열렸고, 동방신기 콘서트도 초청받아 갔던 생각이 납니다. 백화점 코너에 가면 한국 음반이 인기였어요. 태국에서 인기 순위가 올라가면 한국에서도 올라간다는 말이 있었죠.

2008년엔 한-아세안 FTA에도 체결했습니다.

쌀 수입 문제 때문에 걸림돌이 됐지만 잘 해결했습니다.

미-중 대결 구도 속에 아세안의 전략적 지위가 중요하다고 하셨습니다.

아세안이 전체적으로 다 중요하지만 태국의 중요성은 더 큽니다. 정치적, 지리적 입지뿐 아니라 국제기구도 태국에 많습니다. 일본기업이 다수 진출해 있지만, 한국이 태국과의 관계를 잘 형성하는 게 아세안과의 관계를 잘 다지는 일이라고 봅니다.

한국 내 불법 노동자 중 외국인 가운데 태국인이 가장 많다고 합니다. 어떻게 풀어야 할까요?

재임 시절에는 그렇게 큰 문제가 되지는 않았습니다. 법무부나 문화관광체육부, 농축산식품부 등 여러 부서가 다 걸려 있는 문제인 것 같습니다. 결국은 합법적인 방법을 찾을 수밖에 없습니다. 지혜를 모아 해결해야 할 것 같습니다.

그리스에서 한국대사 하실 때는 《아테네로 가는 길》이란 책도 쓰셨는데, 태국인이나 태국에 대한 이미지와 느낌은 어떻게 가지고 계십니까?

그리스는 문명의 발상지라 그 의미를 두고 썼던 것 같습니다. 관광이 주를 이루는 나라인 태국은 한국에 우호적이고, 태국인은 친절합니다. 한국인과 기업에 대해서도 좋은 느낌을 가지고 있고요.

태국 음식 가끔 생각 나시나요?

태국 대사 이후에도 가끔 태국을 갔고, 한국에서도 자주 먹습니다. 태국 음식은 최고입니다. 태국 음식에 대해 불편을 느끼는 한국인은 거의 없을 겁니다.

태국 한인사회를 위한 발전적 제언을 부탁드립니다.

한인사회가 코로나로 많은 어려움을 겪었을 텐데, 우선 관광이 예전처럼 활성화되어야 할 것 같습니다. 또 아무래도 기본적으로는 경제교류가 잘 되어야 합니다.

태국 대사 후엔 제주평화연구원장을 지내셨지요? 요즘 근황은 어떤가요?

제주평화연구원장 4년 뒤에 외교협회장을 3년 맡았어요. 제주평화연구원장 시절엔 20명의 각국 전문가가 참여하는 '아세안 현인그룹'을 만들어 한-아세안의 발전방향에 대해 국가정책에 건의하기도 했습니다. 요즘도 태국 대사를 지낸 분들과 종종 만나고 이야기 나누고 있습니다. 건강하게 잘 지냅니다.

부임부터 귀임 전까지 바람 잘 날이 없었다. 국제공항이 폐쇄돼 관광객의 발이 묶였고, 거리에서는 백주 대낮에 총탄이 날아다녔다. 아세안 관련 정상회의 참가차 방문한 대통령은 시위대의 회의장 점거로 하루만에 황급히 돌아가는 일도 발생했다. 재태 한인사회도 풍파에 휩싸이긴 마찬가지였다. 그런 가운데에서도 한국인이라는 자부심이 한껏 고양된 시기였다.

2000년대 중반 이후 태국에 급속히 확산된 한국문화가 한국어, 한국관광, 한국제품, 패션, 스포츠 등 전방위로 확산됐기 때문이다. 특히 재임 시절 태국 중등학교 대상 교사 파견으로 씨를 뿌린 한국어 열기는 현재 세계에서 한국어를 배우는 인구의 4분의 1 이상이 태국인이라는 열매로 이어졌다. 2008년 10월 부임해 2011년 9월 귀임한 주태 제19대 대한민국대사인 정해문 대사는 '산전수전' 다 겪으면서도 가장 활발히 한인사회와 호흡한 소통 대사다.

부임하고 얼마 안 돼 옐로셔츠 시위로 수완나품 국제공항이 폐쇄됐습니다. 발이 묶인 한국인들을 위해 대사관에서 음식 지원을 하기도 했습니다.

공항이 폐쇄된 줄 모르고 혹시라도 공항에서 항공편을 기다리는 한인들이 있지 않을까 하는 우려가 머릿속을 맴돌았습니다. 담당 직원들을 공항에 보내 점검하게 했죠. 소식에 늦은 몇 명의 한인을 공항에서 데리고 나와 대사관 근처 안전한 호텔로 임시 대피시킨 기억이 떠오릅니다. 십시일반 음식 지원 사례도 있었습니다. 다른 한편, 상황이 급박하게 돌아가는 마당에 얼마나 많은 우리 관광객이 잠재적 위험 지역에 남아 있는지를 파악하기 위해 우선 대사관 직원들로 하여금 분담하여 시내 여러 호텔에 전화하여 투숙 관광객 현황을 파악하게 한 후 이들과 비상연락망을 유지하도록 하면서 임시 항공편 투입 문제를 본국과 협의했습니다.

태국 정정이 계속 불안했습니다. 재임 두 번째 해엔 비상사태가 선포되고 유혈사태가 발생했죠. 한국 등 43세계 국가에서 태국관광 주의를 발표하기도 했습니다.

SNS 등 각종 소통 수단과 긴급 연락망을 활용하여 위험 지역에서 활동 중인 교민들 및 우리 기업 주재원들에게는 안전지대로 옮기도록 종용하는 한편, 안전지대 내에서 활동 중인 분들에게는 옥외 출입을 자제하면서 뉴스에 귀 기울이도록 안내했죠. 이 과정에서 태국 외교부와 수시 연락하면서 긴밀한 공조체제를 유지했습니다. 이러한 빈틈없는 노력의 결과 다행히 불상사를 당한 한인은 한 명도 발생하지 않았습니다. 임시 항공편 투입 문제 협의도 잘 진행되어 우리가 제일 먼저 대한항공 임시 항공편을 우타파오 공항으로 보내 발이 묶인 우리 관광객을 본국으로 데려갈 수 있었습니다. 마치 전광석화처럼 이루어진 군사 작전을 방불케 한 극적인 상황이었죠. 나는 담당 직원들과 함께 우타파오 공항에 나가 이들이 탑승하는 현장을 지켜보며 특별기가 이륙하는 것을 보고서야 방콕으로 돌아왔습니다. 대사관에 돌아오니 여러 외국 대사들로부터 전화 왔다는 메시지가 남아 있었습니다. 모두 한결같이 신속하게 특별기를 투입할 수 있었던 비결이 무엇이냐고 물었습니다. 기동성 있게 민첩하게 움직인 것이 비결이라면 비결이었을 것입니다. 모두 부러워했습니다.

그때 아세안 관련 정상회의 장소는 파타야 소재 호텔이었으며 시위 사태에 대비, 대통령 전용기가 방콕 수완나품 공항 대신 부득이 동부의 우타파오 공항을 이용하기로 했습니다. 조마조마한 가운데 첫날은 무사히 넘어갔습니다. 이명박 대통령은 도착 당일 아피싯 태국 총리와 양자 정상회담을 가졌습니다. 문제는 다음 날이었습니다. 기상하여 호텔 밖을 내다보니 밤새 방콕에서 내려온 레드 셔츠들이 호텔 출입문 곳곳을 철통같이 점거하고 있었습니다. 아세안 + 한·중·일 정상회의와 동아시아정상회의 참석을 위해서는 다른 호텔로 이동해야 하는데, 이게 불가능해 보였습니다. 이때 우리 대통령은 일본 총리와 같은 숙소 호텔에서 양자 정상회담을 하고 있었습니다. 나는 방콕의 비서로부터 연락을 받고 메모지 한 장 정리하여 한일정상회담장으로 뛰어 들어가 대통령에게 남은 아세안 관련 정상회의 일정이 모두 취소되었다는 아피싯 총리의 발표문을 보고했습니다. 일본측은 아직 이를 모르고 있었습니다. 아피싯 총리는 전화로 우리 대통령에게 사정을 설명하고 양해를 구하고자 동분서주했습니다. 이날 오후 나는 우타파오 공항에서 이명박 대통령에게 작별인사를 하고 씁쓸한 마음으로 방콕으로 귀환했죠. 국가 이미지, 국가 이익, 정치권의 협치, 국가 거버넌스 등에 대해 다시 생각해보는 계기가 되었습니다.

태국 총리가 탁신의 매제인 쏨차이 총리였다가 연정으로 야당인 민주당의 아피싯 총리가 되는 등 혼란의 연속이었어요. 정부관계에 어려움이 없었나요?

내각책임제 하에서 한 정당이 의회의 다수당을 차지하거나 다른 당과 제휴하여 의회의 다수 의석을 확보하는 경우 그 정당이나 그 정당과 제휴한 정당 연합이 집권하는 것은 당연한 일입니다. 보통 이런 경우는 선거를 통해 일어납니다. 그러나 반드시 선거 결과에 따른 경우가 아니더라도 기존의 원내 진출 정당 간에 새로운 제휴를 통해 기존 제1당의 지위를 빼앗아 새로운 집권 연정을 탄생시킬 수 있습니다. 쏨차이 정부가 아피싯 정부로 대체된 것은 여기에 해당한다고 볼 수 있죠. 그럼에도 불구하고 권력을 잃은 쪽은 이탈한 세력을 배신자로 낙인 찍고 아피싯 정부에 대해서는 정통성 결여를 구실로 파상적인 정치공세를 퍼부어가면서 전국의 지지세력을 방콕으로 규합한 후 방콕 시내 교통 요지를 무단 점거하여 대정부 압박 수위를 고조시켜 나갔습니다. 정부의 통제 기능이 사실상 마비될 정도였다고 해도 과언이 아니었죠. 이러한 정치적 혼란과 소용돌이 속에서도 우리의 국가 이익을 지키고 한인사회를 보호하기 위해 최선을 다했으며 정쟁의 양 당사자와 두루두루 우호적인 관계를 유지함으로써 한-태국 양국 관계를 안정적으로 관리, 발전시키는 데 주력하고자 했습니다.

2009년 태국이 아세안 의장국으로 그해 6월 제1차 한-아세안 특별정상회의가 제주에서 개최되었지요?

태국 외교부와 긴밀하게 조율하고 협력한 결과 큰 성과로 이어졌습니다. Kasit Pirome 태국 외교장관과 특별 정상회의 축하 리셉션을 태국 외교부에서 공동 주최한 기억도 떠오르네요. 지금까지 한-아세안 특별 정상회의는 세 번 개최되었고, 제1차가 한-아세안 대화관계 수립 20주년을 기념해 제주에서 개최되었는데, 한-아세안 관계사에 큰 획을 긋는 이정표로 자리매김했지요. 그때 주태 한국대사로 재임한 것은 영광이고 행운이었습니다. 제2차, 제3차 정상회의는 각각 2014년, 2019년 부산에서 열렸는데 제3차는 또한 태국이 아세안 의장국 수임 중 개최되었습니다. 대화관계 수립 30주년 기념이었지요. 여러 모로 한-아세안 관계 발전은 태국과 밀접한 협력 속에서 이루어졌다고 할 수 있겠습니다.

스쿰판 전 방콕시장과 남다른 친분을 유지하면서 방콕시와 한국 지자체 간 교류 증진에 많은 도움을 주셨다고 들었습니다.

수쿰판 시장은 언제 어디에서나 반가운 미소로 따뜻하게 맞이해주었습니다. 사실 방콕 부임 훨씬 전인 2000년 태국 외교부 부장관이던 그를 만난 적이 있습니다. 동아시아 비전그룹에 참여할 태국 대표 2인 추천 문제를 협의하기 위해 한승주 전 외교부 장관과 함께 방콕에 출장 가게 됐을 때 만난 게 긴 인연의 시작이었습니다. 그는 우리나라와 방콕 한인사회 발전에 각별한 관심을 보이며 본인의 건설적 역할을 주저하지 않았습니다. 이미 방콕이 서울과 자매결연을 맺었음에도 그는 방콕과 부산 간 우호협력도시 관계 성사를 관철시켰습니다. 수쿰판 시장은 시간을 쪼개 부산시청에서 개최된 우호협력도시 체결 서명식에 참석한 후 바로 몇 시간 지나 로스엔젤레스행 비행기에 몸을 실었죠. 시간을 분초 단위로 쪼개 쓰고 관리하는 분이었죠. 나는 그 현장의 증인이었으며, 그를 보며 인간 세상에 열정과 의지만 있으면 못 이룰 일이 없다는 믿음을 다시 한 번 굳혔습니다. 내가 태국을 떠나는 해 포항시가 아태지역 도시 서밋 유치를 위해 전력을 기울이고 있을 때 방콕의 지지 표는 결정적일 수 있다고 진단하면서 읍소한 적이 있습니다. 수쿰판 시장과의 친분이 귀중한 표를 얻는 데 결정적 도움이 되었습니다. 이로 인해 포항시는 뜻을 이루게 되었죠. 태국 떠날 날이 다가오자 나는 수쿰판 시장 이임 예방을 신청했습니다. 시장은 송별 만찬을 주최하겠다고 알려왔습니다. 삼성전자, LG, 수자원공사 지사장 등 5명의 우리 기업인을 함께 초청하면 좋겠다고 했는데 시장은 흔쾌히 수용했습니다. 그날 저녁 행사는 시장 관저 정원에서 비가 내리는 가운데 화기애애한 분위기에서 진행되었습니다. 시장은 자신이 외교단을 관저에 초청하여 오-만찬을 주최한 것은 처음이라고 했습니다. 나는 큰 고마움을 느꼈으며 방콕 떠나기 앞서 뜻깊고 잊지 못할 피날레라고 고마움을 표시했습니다. 또 함께 참석한 한국 기업인들이 방콕 시정에 도움을 줄 수 있는 만큼 네트워크를 잘 유지하면 좋겠다고 당부했습니다. 귀국 후 한-아세안센터를 맡아 일하는 중 2013년 6월 다시 방콕을 찾을 기회가 있었습니다. 방콕 시청에서 수쿰판 시장과 뜨거운 재회의 포옹을 나누었습니다. 태국 역사의 수레바퀴가 조금 방향을 틀었다면 수쿰판 시장이 아마 지금 다른 역할을 하고 있을지도 모르겠다는 생각을 합니다.

귀국하시기 직전엔 태국 홍수가 시작됐습니다. 처음부터 끝까지 고난의 연속이었던 것 같습니다.

태국 이임 일주일 전부터인 것 같습니다. 짜오프라야 강의 수위가 위험 수준으로 치솟고 있었습니다. 방콕 시내가 물바다가 될 상황이 점쳐지기도 했습니다. 방콕 떠나기 이틀 전 짜오프라야 강의 상류 지역을 찾아 끔찍한 현장을 목격했습니다. 강물이 양 둑으로 넘쳐 흘러 방콕 외곽을 범람시키는 것은 시간 문제라는 인식을 비전문가인 나도 할 정도였으니까요. 이임 전날 경제부총리 이임 예방 시와 이임 당일 잉락 총리 이임 예방시 우리 수자원공사가 홍수 예방에 전문성을 갖고 있으며 그간 성공적인 국내외 사업을 통해 평판을 쌓아 올린 실적이 있음을 소개하고 수자원공사 방콕 지사장을 불러 이야기를 한번 들어보라고 권장했습니다. 잉락 총리는 그렇게 하겠다고 하면서 진지한 모습을 보였습니다. 그날 밤 비행기 편으로 귀국 길에 올랐는데 다음 날 아침 뉴스에 '방콕 시내 물바다'라는 특별 뉴스가 지구촌의 아침을 깨웠죠. 그다음 해 잉락 총리가 공식 방한해 4대강 보 현장을 둘러보았는데, 나는 그때 총리가 소중한 아이디어와 시사점을 얻어 귀국했을 것으로 기대했습니다.

태국 대사 재임 시절 한류가 크게 융성했습니다. 패션쇼에도 가시고, 다양한 문화행사에 참여하셨습니다. 기억이 남는 것이 있나요?

한류가 세계 무대에서 성공하기 위해서는 반드시 태국을 비롯한 동남아 무대에서 검정을 받아 통과되어야 한다는 지론을 자주 펼치곤 했습니다. 동남아 국가들 중에서도 태국은 한류의 융성과 떼려야 뗄 수 없는 관계를 맺어왔다고 봅니다. 태국에서 있었던 문화행사에는 거의 모두 참석한 것으로 기억하며 이루 말로 표현할 수 없는 자긍심을 느낄 때가 비일비재했습니다. 시암파라곤 무대에서 개최된 한류 행사에 몇 차례 참석한 적이 있는데, 태국 젊은 팬들의 열광적 반응은 감동 그 자체였습니다. 어느 날 아침 일어나보니 방콕포스트에 실린 익숙한 사진 한 장이 눈에 띄었습니다. 닉쿤을 비롯한 2PM 멤버들이 정부 청사에서 아피싯 총리를 만나 기념 촬영을 한 것이었죠. 아피싯 총리는 언젠가 나에게 자신의 딸이 한국 대학원으로 유학 가는 문제를 고민하고 있다고 귀띔한 적이 있습니다. 나는 총리의 따님이 아버지를 보채 아버지가 이들을 만났을 것이다 하면서 농담을 하기도 했습니다. 한류의 지속가능성 얘기가 많이 나오는데, 나는 닉쿤과 블랙핑크의 리사가 커다란 시사점을 던져주고 있다고 믿습니다. 한국에서 잠재적 동남아 한류 스타들을 훈련시켜 이들이 세계 무대에서 활동하게 하거나 출신국과 한국을 오가며 활동하게 하면 한류는 동남아와 세계 무대에서 한 단계 더 도약할 수 있을 것으로 봅니다.

2011년 신학기부터 태국 중등학교에 한국어 교사가 처음 파견됐습니다. 지금 한국어를 배우는 세계 인구 4분의 1 이상이 태국인이라고 합니다. 또 한국어는 태국에서 중국어에 이어 인기 2위인 대입 외국어 선택과목이 되었습니다.

2011년 9월 60여 명의 한국어 교사가 태국에 파견된 이래 매년 비슷한 규모의 한국인 한국어 교사가 태국에 와서 한국어를 매개로 태국 중등학교 학생들의 꿈을 키워주고 있습니다. 이를 성사시키기 위해 태국 교육부 고위 인사들과 자주 만나고 믿음을 주었습니다. 태국의 젊은이들은 한국의 성공 스토리를 접하면서 코리언 드림을 꿈꾸고 있습니다. 이들을 도와주어야 한다는 강한 책임감을 느꼈습니다. 공주, 총리, 국회의장 등 태국 주요 인사가 태국 내 한국어 교육에 지대한 관심을 갖고 있었으며 아낌없는 지원을 요청했습니다. 국방부 장관도 사병들에게 한국어를 가르칠 필요성을 나에게 설파하기도 했습니다. 차이 국회의장은 자신의 선거구(부리람주) 주민들이 고용허가제에 따라 한국에서 더 많이 취업할 수 있도록 한국어 속성 과정을 개설해주도록 요청까지 했죠. 부리람주 인근에서 활동 중인 KOICA 봉사 요원들이 부리람주에 와서 이들에게 한국어를 가르칠 수 있도록 주선하기도 했습니다. 그 결과 한국어 시험에 합격한 부리람주 주민들 수가 늘어났습니다. 이 인연으로 차이 국회의장으로부터 특별한 사랑을 받았습니다. 보스가 좋아하니 국회사무처 직원들도 나를 대하는 태도가 형제 사이나 마찬가지였죠. 나는 지금도 굳게 믿습니다. 세종대왕이 환생하시면 가장 먼저 찾아가볼 나라는 어느 나라이겠느냐고? 당연히 태국일 것입니다.

흐뭇하고 마음 짜릿한 인류애 발현이라고 생각합니다. 아무리 서로 간에 의견 차이가 깊다 하더라도 인류애라는 이름으로 극복 못할 일은 없을 것입니다. 한인회와 한태상공회의소가 중심이 되어 모금한 성금을 갖고 태국적십자사 총재를 방문하여 전달했습니다. 한태상공회의소 회장과 한인회 고위 간부가 동행한 것으로 기억합니다. 태국적십자사 총재는 한인사회의 이러한 가슴 뭉클한 인류애 발휘야말로 바로 적십자 운동 정신에 부합한다고 높이 평가하면서 귀감이 되는 사례인 만큼 보도자료를 배포하여 널리 알리는 방안을 강구하겠다고 했습니다. 이렇게 해서 언론에 보도되고 또한 입소문을 타서 한인사회의 미담이 널리 회자되었으며 한인 사회 구성원 모두의 자긍심을 한층 더 고양시키는 계기가 되었습니다.

시린톤 공주는 다년간 태국 육군사관학교 교수직을 겸임하면서 사관생도들을 가르친 것으로 기억합니다. 그날도 공주는 사관생도 복장으로 한인상가 행사에 참석하셨습니다. 한인사회 여러분(최영석 태국 태권도 국가대표팀 감독 포함)이 수개월 전부터 왕실과 접촉해 준비하면서 날짜를 잡았는데 그 날짜는 한국의날 행사일로 공주와 왕실에서도 상당한 관심을 갖고 있었습니다. 시린톤 공주가 한인사회 행사 초청을 수락하고 참석한 것은 전례가 없었으며, 이는 한태 관계에서 매우 중요한 이정표가 되었을 뿐 아니라 재태국 한인사회의 위상 제고에도 기여했습니다. 다른 나라 커뮤니티로부터도 부러움을 샀죠. 미리 정해진 식순을 마친 후 나는 공주를 안내하여 의류와 음식 전시장을 둘러보고 바로 옆 한국식당으로 자리를 옮겼습니다. 공주는 그때 태국에서 인기 절정이던 드라마 〈선덕여왕〉 이야기를 꺼내면서, 대본을 미리 읽어보았는데 주인공 '미실이' 사망 이후 재미가 없어졌다고 말하기도 했습니다. 이를 듣고 시린톤 공주가 얼마나 열렬한 한류 마니아인지 재확인하게 되었습니다. 또 공주는 한복을 입고 단체 촬영을 했는데 마침, 그 사진이 지금도 우리 집 사진대에 진열되어 있어 하루에도 몇 번씩 보게 됩니다. 이 사진은 공주, 저와 아내, 명가 사장 내외, 아피락 코사요딘 전 방콕시장, 아나차이씨 등이 함께 촬영한 것으로 방콕 시절을 회상시켜주기에는 안성맞춤이라 하겠습니다. 공주는 한국 음식 시식을 서슴없이 잘 했는데, 그중에서도 떡을 아주 맛있게 잘 드시던 기억이 납니다.

태국 대사 후 한-아세안센터 사무총장을 역임하셨죠? 아세안과 태국의 중요성을 누구보다도 잘 아실 것 같습니다.

2012년 3월부터 3년간 한-아세안센터 사무총장을 맡아 태국 근무 때 쌓아올린 노하우와 축적한 경험을 바탕으로 아세안의 중요성을 국내 각계에 두루 알리는 전도사 역할을 충실히 했습니다. 특히 10개 아세안 회원국 중에서도 태국이 차지하는 중요성과 비중, 잠재력을 우리나라 문화계, 경제계, 관광업계 등에서 충분히 인지하도록 하는 데 상당한 열정을 쏟아 부었습니다. 태국은 1967년 8월 8일 아세안 창립 회원국으로서 아세안 발전사에 주도적 역할을 했습니다. 지정학적으로도 아세안의 중심을 차지하고 있으며 아세안의 소지역인 메콩강 유역 협력을 주도하고 있습니다. 태국을 통한 한-아세안 협력, 태국을 통한 한-메콩 협력이 시너지 효과를 창출하여 상호 윈윈 협력 관계를 만들어낼 것으로 확신합니다. 특히 포스트코로나 시대에 태국을 통한 아세안과의 보건의료협력 강화, 디지털 전환 가속화 및 기후변화에 대응하기 위한 Green New Deal 협력에 박차를 가해나가는 것이 시대가 요구하는 한-아세안 협력 방향이 될 것입니다.

바쁜 일정 속에서도 늘 꼿꼿한 자세로 일하셔서 '꼿꼿 대사님'으로 불리기도 했습니다. 더운 태국에서 건강 관리는 어떻게 하셨습니까?

나는 '이열치열'이라는 생활 지혜를 실천하는 사람입니다. 매일 아침 수영을 하여 체력을 보강했으며 주말에는 골프를 하여 땀에 흠뻑 젖은 후 냉수마찰 비슷한 샤워를 하여 건강 상태를 유지해왔습니다. 주지하다시피, 한국의 7~8월은 열대보다 더 열대라 방콕에서 습관화한 이열치열의 건강관리를 계속하고 있습니다. 너무 더워 밤에 집 근처 올림픽공원 가서 속보 걷기 운동을 하고 집으로 돌아와 냉수 마찰하면 에어컨이나 선풍기가 따로 필요 없습니다. 쾌적한 잠을 청할 수 있습니다. 무더위에 밤잠 못 이루는 분들에게 이러한 삶의 지혜를 권하고 싶습니다.

2019년 태국을 찾은 한국관광객이 180만 명이 넘었습니다. 태국의 매력은 뭐라고 보시나요?

태국의 매력은 무엇보다 한국 사람들에게 편안하고 아늑하고 친근감을 주는 것이라고 생각합니다. 남북동서로 볼거리가 많으며 전국에 걸쳐 먹거리가 풍성한 것도 빼놓을 수 없는 태국의 강점이라 할 수 있습니다. 태국 음식과 과일은 타의 추종을 불허합니다. 한국 내 수많은 태국 식당이 이를 입증합니다. 태국인들과의 우정은 오래 지속되는 편입니다. 이 또한 태국을 방문하고 싶은 요인이 아닐까요? 이와 동시에 태국은 항공망 연결이 잘 되어 있는 나라입니다. 전 세계 어디서든 접근이 용이한 편입니다. 이에 더해 국내선 항공 망과 공항이 아주 발달한 편입니다. 다른 한편 태국은 영어가 모국어가 아니지만 영어 소통에 불편이 없는 나라입니다. 얼굴만 동양인이지 영어 발음은 서양 네이티브와 비교해도 손색이 없습니다. 마지막으로 빼놓을 수 없는 것이 있다면 골프 천국 아닐까요? 이는 골프 마니아뿐 아니라 골프 애호가들에게도 통용되는 말 일 것입니다.

코로나로 서비스 업종이 많은 태국 한인사회가 많이 위축됐습니다. 한인사회 발전을 위한 제언을 부탁드립니다.

코로나는 태국뿐 아니라 전 세계가 인적 왕래를 중단, 축소 또한 제한시켜 왔으므로 모든 나라의 서비스 업종이 직격탄을 맞아 심대한 타격을 입었습니다. 지금 전 지구촌이 코로나에서 탈출하기 위해 안간힘을 쓰며 코로나 규제를 완화하는 등 여러 유형의 정책 공조를 시행하고 있습니다. 코로나 대응 역시 서서히 효과를 보이면서 국가 간 인적 왕래 또한 복원력을 보이기 시작할 것으로 기대합니다. 이런 가운데에서도 한인사회 발전을 위한 제언을 드리자면, 첫째 해당 업종의 주 고객을 현지인으로 타깃 삼아 집중 공략해나가도록 권장하고자 합니다. 둘째 업종의 다변화, 다각화를 적극 추진하여 잠재적 위험 요소를 분산시키도록 종용하고자 합니다. 셋째 신규 업종의 발굴을 적극 추진하기를 권장합니다. 시장 수요와 소비자의 기호가 시시각각으로 변모하는 상황에서 새로운 유망 업종을 간파하여 기업가 정신을 접목하는 것입니다. 다소 위험부담 요소가 있더라도 그 결과는 '잭팟'이 될 수 있습니다. 사업하시는 분들은 진취적 기상을 가지는 것이 중요합니다. 넷째 태국 사장을 넘어 아세안 시장 전체를 보고 사업을 하시도록 권장하고 싶습니다. 2015년 말 아세안 경제공동체 출범 이후 6억 6,000만 명의 아세안이 단일 생산기지 겸 단일 소비시장으로 전환되었습니다. 그만큼 기회가 넓어지고 많아졌다는 의미입니다. 여기에 도전해보십시오.

태국은 탈북자들이 국내로 입국하기 전 중간 기착지 역할을 하는 것으로 알고 있는데, 재임 시 태국 정부와 협조는 잘 되었다고 보는지요?

태국 정부와 국민들에게 늘 감사해야 한다고 생각합니다. 자식들의 장래를 위해, 자유를 찾아 사선을 넘어온 이들에게 태국은 풍요로운 자유 세계가 어떤 곳인지 그 의미를 일깨워주는 첫 번째 나라입니다. 그리고 우리 국민들에게 이들은 먼저 찾아온 통일 선발대라고 할 수 있습니다. 저는 태국 정부 최상층부, 중층부, 하층부 구분하지 않고 여건이 허락하는 대로 모두 만나 탈북자는 일반 불법 입국자와 다름을 설명하고 이들은 목적지가 분명하고 태국은 중간 기착지라는 점을 강조하며 공감과 양해를 이끌어낼 수 있었습니다. 도움을 주신 태국 정부 모든 분에게 감사드리며, 탈북자들이 국내 생활에 성공적으로 정착한 후 태국을 방문하여 태국 정부로부터 받은 호의와 배려에 보답할 기회가 있기를 진심으로 바라고 있습니다.

▶ 임재홍(20대)
태국 재난에 한국 온정 전한 대사

2011년 태국은 역사 유례없던 큰 재난에 휩싸였다. 그 해 8월부터 시작돼 11월 말까지 이어진 대홍수였다. 수도 방콕을 비롯한 국토의 70%가 침수되며

600여 명이 사망했고, 1400만여 명의 수재민이 발생했다. 탁신 전 총리가 쿠데타로 물러난 뒤 정치·사회적 갈등이 계속되자 총선을 거쳐 사회적 봉합을 이뤄가던 태국으로선 업친 데 덮친 격이었다.

홍수의 한가운데 시점인 2011년 9월 임재홍 대사는 제20대 주태국 한국대사로 부임했다. 그가 당시 가장 많이 하고 자주 한 태국어는 아마도 '쑤쑤'였을듯 싶다. 한국어로는 '힘내라'는 뜻이었다. 임대사가 부임한 해는 2000년대 초중반부터 시작된 한류가 막 꽃을 피어내는 시점이기도 했다.

부임하던 첫날 기억나시나요? 태국에 대한 느낌이 어떠셨나요?

먼저 재태 한인사가 70년을 맞은 것을 축하드리며 자랑스럽게 생각합니다. 태국에 대사로 부임하기 20년 전 인도에 근무할 때 1주일쯤 휴가를 내 방콕에 온 적이 있어요. 곳곳에 공사가 많아 교통이 너무 막혀 애를 먹었어요. 그런데 부임 때 보니까 길이 번듯하고 모든 곳이 잘 정리돼 있었어요. 다시 보게 된 태국의 인상이 좋았어요.

오자마자 대홍수가 났습니다. 차들이 고가도로를 가득 메웠지요.

대사 부임 후 한 달 만에 홍수가 왔어요. 처음에는 한국 장마 홍수와 비슷하겠거니 생각해 1주일이면 끝날 것으로 생각했어요. 두 달 가까이 이어졌지요. 태국 홍수의 개념을 잘 몰랐어요. 북쪽에 많이 내린 비가 완만한 국토를 흘러 남쪽으로 오면서 이어진 홍수니 한마디로 '햇볕 쨍쨍한 날의 홍수'였죠. 태국으로 비즈니스차 온다는 친구에게 홍수났으니 오지 말라고 하기도 했죠. 홍수에 대해 정확히 설명해주는 사람도 없었고 대처하는 것에도 애를 먹었죠. 도시 높은 곳마다 주차행렬이 이어졌는데 우리는 아마 당장 차 빼라고 했을 것 같아요. 우리가 알던 것과는 완전히 다르고 이상한 상황이었죠.

한국대사관에서 주최한 한-태 우호문화축제에서 '쑤쑤'라며 크게 외치시던 기억이 납니다.

지금도 파이팅이라는 뜻의 태국어 '쑤쑤'가 생각나네요. '쑤쑤'만 계속 외치고 다닌 것 같아요. 스리랑카 대사로 있을 때 쓰나미가 왔어요. 그때도 구호물품을 전달하러 많이 다녔어요. 태국에서도 물난리 구호품 전달하러 곳곳을 다니다 보니 제가 스스로 '물대사'라고 했답니다.(웃음) 구호물품을 많이 전달하다 보니 태국 정부 관계자들도 자주 만났어요. 당시 잉락 총리도 구호물품을 전달하며 처음 만났지요.

당시 태국은 첫 여성 총리인 잉락 총리였지요? 만나보니 어땠습니까?

첫인상은 밝고 품위가 있었어요. 한국측의 구호물품 전달에 특별히 감사해했고, 어려운 시기가 빨리 지나가길 바란다고 위로했습니다. 첫 만남의 의미와 분위기가 좋았고, 그 뒤로도 기회가 있을 때마다 봤습니다. 한국기업의 5G 진출을 위한 지원협력 등 여러 안건으로 자주 만났던 기억이 납니다.

당시 한-태 정부간의 주요 사안이나 쟁점은 무엇이었나요?

기본적으로 태국은 6·25 한국전쟁 참전 16개국의 하나로 국방안보 분야 협력을 잘 유지하는 것이었고, 부임 당시 상황이 상황이었던 만큼 홍수 대처와 짜오프라야 강과 그 지류의 수자원 관리 문제, 우리기업의 참여 등이 관심사였습니다. 태국 외무부 장관을 한국으로 초대해 물관리 협력사업 참여를 위한 한국기술 등을 보여주기도 했습니다. 태국을 통한 탈북자가 많이 늘어나는 시점이라 탈북민의 보호와 원활한 한국이송 등을 협력하기 위해 태국 이민청도 자주 방문했습니다. 비자 문제 등 재태 한인들의 안정화도 매우 필요하다고 생각했습니다. 이민청 회의에 이를 안건으로 올려 자주 논의했습니다. 방콕한국국제학교가 시내와 너무 많이 떨어져 있어 기업후원 유치 등을 통한 이전도 논의했는데 결국은 해결하지 못한 아쉬움이 남았습니다. 몇 해 전 학교가 시내로 이전됐다고 하니 너무 기쁩니다.

여전히 태국 정정이 불안한 시점이었지요? 태국 정부와의 협력은 어땠나요?

부임하자마자 대한민국 국경일 행사를 했는데, 새정부에서 구정부 인사들을 초청하는 것에 대한 불편한 분위기가 있었습니다.

정정이 불안하다 보니 태국 정치인들이 포함된 한-태 친선협회도 경제인들 위주로 바꾸는 게 어떤가 하는 생각을 하고 대기업 임원들을 만나기도 했습니다. 태국 정부, 관료들과의 관계가 원만해야 재태 한인들에게도 유리함이 있다는 생각에 태국 관세청, 상무부, 경찰 및 한국 주재관들과의 골프동호회도 만들어 모임을 가지기도 했습니다.

한국 드라마 K-POP 등 한류가 큰 주목을 받고 확산되는 시점이었습니다.

한-태우호문화축제가 생각납니다. 이 축제를 통해 K-문화를 태국에 알려지는 노력이 더해진 것 같습니다. 무대에 올라가 태국 홍수피해자들께 '쑤쑤'(파이팅) 하라고 외쳤던 기억이 많이 납니다. 당시 후아힌 국제영화제에 다녀오기도 했어요. 재임 마지막 해 국경일 행사에서 '강남스타일'을 무대에서 보여주자는 주장을 밀어붙였습니다. 국경일 행사를 의례적으로 하는 것보단 K-문화를 알려주자는 취지였습니다. 한국 상품도 전시하고 K-POP 커버댄스도 보여줬죠. 그것 보느라 외국 손님들이 자리를 오래 지키더라구요.

2023년은 한-태 수교 65주년입니다. 미래 한-태 관계 및 한인사회의 발전을 위한 제언을 부탁드립니다.

베트남, 인도네시아가 올라오고 있지만 태국은 동남아의 거점 국가입니다. 태국 사람들 사귀어보니 친절하고 의리가 있었습니다. 태국 사람도 한국인들에 대해 호감이 큽니다. 양국관계가 보다 돈독해질 수 있도록 경제, 행정적 지원이 체계적으로 이뤄졌으면 합니다. 한인 지위가 안정적이 되도록 상부상조할 수 있는 기금 같은 것이 마련되는 것도 생각해볼 수 있을 것 같아요. 목마를 때 마시는 샘물처럼 기금이 조성되면 어려울 때 도움이 될 것입니다. 방콕한국국제학교가 학교 이전으로 걱정을 덜게 됐지만, 교민들이 믿고 자식들을 보낼 수 있도록 더 성장하고 발전했으면 합니다.

태국 대사 후 유엔거버넌스센터 원장으로 봉직하신 것으로 압니다.

태국 대사 마치고 3년간 유엔거버넌스센터 원장을 했습니다. 그 후 3년간은 울산대학 겸임교수로 '국제정치학'을 강의했고, 최근 4년은 딸의 벤처기원 비즈니스를 지원하는 일을 했어요. 이제는 태국 갈 일만 남았습니다. 태국 대사를 역임하신 분들과 '방사모(방콕을 사랑하는 모임)'를 만들어 코로나에도 분기별 모임을 이어가며 태국 근황도 듣고 이야기를 나누는 자리를 가지고 있습니다.

장기간의 코로나로 재태 한인사회에도 어려움을 겪는 분이 많습니다. 용기가 되는 말씀 부탁드립니다.

이렇게 재태 한인들을 지면으로 만나뵙게 되니 영광입니다. 이제 코로나도 곧 끝나지 않을까 생각합니다. 어려우시겠지만 조금만 더 버티라는 말씀 드리고 싶습니다. 파이팅하세요.

▶ 전재만(21대)
태국 정치 대혼란기 한국 비약 성장 지켜본 대사

2006년 군부 쿠데타로 탁신 전 총리가 물러난 뒤 태국은 친탁신과 반탁신으로 나뉘어 끝없는 혼란이 이어졌다. 2012년 10월 부임한 전재만 대사는 3년간의 주태국 대한민국대사를 역임하며 태국의 풍파를 고스란히 목격한 주인공이다. 그의 대사 재임 기간 동안 한류는 만개했다. 한국 드라마와 K-POP의 인기 속에 한국 상품, 한국어, 한국 관광, 한국 패션 등 '한국적인 것'이 대세를 이뤘다. 재태 한인들의 자부심도 한껏 고양된 시점이다. 장기간 이어진 방콕 셧다운 시위, 세월호 피해자들을 위한 태국인들의 기도 행렬, 총리의 탄핵에 이은 군사 쿠데타 등을 지켜본 심정은 어떠했을까?

대사로 부임하고 얼마 안 돼 이명박 대통령이 방문했지요? 경황이 없으셨겠네요.

예. 부임지에 대한 이해가 많지 않은 시기에 대통령께서 방문을 하셔서 좀 신경이 쓰였지만, 정상 방문은 양국관계가 확대 심화되는 좋은 계기가 되기 때문에 대사로서 매우 감사한 마음이 들었고, 대사관원들이 열심히 잘 준비해주었기에 대통령님의 태국 방문이 성공적으로 끝날 수 있었다고 생각합니다. 그리고 그 방문을 계기로 그 후 저의 업무가 한결 수월해졌다고 생각합니다.

태국에 첫 부임하던 날 기억나시는가요?

태국은 이전에도 몇 번 방문해본 적이 있었기에 낯설지는 않았습니다. 공항 귀빈실까지 환영을 나왔던 한인회장께서 전해주신 갈런드(꽃 장식 팔찌)가 생각나는군요.

재임 기간 동안 태국이 혼란스러웠습니다. 당시 잉락 총리였지요? 태국 여성 첫 총리인데 만났을 때 어떤 기억이 나십니까?

상대방을 편안하게 해주고, 할 말을 분명히 한다는 인상을 받았습니다. 한번은 잉락 총리의 방한 계기에 새벽에 공항으로 환송을 나갔는데, 상당히 기대에 찬 (약간 들뜬) 표정이 기억납니다. 2015년 10월 이임 전에 전 정부의 총리와 각료 세 분에게 각각 인사를 드리겠다고 연락을 했더니, 네 분이 함께 자리를 만들어주셨습니다. 직원 여러 명과 같이 가서 예전의 지원에 감사를 드리고 향후의 건승을 기원했는데, 뜻깊은 자리였다고 생각합니다.

2014년 1월부터 장기간 방콕 셧다운 시위가 있었습니다. 5월에 잉락 총리가 탄핵되고 곧 쿠데타가 났지요? 당시 심정이나 상황은 어땠나요?

한국의 상황과 많이 달랐습니다. 희생자는 있었지만, 전반적으로 평화적이었고… 특히 시위대가 정부 관청 앞에 가서 시위를 하고 공무원들의 정권에 대한 비협조를 요구하면 재무부, 외교부 등의 직원들이 사무실을 떠난 후 청사의 대문을 걸어 잠가둔 채 일반 직원들은 재택 근무를 하는 것이 참 이해하기 어려웠습니다. 외교부 간부들은 인근 호텔에 출근하여 대기하고 있다가 퇴근하는 상황이 지속되었지요. 그런 가운데서도 꼭 필요한 (외교관 신분증 발급 같은) 행정업무는 직원들이 뒷문으로 들어와 처리해주기도 했습니다.

태국은 원래 쿠데타가 많다고 하니, 별다른 생각은 없었습니다. 제가 방산 협력 등의 관계로 국방부 차관을 만나고 왔는데, (외교관은 국내 정치에 관여하지 않는 것이 원칙이므로, 제가 묻지도 않았는데) 면담 말미에 둘만 앉아서 상당히 급박한 상황이라고 설명을 해주었습니다. 대사관에 돌아온 지 1시간여 지나니 쿠데타 소식이 들리더군요.

외국에서 평소와 다른 일이 있을 때 대사관으로서 가장 큰 과제는 우리 국민들의 안전을 확보하는 것입니다. 그래서 주재국 요로와 긴밀한 협조관계를 유지해나가면서 국민들에게 여러 경로를 통하여 필요한 정보를 제공하면서 안전에 주의하도록 요청했습니다. 그런데 그런 주의 부탁이 잘 전달이 안 되는 경우도 있고, 또한 자유로운 활동에 익숙한 우리 국민들이 위험한 곳에 접근하는 일들도 있었던 것 같습니다. 특히 대사관 직원이 (본부에 보고도 해야 하니) 실상을 자세히 파악하기 위해 시위 현장에 다녀와야겠다고 하면 공관장으로서 좀 난감했습니다.

군부가 들어선 다음에 개혁 조치의 하나로 외국인 불법체류 단속이 있었지요. 우리 국민들의 소위 '비자 런'이 문제가 되었습니다. 대사관으로서는 주재국의 합법적인 법 집행을 문제 삼을 수 없지요. 대사관으로 직접 접수된 민원은 없었던 것 같으나, 서울에서 어찌 되었냐고 연락이 오고… 저로서는 어찌할 방도를 못 찾고, 비슷한 입장에 있는 다른 나라 대사를 만나서 물어보았습니다. 그 대사는 자국민들은 정부측에 아무런 지원 요청이 없다고 하면서, 별 신경 쓸 필요 없는 사안이라고 하더군요. 배석했던 총영사는 자기가 4년 넘게 근무했다고 하면서, 한 번씩 이러다가 넘어가니, 그냥 기다리면 해결된다고 하더군요. 저는 어떡하든 (초법적인 조치를 취해서라도) 문제를 해결해야겠다는 생각에 군부를 찾아갔습니다. 브리핑에도 하위 직원을 보내고 자신은 나타나지 않던 대사가 면담 요청을 해서 그런지 원래 예정되어 있던 인사의 상관이 면담을 주관했습니다. 저는 원래 만나기로 되어 있던 분에게는 미안했지만, 상급자도 친분이 있던 분이고 하여 더 잘 되었다고 생각하고 면담장에 갔습니다. 저는 양국 관계의 중요성을 설명하고, 법으로 해결되지 않는 문제를 군부에서 해결해달라고 부탁했습니다. 잘 연구해보겠다는 대답을 들었지만, 그들도 해결하기 어려운 문제였을 것입니다.

그리고 좀 지난 후 서울에서 들려온 소식은 외교부 앞에서 '군부 쿠데타를 옹호한 전 대사를 소환하라'는 내용의 플래카드를 든 시위대가 나타났다는 것이었습니다. 제가 왜 쿠데타를 지지했겠습니까? 생각해보니, 군부의 언론 브리핑을 한 영자 신문 내용이 확대 보도된 것이 원인이었을 것 같습니다.

군사정부가 들어선 뒤 태국 정부와의 협력관계로 어려움이 있었나요?

새 정부는 특히 외국과의 관계를 중시하고 또한 환심을 사려고 했을 것이므로, 협력관계 구축에 별 어려움이 있었다는 기억은 없습니다. 다만, 태국의 정정이 불안하다는 한국(민간) 측에서의 인식이 양국간의 장기적인 협력관계 구축 노력을 주춤하게 만들었을 가능성은 있었겠지요.

재임 기간 중 한국에선 세월호 사건이 있었지요. 문화원에 분향소가 설치됐고 태국인들이 한국을 위해 기도했습니다. 태국인들과 함께하신 기억이 납니다.

태국인들이 다정다감하고, 한국의 경제발전, 민주화 그리고 K-POP 등으로 한국의 이미지가 좋았고, 또한 그 사건이 엄청난 비극이었기에 태국인들의 추모 물결이 컸다고 생각합니다. 맞춤법에 틀린 추모 한글을 써 가지고 나온 것도 기억에 남아 있습니다.

2000년 초부터 시작된 태국 한류가 2010년 이후 만개한 시점입니다. 태국 한류의 인기를 실감하셨나요?

임기 중에는 물론 귀국한 이후에도 K-POP 페스티벌 얘기를 여러 번 했습니다. 태국인들은 상하를 불문하고 저를 보기만 하면 한류를 얘기했고요. 우리의 콘텐츠가 우수하기도 했지만, 양국간 교량 역할을 하는 분들의 역할이 컸다고 생각합니다.

재임 기간 방콕에 한국문화원도 개원했죠. 동남아에서는 네 번째였는데, 그 의미에 대해서 어떻게 생각하십니까?

이미 대사관 소속 문화관광부 주재관이 업무를 열심히 하고 있었으나, 문화원이라는 공간이 생김으로써 그 공간을 바탕으로 한류 전파, 그리고 한-태국 문화교류가 더욱 활성화될 수 있었습니다. 태국 친구들의 한국 문화에 대한 열기를 생각하면, 비용·효과 면에서 단연 다른 문화원보다 좋은 선택이었겠지요.

한국어 학습열도 높아 60여 중등학교에 한국 교원들이 파견됐습니다.

제가 교육 담당 부총리 등을 만났을 때 여러 번 태국학생들의 한국어 수업 열기를 감안하여 대학교 입학시험의 제2외국어에 한국어가 포함되게 해달라고 부탁했던 기억이 납니다. (제가 떠난 후 해결)

한국어 말하기 대회 등에도 참석했는데, 멋지게 한국어를 구사하는 학생들을 보면서, 선생님들이 참 잘 가르치셨구나 하는 생각을 했습니다. 한국에 다녀온 학생이 한국인들이 깻잎을 먹는 것이 신기했다고 했던 기억이 나네요.

그런 가운데에서도 걱정이, 이 많은 학생이 한국어를 배우고 또 대학에서 전공을 한 학생이 많은데, 이들이 졸업하여 취업이 어려우면 어떡하나? 하는 것이었습니다. 그런 면에서 한국 기업의 태국으로의 투자 유치가 양국관계의 미래를 위해 아주 중요하다고 생각하고 노력했으나, 여의치 않았습니다.

시린톤 공주도 대사관저에 초청하셨죠? 한국의 교육과 IT에 유독 관심을 많이 가진 분으로 알고 있습니다.

재임 중 가장 기쁘고 보람 있었던 일이 공주님을 관저에 초청한 일입니다. 대사관원들 특히 현지 직원들도 매우 기뻐했고, 만찬에 한인회장과 한태친선협회 회장(태국인)을 함께 초청한 것도 잘 했다고 생각합니다. 인품이 훌륭한 분으로 국민들의 존경과 사랑을 많이 받고 있었는데, 학교 성적도 매우 좋았다는 것은 뒤에 알게 되었습니다. 한국의 과학 교육에 관심이 많아 포항공대를 방문하셨던 것으로 기억하고 있습니다. 저에게 각별히 잘 대해주셔서 내심 좀 우쭐했던 적이 있었는데, 한참 지나고 나서야 공주님께서 다른 이들에게도 세심한 배려를 하시니까 그렇게 많은 이가 좋아하겠구나 하는 것을 깨달았습니다.

친한파 기업인들과의 유대도 신경 쓰신 것 같습니다. 대기업 CEO와 바

둑을 두셨다는데?

앞서 말씀드린 대로 문화관계의 발전이 경제협력관계 발전과 상호 견인의 효과가 있으며, 우리 기업의 태국 진출을 지원하고 태국 기업인들과 좋은 관계를 유지하는 것이 대사관의 큰 임무 중 하나입니다.

제가 있을 적에 한태친선협회 회장이 공석이었는데, 저명한 기업인을 회장으로 모셨습니다. 처음에 고사를 해서 고민하고 있었는데, 태국 외교부 원로의 응원으로 성사시킬 수 있었습니다. 그분과 바둑으로 맺어진 인연도 기억에 남습니다. 태국이 한중일 대만 다음으로 바둑 애호 인구가 많은 곳인데, 그분의 노력 덕택이라고 볼 수 있습니다. 그분이 추진한 세계 대학생 바둑 대회가 한 대학의 큰 강당에서 개최되어 제가 가본 적이 있는데, 우리나라를 비롯하여 세계 각국에서 대표단이 왔던 기억이 납니다. 그분이 바둑은 저보다 한 수 위였는데, 격조 높은 사내 바둑살롱에 몇 번 간 적이 있습니다.

태국 대사 부임전에 중국 광저우 총영사와 공사를 지내신 적이 있죠? 태국 지배층이나 기업인 가운데는 아무래도 중국계가 많은데, 태국 대사로 계실 때 중국 근무 경험과 연관성이 있었나요?

예, 홍콩에서도 근무한 적이 있지만, 중국 대륙에서 세 번 근무를 했습니다. 앞서 말씀드린 중국 광둥성 출신인 한태친선협회 회장이 한 잡지 인터뷰에서, 자신은 음력 설(중국에서는 춘절이라고 함)을 쇠지 않는다고 말한 것을 보았는데요. 중국과 연계를 유지하면서도 태국의 정체성을 지키려는 의도가 나타난 것이 아닌가 생각했습니다.

관련 에피소드 셋만 말씀드리겠습니다. 갓 부임하여 신임장 사본을 아직 외교부 장관에게 제출하지 않았기 때문에 대 주재국(태국) 활동을 하기 곤란한 초기에 제3국(인도) 대사관이 개최한 문화행사에 참석했습니다. 그런데 거기서 제가 주 광저우 총영사를 할 적에 가깝게 지낸 분이 현직 외교부 차관보로서 참석했습니다. 그분은 저의 방콕 생활과 대사관 업무 수행에 많은 도움을 주었고, 주 캄보디아 대사를 지낸 후 은퇴했는데, 그 후 서울에서 같이 식사를 한 적이 있습니다. CNBC에서 주최하는 기업인 대상 수상자에 한국인사가 있다고 갈라 디너에 초청을 해 왔기에 참석한 적이 있습니다. 옆 자리에 꽁지머리를 한 태국 기업인이 앉아 있었는데, 얘기를 하다 보니 타이페이에서 대학을 다녔더군요. 저도 거기서 2년 공부한 인연이 있어서 그 후 그분과 친하게 지내는 계기가 되었습니다. 그분은 한때 총리 후보로도 언론에 거론이 되더군요.

당시 주 태국 중국대사로 한국에서도 대사를 지낸 분이 부임해 왔는데, 서로 관저를 왕래하면서 가깝게 지낸 것도 좋았습니다. 3년 전에 제주도 세미나에서 만찬 시 옆 자리에 앉았는데, 매우 반가웠습니다.

재임 당시 한-태 정부간의 주요 사안은 무엇이었나요?

가장 큰 것은 역시 태국 물관리 사업 참여였습니다. 정부가 바뀌면서 무산되어 아쉬움이 큽니다. 해군 함정 수출 건도 있었는데, 다행히 잘 진행되었습니다.

재임 시절 태국 문화에 대한 생각은 어떠셨나요?

나름 노력은 했습니다만, 제대로 알기 어려웠습니다. 태국어를 3년간 계속 배웠으나, 제대로 하지 못했습니다. 대중가수 콘서트에도 가본 적이 있고요. 한번은 문화부 초청으로 고전음악회에 갔는데, 대사 중 참석자가 저밖에 없었습니다. 차관이 몇 번이나 참석해 주어 고맙다고 인사를 했습니다. 사원에서 하는 장례식에도 여러 번 참석했는데, 승왕께서 돌아가셨을 때 일이 많이 생각납니다.

여러 일이 많았지만 태국 대사로 재임 시 행복하셨습니까?

행복했다고 대답하는 게 당연하다고 생각하실지 모르지만, 저는 때와 장소에 관계없이 보통 사람들이 저에게 이런 질문을 하면 태국, 한국 관계 없이 '보통이다'라고 대답합니다.

기억에 남는 태국인이 있습니까? 태국인들은 어땠습니까?

많습니다. 비서, 운전기사, 태국어 선생님, 외교부 간부들, 그리고 정계 원로 몇 분, 태권도 협회 회장을 지냈던 분을 포함한 한태친선협회 회원들, 그리고 사교모임에서 만났던 여러 인사 등 많습니다. 비서, 광저우에서 같이 일하던 당시 차관보, 대통령 방문 시 수행을 맡았던 부총리, 물관리 담당 부총리, 한태친선협회 회장, 당시 외교부 국장이었는데 뒤에 주 말레이시아 대사를 했던 분 등이 생각이 많이 납니다. 저를 아는 분들이어서 그런지는 모르지만, 한결같이 친절하고 배려 깊은 분들이었습니다. 또한 물관리 담당 부총리, 외교부 국장 등은 주관이 뚜렷한 분이었다는 기억이 납니다.

당시 태국 한인사회는 어땠나요? 한인사회와 관련 특별히 기억나는 일이 있나요?

가끔 다른 지역에서 보는 것 같은 큰 문제가 없었고, 한인사회가 대사관의 일에 아주 협조적이었다고 생각합니다. 대사관의 인원과 능력에 한계가 있으니까 주로 한인회 간부라든지 한인 기업인들을 접촉하는 일이 많습니다. 그러다 보니 어려운 한인들을 제대로 못 도와드리지 않았나 하는 생각이 듭니다. 가장 어려웠던 일은 군부 집권 후 불법체류 단속 강화였던 것 같군요.

2013년이 한태수교 55주년입니다. 내년은 65주년이고요. 태국한인사회 및 양국 발전을 위한 제언이 있으시다면?

한인사회가 한인회를 중심으로 대사관과 긴밀한 연계 하에서 화합 속에서 발전을 계속하기를 기대합니다. 양국 관계 발전을 위해서는, 역사적인 유대를 바탕으로 경제발전에 서로 도움이 되는 분야를 적극 발굴하여 협력을 확대해나가기를 기대합니다.

태국 대사 퇴임 후 근황이 궁금합니다.

태국을 떠나고 퇴직을 하면서, 앞으로 미니멀리스트의 삶을 즐기겠다고 주위에 공언했습니다. 그럼에도 불구하고 2017년 아시아정당국제회의(ICAPP: International Conference of Asian Political Parties) 사무총장으로 일했고, 2018년 7월부터 3년 간은 국립외교원 중국연구센터 고문이라는 직을 맡아 봉사(?)하기도 했습니다. 요즘은 산에 가고, 친구들과 바둑도 두고 (바둑 실력은 별로이지만, 2020년부터 한국기원 이사직을 맡고 있습니다. 임기 3년), 도서관에도 가면서 지냅니다.

태국 뉴스를 들으면 아직도 관심이 가나요?

물론입니다. 제가 못 본 것을 주위 친구들이 보내주기도 합니다.

태국에 계시는 동안 잊히지 않는 것이 있는지요?

한 지인(소수파 정치인)이 명절에 저를 방콕 인근의 강가 휴양지에 초청한 적이 있습니다. 저는 바둑을 좋아하는 한 직원을 대동하고 가서 하룻밤을 지냈습니다.

그분이 배를 타고 플리마켓 구경을 시키면서, 자신이 어린 시절 강변에 있는 가게를 하는 할머니 밑에서 (어렵게) 자랐다고 옛 얘기를 하던 기억이 납니다. 방콕에 있는 동안 해군사령관을 역임한 분이 지휘를 맡는 음악회에 여러 번 초청받아 가 본적이 있습니다. 영국에 유학한 법학박사에다, 콘서트 지휘까지…그분의 부인과 얘기 중에 2014년 인천 아시안게임에서 태국의 공주 한 명이 승마 종목 태국 대표선수로 활약한 얘기를 꺼냈더니, 그녀가 한참 관련된 설명을 하더군요. '어찌 그리 승마에 대해 잘 아십니까?' 하고 물었더니, 자신이 승마를 즐긴다고 하더군요. 60세는 족히 넘은 나이였는데….

장기간의 코로나로 재태 한인사회도 유례없는 어려움을 겪는 분이 많습니다. 한인들을 위한 격려 말씀 부탁드립니다.

저는 국토가 좁고 인구가 많은 우리나라로서는, 외국에 나가서 생을 도모하는 사람들은 모두가 애국자라고 말하곤 했습니다. 물론 지금까지 잘 해오신 분도 많겠지만, 낯 설고 물 설은 타향에서 생을 일구어가는 것은 결코 쉬운 일이 아닐 것입니다. 그런데 최근 코로나 사태까지 겹쳤으니 어려움이 가중된 분이 적지 않을 것입니다. 그러나 우리의 조상들이 그러했고 또한 최근 반 세기의 한국 역사가 증명하듯이, 강인한 정신력으로 어려움을 참고 이기면 머지 않아 더 좋은 날들이 올 것입니다. 힘 내십시오! 응원합니다.

▶ 노광일(22대)
한-태 인적 교류의 정점, 한류의 만개 본 대사

코로나 이전 한-태 인적 교류는 절정을 향해 치닫고 있었다. 한류도 전 분

야에 만개했다. 태국의 대입 선택과목으로 채택된 한국어는 마침내 2022년 입시에서 중국어에 이어 두 번째로 많은 학생들이 선택하기도 했다.

1958년 시작된 한-태 수교는 2018년 '환갑'인 60주년을 맞았다. 해방전 일제의 강제징용으로 시작됐던 태국 한인사도 80년을 바라보고 있다. 세월이 화살처럼 흘러가는 사이 태국에서는 한인 2세, 3세들이 태어나 성인이 되어가고 있다.

한인사회는 어떤 변화와 성장이 기다리고 있을까? 주태국 22대 대사로 2015년 부임해 2018년 귀임한 노광일 대사의 의견을 들었다.

귀임하신 지 벌써 4년이 되어갑니다. 태국 소식은 자주 들으시나요?

늘 관심 있게 보고 있습니다. 1990년 초 외교부 동남아과에서 근무한 것을 시작으로 1990년대 초·중반에는 베트남 하노이, 2000년대 중반에는 말레이시아, 2015년부터는 3년간은 태국대사를 지내 동남아 지역과 관련이 많습니다. 10년 터울로 동남아에서 일한 연이 있어서 변화를 체감하며 지낸 것 같습니다. 태국 뉴스는 꼭 보고 있습니다. 당연한 것이 아닌가 생각합니다.

태국 대사 후 2년간 코트라 상임감사를 맡으셨죠?

코트라가 127개국에 진출해 있는데 감사직 후반부는 코로나의 영향으로 해외출장 대신 화상감사 등을 병행했습니다. 태국은 동남아에서 차지하는 비중이 워낙 크고 코트라 활동도 활발한 곳이라 갈 수 있길 바랐는데 그러지 못해 아쉬움이 있습니다. 공직을 마치고 최근에는 S&C 그룹의 비상근 고문으로 있습니다. 태국 쪽으로 사업영역을 확장시켜보려는 회사 차원의 목표도 있습니다. 2022년 5월 1주일간 방콕에 출장 간 적이 있습니다.

대사 재임 중이시던 2018년 한국어가 마침내 태국 대입시험에 제2외국어로 채택되는 쾌거가 가장 먼저 떠오르네요.

가장 보람 있는 일로 기억합니다. 재임 시절 태국 총리, 부총리, 대법원장 등 누구를 예방하든 한국어의 제2외국어 채택을 의제 삼아 말했습니다. 우리가 프로그램을 잘 이행해왔지만 시행하는 태국 입장에서는 예산 등의 부담이 되는 일이었을 겁니다. 외무부를 방문할 때는 직원들로부터 '처음 만나는 자리에서 한국어 이야기는 너무 강조하지 않으셨으면 좋겠다'는 말을 들었을 정도였어요.(웃음) 한국어를 배우는 10만여 명의 전 세계 청소년의 4분의 1이 태국 청소년들이라는 것은 엄청난 자원이었습니다. 하지만 중고등학교에서 한국어를 배우다가 대입시험에 한국어가 채택되지 못해 한국어 학습이 더 연장되지 못하는 것은 가슴 아픈 일이었죠. 저는 한류의 '끝판왕'은 한글을 배우는 것이라고 생각했습니다. 올해 대입입시에서 한국어를 채택한 학생 비율이 중국어에 이어 두 번째라고 하니 감개무량합니다. 태국 관계자들은 한국이 베트남에 투자하는 규모만큼만 태국에 투자하면 한국어가 당연히 제2외국어가 된다고 말했습니다. 저는 거꾸로 한국 기업들이 들어오려면 한국어를 사용하는 인력 등의 투자 인프라가 먼저 갖춰지는 게 좋다는 논리를 일관되게 폈습니다. 재임 시절 한국어가 제2외국어로 채택된 것은 자랑스럽게 생각합니다. 한류의 저변도 더 공고화할 수 있고요, 여러 분야의 선순환이 될 수 있습니다.

재임 시절 푸미폰 국왕 별세 후 왕궁 앞에서 조문객들에게 한식을 나눠주시던 모습이 생각납니다. 국왕 별세 후 정치적 변동을 예상한 우려의 분위기가 있었나요?

70년간 국가원수를 지낸 푸미폰 전 국왕에 대한 국민적 추앙이 워낙 크고 업적도 많아서 정치뿐 아니라 전사회적 큰 변화 요인이 될 수 있겠죠. 이에 대한 논의와 여러 가지 시나리오에 대한 예단은 있었죠. 하지만 태국은 저력이 있는 나라입니다. 한번도 독립을 잃지 않고 인도차이나의 맹주 자리를 확장해온 나라고 국민들도 여기에 체화되어 있습니다. 변화는 좀 있었지만 큰 우려는 없었습니다. 단기간 내 급변 사태는 없을 것이라는 것이 대세였고, 예상 속에서 안정적으로 움직인 것 같습니다.

재임 시절 한-태 현안은 어떤 것이었습니까?

재임 시기도 그랬고, 지금도 그러하겠지만 양국관계를 안정적이고 돈독히 발전시키는 것입니다. 양국 경제협력과 함께 태국에 많이 여행 오는 우리 국민들과 생업에 종사하는 한인들의 안전도 중요한 현안입니다. 한-태 양국간에는 비자면제협정이 체결되어 있어 90일 동안은 상호 비자 없이 체류할 수 있습니다. 한국에 외국인 노동력이 늘어나면서 불법체류 태국인의 비중이 높아지는 것도 이슈가 되었습니다. 특별한 조치를 취하기보다는 이 문제는 결국 한국 내에서는 부당한 대우를 줄여나가고, 관리를 통해 양국간 원만한 해결을 도모하는 것이라고 봅니다.

태국의 전 분야에서 한국적인 것이 대세인 것 같습니다.

과거 태국 상류층이나 고위관료들은 한국에 대해 너무 잘 압니다. '코리아 디스카운트'가 없지 않았지만 2015년 부임 이후는 '코리아 프리미엄'의 시기라고 해도 과언이 아닌 것 같습니다. 이는 한류의 영향일 수도 있고 한국경제력의 급상승과도 연관이 있습니다. 여러 가지 복합적인 요인으로 한국의 이미지가 상당히 높아졌죠.

태국도 소프트파워의 중요성을 인식하고 한국을 롤모델로 삼고 있습니다. 태국 내 한국 대중문화의 생명력은 어디에 있다고 보시나요?

우선 종사자들이 창의적이고 잘 하고 있는 것이겠죠. 정부 차원의 지원보다는 한류 관계자들 스스로가 탄력을 받지 않았나 생각합니다. 세계는 하나의 패밀리(공동체)로 가고 있습니다. 시공을 초월하는 동시 서비스가 이루어지고 있고요.

한국 대중문화가 태국에서 더욱 생명력을 갖기 위한 요건은 무엇일까요?

상호 존중하고 소통하는 쌍방향 시스템이 구축되어야 합니다. 다양한 분야에서 태국 국민과 청소년들에게 어필할 수 있는 콘텐츠가 계속 나와야 합니다. 웹툰 같은 플랫폼도 좋은 사례죠. 관련 분야 종사자들에게도 태국 내 기업과 상호협력 할 필요성이 증대되고 있습니다. 창의적이라는 것은 현실에 안주하지 않는다는 뜻이겠죠. 현지인이 포함된 보이그룹 발굴 등은 좋은 시도라고 봅니다. 정부의 역할은 민간기업이 자생력을 갖도록 시스템을 백업하는 것이죠.

태국 한인사회 발전을 위해 제언을 하신다면?

궁극적으로는 경제적인 것과 연결되어 있습니다. 태국은 이미 일본을 비롯한 선진국들의 유수한 기업이 많이 진출해 있습니다. 우리 입장에서는 이미 선점되어 있는 시장이라는 인식이 강해 진출을 꺼리는 분위기가 있습니다. 나는 오히려 태국은 이미 고속도로가 쫙 깔려 있는 곳이라고 봅니다. 그만큼 물건만 좋고 아이디어만 참신하면 태국보다 좋은 시장은 없다고 봅니다. 우리가 후발주자인 것은 맞지만 자신감을 갖고 해야 합니다. 코로나로 주춤하던 관광객도 다시 늘어날 것이고, 한류의 인기에 따른 한국에 대한 인식변화에 편승해 기업할 수 있는 환경도 호의적입니다. 한국 기업들이 베트남에 더 많지만 자연스럽게 태국으로도 진출할 것으로 봅니다.

신남방정책 등이 제기되면서 미래의 먹거리는 아세안에 달려 있다고도 말합니다. 태국이 갖는 중요성은 어떤가요?

신남방 정책은 수십년째 이어지고 있는 일관된 국가정책입니다. 5년 내내 같은 강도를 유지할 수는 없겠지만 모든 정부가 동남아 중심정책을 추진해왔다고 볼 수 있습니다. 태국은 밧화 경제권역의 중심인 큰 시장입니다. 이미 선진국들이 진출해 있지만 우리 기업도 해 볼만한 시장입니다. 태국만큼 한류가 강한 곳이 없습니다. 우리 기업에 좋은 영향력을 미칠 수 있습니다. 태국 노동시장이 주변국에 비해 비싸지만 상당히 안정되어 있다는 것도 장점입니다. 대사 시절에 많이 이야기했지만 지금도 자주 이야기합니다. 물론 한국기업 입장에서는 시간이 걸리겠지만 태국 시장이 넘볼 수 없는 시장이라는 것에서는 탈피하고 있다고 봅니다.

태국인에 대한 생각은 어떠십니까?

조용하고 차분하다는 느낌입니다.

바람직한 한-태 관계의 발전 방향에 대한 생각은 어떠십니까?

모든 게 그렇지만 국가간 관계도 갑자기 뜨거워지면 그만큼 빨리 식습니다. 태국이 한국기업의 진출과 역동성(바이탤리티)을 어떻게 유입시키냐가 관건입니다. 오랜 관계를 바탕으로 인적, 정치 경제 분야를 심화시키는 노력이

필요합니다. 태국 정부의 입장도 중요합니다. 한국 기업들이 진출할 수 있는 투자 환경을 만들어줘야 합니다,

태국 음식 가끔 드시나요?

태국에서 먹는 것보다는 못하지만 추천받아 한국에서도 태국 음식점을 종종 갑니다. 태국 음식마다 들어가는 고수도 아주 좋아하는 편입니다.

앞으로 계획은 어떠하십니까?

공직생활 40여 년 했습니다. 기업이 잘되어야 대한민국도 잘되는 것이라고 생각합니다. 태국 및 동남아시아에 관심 있는 기업의 고문을 맡고 있는 만큼 성과가 나도록 기여해볼 생각입니다. 재임 시절의 태국 경제관료들이 여전히 있으니 성과가 나면 '밀린 숙제를 했다'고 큰소리를 쳐볼 심산입니다.

▶ 이욱헌(23대)
코로나도 막지 못한 인플루언서 대사

'달 밝은 밤에 대사관 구내를 돌았다. 외부 공식 일정이 사라지고 비상사태도 발동되었을 뿐 아니라 외출도 할 일이 거의 없어 자가격리 상태나 마찬가지다. 들려오는 소식도 답답한 밤이다.' 코로나가 한창인 2020년 4월 어느 날 이욱헌 대사는 자신의 페이스북에 안타까운 심경을 쏟아냈다. 어스름한 대사관저에 휘날리는 태극기도 쓸쓸해 보였다. 2018년 11월 제23대 주태 한국대사로 부임한 이욱헌 대사는 1년 뒤쯤 '코로나 환란'을 맞았다. 태국이 봉쇄되고 이동마저 제한된 모두에게 괴로운 날들이 길게 이어졌다. 그러나 코로나 속에서도 재태 한인들과 한국에 대한 열정과 사랑은 한 뼘도 줄어들지 않았다. 마스크 낀 각 분야의 한인, 태국 정치인, 언론인, 기업인들이 대사관 문지방이 닳도록 드나들었다. 이욱헌 대사는 이를 SNS로 낱낱이 알려 소통했으며, 재태 한인들은 그 많은 성과와 진정

성에 감동했다. 아마도 그는 태국에 도착하고 떠나면서 교민 매체를 통해 한인들에게 인사하고 작별까지 고한 최초의 대사이기도 하다.

재임 기간 중 코로나로 태국의 봉쇄와 거리 두기 제한 등이 반복되며 모두 어려움이 잇따랐습니다.

제가 2018년 11월 주 태국대사로 부임하여 2019년 9월 대통령 방문을 준비, 마무리하고, 또한 한-아세안 대화관계 수립 30주년을 기념하여 2019년 11월 부산에서 개최된 한-아세안 특별정상회의에 당시 ASE 의장국이던 태국의 쁘라윳 총리가 참석하는 등 한-태 관계는 새로운 발전의 계기가 만들어지고 있었습니다. 그다음 해인 2020년에는 어떻게 양국 정상 상호방문의 후속 조치를 취해 나갈 것인지 구상하고, 준비하고 있었지요. 그러나 2020년 초 코로나19가 발생하면서 계획했던 일들이 차질을 빗게 되었고, 그런 점들이 매우 안타깝고 아쉽게 생각합니다. 또한 코로나19로 갑자기 양국 교류가 중단되면서 막심한 피해를 입게 된 우리 한인사회의 어려움도 가슴 아픈 일이지요. 저로서는 우선 우리 교민들이 두려움과 혼란을 겪고 있는 것을 조금이라도 막기 위해 매일 대사관 TF를 운영하면서 정보를 수집하고 가능한 정확한 정보를 전파하는 노력을 했습니다. 또한 한인사회와 함께 곤경에 처한 교민들을 지원하는 노력을 기울였습니다. 이 과정에서 우리 한인회를 중심으로 한인사회가 상부상조하는 아름다운 모습을 접할 수 있었던 것은 잊기 어려운 감동으로 남아 있습니다. 개인적으로는 태국의 곳곳을 여행하고자 했던 계획을 포기한 점, 한국에 있던 가족들과의 만남이 지장을 받은 점 등이 아쉬운 점으로 남습니다.

부임 이듬해인 2019년 대통령 방문 행사와 태국 총리의 방한 등 중요한 일들을 거푸 치르셨습니다.

아시다시피 태국은 한국전쟁 참전국으로서 우리의 오랜 전통 우방국입니다. 특히 한국과 태국은 정치, 경제, 문화 등 분야에서 골고루 협력 관계를 발전시켜온 튼튼하고 건실한 관계라고 할 수 있겠습니다. 그러나 경제협력 측면에서는 잠재력을 충분히 실현시키지 못하고 있는 아쉬운 부분도 있는 것이 사실입니다. 이러한 측면에서 저는 대통령의 태국 방문이 매우 중요하다고 인식하고 적극 추진했던 것이지요. 사실 문재인 대통령의 2019년 9월 태국 방문이 한국 대통령으로서는 7년 만의 방문일 정도로 그간 정상외교가 좀 정체되었다고 할 수 있겠지요. 따라서 대통령 방문 그 자체로도 의미가 크고, 또한 4차산업혁명 분야 등에서 많은 합의가 있었던 성공적이었던 방문으로 평가하고 싶습니다.

양국 정상간 회담도 아주 우호적인 분위기에서 진행되었습니다. 특히 한류 등을 주제로 두 정상이 개인적인 소회를 밝힌 것이 인상이 깊습니다.

2020년 3월부터 태국 입국이 수개월간 전면 봉쇄됐습니다.

2020년 3월부터 대사관은 적극적으로 움직이기 시작했습니다. 아누틴 부총리 면담 등을 통해 한국이 전염병 고위험국가로 지정된 것에 대해 문제점을 지적하기도 하고, 그 이후 4월부터는 솜킷 경제부총리 등 태국의 고위 인사를 연이어 면담하면서 코로나19 상황에도 불구하고 양국간 경제 교류의 지속 필요성을 강조한 결과, 6월부터 기업인들의 특별 입국이 성사되었습니다. 이를 통해 한국의 주요 기업 엔지니어들이 입국하여 새로운 생산라인을 설치하거나 새로운 비즈니스를 추진할 수 있게 되어 마음 뿌듯하게 생각하고 있습니다.

기업인 특별 입국제도와 병행하여 양국의 민간 교류를 유지할 수 있는 다양한 방안들에 대해서도 협의를 했습니다. 양국이 코로나19의 재유행에 따라 엄격한 출입국 제한 조치를 취하지 않을 수 없는 상황이었기 때문에, 결국 트래블 버블은 원칙적인 합의 단계까지 도달했음에도 실현되지는 못했습니다. 다만 골프장 격리는 태국 정부에서 채택되어 일부 시행이 되었지요. 이는 제가 한국인들이 대부분 태국을 단기 여행하고 있는 현실을 감안하고 또한 여행객 중에는 상당수가 골프를 즐기기 위해 태국을 방문한다는 점에 착안하여 태국 관광체육부 장관에게 적극 건의했던 것이 사실입니다. 피팟 관광부 장관이 좋은 아이디어라고 수용을 해주었고요.

재임 기간 OTT 플랫폼의 확산과 함께 〈오징어 게임〉 등 한국 콘텐츠들

태국 등 동남아에서 한류의 인기는 어제오늘 일이 아니지요. 그렇지만 최근 〈기생충〉〈오징어 게임〉 등이 세계적으로 관심을 끌면서 저도 뜻하지 않게 동료 외교관이나 태국 인사들로부터 많은 축하인사를 받았습니다. 특히 태국에서는 2021년 블랙핑크 멤버 리사의 '라리사' 뮤직비디오가 나오면서 한국의 소프트파워가 다시 한 번 언론의 집중 조명을 받게 되었습니다. 덩달아 저도 한국의 공공외교에 대한 특강, 인터뷰도 많이 하게 되었습니다.

태국 인사들과 만나다 보면 거의 한결같이 한국의 드라마, 영화, K-POP 등에 대해 대화를 하게 됩니다. 자기 딸이 좋아한다면서 블랙핑크 공연 티켓을 구해달라는 요청을 받은 적도 있습니다. 아세안 국장은 주한 태국 대사관에 근무한 경험도 있기 때문에 더욱 한국 문화에 대해 관심이 많았습니다. 동방신기의 열성 팬이니까 한류 1세대라고 할 수도 있겠네요.

재임 기간 중 방콕한국국제학교가 도심으로 이전했습니다.

방콕한국국제학교의 도심 이전은 태국 한인사회의 오랜 숙원 사업으로 알고 있습니다. 그간 한국 학교가 동포 자녀들의 교육에 크게 기여하기는 했지만, 방콕 외곽 지역에 위치해 있어 불편함이 많았습니다. 특히 어린 학생들이 등교하는 데 2시간에 가까운 시간이 걸린다는 이야기를 듣고 마음이 아팠습니다. 따라서 대사관측에서도 한국 학교의 도심 이전이 필요하다고 판단하고 정부에 건의했으며, 때마침 2019년 9월 문재인 대통령의 태국 방문 계기에도 이 문제를 제기하여 좋은 결과로 이어진 것으로 생각합니다. 물론 한국 학교 관계자, 이사진, 한인사회 등이 합심하여 이루어낸 성과라 믿고 있습니다. 앞으로도 방콕한국국제학교가 더욱 발전할 수 있도록 정부, 한인사회가 협력해나갈 필요가 있다고 생각합니다.

한국어를 배우는 남부대학 방문 및 대사배 한국어 말하기 대회 등 태국 내 한국어 교육에도 큰 관심을 쏟으신 것으로 압니다.

저는 개인적으로 양국 관계가 견고하게 발전하기 위해서는 미래 세대에게 관심을 갖고 투자하는 것이 매우 중요하다고 확신하고 있습니다. 다행히 태국에는 이미 많은 학생이 한국어를 배우고 있고, 대학입시 외국어 선택과목에도 포함되어 있는 등 한국어 교육의 기반이 구축되어 있었다고 할 수 있겠지요. 또한 한국교육원, 한국문화원 등이 중심이 되어 다양한 지원도 시행하고 있습니다. 저는 이러한 한국어 교육 열기가 어떻게 지속될 수 있을지에 대해 많은 고민을 했습니다. 한국어 전공, 부전공이 개설된 대학을 방문하여 상황을 청취하고 지원책을 모색해보는 기회도 가졌고, 대사배 말하기 대회 등도 개최하여 학생들을 격려하고 관심을 북돋우는 노력도 그 일환이었습니다. 아울러 한국어 전공자들의 한국 기업 취업이라든가 진로 선택에도 도움이 되는 방안을 다각도로 모색한 바 있습니다. 태국 학생들의 한국 유학도 상당히 중요합니다. 다행히 정부장학생 규모가 상당히 확대되었습니다만, 앞으로 더욱 많은 태국 학생의 한국 유학 기회가 주어지기를 간절히 희망합니다.

블랙핑크 리사의 뮤직비디오 배경인 부리람 사원도 방문하셨죠? 태국에서는 소프트파워의 중요성을 언급합니다. 한국의 소프트파워, 태국과의 관계에서 어떻게 활용될 수 있을까요?

앞에서도 말씀드렸지만, 리사의 뮤직비디오는 다시 한 번 한국의 소프트파워를 실감하는 획기적인 계기가 되었습니다. 부리람 사원에 대한 관심도 뜨거웠지요. 저는 이러한 현상을 활용할 필요가 있다고 판단되어 부리람을 방문했고, 리사가 후원하는 복합문화공간 현판식도 개최했습니다. 소프트파워를 활용하여 태국인의 마음을 얻는 것이 중요합니다. 문화 상품이라는 말도 있듯이 한류가 경제 교류에도 도움이 되는 효과도 있습니다만, 장기적인 관점에서 경제적 효과 이상의 매우 중요한 외교의 자산이 될 것으로 생각합니다. 또한 문화는 쌍방향 교류가 중요합니다. 태국의 소프트파워도 상당한 잠재력이 있다고 생각합니다. 수많은 외국 관광객이 방문하고 있고, 태국 음식, 무에타이 등은 이미 전 세계적으로 커다란 인기를 얻고 있습니다. 한국과 태국은 상호 공공외교, 소프트파워에 대한 경험을 공유하고 협력하는 노력을 해나갈 필요가 있다고 봅니다. 이미 영화 공동제작 등은 이루어지고 있지만 앞으로 다른 분야에서도 더욱 강화할 필요가 있다고 생각합니다.

기업활동지원협의회도 부활시키셨습니다. 일본 경제가 주도하는 태국에서 우리 기업들의 미래 발전 방향에 대해 제언을 하신다면?

저의 가장 중요한 관심사는 양국의 경제협력을 어떻게 강화해나갈 수 있을까 하는 것이었습니다. 아시다시피 태국은 일본 기업들이 오래전부터 기반을 확고하게 구축한 곳입니다. 혹자들은 이러한 점 때문에 한국 기업들이 진출을 꺼린다고 분석하기도 합니다. 사실일 수도 있습니다. 저는 그래서 이미 진출하여 성공적으로 기업 활동을 하고 있는 우리 기업들을 지원하는 것이 그 무엇보다도 중요하다고 생각했습니다. 진출 기업의 성공 스토리는 그 어느 투자 유인책보다도 효과가 크다고 믿습니다. 태국 정부 당국에도 그러한 점을 자주 강조했습니다.

실제로 우리 기업인들을 만나보면 대부분 태국의 투자 환경에 만족하고 있었습니다. 특히 코로나19에도 불구하고 공장이 거의 정상적으로 운영할 수 있었다는 점을 높이 평가하고 있습니다. 이러한 사실들이 알려지면 우리 기업의 신규 진출도 자연스럽게 확대되리라 믿습니다. 태국은 베트남 등 인근 국가와는 달리 저임금 구조가 아니기 때문에 이러한 점을 유념하여 저희는 2019년 9월 대통령 방문 계기에 4차 산업혁명 분야, 스마트시티 분야에서 중점적으로 정부간 합의를 이끌어낸 바 있습니다.

SNS 소통대사로도 유명합니다. 코로나 소식, 긴급상황, 백신접종뿐 아니라 외교활동이나 각종 행사 참가도 알 수 있었습니다.

저는 개인적으로 공공기관은 SNS는 선택이 아니라 필수라고 생각합니다. 대사관에서도 SNS, 홈페이지, 문자 메시지 등을 통해 적극적으로 알릴 필요성을 늘 강조했습니다. 사실 우리 교민들이 대사관에서 하는 일에 대해 잘 모르고 있지 않습니까? 물론 제 개인 계정이기 때문에 개인적인 일에 대해서도 포스팅을 했지만, 공적인 업무 대해서도 대사관의 공식 계정보다는 편안하고 자유롭게 전달할 수 있었습니다.

쫄쫄이 바지 차림으로 자전거를 타고 루프톱 바 소개, 때론 그리운 손녀

소식도 담아내 더 정겹고 인간적이라고들 합니다.

앞서 말씀드린 것처럼 제가 개인적으로 직접 운영하고 있었기 때문에 때로는 매우 사적인 내용도 있었습니다. 교민들께서 좀 더 친근하게 생각해주셔서 저도 고맙고 기쁘게 생각합니다.

신체 나이 45세라고 쓴 글도 본 적이 있습니다. 한국에서도 자전거 계속 타고 계신가요?

자전거는 물론 아주 어린 시절에도 탔지요. 그러나 본격적으로 운동으로 생각하고 시작한 것은 코로나19가 가져다준 뜻밖의 선물이라고 할 수 있습니다. 코로나로 인하여 다른 스포츠가 제약을 받는 상황에서 자전거는 비교적 자유롭게 즐길 수 있는 운동이었습니다. 특히 방콕에는 수완나품 공항 주변의 Healthy Bike Lane, 또는 짜뚜짝공원의 자전거 트랙 등 자전거를 즐길 수 있는 시설이 잘 갖추어져 있습니다. 한국은 자전거 라이더들의 천국이라고 해도 과언이 아닐 것 같습니다. 집에서 조금만 나가도 한강 등 자전거길에 쉽게 접근할 수 있습니다. 가급적 자주 자전거를 타려고 노력하고 있고, 앞으로는 4대강 자전거길을 이용하여 좀 더 멀리 가보려는 목표를 갖고 있습니다.

3년간의 근무를 통해 태국과 태국인에 대해 갖게 된 느낌은 어떤 건가요? 부임 전에 가졌던 생각과 달라진 것이 있는지요?

저는 과거 태국 등 동남아 근무 경험이 없습니다. 그래서 막연하게 관광지로만 인식하고 있었는데, 실제로 근무하다 보니 경제적으로 발전해 있고, 우리에게 매우 중요하다는 것을 느끼게 되었습니다. 제가 처음으로 인상 깊었던 점은 좀처럼 자동차 경적을 울리지 않는다는 점이었습니다. 여러 가지 해석이 가능하겠습니다만, 저는 기본적으로 태국인들의 여유라고 생각합니다. 부러운 점의 하나였습니다. 다른 하나는 외부 문화 또는 외국인에 대한 수용적 태도입니다. 역사적·종교적 배경도 있을 것이고, 또한 관광이 경제의 중요한 부분이기 때문이기도 할 것입니다. 저는 이러한 점이 태국의 잠재해 있는 발전의 큰 원동력이 될 것이라 생각합니다.

태국의 남부, 북부, 중부 동부 다니지 않은 곳이 없는 것 같습니다. 인상적인 경험이 있는 곳은?

제가 처음 부임하여 태국 외교부 의전국장을 면담했더니 재임 기간 중에 태국의 77개 주를 모두 방문해보라는 덕담을 건네더군요. 코로나19로 인한 제약 등으로 모든 주를 다녀볼 수는 없었지만, 30개 주 이상은 방문한 것 같습니다. 공적으로 방문해야 하는 경우도 많았습니다. 그만큼 우리나라와 관련되는 지역이 많다는 의미일 것입니다. 개인적으로도 아유타야, 수코타이 등 역사유적지 등을 방문하여 태국의 찬란한 역사와 문화를 직접 실감할 수 있었습니다. 그러나 무엇보다도 치앙마이, 치앙라이 등 북부지방의 선선한 날씨, 독특한 음식, 산악지형에 정감이 갑니다.

포스트코로나에는 어떤 것들이 달라질 것 같습니까?

코로나19는 우리가 한 번도 경험해보지 못한 상황이었습니다. 코로나19 이전에 매일 5,000명의 한국인이 태국 공항에 내렸는데, 1개월에 500명이 도착하는 상황이었습니다. 앞으로도 또 다른 팬데믹이 올 것으로 다들 예상하고 있습니다만, 우리가 너무나 당연하게 생각했던 일상의 소중함을 어떻게 지켜나갈 것인가가 엄청난 도전이 될 것으로 생각합니다. 물론 불가피하게 비대면으로 전환되는 부분이 많겠습니다만, 오히려 평범한 일상과 슬기롭게 병존하는 방안이 더욱 모색되고, 만들어지지 않을까 생각합니다.

내년은 한태 수교 65주년입니다. 태국 한인사회 및 양국 발전을 위한 제언이 있으시다면?

2022년은 태국이 APEC 의장국을 맡고 있어서 태국이 국제 외교무대의 전면에 나서는 상황이고, 한국-태국 관계에도 중요한 계기가 되리라고 예상합니다. 이를 발판으로 2023년 수교 65주년을 맞이하여 과거를 되돌아보고 양국이 미래지향적 협력을 강화해나간다면 정치·경제·문화적으로 한 단계 도약할 수 있을 것입니다. 특히 이제 코로나19 시대를 마감하고 인적 교류 등 모든 것의 정상화가 이루어진다면 분명 새로운 발전의 모멘텀이 마련될 것으로 예상하고, 또 그렇게 되기를 기대합니다.

태국 대사 퇴임 후 어떻게 지내시고 계시고, 앞으로 어떤 계획이 있으신 가요?

2022년 2월 저는 36년 넘는 공직 생활을 마감했습니다. 그간 외국어대 태국어과 등 몇몇 대학에서 특강을 하면서 저희 경험을 공유하기도 했습니다. 가능하다면 앞으로도 우리 젊은 세대에게 글로벌 시대에 필요한 국제 감각을 키우는 강의 등을 해볼 생각입니다. 비록 태국을 떠나기는 했지만, 태국과의 관계 발전에 일조할 수 있는 기회가 있다면 더욱 좋겠지요. 감사합니다.

Thai Tip

태국은 요일마다 색깔이 있다. 월요일 노랑, 화요일 핑크, 수요일 초록, 목요일 오렌지, 금요일 파랑, 토요일 보라, 일요일은 빨강이다. 태국의 국기는 트라이롱이라고 하는데 흰색과 빨강, 파랑. 흰색은 종교, 빨강은 국가, 파랑은 왕조를 뜻한다.

태국에 부는 한국어 열풍

태국에 분 한국어 학습 열풍

태국은 한국어 학습자 규모가 세계에서 가장 큰 나라 중 하나다. 2021년 기준, 175개 중등학교에서 4만 6,000여 명의 학생이 한국어를 배우고 있으며, 이는 전 세계 초·중등학교 한국어 학습자 중 약 27%에 해당한다.

코로나19 팬데믹으로 최근 확산세가 다소 주춤했으나 2007년 1개 학교가 처음으로 한국어 채택교로 집계된 이래 한국어 학습 규모는 지속적으로 성

● 2022년 태국 한국교육원 한국어 말하기 대회

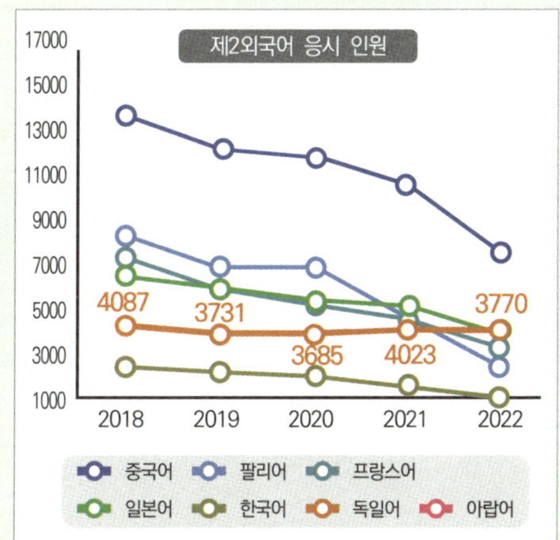

● 태국 대학입시시험(PAT) 제2외국어 응시 현황(2018~2022)

장하고 있다.

태국 TCAS(Thai University Center Admission System) 자료에 따르면, 2022년 태국 대학입학시험(PAT)의 제2외국어 교과 중 한국어 응시생 수가 일본어 응시생 수를 넘어선 것으로 나타났다.

3,770명이 한국어에 응시하여 제2외국어 전체 응시 인원 중 17.55%의 학생들이 한국어를 선택했다. 이는 중국어에 이어 두 번째로 한국어 응시생의 규모가 일본어를 넘어선 것도, 중국어에 이어 두 번째를 기록한 것도 사상 최초다. 일본 경제의 영향력이 큰 태국에서 한국어가 일본어를 추월한 것은 큰 의미를 갖는다.

태국은 제2외국어 교과로 7개의 언어를 채택하고 있다. 중국어, 한국어, 일본어와 함께 프랑스어, 독일어, 아랍어, 팔리어다.

2020년 기준 공립학교 내에서 한국어는 중국어, 일본어에 이어 세 번째로 큰 규모를 기록하고 있고, 2018년 대입시험 과목으로 채택된 이후 응시 규모는 7개 교과 중 줄곧 다섯 번째를 기록하고 있었다.

태국에서의 한국어 학습 열풍 현상은 중국, 일본 등과 사회적·경제적으로 밀접한 관계를 유지하며 발전해온 태국의 역사를 고려해볼 때 매우 이례적이다. 태국의 한국어 열풍 이유와 한국어 확산의 과정은 어떠했을까? 태국 내 한국어 교육의 지속 발전을 위한 과제들은 무엇일까?

태국 한국어 교육의 시작

태국에서 한국어 교육이 시작된 것은 1986년 쏭클라대학교 빳따니 캠퍼스(Prince of Songkla University, Pattani Campus)에서 한국어가 교양과목으로 채택되면서부터라고 알려져 있다. 태국 중등학교 중에서는 쏭클라 지역의 벤자마랏추팃빳따니 학교(Benjamarachutit Pattani School)가 2007년 처음으로 제2외국어 교과로 한국어를 채택했다.

이후 한국어 채택 중등학교는 2009년 4개교, 2010년 9개교로 늘어나 2021년에는 175개교가 한국어를 제2외국어로 채택하고 있으며, 19개의 대학에서도 한국어를 전공 또는 부전공으로 개설해 운영 중이다.

2008년에는 태국 교육부 기초교육위원회(OBEC, Office of the Basic Education Commission)에서 〈한국어 교육과목의 목표와 주제 기본강좌 3년〉 교육과정(안)을 확정했고, 이를 계기로 한국어가 제2외국어 교과로 공식 인정됐다. 2015년부터는 태국 한국교육원과 태국 교육부 기초교육위원회가 협업하여 태국 최초의 중등학교용 한국어 교과서 《한국어 ภาษาเกาหลี 1~6권》을 개발하기 시작하여 2018년에 완간했다. 현재 많은 태국 중등학교에서 한국어 교재로 활용하고 있다.

2011년부터는 원어민 한국어 교사를 태국 중등학교에 파견하기 시작했다.

● 한국어 *ภาษาเกาหลี* 1~6권

2011년에 파견된 인원은 54명으로 51개 학교에서 20주간 한국어 교육활동을 실시했다. 이후에도 매년 50여 명씩 파견되고 있으며, 2022년에는 53명의 교사가 파견되어 활동 중이다.

한국어 열풍을 만든 결정적 순간들

태국의 한국어 열풍은 매우 이례적이며, 그 원인 또한 복합적이다. 다만 K-POP 등 한류의 영향으로 태국 학생들의 한국어 및 한국문화에 대한 호감, 양국 정부 관계자의 노력 등이 긍정적 영향을 주었다고 볼 수 있다.

한국어 열풍의 첫 번째 순간은 2008년 태국 교육부의 한국어 교육과정 개발과 적용이다. 한국어 교육과정인 〈한국어 교육과목의 목표와 주제 기본강

● 태국 원어민 한국어 교사 파견, 현지 연수

좌 3년)이 발표되며 태국 중등학교에서 한국어를 제2외국어 교과로 채택할 수 있는 근거가 마련되었고 현재와 같은 한국어 확산의 발판이 되었다.

두 번째 순간은 2009년 4월 아피싯(Abhisit Vejjajiva) 전 태국 총리와 이명박 전 대통령의 만남이다. 두 정상의 만남을 통해 태국 정부가 한국 정부에 한국어 교원 파견을 요청했고, 우리 정부 측에서 이에 응하여 2011년부터 원어민 교사를 파견하게 되었다. 이후 매년 50여 명의 원어민 한국어 교원이 성공적으로 태국에 파견되고 있는바, 이는 세계 최대 규모로 태국의 한국어 교육 수준을 끌어올리는 데 매우 큰 역할을 하고 있다. 최근에는 사립학교, 국립학교 등으로도 파견 교원 수요가 확대되고 있다.

세 번째 순간은 태국의 외국어 교원 확보 정책과 한태 양국 교육부의 협력이다. 태국 정부는 내실 있는 외국어교육 추진을 위해 안정적인 교사 공급을 위한 내각결의를 2012년 발표했다. 한국어 전공자가 양국 교육부가 협력하여 운영하는2년간의 특별 교육을 이수할 경우 교원자격증을 부여하도록 했

고 이를 통해 2013년부터 2018
년까지 총 140명의 한국어 교원
을 양성하여 임용했다. 이는 태
국의 한국어 보급을 안정적으
로 추진하는 계기가 되었으며
한국어 채택 확산을 위해 한국
어 교원들이 목소리를 키울 수
있는 계기가 되었다.

● 태국 2016. 5. 31. Daily News 보도(한국어 대입과목 포함 관련)

　　네 번째 순간은 한국어가 태
국 대학입학시험 PAT의 일곱 번째 과목으로 채택된 것이다. 2016년 7월 태국
대학총장협의회(CUPT)는 한국어를 태국 대입시험 과목으로 채택한다는 역사
적 결정을 발표했다. 이는 한국어를 채택한 중등학교 수와 학생 수가 급격하
게 증가하는 등 태국의 한국어에 대한 수요가 확대되는 상황과 맞물려 한국
교육부, 주태국 대한민국대사관, 태국 한국교육원 등이 태국 교육 당국과 적
극적으로 협력한 결과다. 한국어가 태국 대입시험의 정식 과목으로 채택됨
으로써 중등학교 한국어 학습이 대학 진학과 연계되는 제도적 틀을 마련하
게 되었고 태국의 한국어 학습 수요를 지속시킬 수 있는 계기가 된 것이다.

　　다섯 번째 순간은 '태국 한국어교원연수센터'의 개관이다. 태국은 늘어나는
한국어 교육 수요에 대응하기 위해 세 번째 순간에서 언급한 것처럼 특별 경
로 및 정식 경로 등을 통해 한국어 교원을 양성하여 지속적으로 공급했다.

　　2021년 기준으로 기초교육위원회(OBEC) 소속 한국어 교원은 230여 명에 이
른다. 그러나 한국어 교원에 대한 지속적이고 전문적인 역량 강화와 관리는
다소 미흡한 점이 있었다. 이에 태국 한국교육원은 2022년 태국의 한국어 명
문대학인 씰라빠껀대학교를 '한국어 교원연수센터'로 지정하여 태국 한국어
교원의 역량 함양을 체계적으로 지원할 수 있도록 했다.

　　연수센터는 한국어 교사로서 갖추어야 할 기본 역량을 강화하는 정규과
정과 최신 한국어 교육 흐름 등을 파악할 수 있는 특별과정으로 프로그램을

● 태국 한국어 교원 연수센터 현판식

구성하여 연중 운영한다. 현지 대학과 전문가가 주도적인 역할을 하게 됨에 따라 한국어 교육이 자생적으로 발전할 수 있는 기틀이 마련되었고, 체계적인 지원을 통해 태국의 한국어 교원의 수준을 높일 수 있는 시스템이 구축되었다.

태국의 한국어 열풍에는 다양한 요인이 작용했다. 학습자의 입장에서는 한류 열풍이 큰 요인이 될 수밖에 없을 것이다. 그러나 한국어를 배우고 싶은 수요만으로 현재의 한국어 확산과 열기가 발생했다고 설명하기는 어렵다. K-POP 등 한류의 영향과 더불어 양국 정부 관계자의 발빠른 대처와 지원이 있었고, 이에 따라 한국어 교육의 수요와 공급이 조화를 이루며 지금의 한국어 열풍이 형성되었다고 분석된다.

한국어 교육의 향후 전망과 발전 방향

한류 등 한국 문화에 대한 호감이 한국어 학습으로 이어지는 현 상황은 한국어 교육이 확산되는 측면에서 환영할 만하다. 그러나 문화의 유행은 일시적일 수 있다는 측면에서 지속적인 성장 동력으로 삼기에는 무리가 있다.

2016년 한국어의 대입시험 과목 채택을 통해 중등학교와 대학이 연결되며 한국어 학습의 외연과 수요를 확장시켰듯, 이제는 학생들의 진로와 한국어 학습을 연결지어 한국어를 그들의 미래의 삶으로 끌어들일 필요가 있다. 그러기 위해서는 '중등-대학-취업'으로 연결되는 한국어 교육의 발전 생태계를 구축하여 한국어가 선순환적 구조 속에서 성장과 발전을 거듭하도록 만들어야 한다.

이를 위해 중등학교, 대학 등 교육기관은 교육과정 개편, 교수자 및 학습자 관리 등을 통해 한국어 교육을 내실화하여 한국어 교육의 질적 수준을 끌어올려야 한다. 또 재태 한국 기업은 채용 관련 정보 제공과 인턴십 운영 등을 활성화하여 한국어 학습자들이 전공을 살려 사회에 진출할 수 있도록 협조할 필요가 있다. 태국 한국교육원은 관계 기관과 협력하여 양측의 수요가 잘 부합될 수 있도록 연결 고리 역할을 해야 할 것이다.

한국어 교육의 선순환적 구조 마련을 위해서는 관련 통계의 정기적인 수립과 정리, 공유가 필요하다. 각급 학교, 기업 등 관계 기관 및 관련자를 대상으로 조사를 실시하여 각종 현황과 구성원별 인식을 체계적으로 분석하고 개선과 발전을 위한 정책과 방안 등을 제시할 필요가 있다.

이를 위해 태국 한국교육원은 씨나카린위롯대학교를 〈태국 한국어교육연구센터〉로 2022년 6월에 선정했으며 연구센터는 향후 3년 동안 태국의 한국어 교육 허브 역할을 수행하며 태국 한국어 교육 및 취업 실태, 한국어 교육 인식 및 요구 분석, 한국어 교육 비전 제시 등의 연구를 진행할 예정이다.

태국의 한국어 교육은 2000년대에 급속한 확장을 경험했다. 그러나 이제는 양적 성장뿐 아니라 한국어 교육이 지속적으로 성장할 수 있는 구조를 마련하고 질적 제고에도 관심을 가져야 한다. 이를 통해 한국어 학습자가 실력 있는 인재로 성장하여 양국 발전에 기여할 수 있도록 해야 한다.

대학명	학과명	설립 구분	과정별 개설 연도		
			교양	부전공	전공
부라파대	한국어 전공 (Korean Section, Oriental Language Department)	국립	1995	1999	2000
마하사 라캄대	한국어학과 (Department of Korean Language)	국립	1998	2002	2005
탁신대	동양어학과 (Department of Oriental Language)	공립	2005	2015	
쏭클라대(푸껫)	한국학과 (Korean Studies)	공립			'11
쏭클라대(빳따니)	한국어학과 (Department of Korean Language)	국립	1986	1997	1999
쏭클라대(핫야이)	외국어학과 (Korean Section, Department of Foreign Languages)	국립	2006	2007	
치앙마이대	한국어과 (Korean Division)	국립	2012	2015	
우따라딧랏차팟대	한국어교육과 (Department of Korean Language Education)	국립	2014		2014
나레수안대	한국어학과 (Department of Korean Language)	국립			2007
치앙마이랏차팟대	한국어학과 (Department of Korean Language)	국립			2006
치앙라이랏차팟대	동아시아학과 (Department of East Asian Language)	국립	2013	2018	2015
태국왕립 쫄라롱껀대	한국어학과 (Department of Korean Language)	공립	1988	2008	2018
랑싯대	한국어학과 (Department of Korean Language)	사립			2020
허깐카타이대 (상공회의소대)	한국어학과 (Department of Korean Language)	사립	2013	2013	2013
시나카린위롯대	한국어학과 (KoreanLanguageSection)	국립		2003 ~2007	2005

씰라빠껀대	한국어과 (Korean Language Section)	국립		2001	2002
까셋삿대	동양어학과 (Department of Eastern Language)	국립	2009	2009	2022 (예정)
탐마삿대	한국어학과 (Sector of Korean Studies)	국립		2018	
콘캔대	한국어학과 (Department of Korean Language)	국립	2098	2014	2022 (예정)

Thai Tip

태국 공항에서 1인 보루 이상의 담배 반입은 모두 압수당하는 것은 물론 담배 구입 가의 70% 해당하는 큰 벌금을 문다. 공항 입국 시 다른 사람의 담배를 대신 운반해도 안 되고, 담배를 나눠 입국장을 빠져나온 뒤 공항 대합실에서 담배를 합치다가도 적발된다. 강력한 흡연억제 정책을 펴는 태국의 흡연율은 2021년 기준 15.5%. 한국의 성인남자 흡연율은 34%다.

제4부

공공기관 및 단체 진출사

한국-태국간 외교관계가 공식 수립되면서 공공기관과 공기업의 진출이 활발해졌다. 1960년 주태 한국 대사관이 설치됐고, 2년 뒤에는 대한무역진흥공사(코트라)가 세계에서 4번째로 방콕사무소를 개소, 태국의 중요성을 알렸다.

1980년 이후에는 한국관광공사 태국지사가 설립돼 태국인의 한국관광 유치에도 본격적으로 뛰어들기 시작했다. 1990~2000년을 거치면서 경제, 문화 공공기관과 기업의 태국 진출은 더욱 다양화되고 있다.

[1장]

—

공공기관 및 공기업

1958년 한-태 외교관계가 공식 수립되고 2년 뒤 주태 한국대사관이 설치 되면서 정부기관과 공공기업, 단체, 기업들의 태국 진출의 터전이 마련됐다.

현대건설이 1960년 태국 남부 고속도로 건설에 참여한 것을 시작으로 1년 뒤엔 한-태 무역협정이 체결되며 양국의 경제교류도 물꼬를 트기 시작했다.

대한무역진흥공사(코트라)는 1962년 뉴욕, LA, 홍콩에 이어 네 번째로 방콕 에 사무소를 개관했다. 1967년 한-태 항공협정 체결 뒤 대한항공이 태국에 취항했으며, 이듬해 파이롯은 해외투자법인 1호로 태국에 진출했다.

1982년 태국인의 한국관광 유치를 위한 한국관광공사 방콕지사가 문을 열 며 양국 인적 교류의 토대가 이루어졌으며 1988년 LG전자, 1989년 삼성전자 의 태국진출 등 1980년 대 후반부터는 국내 기업의 태국 진출이 가속화됐다.

1993년엔 종합상사 13개, 투자업체 40여 곳, 건설사 7개가 진출한 것으로 알려졌으며, 2000년을 넘어서면서 한국산업인력공단, 저작권보호원, 한국 교육원, 한국문화원, 한국농식품유통 공사 등 정부기관과 공기관의 진출이 잇따랐다.

현재 15곳의 공공기관이 태국에 진출해 있으며 전자, 철강 등 한국 진출 기 업은 400여 사가 넘는 것으로 분석되고 있다.

[주요 기관 및 기업 태국 진출 연도]

연도	주요 기관·단체·기업
1958	한-태 외교관계 수립
1960	주태 한국대사관 설치, 현대건설 공사 진출
1961	한-태 무역협정 체결
1962	코트라 방콕 무역관 개소
1964	재태 한인회 결성
1967	한-태 항공협정 체결
1969	대한항공 태국 취항
1970	파이롯 태국투자법인 진출
1977	한태 상공회의소 설립, GS 글로벌 진출
1978	대우인터내셔널 진출
1981	한-태 사증면제협정 체결, 연합뉴스 특파원 파견
1982	한국관광공사 태국지사 설치
1987	삼미사운드 진출
1988	LG전자, 화승산업, 맥슨전자 진출
1989	삼성전자 진출
1990	아시아나 항공 태국 취항, 포스코타이녹스, KBS 특파원 파견
1992	코이카 태국사무소 설치
1993	MBC 특파원 파견
1996	한태관광진흥협회 결성
2001	방콕한국국제학교 설립
2004	한국산업인력공단 태국 EPS센터, 한-태 문화교육협정 체결
2007	한국저작권 보호원 태국사무소 개소
2009	월드옥타 방콕지회, 한-아세안 FTA 협정 체결
2011	재향군인회 태국지회 개소
2012	한국교육원, 한국농수산식품유통공사 개소
2013	한국문화원, 대한노인회 태국지회 개소
2017	중소벤처기업 진흥공단 태국방콕 BI 코원 타일랜드 개소
2018	수협중앙회 방콕 무역지원센터 설치
2020	카카오 엔터테인먼트 진출
2021	한국콘텐츠 진흥원 태국비즈니스센터 개소

▎대한무역투자진흥공사 방콕무역관

Korea Trade-Investment Promotion Agency
Bangkok KBC

대한무역투자진흥공사(이하 '코트라')는 우리나라의 수출증진을 목표로 1962년 11월 29일 당시 방콕에서 가장 교통이 편리하고 번화한 지역이던 라마(Rama) 1가에 코트라 방콕무역관을 개관했다. 방콕무역관의 개관은 뉴욕, LA, 홍콩에 이은 네 번째 개관으로 그 당시 우리나라에 있어 태국이 얼마나 중요한 시장이었는지를 가늠할 수 있다. 방콕무역관 개관식에는 코트라 사장 및 주태국한국대사, 태국 교민이 참석했고, 태국측에서는 재무장관, 무역위원회위원장, 상의회장 및 각국 외교관, 다수의 기업인이 참석했다.

무역관 개관 초기이던 1960년대에는 태국 바이어에게 우리나라 제품을 소개하고 거래를 알선하는 업무와 함께 태국시장에서 유망한 품목을 조사하여 국내 업계에 전달하는 업무를 주로 수행했다. 그러나 방콕무역관 개관으로부터 60여 년이 지난 지금 코트라 방콕무역관의 업무영역은 세계 경제 및 우리나라 산업구조의 변화, 태국 산업의 변화와 궤를 함께 하며 다양화되었다.

방콕무역관은 중소중견기업의 태국 수출을 지원하기 위해 다양한 서비스를 제공하고 있는데, 중소기업의 해외지사 역할을 대행하는 지사화사업 서비스를 비롯하여 무역사절단 지원, 태국 전시회 참가지원, 태국 시장동향 및 바이어를 조사하여 제공하는 해외시장조사 서비스 등을 제공하고 있다. 또한 수출지원과 관련된 다양한 인프라를 구축하고 있는데, 우리 기업의 태국 내 물류 활동을 지원하는 '공동물류센터', 한-아세안 FTA 및 RCEP 활용도 제고를 위한 'FTA 활용지원센터', 우리 기업의 태국 내 지적재산권 보호를 위한 'IP데스크'를 각각 운영하고 있다. 또한 우리 기업의 태국 투자진출 지원을 위해 '한국투자기업 지원센터'를 운영하고 있으며 상품수출 지원 외에도 최근 태국 내 한국 기업과의 협력 필요성이 증대되는 스마트시티 분야에 대한 우리 기업 진출을 지원하고 있다. 그리고 우리 청년의 태국 취업 지원 및 우리 기업의 태국 인재 고용을 지원하는 일자리 창출 업무도 적극 수행 중이다.

[연혁]

순번	일자	내용	비고
1	1962. 9. 6.	방콕무역관 개설요원 부임	문화홍보 병행
2	1962. 10. 1.	무역관 법적지위 관련 한국 대사관 외교노트 발급	
3	1962. 11. 29.	무역관 개설(Rama 1 Road)	
4	1977. 8. 1.	콩분마(Kongboonma) 빌딩 8층으로 이전	싸톤(Sathon) 지역
5	1994. 10. 1.	콩분마(Kongboonma) 빌딩 7층으로 이전	
6	2008. 4. 16.	익스체인지 타워(Exchange Tower) 32층으로 이전	BTS 아속역 인근
7	2017. 4. 18.	비랏타워(Bhiraj Tower) 41층으로 이전, IP-Desk 통합	BTS 프롬퐁역 인근
8	2017. 12. 8.	방콕 수출인큐베이터 개소	Bhiraj Tower 39층

[역대 무역관장]

	성 명		성 명
1대	정재봉(1962. 9. 6. 부임)	13대	최황영(1992. 7. 1. 부임)
2대	이 열(1963.10. 7. 부임)	14대	최공림(1995. 7. 1. 부임)
3대	정준두(1968. 3. 15. 부임)	15대	허길주(1998. 4. 1. 부임)
4대	김영준(1969. 5. 7. 부임)	16대	강영중(2001. 4. 1. 부임)
5대	오세방(1971. 3. 1. 부임)	17대	주덕기(2004. 2. 1. 부임)
6대	이종구(1975. 4. 15. 부임)	18대	노영극(2007. 8. 1. 부임)
7대	안경준(1975. 7. 9. 부임)	19대	권오석(2010. 4. 16. 부임)
8대	구자걸(1979. 4. 1. 부임)	20대	김문영(2013. 4. 1. 부임)
9대	류준상(1982. 5. 15. 부임)	21대	전춘우(2016. 8. 1. 부임)
10대	오일상(1985. 5. 1. 부임)	22대	김현태(2019. 8. 1. 부임)
11대	박경화(1987. 12. 20. 부임)	23대	이희상(2022. 8. 1. 부임)
12대	정명규(1991. 10. 1. 부임)		

- **한국-태국 비즈니스 파트너십**

방콕무역관은 2019년 대통령 태국 순방과 연계하여 '한국-태국 비즈니스 파트너십' 행사를 개최했다. 동 행사는 대통령 순방을 계기로 한국과 태국이 미래 신산업 분야를 중심으로 지속가능한 경제협력을 해나가겠다는 취지에서 마련되었으며, 한국-태국 4차 산업혁명 쇼케이스, 한국 기업과 태국 기업간 일대일 상담회로 구성되었다.

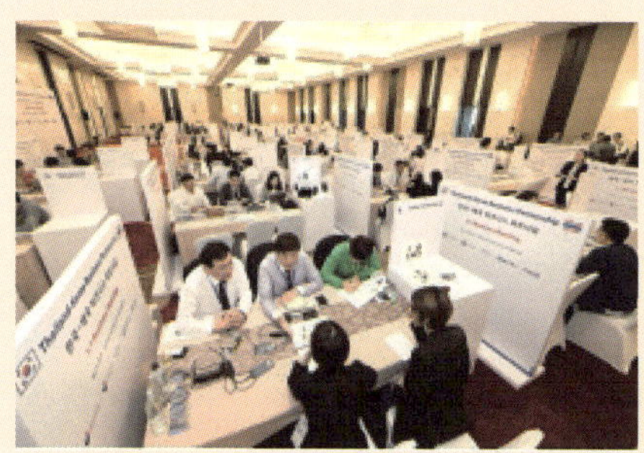

● 한국-태국 비즈니스 파트너십 상담회

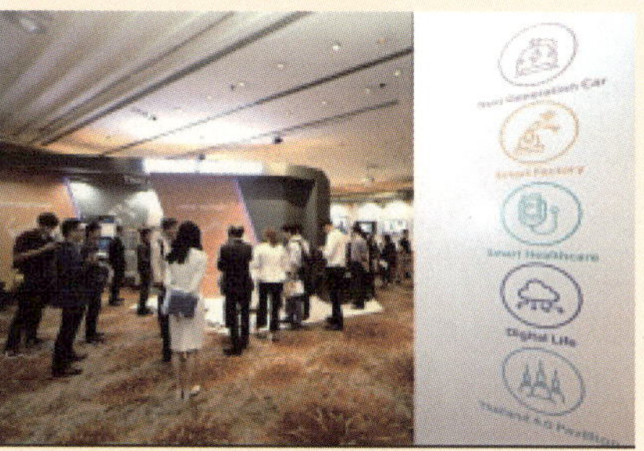

● 한국-태국 비즈니스 파트너십 쇼케이스

- **방콕 한류박람회(KBEE)**

한류박람회(KBEE)란 한류를 활용하여 우리나라 우수상품 및 서비스의 해외진출을 지원하는 코트라의 대표적인 수출지원 사업으로 2010년 태국에서 처음 개최되었다. 이후 파리, 오사카, 자카르타 등

● 한류박람회(KBEE) 개막식

전 세계로 확대되었으며 2019년 6월에는 9년 만에 다시 방콕 시암 파라곤에서 이틀 동안 개최되었다. 동 박람회는 한류 스타들의 콘서트, 비즈니스 상담회, 한국 제품 전시회 등으로 구성되었으며 국내 기업 약 170개 사, 태국 및 인근 국가 바이어 약 300개 사, 참관객 약 2만여 명이 참가하며 태국에서 한류가 여전히 건재함을 다시 한 번 확인하는 계기가 되었다.

- 한-태 스마트시티의 날

● 한-태 스마트시티 세미나

태국 정부의 스마트시티 추진 의지에 부응하고 양국 기업의 협력 기회 발굴 및 확대를 위해 방콕무역관은 2020년부터 매해 '한-태 스마트시티의날'을 개최하고 있다. 태국 측에서는 스마트

● 한-태 스마트시티 쇼케이스

● FTA·RCEP 활용지원 설명회 방콕무역관장 인사　　● FTA·RCEP 활용지원 설명회 전경

시티 관련 프로젝트 발주처(태국 지자체 등)가 참가하고 한국에서는 스마트시티 진출을 희망하는 국내 기업이 참가하며 스마트시티 세미나 및 상담회 등이 진행된다.

- FTA·RCEP 활용지원 설명회

방콕무역관은 FTA·RCEP 등을 활용한 양국간의 교역 확대를 도모하기 위해 FTA지원센터를 운영하고 있으며, 이를 통해 관련 정보 전파, 불편상담 등을 연간 추진하고 있다. 또한 한국 및 태국정부 관계자를 연사로 초청하여 한태 양국의 원산지 증명서 발급, 품목

● 과학창의 인재육성 캠프

● 2022 태국 방콕 국제가공, 충진 및 포장산업 전시회 한국관

분류 등 FTA·RCEP 등에 관련된 정보를 전달하는 'FTA, RCEP 활용 지원 설명회'를 매해 2회씩 개최하고 있다.

● 과학창의 인재육성 캠프 사업(CSR)

방콕무역관은 한태 양국의 공동번영과 상생협력을 위한 CSR사업의 일환으로 태국 교육부 및 유관기관, 한국 교육 관련기업 및 태국 진출 한국 기업이 참가하는 '과학창의 인재육성 캠프'를 2020년 및 2022년에 각각 개최했다. 동 사업은 한류 체험 기회가 부족한 태국 지방 소재 초등학교 학생들을 대상으로 한국 교육 콘텐츠를 활용한 게임 콘테스트, 수학 경진대회 등을 개최하고 한국 문화를 소개하는 사업으로 한국 기업의 기부를 통해 사업이 진행된다.

● 2022 태국 방콕 국제 가공, 충진 및 포장산업 전시회

방콕무역관은 1966년 방콕에서 개최된 제1회 아시아 국제무역박람회에 참가한 이래 매해 방콕에서 개최되는 다양한 전시회에 한국관을 설치하고 우리 기업의 제품 홍보 및 바이어 상담 등을 지원하고 있다. 코로나19 이전에는 연간 약 4~5회의 전시회에 참가했으나 2021년은 코로나19 영향으로 태국 내 전시회 개최가 불가능했으며, 2022년에는 전시회 개최가 재개되어 '2022 태국 방콕 국제 가공, 충진 및 포장산업 전시회'에 한국관을 개설하여 참가했다. 방콕무역관의 동 전시회 참가는 2013년 첫 참가 이후 여덟 번째다.

[한국-태국간 교역액 추이]

(단위: 100만 달러)

연도	태국으로 수출	태국으로부터 수입	교역합계
1965년	4	1	5
1970년	5	2	7
1980년	165	91	256
1990년	969	464	1,433
2000년	2,015	1,631	3,646
2010년	6,460	4,169	10,629
2020년	6,853	5,197	12,050
2021년	8,524	7,015	15,539

자료원 : 한국무역협회 무역통계

소재지 및 연락처

주소 : 41F, Bhiraj Tower at EmQuartier, 689 Sukhumvit Road, North Klongton, Vadhana, Bangkok, Thailand

Tel: 02-035-1555

Thai Tip

태국의 술 판매 시간은 엄격하게 정해져 있다. 술을 살 수 있는 시간은 오전 11시부터 오후 2시, 오후 5시부터 자정까지에 한한다. 24시간 중 10시간만 술 판매를 허용하고 있다. 한참 일하는 오후 3시부터 5시까지, 또 한참 자야 하는 자정부터 일시작하는 오전 시간엔 술 판매를 못하도록 규정했다.

▌한국산업인력공단 태국 EPS센터

한국산업인력공단 태국 EPS센터는 내국인 근로자를 구하지 못해 인력난을 겪고 있는 국내 중소기업체와 농어촌 등에 태국 근로자를 송출하기 위하여 2004년 대한민국 고용부와 태국 노동부간 고용허가제 MOU를 체결한 후 방콕에 설립되었다.

태국에서의 고용허가제를 통한 외국인 근로자 도입 절차는 첫째 한국어 능력시험과 기능시험을 거쳐 우수한 인력을 선발하고, 둘째 한국으로 들어가기 전에 한국어 교육과 한국문화 이해, 불법체류 방지 교육 등을 실시하고 있으며, 셋째 건강검진과 범죄 경력 확인 등 신체건강 유무를 학인하고, 넷째 송출 과정에서 불법이 발생하지 않도록 모니터링하는 등 외국인 근로자들이 더욱 투명하고 신속하게 국내에 취업할 수 있도록 지원하고, 송출국가와의 업무협력 등을 통해 고용허가제가 성공적으로 시행될 수 있도록 하고 있다. 또한 한국에 취업하기를 희망하는 예비 근로자들의 한국어 능력 향상과 한국문화 이해를 돕기 위하여 한국어 교재를 발간하여 보급하고 있다.

[연혁]

날짜	내용
2004. 6. 25.	대한민국 고용노동부와 태국 노동부간 MOU 체결
2004. 12. 8.	태국 EPS센터 개소

2008. 9. 9.	한국어능력시험 업무위탁 협약서(SCA) 체결
2008. 11. 9.	한국어능력시험(PBT) 시험 개시
2011. 9. 15.	한국어능력시험 방콕 CBT 자체 시험장 개설
2016. 6. 28.	한국어능력시험 우돈타니 CBT 자체 시험장 개설

[역대 EPS센터장]

구 분	성명 및 기간
1대	손규일(2004. 12. 08.~2007. 01. 31.)
2대	곽재구(2007. 02. 01.~2009. 01. 31.)
3대	김용철(2009. 02. 01.~2010. 06. 30.)
4대	한상원(2010. 07. 01.~2011. 12. 31.)
5대	이동언(2012. 01. 01.~2013. 12. 31.)
6대	최상건(2014. 01. 01.~2015. 12. 31.)
7대	임승묵(2016. 01. 01.~2018. 12. 31.)
8대	천학기(2019. 01. 01.~2021. 12. 31.)
9대	김영동(2022. 01. 01.~2022. 08. 현재)

▌주요 사업

● E-9 외국인 근로자 도입

한국어능력시험(EPS-TOPIK)과 기능시험(SKILL-TEST)을 공정하게 시행하고 합격한 예비 근로자들의 고용허가서 발급이 신속하게 이루어지도록 구직신청을 독려하며, 한국문화에 대한 이해와 불법체류 방지 등을 위한 교육 실시, 한국 사업주와 근로계약이 체결된 근로자들의 비자 발급 신청과 비자 발급 즉시 신속한 출국을 지원하여 한국 사업주에게 인도.

총 계	'04 ~ '15	'16	'17	'18	'19	'20	'21	'22. 6
96,879	68,149	6,212	5,776	6,195	5,236	627	2,928	1,756

● CBT 시험 실시

● 기능시험(링 걸기, 색각 등) 진행

- 고용허가제 홍보 및 송출국가 인적자원개발 등 국제교류 협력지원
  고용허가제를 통한 합법적 취업설명회 개최 및 홍보 등 송출국가
  협력사업 진행, 국내 인력 부족 뿌리산업에 대한 훈련 및 교육시스
  템 파악 등 잠재 E-9 근로자 지원

● 한국문화 이해 및 불법체류 방지 교육

● 출국 지원

● 고용허가제 홍보

● 자격증 상호인정 협의

● 태국 기능 인력 송출 협의

● 뿌리산업 지원

● K-Move 해외취업 지원 및 근로자 귀국지원 사업
  글로벌시장으로의 취업을 희망하는 한국 청년들의 해외취업 지원 및 근로계약기간이 만료된 근로자들의 자진 귀국을 유도하여 불법체류 방지 및 귀국한 근로자들이 안정적으로 정착할 수 있도록 지원

● 해외취업박람회 대면 및 비대면 면접

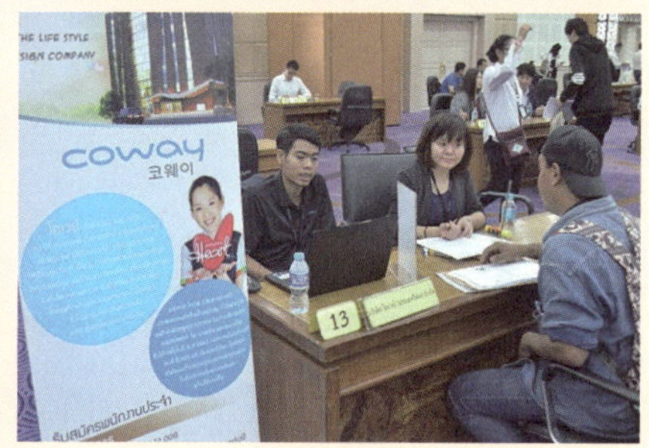

● 태국 귀국근로자박람회

소재지 및 연락처

주소 : 12th FL. Social Security Office Section 3 Building, Ministry of
Labour, Mit-Maitri RD, Dindaeng, Bangkok 10400, Thailand
(태국노동부 청사 : 무상입주)
Tel : (001-66)2-245-9433

 **Thai Tip**

두리안은 '지옥의 향기 천국의 맛'으로 수식된다. 평균기온 22도가 넘는 곳에서만
재배되는 열대과일의 대표주자로 역한 냄새가 나지만 강렬한 중독성을 지녀 '과일
의 마왕'으로도 불린다.

▌중소벤처기업진흥공단 태국 방콕BI

Korea SMEs and Startups Agency; KOSME, Bangkok BI

중소벤처기업진흥공단은 우리 중소벤처기업의 기존 수출대행기관을 활용한 수출한계를 극복하고, 독자적인 수출능력 배양 및 조기 정착을 위하여 해외 주요 거점에 수출인큐베이터를 설치하고 있다. 태국의 방콕 수출인큐베이터는 2017년 9월 방콕 시내인 프롬퐁(Prom Phong)에 개소했다.

인도차이나 지역, 특히 태국에 진출하고자 하는 우리 중소기업의 현지 조기정착과 마케팅 지원을 하고 있다. 또한 사무공간 및 공동회의실 제공, 현지 마케팅/법률/회계 고문의 자문 등으로 해외 진출 조기의 위험 부담을 경감하고, 조기 정착이 가능하도록 지원하여 해외시장 진출과 수출 확대를 촉진하기 위하여 운영하고 있다. 조기 정착을 위한 행정 지원 및 KOTRA 무역관 등 유관기관과의 연계지원 또한 가능하다.

방콕 수출인큐베이터에는 총 10개의 입주 공간이 존재한다. 지원 대상은 태국 현지법인 또는 지사를 설치하고자 하는 중소벤처기업이며, 기본 2년 입주 후 소정의 평가를 통하여 2년 추가 연장이 가능하다. 입주 보증금은 500만원(2022년 8월 기준)이며, 월 임대료는 사용 면적에 따라 USD 150에서 USD 210(입주 1년차 기준)이다. 월 임대료의 경우 입주 1년차는 80% 할인을 받으며, 2년차는 50%, 3~4년차(임차실비 USD 750~USD 1,050, 2022년 8월 기준)는 할인이 되지 않는다.

신청을 원하는 입주기업은 중소벤처기업진흥공단 웹사이트(www.kosmes.

or.kr)에서 신청 가능하며, 서류 및 재무평가, 기업현장 실태조사 등의 입주타당성 평가와 현지 시장성 평가를 종합하여 선정된다.

[연혁]

순	연도, 월	내용	비고
1	2017년 12월	방콕 프롬퐁에 수출인큐베이터 개소	
2	2019년 9월	NIA(태국 국가혁신원)과 MOU 체결	
3	2019년 9월	OSMEP(태국 중소기업청)에 KTKEC(한태 기술교류센터) 개소	
4	2021년 3월	NSTDA(태국 국가과학기술개발원)와 MOU 체결	

[역대 방콕 수출인큐베이터(BI) 소장]

순	이름	기간
1	남경문	2017. 09.~2020. 09.
2	강준성	2020. 09.~현재

▌주요 사업

중소벤처기업진흥공단 방콕 수출인큐베이터(BI)는 10개의 중소벤처기업의 태국 현지 적응을 돕기 위하여 개별 사무공간, 집기, 전화, 인터넷 등을 제공하고 있으며 이들이 회의실과 공용 창고 등을 이용할 수 있도록 지원해주고 있다. 입주 이전부터 비자, 부동산, 은행, 우편 등 행정업무에 대한 정보 제공 및 일부 통역 서비스를 지원하고 있으며, 전문적인 기업 미팅 및 계약에서 통역이 필요한 경우에는 전문 통역가를 연결시켜 지원해주고 있다. 수출 인큐베이터에 입주하고 싶은 기업 등을 대상으로 방콕 수출인큐베이터 내에 있는 공유 오피스 및 공동 회의실을 사용할 수 있도록 지원하는 PRE-BI 등의 프로그램을 통하여 태국에서 사업을 열고 싶은 중소벤처기업을 대상으로 기회를 마련해주고 있다.

● 방콕 수출인큐베이터(BI) 내부

● 2019 KOSME-NIA 업무협약 양해각서 체결식

● 태국 중소기업청(OSMEP) 내 한태 기술교류센터 개소식

한편 KOTRA 방콕 무역관과도 협력하여 연계지원도 하고 있으며 마케팅, 법률, 회계 고문의 자문 또한 외부 전문 기관을 통해 입주 기업들을 대상으로 제공하고 있다. 2022년부터는 유망소비재 태국시장 진출기업 지원사업 등 방콕 수출인큐베이터에 입주하지 않은 한국 중소벤처기업이 태국 시장에 진출할 수 있도록 도와주는 다양한 사업 지원 프로그램도 구상하여 제공하고 있다.

이 외에 2019년에 태국 국가
혁신원(NIA), 2022년에 태국 국
가과학기술개발원(NSTDA)과
MOU를 체결하며 양국 중소벤
처기업 간 원활한 지원이 가능
하도록 대외협력 및 외교활동
을 이어오고 있다.

2019년에 태국 중소기업청
(OSMEP) 내에 한태 기술교류
센터(KTKEC)를 개소했으며,
OSMEP과 2018년 이래 매년
한태 스타트업 포럼 및 온라인

● 2022 KOSME-NSTDA 업무협약 양해각서 체결식

기술 매칭, 기술교류협의회(G-TEP) 등 한국과 태국 간 중소벤처기업 관
련 외교협력 활동을 주기적으로 해오고 있다. 올해는 태국이 APEC 의
장국인 관계로 태국 내 중소벤처기업을 대상으로 한국의 컨설턴트를
태국으로 초청하여 온·오프라인 컨설팅을 받는 등 활동을 진행했다.

● 2021 NIA SITE 행사 참석

소재지 및 연락처

주소 : Bhiraj Tower at EmQuartier, Unit 3901, 3911-12, 38th Floor, 689 Sukhumvit Road, North Klongton, Vadhana, Bangkok, 10110 Thailand

Tel : 02 700 9525

E-Mail : kangjs@kosme.or.kr

Thai Tip

태국 가축개발국은 총 850만 마리의 개가 살고 있는 것으로 발표한 적이 있다. 이 중 70만 마리가 떠돌이개였다. 70만 마리 중 30만 마리는 수도 방콕에 살고 있었으며 이 중 34만 마리가 암컷이었다. 암컷 한 마리는 1년 평균 10마리의 새끼를 낳는 것으로 조사됐다.

▌한국관광공사 방콕지사

Korea Tourism Organization, Bangkok office

한국관광공사는 관광을 통해 국가경제 발전을 선도하고 국민복지 증진에 기여하기 위한 목적으로 1962년 국제관광공사법(현 한국관광공사법)에 의거 창립된 위탁집행형 준정부기관이다. 여행하기 좋은 나라를 만드는 글로벌 관광선도기관이라는 미래상 아래 국민들의 국내관광 촉진과 외국인의 한국방문 확대 및 한국 관광산업의 경쟁력 제고를 위하여 다양한 사업을 추진하고 있다.

국제관광 진흥과 국민관광 진흥을 기본 기능으로, 관광자원 개발, 관광시장 분석 및 정보제공, 관광 전문인력 양성, 관광수용태세 개선 등 관광산업 전반에 걸친 다양한 기능과 역할을 수행하고 있으며, 현재 본사 5본부 외에 10개의 국내지사와 22개국 33개의 해외지사로 구성되어 있다.

방콕지사는 1982년 9월 주재원 2인 체재로 최초 개소되었으며 2003년 태국 시장 위상 증대에 따라 3인 체재로 개편되었다. 주재국은 태국, 관할 지역은 미얀마와 라오스이며, 주요 업무로 소비자 대상 방한관광 캠페인, 태국 시장 맞춤형 방한관광상품 개발 및 판촉, 개별관광객 대상 뉴미디어 디지털 마케팅, 고부가/인센티브 단체관광객 유치 등을 담당하고 있다.

지사 개소 이후 한국을 방문한 태국인 관광객은 2004년에 최초로 10만 명을 돌파했다. 연평균 성장률 두 자릿수를 상회하는 가파른 상승세를 보이며 2010년에 20만 명을 넘어섰고, 불과 1년 만인 2011년에 30만 명 시대를 열었다. 이후 2016년에 40만 명, 2018년에 50만 명을 달성했으며 2019년에는 57만 1,000명이라는 역대 최대의 태국인 관광객을 유치했다.

코로나19 발생 이후 약 2년이 넘는 기간 동안 한국-태국 간 인적 교류는 거의 중단되다시피 급감했으나, 2022년 한태 양국 정부의 단계적인 입국규제 완화 조치 이후 방한시장 조기 정상화를 위한 환대캠페인 전개 및 온·오프라인 대형 소비자 행사 개최 등 공격적인 홍보마케팅 추진을 통해 태국인 방한시장은 점차 회복세로 돌아서고 있다.

[연혁]

순	연도, 월	내용	비고
1	1982. 7.	1대 지사장 부임	
2	1982. 9.	방콕지사 개소	
3	2021. 9.	13대 지사장(이상우) 부임	

[관광객 교류현황]

(단위 : 명)

구 분	2015년	2016년	2017년	2018년	2019년	2020년	2021년
태국 → 한국	371,769	470,107	498,511	558,912	571,610	76,568	8,319
증감률(%)	−12.4	26.5	6.0	12.1	2.3	−86.6	−89.1
한국 → 태국	1,372,989	1,464,218	1,717,867	1,796,615	1,890,959	260,228	12,077
증감률(%)	23.0	6.6	17.3	4.6	5.3	−86.2	−95.4

출처 : 한국관광 데이터랩(https://datalab.visitkorea.or.kr)

[역대 지사장]

순	이름	기간
1	이우철	1982. 7.~1988. 2.
2	장기득	1988. 2.~1990. 8.
3	이우철	1990. 9.~1994. 1.
4	한선주	1994. 1.~1997. 3.

5	최승환	1997. 3.~2000. 5.
6	김진세	2000. 6.~2003. 6.
7	전효식	2003. 6.~2006. 6.
8	강성길	2006. 6.~2009. 7.
9	우병희	2009. 7.~2012. 7.
10	정병희	2012. 8.~2015. 8.
11	이 웅	2015. 8.~2018. 8.
12	고봉길	2018. 9.~2021. 8.
13	이상우	2021. 9.~현재

▌주요 사업

한국관광공사는 중국 등 특정국가 의존도를 낮추고 성장가능성이 높은 동남아시아를 주력시장으로 육성하는 외래관광객 유치 다변화 전략을 비롯하여, 개별관광객 유치 강화 및 고부가 관광객 유치 확대 등 관광산업 질적 성장에 초점을 맞춘 인바운드 마케팅 전략을 수립하여 사업을 추진하고 있다.

이에 따라 방콕지사는 소비자 대상 방한관광 캠페인 개최, 태국시장 맞춤형 핵심 테마 마케팅 전개, 메타버스 등 뉴미디어 디지털 마케팅 강화, 인센티브 단체관광객 유치 확대 등 업무를 담당하고 있다.

● 소비자 행사(Love Korea Festival)

특히 동남아중동 지역 최대 방한객 송출시장인 태국(2019년 기준 57만 명)을 코로나19 이전 수준으로 조기 회복하고 신규 수요를 창출하기 위해 공격적인 포스트코로나 방한관광 홍보 마케팅 활동을 전개해나가고 있다.

소비자 대상 한국여행 캠페인 개최

- 대형 소비자 행사 Love Korea Festival 개최
  - 포스트코로나 대비 방한 태국인 시장 조기 회복 및 관광수요 선점을 위한 B2C 대형 소비자 행사 개최
  - K-POP, K-Beauty, K-Food 등 한국관광 콘텐츠 활용 한국문화 · 관광 홍보 및 항공사/여행사 공동 방한 여행상품 판촉 등
  * RTO, 항공사, 여행사 및 주태국 한국기관 등 20~30개 기관 참여
- 태국여행업협회(TTAA) 공동 한국여행 캠페인
  - 태국 아웃바운드 여행업계를 대표하는 TTAA와의 공동 협업을 통해 코로나 이후 태국시장을 일본, 싱가포르 등의 경쟁국에 앞서 한국이 선점
  - 태국여행업협회 방한 팸투어 및 공동 방한상품 개발 및 모객 지원 등 태국 아웃바운드 한국관광 확대 특별 사업 전개
  - TTAA 주관 태국 국제 관광박람회(TITF) 참가를 통한 한국관광 홍보관 운영

● 전시박람회(TITF)

* 항공사, 여행사 및 국내 관광유관기관 등 20~30개 기관 공동 참여

- 글로벌 온라인여행사(OTA) 공동 잠재 관광객 판촉 프로모션
  - 소비자 대상 판촉 프로모션을 통한 방한 여행에 대한 기대심리 회복 전환 및 포스트 코로나 대비 해외여행 수요 사전 선점
  - Klook 등 글로벌 OTA와 공동으로 개별관광객(FIT) 대상 한국여행 홍보 이벤트 개최 및 방한상품 할인 판촉 프로모션 실시

태국 시장 맞춤형 핵심 테마 마케팅 전개

- 태국 시장 핵심 테마 방한상품 개발 및 팸투어·설명회 개최
  - 태국 내 한국관광 인기 콘텐츠인 한류, 음식, 겨울 등을 기반으로 하는 핵심 테마 집중 마케팅 전개로 효과적 한국관광 홍보 확산 및 방한 태국인 시장 조기 회복
  - 인플루언서 방한 초청을 통한 음식관광 콘텐츠 제작 및 관련 상품 개발, 한국 겨울 음식 등 태국인 선호 동계상품 강화, 태국 내 인기 K-드라마·K-POP 소재 활용 방한상품 판촉 등
- 태국 태권도 영웅 Coach Choi 방한상품화 및 SNS 홍보 마케팅
  - 선제적 SIT 홍보마케팅을 통한 방한시장 조기회복 기반 마련을 위해 태국 태권도 셀럽(최영석 감독)을 활용한 방한상품화 및 SNS 바이럴 챌린지 이벤트 추진

  * 태국 태권도국가대표팀 최영석 감독 한국관광명예홍보대사 위촉('22. 7월)

  - Coach Choi와 함께하는 '2022 K-Spirit Korea Trip' 방한상품

● 메타버스 이벤트

개발 및 소비자 참여형 틱톡 듀엣 챌린지(Duet challenge) 등 SNS 기반 디지털 마케팅 전개

- 간접 한국체험 여행상품 '1-Day Korea Tour in Thailand'
  - 포스트코로나 대비 방한관광 재개 사전 대응 및 효과적 한국관광 홍보 확산을 위해 K-Food, K-POP, K-Beauty 등 핵심 한류 콘텐츠를 활용한 태국 내 간접 한국체험 여행상품 운영

메타버스 등 뉴미디어 디지털 마케팅 강화

- 한류 스타 활용 메타버스 가상 한국여행 홍보 마케팅
  - 태국의 높은 한류 콘텐츠 인기 및 소셜미디어 이용률을 고려한 MZ 세대 맞춤형 메타버스 기반 디지털 마케팅을 통한 한국관광 홍보 및 방한여행 재개 촉진
  - 한류 스타 활용 메타버스 소비자 참여형 게임 및 이벤트 진행 및 SNS 바이럴 확산
- 태국 셀렙 활용 버추얼 지역관광 홍보 마케팅
  - 수도권 대비 낮은 태국 방한객의 지방공항 이용률 개선·확대를 통한 관광수요 지역 분산 및 지역경제 활성화 기여
  - 태국 셀렙의 지역관광 현장 방문을 통한 페이스북 LIVE 등 뉴미디어 채널 라이브 방송 및 SNS 바이럴 확산

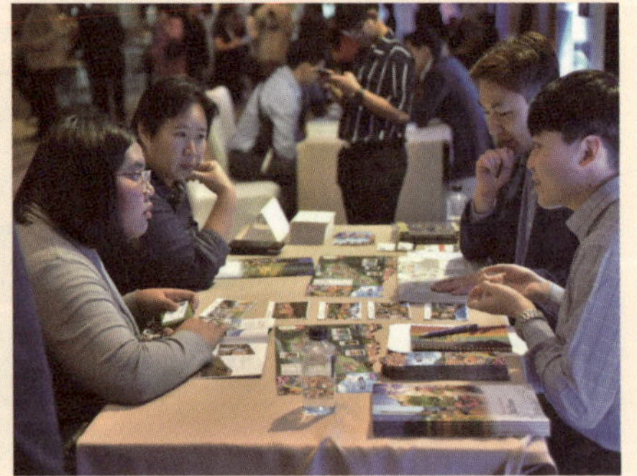

● 인센티브 설명회(Korea MICE Night)

- SNS 활용 소비자 참여형 디지털 마케팅 추진
  - 주재국(태국) 및 관할국(라오스) SNS 채널 활용 디지털 마케팅 추진을 통한 FIT 맞춤형 콘텐츠 적시 제공 및 한국관광 관심층 확대
  * (태국) 페이스북 팔로워 82.8만 명, 인스타그램 팬 1.1만 명 / (라오스) 페이스북 팔로워 13.4만 명
  - 태국 유력 온라인 채널/커뮤니티 활용을 통한 한국여행 콘텐츠 개발·확산 등

인센티브 단체관광객 유치 확대

- B2B 고객 대상 럭셔리 & MICE 하이브리드 트래블마트 개최
  - 포스트코로나 방한관광 본격 재개 준비를 위해 주요 여행사 대상 럭셔리&MICE 분야 관광콘텐츠 교육/홍보, 일대일 비즈매칭 및 온라인 상담 기회 제공
- 방콕 주요고객 초청 인센티브 설명회(Korea MICE Night) 개최
  - 인센티브 주력 여행사, 항공사, 고객(공무원/기업체/대학 등), 언론 등 주요 고객 초청을 통한 인센티브/기업회의 지원제도 설명·상담 및 홍보
- 인센티브/기업회의 방한단체 지원제도 운영

소재지 및 연락처

주소 : 399 Interchange Building 25th Fl(Unit3), Sukhumvit Rd, Klongtoey-Nua, Wattana, Bangkok 10110

Tel : 66-2-611-2731(~3)

e Mail : koreainfo@kto.or.th

한국농수산식품유통공사 방콕지사

Korea Agro-Fisheries & Food Corp. / aT Center Bangkok

● aT 방콕지사장 이주용

한국농수산식품유통공사는 한국 농식품의 수출과 유통을 통해 미래 농식품산업을 주도하는 일류공기업으로 농수산식품산업 강국실현으로 "대한민국 국민의 행복을 더하는 공사"라는 비전을 중심으로 국내뿐 아니라 전세계로 한국 농식품의 우수성을 알리고, 경쟁력 강화를 위해 다양한 정책사업을 수행하는 농림축산식품부 산하 준정부기관이다.

aT방콕지사는 동남아 소비 트렌드를 이끄는 태국을 중심으로 미얀마 및 시장 잠재성이 풍부한 인도를 관할하며, 한국 농식품의 글로벌화를 위해 지난 2012년 사무소를 설립하고 2020년 aT 아세안지역본부 산하 지사로 정식 승격되어 더욱 다양한 농식품 수출 지원사업을 전개하고 있다.

aT방콕지사의 주요 업무는 크게 ① 시장 개척 ② 현지화 지원 ③ 마케팅 ④ 물류시스템 지원 등이 있는데, 이는 한국의 우수한 농식품 관련 수출기업이 현지로의 진출뿐 아니라 성공적인 비즈니스 안착까지 원스톱(One-Stop)으로 지원하는 시스템이라고 할 수 있다. 또한 현지의 주요 리테일 및 대형 바이어와 긴밀한 네트워크 유지를 통해 한국의 경쟁력 있는 농식품의 태국 현지 진출을 도모하고 있다. aT방콕지사는 태국 메이저 유통 매장인 Tops, BigC, Lotus, Makro 등과 연중 다양한 홍보, 마케팅 및 판촉행사를 꾸준히 진행하고 있으며, 최근 급부상 중인 퀵커머스 플랫폼, 그랩(Grab) 등 온라인 유통 채널과 다양한 협업을 통해 한국 농식품의 현지 판매 채널을 다양화하고 있다.

또한 최근 글로벌 경영트렌드인 ESG경영실천의 일환으로 저탄소 식생활 실천·전파, 글로벌 그린푸드 데이, 플로깅 프로젝트 및 열악한 여건의 외국인 근로자(미얀마 등) 환경처우 개선 등 다양한 사회공헌활동을 사업과 접목하여 실천 중이며, 이는 태국 내 한국 농식품의 긍정적인 이미지 전파를 넘어 대한민국의 위상을 높이는 데 큰 역할을 하고 있다.

앞으로도 aT방콕지사는 최근 K-POP, K-드라마에 이은 한류의 큰 테마 중 하나인 K-푸드를 기반으로 동남아 소비 트렌드 리딩 국가이자 세계인의 주방이라 불리는 태국 내 한국 농식품의 우수성을 더욱 적극적으로 홍보하고 소비를 확산시킬 것이며, 태국인들에게 하나의 가치 있는 문화로 자리 잡을 수 있도록 다양한 홍보 및 마케팅 전략을 수립, 실행할 예정이다.

[연혁]

순	연도, 월	내용	비고
1	2012. 8.	한국농수산식품유통공사 방콕사무소 설립	
2	2020. 2.	아세안지역본부 산하 지사 승격	

[역대 지사장]

순	이름	기간
1	김석주 소장	2012~2014
2	송미정 소장	2014~2017
3	양재성 지사장	2017~2020
4	이주용 지사장	2020~현재

- 동남아 최대 규모 태국 식품박람회(THAIFEX) 한국관 운영(매년 5월경)
  - 행사개요 : 세계 최대 식품박람회인 독일 퀼른박람회(ANUGA) 주최사가 태국 정부와 공동 주최하는 박람회로, 동남아시아 최대식품박람회
  - 행사명/개최장소 : THAIFEX-Anuga Asia 2022(19회) / IMPACT EXHIBITION & CONVENTION CENTER
  - 참가목적 : 동남아 최대 규모 식품박람회, 타이펙스 내 한국관 운영을 통해 한국 유망 농식품 홍보 및 바이어 발굴
  - 한국관 운영규모 : 총 66개 부스(594㎡) 규모로 소스, 신선 농산물, 스낵 등 56개 기업 참가
  - 주요 성과(2022년)
    * 박람회 기간 총 918건 900만 달러(약 1,000억 원) 수출 상담 및 약 300만 달러 MOU 체결
    * 2022년 당시 전 세계 34개국 1,200여 개 식품 기업이 참가했으며, 한국관은 참가 국가 중 최대 규모의 국가관으로 운영
- 현지 대형유통업체 등 다양한 채널을 통한 한국농식품 마케팅 및 판촉 전개 등
  - 운영목적 : 한국 신선 농산물의 수출 확대 거점 마련을 통한 수출

● 태국 태권도 영웅 금메달리스트 파니팍 선수 초청 시연회

● 2022 타이펙스 한국관 참가 수출기업 단체사진

● 태국 1위 퀵커머스 플랫폼 그랩(Grab) 연계 K-Food 홍보

● 고급 유통매장(Gourmet Market) 신선 농산물 판촉 홍보

경쟁력 제고를 위해 현지 유명 유통 매장 등과의 전략적 협업을 통한 한국 신선 농산물 상시 홍보, 판매 전용코너 운영

- 주요품목 : 신선 배, 포도(샤인머스캣), 단감, 딸기, 사과 등 한국 신선 농산물 전반

● K-Food Fair

- 운영목적 : 태국 내 한국 농식품 수출 확대를 위한 비즈니스 매칭 및 소비자 대상 다채로운 온오프라인 마케팅 전개를 통해 한국 농식품의 신규 거래선 발굴 및 태국을 넘어 아세안 시장 수출 확대 도모

(B2B) 대 태국 농식품 수출 확대를 위한 웨비나 및 수출상담회 추진

- (이슈세미나) 태국 식품 수입·통관제도 및 이슈, 엔데믹 시기 소비 동향, 주요 경쟁국 식품 트렌드 등 태국 내 한국 농식품 수출 확대를 위한 관련 정보 공유의 장 마련

- (수출상담회) 관할 3개국(태국, 인도, 미얀마) 바이어 초청 및 수출업체 일대일 상담 매칭을 통한 신규 유망상품 홍보 및 거래선 발굴 지원

(B2C) 한류 콘텐츠와 함께하는 K-Food 소비자 체험 홍보 행사 개최

● K-Food Fair 소비자 체험 행사 장면

● K-Food Fair 비즈니스 매칭 MOU 장면

- 유동 인구가 많은 최고급 백화점 쇼핑몰 내 행사 추진으로 모객
  효과 극대화 및 인기 한류 콘텐츠(K-Drama, K-Pop 등)를 접목한 체험
  형 행사장을 구성하고, 인플루언서 등 초청하여 다양한 체험 이벤
  트 진행 및 온라인 이벤트 병행
- 한국 농식품 홍보 테마관(미래클 품목, 임산물, 수산 식품 홍보관, 오픈 키친
  등) 운영과 함께 마켓테스트 실시로 신규 품목 홍보 및 소비 저변
  확대
● 현지화사업 및 공동물류 지원사업 등
- 현지화사업 : 태국 및 동남아 진출을 희망하는 한국의 우수한 수
  출기업 및 현지 한국 농식품을 수입하거나 수입을 희망하는 유망
  수입사의 안정적 비즈니스 정착을 위해 업체별 맞춤형 컨설팅 등
  다각적인 지원의 성장 사다리
- 공동물류 지원사업 등 : 현지 열악한 물류 여건으로 어려움을 겪

● 컨설팅

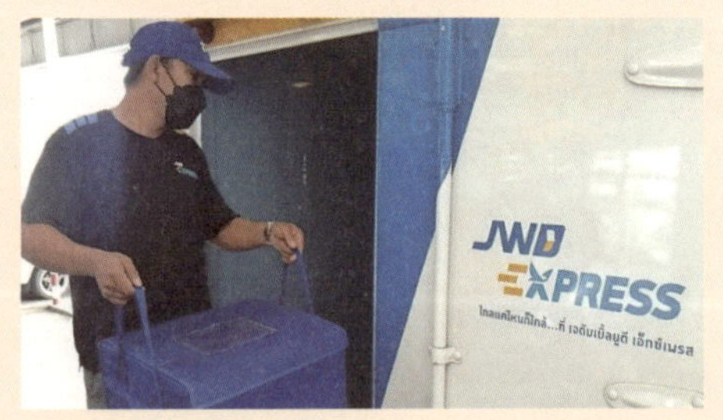

● 콜드체인 구축 지원

는 한국 농식품 수입 벤더사로 공동물류지원 및 콜드체인 시스템 구축 지원을 통해 안전하고 안정적인 한국 농식품 물류 인프라 제공으로 고품질 안전 한국 농식품 현지 전파에 기여

소재지 및 연락처

주소 : #2102 Level 21, Interchange 21, 399 Sukhumvit Rd, North Klongtoey, Wattana, Bangkok 10110 Thailand

Tel : 02 611 2627 / Fax : 02 611 2626

E-mail : bangkokat@at.or.kr

Thai Tip

태국 가정에서는 2022년 6월 9일부터 대마(마리화나)를 키울 수 있게 됐다. 의료용은 물론이고 상업 목적으로도 가능해졌다. 애플리케이션에서 사전등록하고 재배할 수 있으며 판매도 가능하다. 그러나 한국은 대마초를 피우거나 유통, 판매가 모두 불법이다. 양국의 법체계가 다른 만큼 유의가 요구된다.

▌코이카 태국사무소
KOICA Thailand Office

코이카 태국사무소는 1992년 10월에 개소했으며 1993년 한-태 봉사단 파견 협정을 체결하여 다양한 분야, 다수의 봉사단원을 파견했다. 태국이 고중소득국가로 분류되어 외교부 고중소득국 봉사단 파견 중단 계획에 의거하여 태국 ODA(공적개발원조) 사업 종료를 결정함에 따라 봉사단원 파견이 중단되었으나 태국 외교부와 MOU를 맺으며 2011년부터 종합대학과 기술대학에 한국어교육 중심으로 봉사단원을 파견하고 있다.

[연혁]

순	연도	내용	비고
1	1992년	코이카 태국사무소 개소	
2	1993년	한-태 봉사단 파견 협정 체결	
3	2009년	봉사단 파견 중단	
4	2011년	한국어 교육 중심으로 특화 파견	

▌주요 사업

코이카 태국사무소는 한국어 교육 분야 봉사단원의 지속적인 파견을 통해 한-태 양국 교류협력에 기여하고 있다.

- 연간 50~60명 규모의 한국어 교육 분야 봉사단원이 태국 내 한국어학 개설 대학 및 기술대학에 파견되어 활동했고 2020년 3월 코로나 상황으로 전원 귀국했다.
- 2022년 하반기에 봉사단원이 파견되어 활동을 재개할 계획이다.

소재지 및 연락처

주소 : AIA Capital Center, 7th Floor, Unit 706, 89 Ratchadapisek Road, Dindaeng, Bangkok

Tel : 02-248-1251-3

E-mail : koicathai@gmail.com

Thai Tip

태국의 실업률은 2010년 0.62%를 기록한 뒤 2017년 0.69%, 2018년 0.67% 등 10년 가까이 1% 미만의 믿기 어려운 낮은 실업률을 기록해왔다. 코로나의 영향으로 2021년 3분기 실업률이 16년 만에 최저인 2.25%를 기록하며 87만 명이 실직한 것으로 분석됐다. 태국 관광사업의 전체 GDP에서 차지하는 비중은 20%대다.

▌방콕한국국제학교
Korean International School of Bangkok, KISB

방콕한국국제학교는 2001년에 교민사회의 염원을 담아 '방콕한인학교'라는 이름으로 19명의 학생으로 개교했으며, 이후 초등교육과정, 중학교 과정, 고등학교 과정을 차례로 대한민국정부와 태국교육부로부터 인가를 받아 학교가 운영되고 있다.

2002년 민부리의 넝쩍 지역에 개교했으며, 학생들의 등하교에 걸리는 시간이 많아 학교 이전이 숙원사업이 되었으며, 2020년 방콕시내에서 좀 더 가까운 방켄의 람인트라 지역으로 학교를 이전했다. 4,365.66㎡의 교지 면적에 초등건물, 중등건물, 식당 및 체육관 등의 건물을 보유하고 있으며 일반교실, 특별실, 체육관 등을 갖추고 있다. 이 중 특별실은 음악실, 영어실, 컴퓨터실, 미술실, 초등도서실 2실, 중등도서실 2실, 과학실 2실, 보건실 등을 갖추고 배움의 산실로 성장하고 있다.

방콕한국국제학교는 태국 내 국제학교 중에서 대한민국 교육부의 인가를 받고 지원을 받고 있는 유일한 국제학교이며, 재외국민의 교육지원에 관한 법률에 의거하여 한국 교육과정에 기반한 초등학교 6년, 중학교 3년, 고등학교 3년의 교육 활동을 하고 있다.

전 세계에 39개의 한국국제학교가 있으며, 태국에는 방콕한국국제학교가 유일하다.

태국과 한국의 가교 역할을 할 역동적 미래 인재를 육성하기 위해 태국어,

영어, 한국어의 유창성을 목표로 하고 있으며 '서로 돕고 사랑하자' '한민족의 긍지를 갖자'라는 교훈으로 학생 교육에 최선을 다하고 있다. 대한민국정부의 지원을 받고 있으므로, 학생들은 부모 중 한 명 이상이 한국인어야 하는 조건이 있다.

2022년 8월 22일 개학일 현재 총 144명이 재학하고 있으며, 교민사회에 최신 교육정보를 제공하고, 학교를 중심으로 교민사회의 교육에 대한 소통과 연대의 장을 마련하고 있다. 또한 학생들의 수요에 기반한 교육활동과 교육과정을 구성하고 있으며, 학생의 배움과 성장을 지원하기 위해 교육공동체가 적극 지원하고 있다.

[연혁]

순	연도	내용
1	2001. 03.	방콕한인학교 개교(1~4학년 총 19명)
2	2002. 02.	방콕한국국제학교 설립 인가 초등 과정(대한민국 교육인적자원부)
3	2002. 12.	신축교사로 이전, 민부리(Minburi)
4	2003. 09.	방콕한국국제학교 태국교육부 인가(학교종별: 초,중,고)
5	2003. 10.	중학교 과정 인가(대한민국 교육인적자원부)
6	2007. 01.	고등학교 과정 인가(대한민국 교육인적자원부)
7	2004. 02.	초등학교 1회 졸업(15명)
8	2005. 02.	초등학교 2회 졸업(13명)
9	2006. 02.	초등학교 3회 졸업(14명)
10	2007. 01.	고등학교 과정 인가(대한민국 교육인적자원부)
11	2007. 02.	초등학교 4회(13명), 중학교 1회 졸업(10명)
12	2008. 02.	초등학교 5회(10명), 중학교 2회 졸업(10명)
13	2008. 03.	초등학교(8명), 중학교(11명), 고등학교(8명) 입학
14	2009. 02.	초등학교 6회(17명), 중학교 3회 졸업(14명)
15	2009. 03.	초등학교(9명), 중학교(14명), 고등학교(10명) 입학
16	2010. 02.	초등학교 7회(12명), 중학교 4회(4명), 고등학교 1회(5명) 졸업
17	2011. 01.	초등학교 8회(18명), 중학교 5회(11명), 고등학교 2회(10명) 졸업
18	2012. 01.	초등학교 9회(9명), 중학교 6회(13명), 고등학교 3회(10명) 졸업

19	2012. 03.	초등학교(3명), 중학교(9명), 고등학교(10명) 입학
20	2013. 01.	초등학교 10회(11명), 중학교 7회(11명), 고등학교 4회(9명) 졸업
21	2013. 03.	초등학교(8명), 중학교(11명), 고등학교(13명) 입학
22	2014. 01.	초등학교 11회(7명), 중학교 8회(15명), 고등학교 5회(8명) 졸업
23	2014. 03.	초등학교(7명), 중학교(6명), 고등학교(18명) 입학
24	2015. 01.	초등학교 12회(9명), 중학교 9회(9명), 고등학교 6회(7명) 졸업
25	2015. 03.	초등학교(3명), 중학교(8명), 고등학교(6명) 입학
26	2016. 01.	초등학교 13회(6명), 중학교 10회(11명), 고등학교 7회(12명) 졸업
27	2016. 03.	초등학교(7명), 중학교(8명), 고등학교(11명) 입학
28	2017. 01.	초등학교 14회(4명), 중학교 11회(8명), 고등학교 8회(18명) 졸업
29	2017. 03.	초등학교(3명), 중학교(3명), 고등학교(7명) 입학
30	2018. 01.	초등학교 15회(3명), 중학교 12회(6명), 고등학교 9회(10명) 졸업
31	2018. 03.	초등학교(3명), 중학교(4명), 고등학교(9명) 입학
32	2019. 01.	초등학교 16회(2명), 중학교 13회(10명), 고등학교 10회(9명) 졸업
33	2019. 03.	초등학교(6명), 중학교(1명), 고등학교(10명) 입학
34	2020. 01.	초등학교 17회(10명), 중학교 14회(5명), 고등학교 11회(13명) 졸업
35	2020. 03.	초등학교(2명), 중학교(7명), 고등학교(8명) 입학
36	2020. 04.	학교이전 민부리(Minburi) → 방켄(Bangkhen)
37	2021. 01.	초등학교 18회(10명), 중학교 15회(8명), 고등학교 12회(10명) 졸업
38	2021. 03.	초등학교(13명), 중학교(10명), 고등학교(12명) 입학
39	2022. 01.	초등학교 19회(13명), 중학교 16회(17명), 고등학교 13회(7명) 졸업
40	2022. 03.	초등학교(8명), 중학교(11명), 고등학교(17명) 입학
41	2022. 08.	초등학교 71명, 중학교 37명, 고등학교 38명 총 144명 재학 중

[역대 교장 및 재임기간]

순	이름	기간
1	제1대 민병순 교장	2001. 11. 09.~2002. 12. 31.
2	제2대 양진회 교장	2003. 01. 01.~2005. 01. 23.
3	제3대 박호남 교장	2005. 01. 24.~2008. 01. 23.
4	제4대 최진봉 교장	2008. 01. 24.~2011. 02. 23.
5	제5대 정미애 교장	2011. 02. 24.~2013. 02. 22

6	제6대 송의열 교장	2013. 02. 23.~2016. 02. 22.
7	제7대 조영록 교장	2016. 02. 23.~2019. 02. 20.
8	제8대 배정철 교장	2019. 02. 21.~2022. 02. 20.
9	제9대 안미혜 교장	2022. 03. 01~

▌주요 사업

- 물놀이 안전을 위한 초등 생존 수영 운영
- 외국어 활동을 통한 세계시민교육

  지구촌에서 일어나고 있는 환경문제, 인구문제, 빈곤퇴치문제 등의
  국제적 현안에 대해 말하기 쓰기 능력을 향상할 수 있도록 영어과
  교육과정을 계획하고 운영했음

  - KISB English Fair Day(디베이트, 환경토론 비디오 제작, 영어 합창)

  - 태국전통문화 체험 러이끄라통 만들기

  - KISB 희망 나눔 운동화 그리기 봉사활동 프로젝트

  - 2022 TSL(Trust for Sustainable Living) 2022 International Education
    Summit 참가

  - 2022 GLEC(Global Leadership English Contest) 참가

● 출발 전 학교장 안전 교육

● 배정된 버스 탑승

● 준비운동

● 급반별 수영 수업 실시

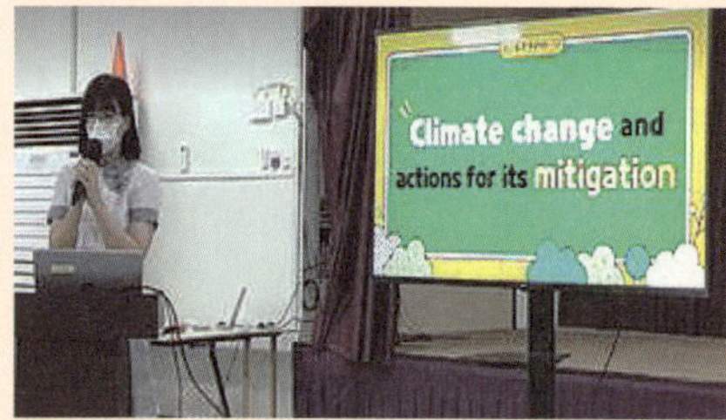

● 2022 GLEC(Global Leadership English Contest) speech

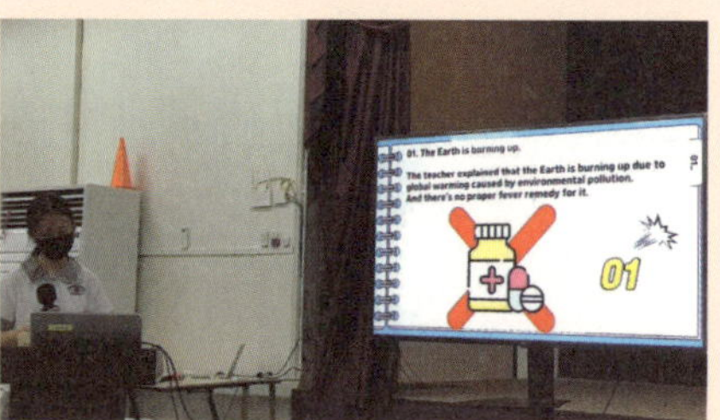

● 2022 GLEC(Global Leadership English Contest) speech

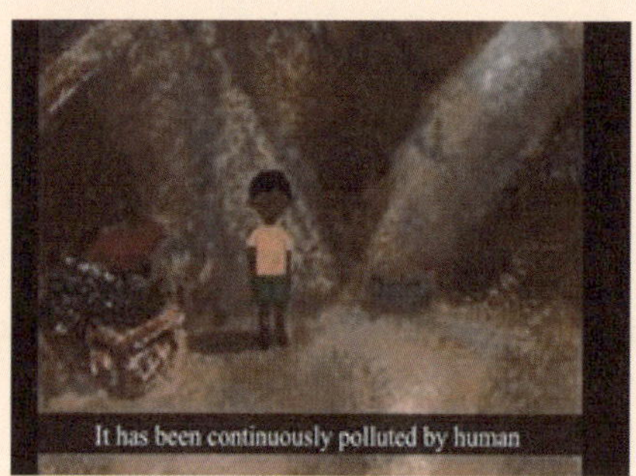

● TSL International Education Summit 환경토론 비디오 만들기

● TSL International Education Summit 에세이 쓰기

● English Fair Day 환경 보존을 주제로 한 영어합창 공연 'I am the Earth'

● English Fair Day 환경 보존을 주제로 한 패널 토론 활동

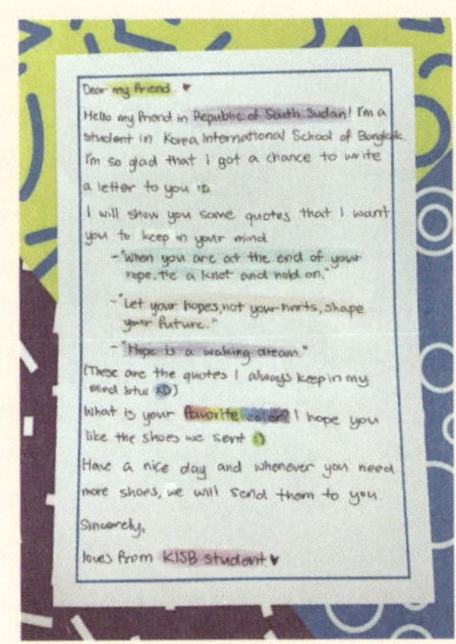

● 2022 KISB 희망나눔 운동화 그리기 봉사활동과 연계한 영어편지 쓰기

● 2022 KISB 희망나눔 운동화 그리기 봉사활동

● 태국 전통문화 체험 러이끄라통 만들기

● 친환경 벽화 그리기

● 환경보호 플래시 몹

- 중고등학교 주제통합수업 주간 운영 : 2022년 7월 2주간 교과와 비교과로 나누어 환경 관련 교과 수업과 친환경요리대회, 환경 관련 벽화 그리기 프로젝트를 진행함

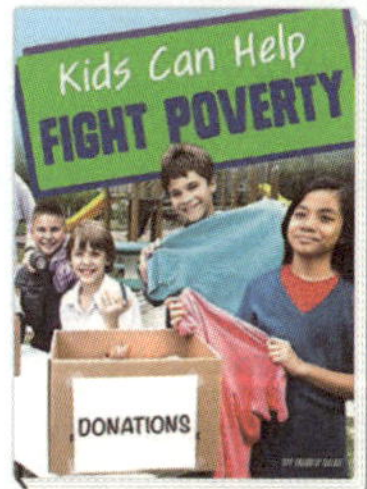

Kids Can Help Fight Poverty

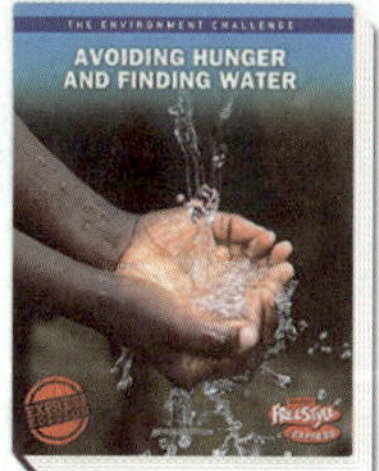

Avoiding Hunger and Finding Water (Express)

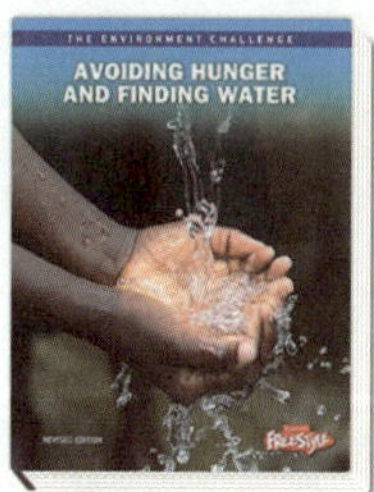

Avoiding Hunger and Finding Water

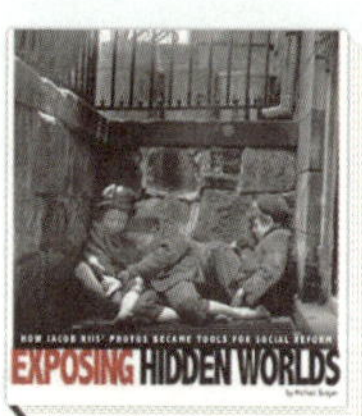

Exposing Hidden Worlds: How Jacob Riis' Photos...

Meet Thailand's New King

The streets of Bangkok, Thailand, turned into a sea of yellow. That color is meant to show love for the Asian nation's king. And a new man just officially stepped into that royal role. Over the...

May 6, 2019

Goodbye to a Prince

Prince Philip liked to live life fast. He zoomed in cars and piloted planes. The British royal was better known for something else though. He was married to Queen Elizabeth II for 74 years! The queen...

Apr 9, 2021

A Royal Parade for the Queen!

It was a parade fit for a queen! The celebration was for the United Kingdom's Queen Elizabeth II, to be exact. That monarch took the throne on February 6, 1952. This year marks the 70th year of her...

Jun 3, 2022

● 영어 필독서 및 주간 1인 1권 영어 원서 독서 활동

● 후원의 밤 사물놀이 공연

- 저소득층 자녀 및 학업 우수생에 대한 학비 지원을 위한 학교발전 기금 [후원의 집] 후원자를 위한 후원의 밤 행사 개최

● 후원의 집 32호 현판식

● 친환경 티셔츠 디자인

● 후원의 밤 참석자 기념 사진

[교지 및 교사]

교지 면적 : 4,365.66㎡ (111.94m × 39m)

구분	교실(1)		관리실(2)			부대시설(3)					건물 연면적 (1+2+3)
	교실	특별실	교무실	행정실	기타	체육관	휴게실	회의실	식당	기타	
실수	12	10	2	1	5	1	1	1	1	2	2,261㎡

※특별교실 : 음악실, 영어실, 컴퓨터실, 미술실, 초등도서실 2, 중등도서실 2, 과학실 2

[후원의 집 명단]

호점	후원의 집 상호	대표자 성명	비고
1호점	〈Happy Day〉 금속정밀	김덕길 대표	
2호점	〈2018〉 한국식당	김상훈 대표	
3호점	〈동대문〉 한국식당	이경진 대표	
4호점	〈케이팁 KTIP〉 법률자문	고문 겸 파트너 장수길	학교법인 이사장
5호점	〈K.B.B.Q〉 한국식당	김진우 대표	
6호점	〈Novarise〉 밴처케피탈	최재율 대표	
7호점	〈BORNGA〉 한국식당	구상백 대표	
8호점	〈PCN ASIA〉 인증 기업	심세환 대표	
9호점	〈JS Maritime〉 선박 운영	이준채 대표	
10호점	〈방콕반점〉 한국식당	조영욱 대표	
11호점	〈KORI NETWORK〉 콘텐츠	박태웅 대표	
12호점	〈SINI ASIA〉 의료기기	윤두섭 대표	학교법인 부이사장
13호점	〈일미정〉 한국식당	이수익 대표	
14호점	〈E-World〉 전자부품	정현식 대표	
15호점	〈가보래〉 한국식당	박종각 대표	
16호점	〈KN HITECH〉 의류	김승주 대표	
17호점	〈산내들〉 한국식당	김태일 대표	
18호점	〈ICON〉 보험중개법인	류완석 이사	
19호점	〈KOREX〉 벽돌기계	이경진 대표	
20호점	〈대장금〉 한국식당	지선희 대표	
21호점	〈ATEX〉 마스크 제조	김해롱 대표	
22호점	〈KTCC〉 한태교류센터	이유현 대표	
23호점	〈BBQ KOREA〉 한국식당	김 융 대표	
24호점	〈경복궁〉 한국식당	서유옥 대표	
25호점	〈CPS〉 물류기업	김길환 대표	
26호점	〈GA PROJECT〉 운송회사	안유상 대표	
27호점	〈지두방〉 한국식자재	임주호 사장	
28호점	〈LP Korean Store〉 한국식자재	박종길 대표	
29호점	〈롯데케미칼〉 석유화학산업	양재호 법인장	
30호점	〈주태한국대사관〉 총영사	박성희 총영사	

| 31호점 | 〈짬뽕가-파타야〉 한국식당 | 김기훈 대표 | |
| 32호점 | 〈PSE〉 가전제품 | 안성민 대표 | |

소재지 및 연락처

주소 : 14/107 Soi Ramintra 13 Yaek 4, Bangkhen, Bangkok 10220

Tel : (66)2 121-7760 / (66)2 121-7759

E-mail kisbkk@gmail.com

카카오톡 : kisb2018

Homepage : http://kisbangkok.co.kr/

Thai Tip

태국은 자국민 노동시장을 보호하려는 법적 장치가 엄격하다. 외국인에게 불허되는 직업은 왕령에 의해 무려 총 28개 업종이나 된다. 39개 업종에서 그나마 2018년 줄어든 결과다. 관광 국가지만 관광가이드는 자국민만 허용한다. 코로나 이전인 2019년 태국을 찾은 외국인 관광객은 4,000만 명에 이르렀다.

■ 한국저작권보호원 태국사무소

Korea Copyright Protection Agency Bangkok Office

한국저작권보호원은 저작권 보호를 위한 시책 수립지원 및 집행과 저작권 보호와 관련한 사항을 심의하며 저작권 보호에 필요한 사업을 수행하여 문화 및 관련 사업의 향상, 발전에 이바지함을 목적으로 설립되었다.

해외에서 한류 콘텐츠 저작권 침해에 대한 피해구제 등 지원 수요 증대, 국제 저작권 보호와 교역 활성화를 위한 환경조성 및 우리 기업의 해외 진출에 대한 전략적 지원 필요성으로 태국사무소가 운영되고 있다.

태국사무소 운영 주체 변경에 따른 상호 변경 완료

순	날짜	내용	비고
1	2007. 5. 29.	태국 방콕사무소 개소(KCC)	
2	2008. 5. 21.	태국 방콕사무소 허가 완료(KCC)	
3	2021. 4. 29.	상호변경(KCC→KCOPA) 승인 완료	
4	2021. 5. 13.	KCOPA 정식 허가증 발급 완료	

※ KCC(한국저작권위원회), KCOPA(한국저작권보호원)

▍역대 소장

제1대 : 안병열(2020. 2. 1. 부임)

▍주요 업무

해외 현지 합법 이용 활성화 기반 구축

- 한국 콘텐츠 대상 저작권 등록 서비스 지원과 태국 정부 사이트 내에 저작물 권리정보 등록 및 제공 서비스 지원으로 권리 확인 및 합법유통 촉진 지원
- 우리 저작물의 해외 진출 맞춤형 웹 교류회 지원, 국제 저작권 교류협력
- 한-태 저작권 포럼 및 세미나 개최
- 해외 현지 저작권 인식 제고 교육·홍보, 해외 저작권 보호체계 강화
- 해외저작권 침해 구제조치(법률 컨설팅, 경고장 발송, 행정처벌 등) 지원
- 태국 경찰청 공조 저작권 보호 사업 추진 등

▍조직 안내

본사 침해대응본부 해외사업부 내 중국 베이징, 태국 방콕, 필리핀 마닐라, 베트남 하노이 사무소 설치

- 태국사무소 : 4명(파견 1, 직원 3)

▌주요 사업

매년 한태저작권 포럼이 한국 문화체육관광부, 태국 상무부 지식재산국(DIP) 공동주최로 개최되며 양국 간 저작권 법제 및 관련 동향에 대한 정보 교류 및 상호 제도 발전을 도모하고 있다. 태국사무소 설립 후 12회 한태저작권 포럼을 개최했다.

차수	연도 (개최국)	대주제	중주제
1	2008. 4. (태국)	한태 저작권 시장의 공동확대 협력방안	• 온라인 저작권 보호관리 제도 • 한국 온라인 게임의 해외진출현황과 태국 진출사례 • 태국의 음악 저작권 산업 현황 및 해외기업과의 제휴 사례 • 한국 드라마 해외진출 현황 및 태국 진출 사례 • 태국의 영화 산업 현황 및 해외 진출 사례
2	2009. 11. (태국)	문화콘텐츠산업 발전을 위한 저작권제도의 활용과 중요성	• 한국 문화산업의 성공전략(OSMU)과 저작권 보호 • 저작권보호를 위한 영상물의 유통 현황 분석 • 양국의 콘텐츠 산업 발전을 위한 저작권 보호 노력
3	2010. 10. (태국)	창조산업과 저작권의 역할	• 동남아 지역 한류의 성행과 효과 • 창조산업 발전을 위한 저작권 분야 한태 협력방안 • 콘텐츠 산업의 성장 및 글로벌 마케팅 전략
-	2011	# 태국 홍수로 미 개최	
4	2012. 5. (태국)	디지털 콘텐츠 산업 발전과 저작권 보호	• 양국의 디지털 콘텐츠 산업 현황 • 양국의 디지털 콘텐츠 저작권 보호 • 문화산업(저작권산업) 발전을 위한 양국간 협력 방안
5	2013. 11. (태국)	디지털 콘텐츠 시대의 저작권 정책과 라이선싱	• 양국의 저작권 정책 • 저작권 법제와 라이선싱 • 저작권 산업과 라이선싱
6	2014. 11. (태국)	디지털 환경 변화에 대응하는 저작권 정책	• 디지털 TV 시대의 도래와 저작권 이슈 • 스마트 미디어 환경에 있어서 저작권 법제도
7	2015. 9. (태국)	저작권 산업화를 위한 정책과 전략	• 콘텐츠 산업 진흥을 위한 저작권 정책 • 저작권 상업화를 위한 산업별 전략(게임·애니)
8	2016. 6. (태국)	새로운 환경에서의 저작권 보호와 이용활성화	• 온라인 저작권 침해 대응방안 • 양국 저작권 신탁단체 경험

9	2017. 6. (태국)	콘텐츠 산업 성장을 위한 저작권의 중요성 -방송 저작권 중심으로-	• 방송 프로그램 산업 현황 및 저작권 보호 방안 • 콘텐츠 산업에서의 저작권 분쟁사례 연구 • 방송 프로그램 해외 진출 전략
10	2018. 5. (태국)	콘텐츠 소비 추세 변화와 저작권 보호	• 신기술 발전에 따른 콘텐츠 소비 변화와 현재 • 콘텐츠 소비 변화에 따른 저작권 산업의 대응 및 보호방안
(통합)	2019. 7. (한국)	변화하는 환경에서의 저작권: 정부의 대응과 집중관리단체의 역할	• 최신 저작권 동향과 저작권시장 확대 방안 • 음악집중관리단체 현황 및 협력방안 ※ 한·동남아(태국, 필리핀, 베트남) 통합 포럼 개최
11	2020. 9. (한국/ 태국/ 온라인)	게임 개발환경 및 저작권 산업 동향	• 양국의 게임 개발환경 및 저작권 산업 동향
12	2021. 9. (한국/ 태국/ 온라인)	스트리밍 플랫폼 상의 한국과 태국의 드라마 성공 이해하기	• 한-태 드라마 스트리밍 플랫폼 시장 진출 전략

한국콘텐츠진흥원 태국비즈니스센터
Korea Creative Content Agency Thailand Office

한국콘텐츠진흥원
KOREA CREATIVE CONTENT AGENCY

● 박웅진 센터장

2009년 5월 문화산업진흥기본법 제31조에 근거하여 한국 콘텐츠산업의 총괄 진흥정책 추진을 위해 설립됐으며, 2021년 11월 태국 방콕에 태국비즈니스센터를 개소했다.

[연혁]

순	연도, 월	내용	비고
1	2021년 11월	방콕 주태국한국문화원에 개소	
2	2022년 2월	프롬퐁역 인근 비라즈타워 30층으로 이전	

[역대 센터장]

순	이름	기간
1	박웅진	2021~2024

한국콘텐츠진흥원 태국비즈니스센터는 드라마, K-POP, 게임, e스포츠, 만화, 웹툰, 애니메이션, 캐릭터, 패션, 실감콘텐츠 등 K-콘텐츠의 태국시장 진출 및 한류 활성화를 위해 K-콘텐츠 화상 수출상담회, K-콘텐츠엑스포 등 다양한 B2B, B2C 행사를 개최하고 있으며, 현지 바이어 발굴, 비즈 매칭, 컨설팅 등 상시 비즈니스 지원 기능을 수행하고 있다.

소재지 및 연락처

주소 : Unit 3065, Level 30, Bhiraj Tower at EmQuartier, 689 Sukhumvit Road(Soi 35), Klongtan Nuea, Vadhana, Bangkok 10110

Tel : 02-017-2857 / e Mail : kocca.thailand@gmail.com

Thai Tip

태국 내 일본의 경제 영향력은 크다. 일본은 태국과 외교관계를 수립한 지 2022년 135주년째다. 2023년 한-태수교 65주년보다 2배 오랜 역사다. 일본의 대 태국 경제 투자 규모는 한국의 10배에 가깝고 태국 거주 일본인도 8만여 명으로 한국인의 4배를 넘는다. 도로의 90%는 일본 브랜드 차가 점령하고 있다.

▌KDB산업은행 방콕사무소
KDB Bank Bangkok Representative Office

　　KDB산업은행은 우리나라 은행으로서는 유일하게 사무소 형태로 태국에 진출해 있으나, 아직까지는 고객들에게 직접 대출 등 영업이 불가하다. 따라서 영업 인허가 취득을 위해 태국중앙은행의 금융정책을 상시 점검하면서 금융당국과 교류 및 교섭하는 한편, 향후 영업점 설립에 대비하여 현지 금융기관, 기업, 정부 당국, 교민 등과의 관계 형성, 고객정보 축적, 은행의 현지화 역량 배양 등 영업기반 조성 활동을 수행하고 있다.

　　또한 방콕사무소가 직접적인 영업은 할 수 없으나, 당행의 국내 본·지점과 KDB 싱가포르지점 등 해외영업점들이 태국에 소재하는 우리 기업과 현지 기업들에게 금융서비스를 제공할 수 있도록 고객을 주선하고, 동 영업점 앞 현지 시장정보 및 금융경제 조사·연구 보고서를 제공하는 등 다양한 방식으로 은행의 태국 금융시장에 대한 영업활동을 지원하고 있다.

[연혁]

순	연도, 월	내용	비고
1	2013년 4월	금융감독원 앞 사무소 설치 신고 수리	
2	2013년 7월	태국중앙은행(Bank of Thailand) 사무소 설립 인가	
3	2013년 12월	사무소 업무 개시	

[역대 사무소장]

순	이름	기간
1	전태선	2013년 8월~2017년 1월
2	이영재	2017년 1월~2020년 1월
3	박재범	2020년 1월~현재

소재지 및 연락처

주소 : 15th Floor, Athenee Tower, 63 Wireless Road, Lumphini, Pathumwan, Bangkok 10330, Thailand

Tel : +66-(0)2-168-8498 / Fax : +66-(0)2-168-8500

E-mail : jaebeom@kdb.co.kr / Homepage : www.kdb.co.kr

Thai Tip

불교인구가 93%에 이르는 태국의 승려는 35만여 명이다. 지하철 등 대중교통 시설에 승려우대 좌석이 있고 3개월간 승려체험을 한 남성들은 존경받는다. 승려들은 점심 이후에는 음료만 마시며 뛰거나 조깅을 하지 못하도록 되어 있다.

[2장]

한인 협회 및 단체

▎민주평화통일자문회의 동남아 서부협의회
The Peaceful Unification Advisory Council

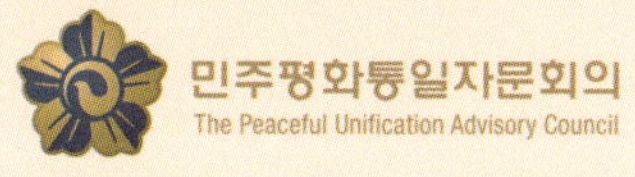

　1981년에 창설된 민주평통은 1987년 9차 개정 헌법 92조에 의거, 민주평화통일 자문회의로 변경되었으며, 평화통일정책의 수립에 관한 대통령의 자문에 응하기 위하여 만들어진 헌법상 자문기구다. '민주평화통일자문회의법' 제2조에 근거하여 1. 통일에 관한 국내외 여론 수렴 2. 통일에 관한 국민의 합의 도출 3. 통일에 관한 범민족적 의지와 역량의 결집 4. 그 밖에 대통령의 평화통일정책에 관한 자문 등을 수행하는 기능을 가지고 있다.

　해외 지역회의는 아래와 같은 사업을 추진한다.

- 지역회의 개최를 위한 세부 계획 수립 및 추진
- 자문위원의 평화 및 통일 역량강화
- 지역사회의 평화통일 담론 확산 등을 위한 통일공공외교 활동
- 재외동포사회의 평화문화 및 통일기반조성에 관한 공감대 확산
- 청년·여성 자문위원의 활동 지원 및 관련 사업 활성화
- 지역 전문가·단체와의 연대협력 및 통일논의 활성화
- 재외동포 청소년의 평화감성 제고 및 통일의식 함양
- 그 밖에 지역회의 설치 목적에 필요한 사업을 전개하고 있다.

[역대 회장]

	10~12기 동남아협의회 소속
10~11기	서세진 태국지회장
12기	김덕영 태국지회장

	13~17기 서남아협의회 소속
13~14기	김장열 태국지회장
15기	채규준 태국지회장
16기	채규준 서남아회장
17기	문범덕 태국지회장

	18~19기 동남아 서부협의회 소속
18~19기	이경진 태국지회장

	20기 동남아 서부협의회
20기	강의종 동남아 서부협의회장

민주평화통일 자문회의 동남아서부협의회는 평화통일 강연회, 통일 골든벨, 재류국 정부와의 다양한 교류행사 등을 통해 한반도 통일에 대한 공감대 확산, 재외동포사회와 재외동포 청소년의 통일의식 함양, 통일공공외교 등의 사업을 추진하고 있다.

- 제20기 동남아 서부협의회 전수식

- 동남아서부협의회 출범회의

● 2021 평화통일강연회

● 태국군 한국전 참전용사 기념비 참배

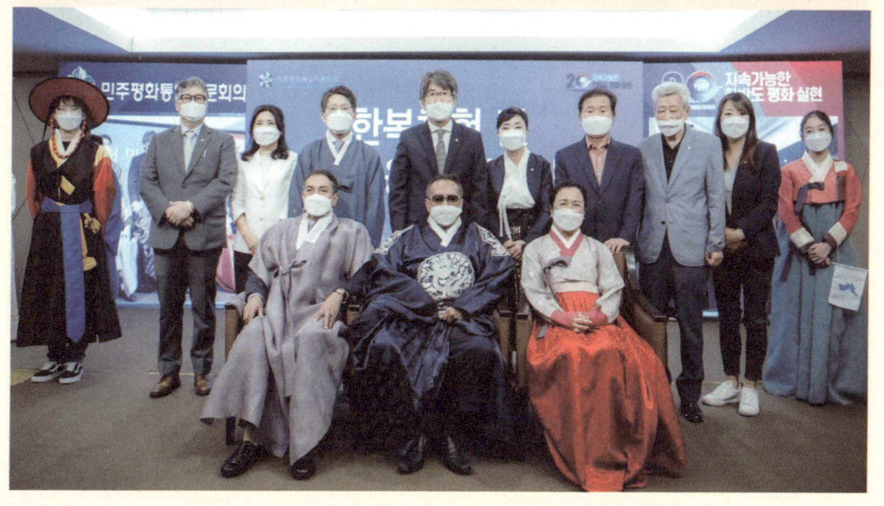

파타야 통일강연회, 환경보호 캠페인(Peace in Korea, Clean in Thailand)

차세대와 함께하는 통일 강연회

▌한태상공회의소

Korean-Thai Chamber of Commerce

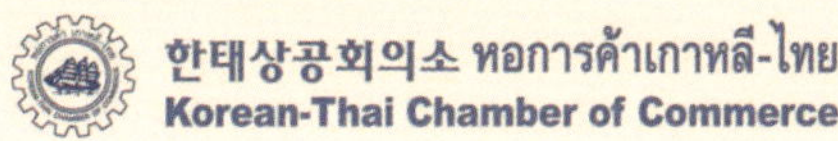

한태상공회의소는 태국 상무성에 공식 등록된 단체로 태국 상무부 통상교역국에 등록되어 그 위상과 활동이 법적 보호를 받고 있다. 외국상의연합회(JFCCT: Joint Foreign Chamber of Commerce in Thailand)와 태국상공회의소(Thailand Chamber of Commerce)의 정회원이며, 태국 수상실 직속 태국 무역위원회(BOT: Board of Trade of Thailand)의 상임이사국으로 활동 중이다.

태국 정부가 외국상의에 부여한 법적 보호 아래 한태상공회의소는 한태 양국 간의 경제교류와 우호증진을 위해 노력함은 물론, 회원사들의 권익 보호와 우리 기업들의 성공적인 사업 활동에 필요한 제반 정보를 제공하고 이에 기여하는 것을 목적으로 하고 있다.

[연혁]

한태상공회의소는 1977년 한태 양국 상공인들의 교류 및 우호증진을 위하여 설립되었다. 초대 안경준 회장을 비롯, 2대 Chuan Aroonratana, 3대 Kamol Sukosol 회장으로 이어져 이만재(14, 15대) 회장, 김도순(16, 17대) 회장에 이어 현재 김종민 회장이 18대 회장을 역임하고 있다.

한태상공회의소는 태국에 진출한 한인 기업을 대표하는 단체로서 태국 정부 및 관련 기관 그리고 각 경제 단체와 밀접한 관계를 유지하며 우리 기업의 권익을 보호하고 투자 여건 및 사업 환경을 개선하도록 노력하고 있다.

또 태국에 진출하고자 하는 우리 기업들을 위한 상담 및 길라잡이 역할을 수
행하여 진출 초기 시행착오를 줄일 수 있도록 적극 지원하고 있다. 태국 경
제 현황과 관련 정보를 주기적으로 제공하고 수시로 필요한 세미나 및 포럼
을 개최하고 자료집을 발간하기도 한다. 태국에서 우리나라 국가 이미지와
위상 제고를 위한 한국 대표 경제단체로서의 역할도 충실히 수행하고 있다.

[역대회장]

순	이름	기간
초대	안경준, Chuan Aroonratana	1977년(공동 회장)
2대	Chuan Aroonratana	1978년
3대	Kamol Sukosol	1979~1986년
4대	Suchart Sethiwan	1987~1994년
5대	지백산	1995~1996년
6대	Anuphong Rojanuckarin	1997~1998년
7~8대	Phongchai Sethiwan	1999~2002년
9대	Manob Song-Im	2003~2004년
10대	김형곤	2005~2006년
11~12대	안종국	2007~2010년
13대	조강본	2011~2012년
14~15대	이만재	2013~2016년
16~17대	김도순	2017~2020년
18대~현재	김종민	2021년~현재

▌주요 사업

- 태국 정부 기관/경제단체와의 협력관계 강화
- 태국 주재 한국 경제기관 및 단체와 협력
- JFCCT, BOT 회의 참여
- 세미나 및 포럼 개최

● 2021년 하반기 진출 기업 간담회

● 한태상공회의소 JFCCT 회장단 회의 주관

● 2022 태국 경제 전망 세미나

● 제23차 법률자문 세미나 및 클리닉

● 자료집, 가이드북, Membership Directory 발간

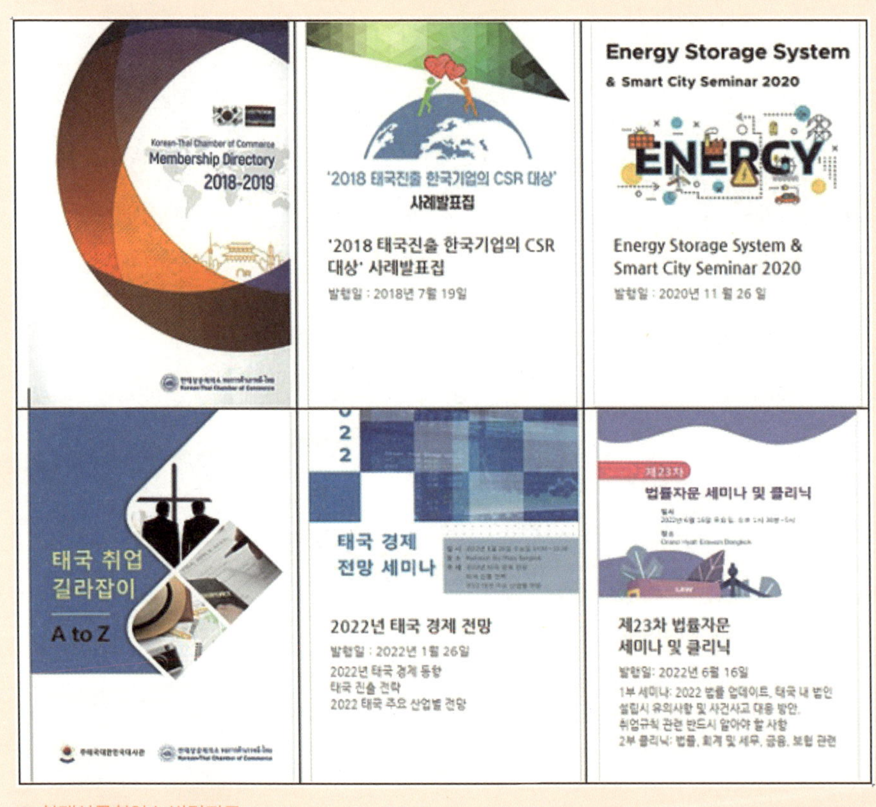

● 한태상공회의소 발간자료

● 태국 경제동향 주간 소식, 회원사 소식, 영문 뉴스레터 및 각종 칼럼
  발행 및 회람

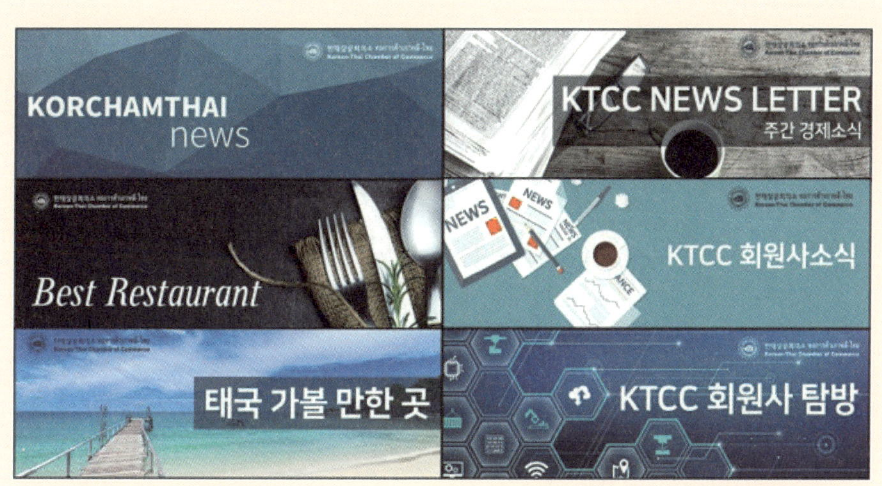

● 한태상공회의소 칼럼 발행

● 자선 골프대회 및 회원사 친목 도모행사 참여

● 한태상공회의소 자선 골프대회

- ● 사회봉사 활동 공동 참여(CSR)

● CSR 태국 어린이 한국 문화 체험

● 라용 소재 아동복지원에 Multi Dome 건설 기부

- ● 회원사 제품 또는 서비스 홍보 지원
- ● 구직 구인 요청 시 지원

소재지 및 연락처

주소 : 6th Fl. Rajapark Bldg, 163 Asoke Sukhumvit 21 Road, Klong Toey Nua, Wattana Bangkok

Tel : 02-204-2503 / Fax : 02-204-2504

E-mail : ktcc@korchamthai.com

Homepage : www.korchamthai.com

▌세계한인무역협회 방콕지회

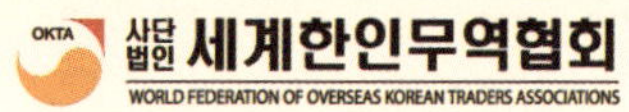

　월드옥타 방콕지회는 2009년 최초 설립되었으며, 2022년 현재 명예회장 1인, 지회장 1인, 부회장 5인, 집행부 6인 등 총 90여 명의 회원(정회원+차세대 회원)이 활동 중이다.

　이를 바탕으로 대한민국과 태국 및 기타 국외 지역 간의 무역 및 통상진흥에 이바지하며 회원 상호간 정보 교류와 공동 사업을 주된 목적으로 발전해 가고 있다.

　특히 2021년 코로나 대유행의 어지러운 상황에도 차세대 글로벌 창업무역스쿨을 후원하기 위한 월드옥타 방콕지회 골프대회를 성공적으로 개최, 운영했으며 이에 힘입어 차세대글로벌 창업무역스쿨을 방콕지회 단독으로 개최하여 한민족의 경제 영토를 넓힐 한인 청년 43명을 배출하는 쾌거를 이루었다.

　정회원과 차세대의 교류를 활성화하여 차세대의 젊은 혈기와 기성세대의 경험이 시너지 효과를 볼 수 있도록 세대간 다리가 되도록 하고 있다.

[연혁]

순	연도, 월	내용	비고
1	2009년	• 세계한인무역협회 태국지회 설립	
2	2012년	• 한태경제매칭대회	

3	2014년 8월	• 제1회 방콕지회 차세대무역스쿨 태국1기	
4	2014년 10월	• 산업인력공단 협약	
5	2015년 7월	• 제1회 월드옥타방콕지회 골프대회	
6	2015년 8월	• 제1회 아세안통합무역스쿨 및 대표자대회 마닐라지회 참가	
7	2015년 12월	• 월드옥타방콕지회 Homepage 오픈/ • 지회장 이취임식 및 4대 지회장/집행부 출범	
8	2016년 3월	• 월드옥타방콕지회 페이스북 페이지 오픈	
9	2016년 7월	• 제2회 월드옥타방콕지회 골프대회	
10	2016년 8월	• 제2회 아세안통합무역스쿨 및 대표자대회방콕지회 개최 • 차세대 무역스쿨 태국 3기/아세안 통합 2기	
11	2017년 7월	• 제3회 월드옥타방콕지회 골프대회	
12	2017년 8월	• 아세안통합무역스쿨 및 대표자대회 호치민지회참가 • 차세대 무역스쿨 태국 4기/아세안 통합 3기	
13	2018년 6월	• 제4회 월드옥타방콕지회 골프대회	
14	2018년 7월	• 태국사단법인등록	
15	2018년 8월	• 제4회 아세안통합무역스쿨 및 대표자대회 싱가포르지회 참가 • 차세대 무역스쿨 태국 5기/아세안 통합 4기	
16	2019년 5월	• 제21차 세계대표자대회 우수지회 표창 수상	
17	2019년 7월	• 제5회 월드옥타방콕지회 골프대회 • 찾아가는 수출친구맺기교류회 및 수출상담회	
18	2019년 8월	• 제5회 아세안통합무역스쿨 및 대표자대회 KL지회 참가 • 차세대 무역스쿨 태국 6기/아세안 통합 5기 • 월드옥타 하용화 회장 방문	
19	2019년 12월	• 지회장 이취임식 및 6대 지회장/집행부 출범	
20	2020년 상반기	• 특별자문위위촉/대사관상무관, KOTRA, 한국산업인력공단, • 농수산식품유통공사(aT), 수협중앙회, 저작권위원회 • 1차 재난키트 나눔 행사	
21	2020년 하반기	• 2020 찾아가는 수출상담회 개최 • 차세대네트워크 교류회 및 무역스쿨 발대식 개최 • 제6회 월드옥타 방콕지회 골프대회 • 제2회 방콕지회 단독 차세대글로벌창업무역스쿨/태국 7기 • 제 1회 소규모지회 활성화 회의 • 제2회 방갑슈 차세대리더스컨퍼런스 개최 • 태국 에뉴얼파트너/온라인&오프라인 수출상담회 • 민주평화통일자문회의 통일골든벨 후원 • 산업인력공단 EP센터 2020 태국 귀국근로자 및 한국청년 채용 박람회 후원 • KOTRA방콕무역관~OKTA방콕지회 사업설명회 및 협업 간담회 • 2차 재난키트 나눔 행사	

22	2021년 상반기	• 방콕한국국제학교 발전기부금 10만 밧과 방역 마스크 1만 장 후원 • 대한노인회 떡 나누기 행사 후원 • 임시총회/방콕지회 정관 개정 • 월드옥타 40주년 기념	
23	2021년 하반기	• 2021 찾아가는 수출상담회 개최 • 방콕지회와 싱가포르지회 소통합무역스쿨 참가 • 차세대 무역스쿨 태국 8기 • 제3회 방갑슈 차세대리더스컨퍼런스 개최 • 제7회 월드옥타 방콕지회 골프대회 • 총회/제7대 지회장 연임 인준 및 집행부 출범	
24	2022년 상반기	• 강원 산불피해 성금 모금 참여 • 방콕지회 글로벌마케터 워크숍 개최 • KOTRA방콕무역관–OKTA방콕지회 친선골프대회 개최 • 방콕지회–나고야지회–시드니지회 국제 비즈니스 교류회 참가 • KOSEA–KOREAN CORPORATIONS FOR SOUTHEAST ASIAN STEM EDUCATION 2022 후원 및 참가 • 방콕지회–화성시산업진흥원 비즈니스 간담회 개최	
25	2022년 하반기	• 제8회 월드옥타 방콕지회 골프대회 • 제6회 차세대 글로벌창업무역스쿨 아세안통합교육 및 대표자대회 개최 • 차세대 무역스쿨 태국 9기/아세안 통합 6기 • 2022 찾아가는 수출상담회 개최 • 제4회 방갑슈 차세대리더스컨퍼런스 개최	

[역대 지회장]

	연도	이름
1대	2009~2011년	안종국
2대	2011~2013년	변창병
3대	2013~2015년	이상준
4대	2015~2017년	윤두섭
5대	2017~2019년	윤두섭(연임)
6대	2020~2021년	장은경
7대	2022년~현재	장은경(연임)

● 주요 활동

지회 연간 사업 진행

- 연간 정기총회, 매 분기별 정기모임

- 신년 하례회 및 송년의 밤 행사 진행

- 정기 골프 대회 개최 및 차세대 후원

- 2015년도 차세대 연합 리더십 캠프 개최

- 2016년도 아세안 통합 지역경제인대회 개최

- 2016년도 아세안 통합 차세대무역스쿨 개최

- 차세대무역스쿨 모국방문교육 참가

- 타 지회 방문 교류 행사 및 간담회 개최

- 분야별 소모임 및 간담회 지원 및 회원사 방문,홍보지원

- 수출상담회 개최

협회 사업 참여 및 교류 활성화 진행

- 세계경제인대회 및 수출상담회 참석(매년 10월)

- 세계대표자대회 및 수출상담회 참석(매년 4월)

- 아시아 지역대표자대회 참석(마닐라, 호치민)

- 테크노파크(부산, 강원) 및 산학교류 MOU 체결(건양대, 아주대)

- 타 지회 자매결연 체결(후쿠오카, 이우, 비엔티엔지회)

- 아시아 지회장 워크숍 참석 및 19개 지회 협력 MOU 체결

- 아세안 통합 차세대 무역스쿨

- 차세대 리더스 포럼 참석

- 해외지사화사업 참여 및 국내 중소기업 수출 지원

- 월드옥타 연계 동남아 홈쇼핑 전시수출상담회 참석(미얀마, 양곤)

- 마닐라지회 30주년 기념 행사 및 지회장회의 참석

- 호치민지회-하노이지회 주최 지회활성화 및 지회장 회의 참석

대외활동 및 유관 행사

- KOTRA 방콕 무역관 관련 사업 지원 및 행사 참가
- 재태국한인회 주요 사업 협력 및 행사 지원
- 한태상공회의소 자선 행사 참가
- 민주평화통일자문회의 태국지회 사업 협력 및 행사 지원
- 한국산업인력공단 태국 EPS센터 MOU 체결 및 해외취업박람회
  지원
- 방콕 한인 토요한인학교 연간 후원
- 방콕 한국 국제학교 연간 후원
- 대한노인회 연간 후원
- 태국 진출 희망, 국내 기업 초청 사업설명회 개최
- 월드옥타방콕지회 인턴 및 해외취업 프로그램 추진 MOU

● 행사

● 2016 아세안 통합 대표자 대회

● 안종국 초대 지회장

● 2018 세계한인경제인대회

● 2018 세계한인경제인대회

● 2020년 방콕 단독 무역스쿨

● 2021년 제3회 방갑슈

● 방콕지회 정기모임

● 2021년 제7회 옥타지회 골프대회

● 방콕한국국제학교기부

● 재난키트 나눔 행사

소재지 및 연락처

주소 : 1212/522 Soi Ladprao94, Sriwara Road, Plubplah Wangthonglang, Bangkok 10310 Thailand

Tel : +66 2-935-6277

E-mail : okta.bkk@gmail.com

▌세계한민족여성네트워크 태국지역본부

KOWIN (Korean Women's International Network)

세계한민족여성네트워크 코윈은 2001년 여성부 출범을 계기로 국내와 세계 170여 곳에서 활약하는 한인 여성 리더들의 교류협력을 위한 네트워크로 여성 권익보호, 여성 인적자원 발굴, 여성 연대를 목표로 하고 있는 여성가족부 산하 공식 단체다.

2007년 1월 16일 여성가족부 장관의 법인 설립 허가를 계기로 재단법인이 설립되어 전 세계 한인 여성들의 교류 및 연대를 지속하고 있다. 또 세계 속의 여성 지도자 모델 수립과 개개인의 발전에 따른 국력 강화 모색을 위해 여성 전문인으로 구성되어 있다.

한국과 더불어 태국 사회개발부 여성가족국, 유엔위민 등 주요 기관들과 협력하며 다양한 활동을 이어가고 있다.

세계한민족여성네트워크 태국지역본부(KOWIN THAILAND)는 초대 8, 9기 홍지희 회장에 이어, 조윤정 회장(여성가족부 임명)을 중심으로 여성 전문인력의 네트워킹과 차세대 인재 육성 및 교민 여성들을 위한 봉사단체로서도 활동 중이다. 태국 지역 한인 여성의 교류와 연대를 강화하여 권익 향상을 도모하고, 지역사회의 발전과 대한민국의 국가 경쟁력 신장에 기여하고 있다.

[연혁]

순	연도	내용
8기	2017년	한국전 참전용사 자녀 장학금 지원사업
		태국 주요 대학 한국어 지원 사업
		한국 문화, 한식 홍보 사업
		위안부 기림의 날 동참 사업
		환경보호 운동
	2018년	청소년 역사, 통일 캠프 골든벨 공동주최(민주평통)
		태국 K-POP 커버댄스 축제 후원
	2019년	여가부 장관 방태 코윈태국본부 임원 간담회
		방콕한국국제학교 리더십 강의
		방콕한국국제학교 졸업식 상장 수여 및 후원
		치앙마이 라차팟대학교 한국어 말하기 대회 심사 및 후원
9기	2020년	여성가족권익보호센터 개설
		심리상담센터 개설
		제1회 여성가족권익포럼 2020 개최
		태국 K-POP 커버댄스 축제 후원
	2021년	재태국 한인 특별 백신 접종 추진 사업
		코로나19 재외동포 지원 사업 (김치나눔, 마스크, 코로나 백신, 재난키트)
		방콕한국국제학교 발전기금 지원사업,
		태국장애인태권도 국가대표선수단 지원사업
		제20회 세계한민족 여성네트워크대회 참가
		세계한민족여성네트워크 대회 여성가족부 장관 표창 – 활동 우수 지역본부 표창
		여성, 청소년을 위한 심리상담센터 개설
10기	2021년	방콕한국국제학교 어린이용 보습제품 기부 행사
		제9회 재태국 한인회 꿈나무 한마당 시상 및 후원
		제2회 여성가족권익포럼 2021 개최
		태국사회개발부 여성가족국과 협력
	2022년	제1회 코로나 시대에 더불어 살아가는 교민들을 위한 인문학 강의

		태국 장애인 태권도 국가대표 선수단 장학금 전달
		세계여성의날 기념 '사랑의 나눔 행사'
		한인교민 2세대 대상 우리 음악 세미나 – 단소교실
		태국사회개발부 여성가족국 찐타나 총관 국장 면담
		방콕한국국제학교 발전기금 전달
		방콕토요학교 발전기금 전달

[역대 회장]

순	이름	기간
1대 8기	홍지희	2017~2019년
2대 9기	홍지희	2019~2021년
3대 10기	조윤정	2021년~현재

▌주요 사업

- 여성가족권익포럼(2020~2021)

● 장학사업-한국전 참전용사 후원금 지원

● 한국어 지원 사업, 치앙마이 라차팟대학교 한국어 말하기 대회
  심사 및 후원

● 환경보호 언론 캠페인

- K-POP 커버 댄스 축제 후원

- 청소년 지원 사업, 리더십 교육 강의

- 방콕한국국제학교 장학금 지원

● 방콕한국국제학교 학생들에게 보습 제품 기부

● 백신 지원 사업

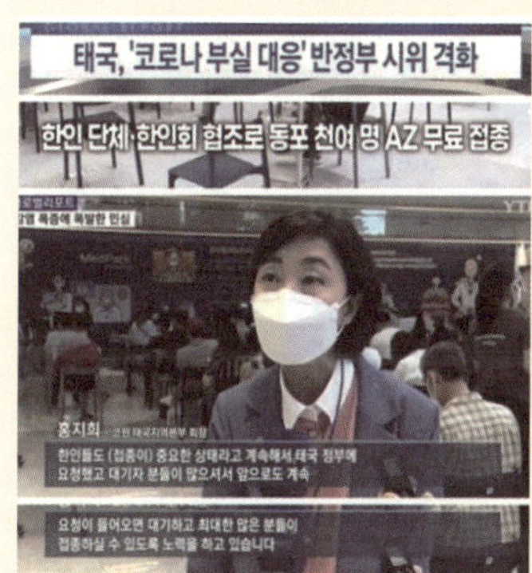

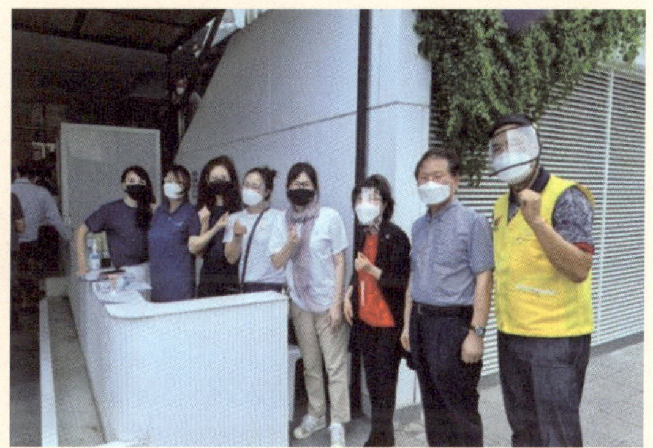

● 사랑의 김치, 마스크 나눔 행사

● 코윈 회원들을 위한 온라인 강좌

조아영 교수

✉ aycho421@hotmail.com

📞 -

담당과목

상담윤리

학력	이화여대 교육심리 학사 University of Florida에서 Rehabilitation Counseling 석사
경력	미국 - 장애인 직업 재활 상담가로 중독 및 정신 재활 프로그램 : 인턴 포함 2년간 근무 플로리다 주정부 Vocational Rehabilitation 기관 : Sr. Counselor 및 Unit Supervisor 8년간 근무. (1999-2002, 2008-2015) 삼성서울병원 재활의학과에서 인지훈련 프로그램 개발 및 다른 인지 연구 관련 연구원으로 재직 중 (2016.01 -)

● 태국사회개발부 여성가족국과의 협력

- 코윈 회원 및 교민들을 위한 인문학 강의(배정철 전 한국국제학교 교장)

- 세계 여성의 날 – 사랑의 나눔 행사, 미혼모 지원 사업

- 장애인 태권도 대표단 후원

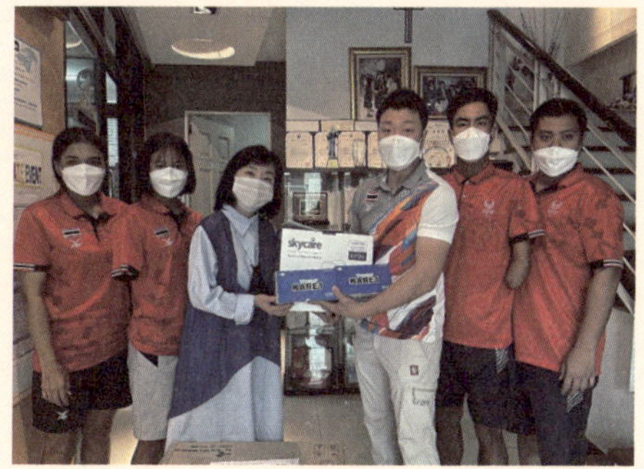

소재지 및 연락처

주소 : 10/99 The Trendy Builing 7th Floor Sukhumvit Soi 13 Klongtoeynua

Wattana District, Bangkok 10110 Thailand

Tel : 66-81-493-6031/ 66-97-020-3026

Facebook : https://www.facebook.com/KOWINThailand/

E-mail : kowinthailand2017@gmail.com

한태관광진흥협회

Tourism Promotion Association of Korea–Thailand

한태관광진흥협회는 1996년 한국 여행사들이 최도현 초대회장을 중심으로 설립했다. 이후 2대 회장인 최진수 회장, 3대 조정희 회장, 4대 황경선 회장, 5대 강의종 회장으로 이어져 내려오고 있다. 2대 회장인 최진수 회장 시절인 2001년 태국 상무부에 한태관광진흥협회란 명칭으로 정식 등록 절차를 마쳤다. 한태 관광진흥협회는 한국인 관광객의 태국 방문시 최대한 안전하고 즐거운 추억이 되는 데 목표를 두고 있다.

● 강의종 협회장

3대와 4대 회장 때 한국 가이드의 합법적 활동을 위해 관광체육부와 협력하여 한국 가이드의 태국어 시험을 실시하여 합격자에 대해 비자와 워크퍼밋을 주도록 협의했다. 그러나 태국 현행법에 외국인이 회사에서 일할 경우, 외국인 1인당 200만 밧 회사증자와 현지인을 4명 고용해야 하는 규칙에 막혀 해당 사항은 실행되지 못했다.

그 후 5대 현재 회장(강의종)에 이르러 2014년 태국정부의 비자런 정책이 금지되면서 태국동포사회는 혼란에 빠진다. 이에 강의종 회장은 한편으로 태국관광체육부와 노동부 외무부를 방문, 한국 가이드의 필요성을 강조하고, 다른 한편으로 태국 가이드들의 한국어 실력이 기대에 미치지 못한다는 점

● 관광업계 종사자 한국어 강좌 개강식

● 2019 송년의 밤

을 강조하여 주태국 한국대사관의 한국문화원에서 태국 가이드를 위한 한국어 무료 강좌를 개설했다.

또한 태국 정부기관에 한국 가이드들에게 코디네이터라는 직종을 부여해 태국 가이드와 함께 일할 수 있는 길을 모색하자고 제안하고 3년 간의 꾸준한 설득으로 2016년 드디어 코디네이터라는 제도가 생겨서 한국 가이드들이 합법적으로 일할 수 있는 제도가 마련되었다. 그러나 이 제도는 시행 1년만에 다른 나라 가이드들의 '왜 한국에만 이런 특혜를 주느냐?'는 거센 항의에 부딪혀 현재는 유예 상태다.

2019년 한국인 189만 명이 태국을 방문해 중국에 이어 전 세계 관광객 순위 4위를 기록하기도 했다. 한태관광진흥협회는 그동안 관광체육부와 관광청 관광경찰 등 태국 정부기관과 유대관계를 잘 이루고 있으며, 매년 말 한태관광진흥협회 주최 송년의밤을 실시하여 태국 정부기관과 호텔 그리고 관광지 등의 대표들을 초청해 송년의밤을 개최함으로써 긴밀한 유대감을 유지하고 있다.

Thai Tip

태국 여성들도 비만이 늘고 있다. 아시아에서 중국에 이어 두 번째로 뚱뚱하다는 조사도 나왔다. 설탕이 과도하게 함유된 음식 소비가 원인으로 추정됐다. 외국인을 제외한 태국 인구 6,800만 명 중 1,900만 명이 과체중이며, 이 중 770만 명은 당뇨 같은 심각한 문제가 있는 것으로 분석됐다.

▌대한노인회 태국지회

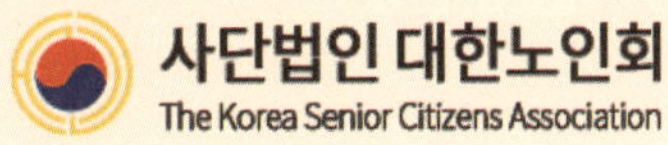

사단법인 대한노인회 태국지회는 2013년 11월 설립되었다.

노인의 권익 신장과 복지 증진, 봉사활동을 통한 사회발전 기여를 목적으로 하고 있다. 대한노인회 태국지회의 전신은 1992년 4월 창립된 재태원로회를 근간으로 한다. 태국지회는 제1대 이규영 회장에 이어 김형곤 회장이 제2대 회장에 취임했으며, 2016년 이후 이응선 회장이 3대 회장으로 취임해 5년째 연임하고 있다. 노인회장의 임기는 현재 4년이다. 등록회원은 70여 명으로 만 65세 이상 태국 거주자에 한해 입회가 가능하다.

[연혁]

순	연도, 월	내용	비고
1	1992. 4.	재태원로회 창립	서세진 회장
2	2013. 9.	대한노인회 가입을 위한 발기인 총회	
3	2013. 11.	대한노인회 태국지회설립	지회장 이규영 회장 취임

[역대지회장]

순	이름	기간
제1대	이규영	2013년
제2대	김형곤	2014~2015년

제3, 4대	이응선	2016년~현재

● 대한노인회 태국지회를 이끌고 있는 이응선 지회장(왼쪽)과 정낙범 수석부회장

▌주요 활동

● 대한노인회 회장단 2019년 태국지회 방문

● 노인회 활동

노인복지뿐 아니라 태국 교민사회를 위한 봉사활동을 전개하고 있다.

대한노인회 태국지회 창립 후 가장 중요한 행사는 추석 및 설날 재태 한인 대상 떡 나누기 행사였다. 떡은 물론 라면 등을 나누는 행사는 준비한 물건이 모자랄 정도로 큰 성황을 이루었다. 한국전 태국 참전용사들도 함께 참여했다.

회원 대상으로 연 3~4회 단합대회를 열고 있으며, 방콕 스쿰윗 101에 매주 화·금요일 노인들을 대상으로 한 태국어 교실을 운영하고 있다. 회기마다 10여 명의 노인이 수강한다.

노인회 이응선 지회장의 집무실인 한인타운 4층 보성한의원에서는 노인을 대상으로 한 컴퓨터 교실을 열 예정이다. 또 정낙범 수석부회장의 무상 기증으로 방나에 280여 평 규모의 경로당 건설 계획을 차기 프로젝트로 진행 중이다.

이응선 회장은 "배움에는 끝이 없고, 배움을 통해 큰 즐거움을 느낄 수 있기 때문에 교육프로그램을 계속 개발할 계획이다. 재태 한인사회에 훌륭한 사람이 많았고, 많은 도움도 받았다. 태국에서 자라나는 청소년들을 위해서도 노인들이 구심점이 되어야 한다는 생각이다. 그들에게 우월한 자부심을 가지고 해주고 싶다"라고 밝혔다.

Thai Tip

태국 관공서의 문건이나 일상생활에서는 불기가 사용된다. 불기에서 543을 빼면 서기가 된다. 2565-543=2022년. 2023년은 불기 2566년이다.

▌재향군인회 태국지회

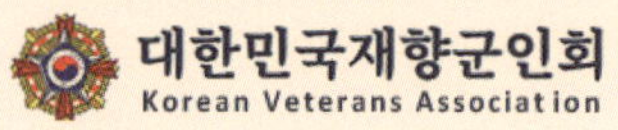

대한민국 재향군인회는 친목, 애국, 명예단체로 상호간 친목을 도모하고, 회원의 권익을 향상시키며, 국가발전과 사회공익의 증진에 이바지함을 목적으로 하고 있다. 재향군인회 태국지회는 2011년 12월 4일 해외지부로서는 22번째 설립되었다. 태국지회는 ROTC 1기인 이종혁 회장이 제1대 회장에 취임했으며 부회장 3명과 이사 25명, 회원 135명이 가입했다.

전 세계 회원수는 1,200만 명에 이른다. 대한민국의 대표적인 안보단체로 군-예비군에 이어 최후의 안전보루라는 자긍심을 가지고 있다. 태국지회는 이종혁 회장에 이어 2020년 3월부터 제2대 이형배 지회장이 맡고 있다. 병역의무를 마친 남성이면 모두 가입 자격이 있으며, 현재 115명이 회원으로 등록되어 있다.

[주요 연혁]

순	일자	내용	비고
1	2011년 12월	태국지회 창립	해외 지회 22번째
2	2012년 2월	한-미-태 해병대 합동훈련 한국장병 위로 및 환영식	
3	2012년 3월	태국 참전용사와 업무 유대강화 협약	
4	2012년 12월	태국지회 창립기념일 유공자 초청행사	
5	2013년 3월	안보 강연회 주선	

6	2013년 7월	대구지회와 자매결연	BTS 아속역 인근
7	2013년 11월	재향군인회 아시아지역 대회및 안보강연회 주관	BTS 프롬퐁역 인근
8	2014년 2월	코브라 훈련 한국해병 장병 환영행사	
9	2014년 12월	태국지회 해외지회중 최우수 지회로 선정	
10	2016년 10월	한국보훈처장 태국 방문 주선	
11	2017년 6월	경남도회와 자매결연	
12	2018년 7월	한국 청해함 태국입항 환영식 참석	
13	2019년 9월	추석맞이 참전용사 및 가족초청 행사	
14	2020년 3월	태국지회 제2대 이형배 회장 선출	
15	2020년 9월	생계곤란 교민 돕기 지원(총 4회)	
16	2020년 10월	태국 참전용사 후손돕기 장학금 전달	
17	2021년 7~11월	참전용사 총 11명 별세 조문	영구용 태극기, 조화 전달
18	2021년 12월	태국지회 창립 10주년 기념행사	
19	2022년 3월	한국보훈처장 주관 참전용사 및 가족초청 지원	

▌주요 행사

● 2011년 태국지회 창립 행사

● 2019년 총회

● 이형배 2대 지회장

파타나칸 47에 재향군인회 태국지회 사무실이 있으며 참전용사 행사 및 그 후손 돕기, 향군의날 기념행사 등을 거행하고 있다. 한국 군함의 태국 입항 때는 환영식에 참석하고 있으며 한국 각 지회와 자매결연을 통해 결속을 강화하고 있다. 현재 매월 첫째 주 토요일에는 재향군인회 회원과 유관기관의 친목도모를 위한 골프 대회를 개최하고 있다. 참전용사 별세 시 영구용 태국기 제공, 촌부리 21연대에서 실시되는 6·25 행사 헌화 및 장학금 등을 전달하고 있다. 재향군인회 태국지회는 2021년 12월 지회창립 10주년을 맞았다.

이형배 지회장은 젊은층의 회원 유치를 확대할 계획이며, 참전용사 자녀 및 재향군인회의 자녀, 한국 육해공군 간호사관학교 출신의 태국 장교를 연결하는 교류계획도 추진하고 있다.

소재지 및 연락처

주소: 2439 soi pattanakarn 47 pattanakarn rd suanluang Bangkok 10250

Thailand

Tel : 02 7204744 / Fax : 02 7204747

▌방콕한인토요학교
KOREAN SATURDAY SCHOOL OF BANGKOK

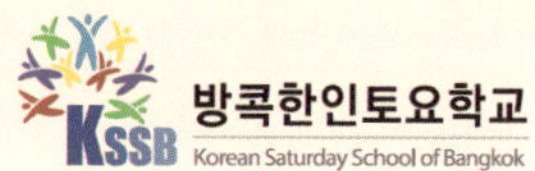

1960년대 재태 한인들이 늘어나면서 자연스럽게 불거진 문제는 자녀들의 한글교육이었다. 한국인들의 교육열은 세계적 수준이지만 외국 교민들에게 자녀 한글교육은 한국인으로서 정체성과 결부되기에 더욱 절실한 문제였다. 이 절실함이 씨앗이 되어, 재태 한인회와 주태 한국대사관은 1965년 대사관 창고에서 한글교육을 시작하게 되었다. 제2대 박재기 한인회장 재임 기간으로 방콕한인토요학교의 출발점이 됐다.

이후 태국학교의 휴일인 토요일 하루만 태국학교 공간을 임대해 수업을 시작하게 되었고 이것이 방콕한인토요학교의 전신이 되었다. 그러나 교사와 학생들이 공간에 적응할 만하면 공간을 빌려준 학교에서는 갖가지 이유를 들어 일방적 퇴거 통보를 했고 방콕한인토요학교는 다른 학교로 옮겨야 하는 과정을 되풀이했다. 학교 공간을 다시 찾고 옮길 때마다 기물도 잃어버리고 학생과 교사간 불편도 더해갔다. 이 과정을 거듭하면서 학교 없는 서러움, 우리 건물에서 맘 편히 우리 아이들을 교육해야 한다는 간절함이 교민회 임원과 학부모들 사이에 생겨났고, 기회가 있을 때마다 정부에 이 점을 건의했다.

▌한인학교 필요성에 대한 인터뷰 및 간담회
1993년도 제17대 강규진 한인회장이 한국 신문사와의 인터뷰를 통해 태국

내 한인학교의 필요성과 당위성을 알렸고, 1996년도 제18대 안홍찬 한인회장은 김영삼 전대통령께 환영사를 통해 한인학교 건립의 시급함을 전달했다.

한인학교에 대한 교민들의 간절한 마음을 전해 들은 영부인 손명순 여사는 1996년 3월 2일 한인학교 관계자를 초청, 20여 분간 이야기를 나누었다. 이 자리에는 김창복 교장 외 7명의 교사와 학생 대표 4명이 참석했으며, 김 교장은 "개교 31년을 맞은 한인학교가 자체 건물이 없어 이리저리 옮겨 다녀야 하는 현실을 설명하고, 연간 6,000달러인 정부 지원금을 늘리고, 교과서도 학기 시작 전에 미리 지원해주었으면 한다"는 현실적 어려움들을 토로했다.

손명순 여사는 "이제는 교육의 세계화가 절실한 때이며 미래 국가는 교육의 성공에 달려 있으며, 태국 한인학교가 우리 교육의 세계화에 성공 사례가 될 수 있도록 모두가 합심하고 열심히 최선을 다해달라"고 당부와 격려를 전했다.

1965년 작고 초라하게 시작한 방콕한인토요학교는 지난 60여 년 동안 한국인 정체성의 기본인 한글을 교육함으로써 외국에서 자라는 우리 한인 자녀들에게 정체성과 소속감을 길러주는 교육기관으로 자리 잡아왔다.

한국 교육과정에 근거한 학사 일정에 따라 매년 4월에 새학기를 시작, 이듬해 4월까지 1년의 교육을 마치도록 유치부 과정과 초·중등부에서 국어와 수학, 역사 과목을 수업하고 있다. 특히 2018학년 부터 전 학년 대상으로 추가된 '한국 역사 수업'은 외국에서 생활하고 있는 교민 자녀들이 쉽게 접할 수 없는 우리나라의 역사와 문화를 접할 기회를 넓힌다는 점에서 한국인으로서 자긍심을 고취시키는 시간이 되었다.

한국인으로 태어났지만 한국에서 살고 있지 않은 우리 자녀들이 간단히 토요일 하루 수업만으로 정체성이 확립되기는 어렵다. 그러나 또래 한국아이들과 한국어로 공부하고 소통하는 경험은 정체성 형성에 적지 않은 영향을 미친다. 본교 교직원들이 금과옥조로 지켜가고 있는 믿음이다.

- 설립년도 : 1965년
- 추진위원 : 대사-장성환, 한인회장-이경손, 부회장-김석건, 사무장-최 창성, 교육부장-방영호
- 위치 : 대사관 내(Sathorn Rd.)
- 교장 : 손병순 대사 부인

연도	대사	회장/이사장	교장	교감	임대학교
1984	권태웅	손병순	대사부인	김윤제	루암루디(영어학교)
1985	권태웅	손병순	대사부인	김윤제	세인트 도미니크
1986	김좌수	손병순	대사부인/조성권	김윤제/임재복	세인트 도미니크
1987	김좌수	김진혁	조성권	임재복	세인트 도미니크
1988	김좌수	김진혁	조성권	임재복	세인트 도미니크
1989	김좌수/정주년	손병순	조성권/공석	임재복	세인트 도미니크
1990	정주년	손병순	공석	신삼식	세인트 도미니크
1991	정주년	임완근	이정우	윤설주	시나카린위롯 대
1992	정주년	임완근	이정우	윤설주	루암루디(태국학교)
1993	한탁채	강규진	이정우	양행인/신정수	크리스찬탐쏙사
1994	정태동	강규진	이정우	신정수	크리스찬탐쏙사
1995	정태동	안홍찬	김창복	구경회/이순호	크리스찬탐쏙사
1996	정태동	안홍찬	김창복	이순호	크리스찬탐쏙사
1997	김내성	안홍찬	김창복	이순호	크리스찬탐쏙사
1998	김내성	안홍찬	김창복	이순호	크리스찬탐쏙사
1999	김국진	최도윤	한유순	이순호	크리스찬탐쏙사
2000	김국진	최도윤	한유순	이순호	은혜국제학교
2001	김국진	전원수	김영수	이향래	은혜국제학교
2002	최 혁	전원수	민병순	이향래	은혜국제학교
2003	최 혁	장강수	양진회	이향래	방콕한국국제학교
2004	윤지준	김건영	양진회	이향래	방콕한국국제학교
2005	윤지준	김건영	박호남	이향래	방콕한국국제학교

2006	한태규	이정우	공석	전창숙	방콕한국국제학교
2007	한태규	김창복	공석	전창숙	방콕한국국제학교
2008	한태규	김창복	최진봉	전창숙	방콕한국국제학교
2009	정해문	김창복	최진봉	전창숙	방콕한국국제학교
2010	정해문	김창복/민강식	최진봉	전창숙	방콕한국국제학교
2011	임재홍	민강식	정미애	전창숙	방콕한국국제학교
2012	임재홍	김형곤	김형곤	전창숙	방콕한국국제학교
2013	전재만	김형곤	장수길	양미경	방콕한국국제학교
2014	전재만	채언기	장수길	양미경	방콕한국국제학교
2015	전재만	채언기	장수길	양미경	방콕한국국제학교
2016	노광일	채언기	장수길	권은숙	방콕한국국제학교
2017	노광일	임부순	장수길	권은숙	방콕한국국제학교
2018	노광일	임부순	장수길	권은숙	방콕한국국제학교
2019	이욱헌	황주연	박성남	권은숙	방콕한국국제학교
2020	이욱헌	황주연	박성남	권은숙	방콕한국국제학교(넝쩍)
2021	이욱헌	전용창	임환선	권은숙	방콕한국국제학교(넝쩍)
2022	문승현	전용창	임환선	권은숙	방콕한국국제학교(넝쩍)

교장은 명예직

[연도별 졸업 현황]

순	연도	유치부	초등학교	중학교	비고
1	2014학년	12명	15명	6명	
2	2015학년	8명	10명	14명	
3	2016학년	9명	9명	3명	
4	2017학년	9명	9명	7명	
5	2018학년	7명	15명	8명	
6	2019학년	13명	17명	6명	
7	2020학년	5명	9명	4명	
8	2021학년	4명	12명	6명	

[교지 및 교사]

구분	교실	교무실	교사
실수	10	1	12

▌주요 교과 활동 및 행사

● 한국 역사 및 한국인 정체성 캠프

● 추석 행사 한복 입어보기

● 추석 행사 송편 만들기

● 설날 전통문화 체험행사

● 설날 전통문화 체험행사

● 졸업식

● 방과후 활동

● 한글학교 교사연수

소재지 및 연락처

주소 : 29/19 Soi Mittmattri 28 Khufangnua Nongchok Bangkok Thailand 10240

Tel : +6687-500-2053

E-Mail : kssbangkok@hanmail.net

카카오톡 : thaihanin

▌방콕 유니온 한글학교

　방콕 유니온 한글학교는 독서를 통한 한글 교육과 문화 교육을 위해 한국어 도서로 교육을 시작했다. 3년간의 독서 교육을 통하여 한국 교과서의 교육도 필요함을 알게 되었고, 파타나칸 지역을 중심으로 한 한인 자녀들과 다문화 자녀들의 한글 교육의 필요성을 절감하여 한글 학교를 개교하게 되었다.

　학부 편성은 유치부(6세반, 7세반), 초등부(1~6학년) 각 학년 1개 반으로 운영하고 있다. 수업 교재는 국제 한국어 교육 재단과 대사관의 지원으로 현 한국에서 수업하고 있는 동일한 교과서로 수업을 진행한다.

　수업 과목은 매주 토요일 독서클럽, 국어, 수학을 배운다. 매월 첫 주 애국조회를 통하여 국민의례와 동요 배우기, 역사 및 인물 공부를 하고 있다. 또한 한국 명절에 맞춘 전통문화 활동 및 어린이날 행사 등을 하면서 한국 문화를 배운다.

[연혁]

순	연도	내용	비고
1	2011	독서클럽 개원	방콕 파타나칸 방콕한인합교회
2	2014	유니온한글학교 개교	주 태국 대한민국 대사관에 등록 (제2014-48호)

주요 활동

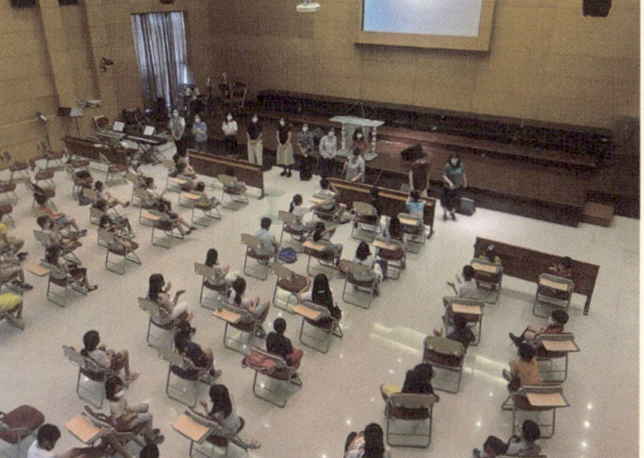

니는야 보배로운 하나님 사람
세상에 살지만 하늘을 품네
주의 말씀 내 모든 삶
기준이 되고 주와 함께
걸어가는 친구로 살리

소재지 및 연락처

주소 : 63 Soi 44, Pattanakan Road, Suanluang, Bangkok 10250, Thailand

Tel : 081-700-5978(교장)

E-Mail : intothebible.co.kr@gmail.com

Thai Tip

태국은 2016년 2월부터 상속법이 발효됐다. 그러나 1억 밧(약 37억원) 이상의 자산에 대해서만 해당되고 부모나 자식 등 직계가족에게는 5%, 타인에게는 10%를 과세한다. 과세 대상도 부동산과 주식, 자동차, 현금에만 적용된다. 금 등 보석류나 기타 자산은 해당되지 않는다.

치앙마이 한글학교
ChiangMai Korean School

2000년 이후 치앙마이에 교민들이 급격히 늘어나기 시작하면서 한인 자녀들에게 한글과 한국 역사교육의 중요성이 대두되었다. 치앙마이 한글학교는 2009년 정도연 교장에 의해 한글과 한국 역사교육을 목적으로 설립되었으며, 하나님을 공경하고 이웃을 사랑하는 기독교 정신에 근거하고 있다. 한국교민 2세들에게 표준한글교육과 역사교육을 통해 한국인으로서 자긍심을 갖도록 하고 있다. 또 한국어 및 한국문화에 관심 있는 외국인들에게도 필요 정보를 제공한다.

교훈은 '진리를 알지니 진리가 너희를 자유롭게 하리라', 교육목표는 '탁월한 지성, 세계를 품는 인격, 창조적 도전'이다. 교사는 치앙마이 제3 한인교회, SAS 음악학교와 공유하고 있다. 교실 부족으로 계단을 막아 활용하고 음악학교 카페를 개조해 한글학교 사무실로 사용하고 있지만 교사들은 아이들이 치앙마이 다문화 사회에서 한민족의 정체성을 가지고 세계를 바라보는 건강한 인격과 지성을 갖추고 창조적 개척자로 자라 인류에 필요한 사람으로 살아가기를 바라는 마음으로 자원봉사하고 있다.

온라인뿐 아니라 백일장 심사와 글쓰기를 지도해주는 교사도 있다. 학교 정관은 한국 교육과정이 정한 학사 일정에 따라 매년 1월에서 8월까지를 1학기로, 9월 1일에서 12월까지를 2학기로 나누어 운영한다. 학기 중에는 여름, 겨울방학이 있다. 매주 토요일 오전 9시부터 3교시 수업을 하며 특별한 경우

● 치앙마이한글학교 심벌(왼쪽), 치앙마이한글학교 교기(오른쪽)

협의하여 오후반이나 보충반을 운영할 수 있도록 하고 있다.

특별활동으로 잠재 능력도 개발해주고 있다. 한국 고유 명절 문화체험 시간이 있고 부모 세대와 소통하는 방법의 하나로 동요 부르기를 한다. 역사교육과 말하기 대회, 백일장 대회를 통해 정체성 확립을 돕는다. 해마다 개최되는 말하기 대회에서 우승한 학생은 세계 한국어 웅변대회에 출전해 좋은 성적을 거두고 있다. 치앙마이 한글학교 상징과 교기(이정훈 교사 고안)는 한글의 시작을 의미하는 'ㄱ'과 'ㄴ'을 모티브로, 앞으로 무궁한 발전을 상징적으로 표현하고 있다.

정도연 교장이 가사를 쓰고 최덕신 선교사가 작곡한 치앙마이 한글학교 교가는 자유로우면서도 대의에 순종하는 학생들로 자라기를 바라는 마음을 담았다.

란나 하늘에 수 놓인 별빛처럼/자유하나 대의 앞에 순종하고
티벳의 만년설 녹아 동남아 젖줄 되듯/창의적 개성이 공동체를 이루어
하나님의 솜씨를 더욱 아름답고 유익한/인류의 선으로 꽃피워가는 정
직한 사랑의 한민족이/세계를 품고 자라는 치앙마이 한글학교(*2)

진리의 등대 자유의 전당 고향의 노래 치앙마이 한글학교

[연혁]

- 설립년도 : 2009년 2월 14일
- 교장 : 정도연
- 위치 : 치앙마이 월드클럽 무반
- 학생수 : 유치-14명, 초등-64명, 중고등-35명, 한국어반-12명, 전체 학생 125명(2022년 기준)

연도	교장	교감	임대학교
2009~2013	정도연	신일호	SAS 음악학교
2014~2015	정도연	전상원	SAS 음악학교
2016~2017	정도연	신일호	SAS 음악학교
2018~2021	정도연	신옥련	SAS 음악학교
2022	정도연	이선미	SAS 음악학교

[연도별 졸업 현황]

순	연도	고등학교 졸업생	순	연도	고등학교 졸업생
1	2010학년	2명	7	2016학년	4명
2	2011학년	2명	8	2017학년	4명
3	2012학년	4명	9	2018학년	5명
4	2013학년	5명	10	2019학년	4명
5	2014학년	6명	11	2020학년	1명
6	2015학년	7명	12	2021학년	2명

[교실 및 교사 현황]

구분	교실	교무실	교사
실수	13	1	20

● 한국 동요 부르기 대회

● 주태 한국청소년 말하기대회

● 중고등부 토론대회

● 설날 전통문화 체험행사

● 3·1절 태극기 그리기

● 치앙마이 한국청소년 오케스트라

● 졸업식 및 방학식

소재지 및 연락처

주소 : 202 moo7 Worldclubland T. Nongkwai A. Hangdong ChiangMai 50230

교장 정도연 : +6694-634-1004 / 교감 이선미 : +6684-724-7752

E-mail : cmks5215@hanmail.net

▋촌부리(파타야) 에덴한글학교

촌부리 에덴한글학교는 2010년 5월 한글교실로 시작되었다. 태국에 들어와 목회를 하면서 지역사회를 위한, 그리고 낯선 태국 생활에 적응해가기 위하여 태국인들과 교제가 필요했고 또한 그것이 유익하리라 생각했기 때문이다. 처음 한글을 배우겠다고 찾아온 사람들은 태국 성인 여성들이었는데 대부분 안마장, 술집, 그리고 남편이 한인인 경우 등 다양한 형태였다.

▋재외동포재단에 한글학교로 등록

시간이 흐르면서 한인 자녀들의 언어 문제, 특히 국어 읽기, 쓰기, 말하기에 심각한 한계가 있다는 것이 제기됐다. 대부분의 한인 자녀들이 국제학교

● 촌부리 에덴한글학교 초창기 수업 장소(2010~2016)

에 다니므로 영어는 능통하나 한국어는 문법, 문장 구조, 느낌 표현 및 단어 자체를 이해하지 못하여 한국으로 복귀한 뒤 학교에 다니며 이해력이 부족하거나 학교수업 적응이 어려웠다. 이에 어린이를 한글교육 대상으로 확대했고 주태국 한국대사관의 승인과 협조로 재외동포재단에 '한글학교'로 등록함으로써 더욱 큰 성장의 기회를 맞이했다. (한글학교 등록일 2012년 2월 10일)

'한글교실'에서 '한글학교'로 전환하면서 가장 큰 장점은 교과서 지원을 받게 된 것이다. 이에 따라 학부형들의 관심이 대폭 증가하고 학년별 수업에 대한 관심이 커지면서 자녀의 한글학교 등록이 확대되었다.

▍다문화 가정에 대한 이해

재외국민 2세, 즉 한인 자녀들만 가르치고 수업을 진행하던 중 부딪치게 된 현실적 문제는 바로 다문화 가정의 자녀들이었다. 파타야라는 지역적 특성을 감안할 때 태국인 아내와의 사이에서 출생한 자녀가 생각보다 많았다. 또한 태국에서 출생하여 태국어를 모국어로 사용하게 됨으로써 아버지 나라의 한국어를 전혀 사용하지 않고, 사용할 기회조차 갖지 못했다. 자녀들 역시 정체성에 대한 혼란과 아버지 나라에 대한 자부심을 갖기가 어렵다는 것, 이런 문제들 앞에서 무기력해하는 아버지들의 고민이 생각보다 크다는 것을 알게 되면서 다문화 가정 자녀들에게도 한글, 한국어 교육을 함께 하기 시작했다.

다문화 가정의 자녀들은 파타야 외에도 시라차, 라용 등에서도 수업에 참여하고 있으며 좀 더 적극적인 시간 안배와 언어지도가 필요하다는 인식은 하고 있으나 실제로는 부족하다는 아쉬움이 크다.

현재 촌부리 에덴한글학교는 파타야 에덴비전센터 내에 유치부부터 초등학교 6학년까지 수업을 실시하고 있다. 중학생 과정도 있었으나 학년이 늘어날수록 증가하는 교사(봉사자) 확보가 어려워 현재는 유치부부터 초등학교 6학년 과정만 유지하고 있다. 수업은 국어와 수학, 역사 교육과 각종 전통놀이 등을 통하여 우리 것이 얼마나 소중한지를 새기도록 교육하고 있다. 다만

● 촌부리 에덴한글학교 현재

주말 토요학교이다 보니 학습 효과 면에서 일반 학교의 기대에 미치지 못한다는 한계가 있다.

코로나 이전에는 매년 평균 100여 명이었으나 현재는 70여 명이 대면과 비대면으로 나누어 수업을 진행하고 있다. 수업 장소는 에덴비전센터를 건축(2018년)하여 센터와 한글학교를 병행 사용 중이다. 센터를 건축하기 이전인 2017~2018년은 지역 태국학교를 주말에 임대하여 수업 장소로 사용했다.

관광지인 파타야에서 한글학교가 좀 더 적극적으로 지역행사에 참가해 한국 전통놀이 등을 선보이고 한복 등을 착용하여 한국문화를 살리는 일에 참여하기를 기대하고 있다. 또 전통악기, 춤 등을 다룰 수 있는 분이 있다면 전통악기를 이용한 음악교육이 이뤄졌으면 하는 바람이다.

주요 활동

소재지 및 연락처

주소 : 파타야 에덴비전센터 내

▎한국 언론

재태국 한국언론은 연합뉴스가 1981년, KBS가 1990년 이후부터 방콕에 상주 특파원을 파견하고 있다. MBC는 1993년 첫 특파원을 파견했으나 2018년 중반 이후 방콕지국을 철수했다.

현지 교민 매체는 〈교민잡지〉가 온라인 서비스와 함께 격주간 630여 권을 발행하며 교민 동정과 광고 등을 싣고 있다. 역시 격주로 300회 이상 발행되던 〈교민광장〉은 코로나 이후 중단된 상태다. 이 밖에 2008년 이후 한-아시아가 교민 정보를 온라인으로 전하고 있으며, 피플TV도 온·오프라인으로 태국 소식과 정보를 게재하고 있다.

한국 언론 특파원은 통상 3년의 임기로 재외국민 소식 및 재난, 사고, 현지 뉴스 등을 본국에 전한다. 2022년 현재 KBS는 김원장, 연합뉴스는 강종훈 특파원이 활동 중이다.

▎한국방송공사KBS

1990년 2월 태국 방콕에 지국을 개설, 총 10명의 특파원을 파견했다. 베트남 인도네시아 등 동남아와 호주, 뉴질랜드 등 오세아니아주까지 취재하고 있다. 해당 지역의 정치 외교 상황과 내전 쿠데타 등 사회문제, 지진 쓰나미 등 자연재해도 보도한다. 최근에는 한류 등 한국 경제나 문화 관련 보도가 늘어나는 추세다.

아세안의 중요성이 부각되며 2015~2016년에는 2명의 특파원이 파견되기도 했다. 초대 최정광 기자를 시작으로 이준삼, 김인영, 백운기, 김철민, 한재호, 고영태, 구본국, 유석조 기자 등이 근무했다.

방콕 팔람9 MCOT에 지국이 있다.

● 현 김원장 특파원
(kim9@kbs.co.kr)

[역대 KBS 방콕 특파원]

순	이름	근무기간
1	최정광	1990. 2.~1993. 3.
2	이준삼	2000. 11.~2001. 6.
3	김인영	2001. 7.~2004. 6.
4	백운기	2004. 7.~2007. 6.
5	김철민	2007. 7.~2010. 6.
6	한재호	2010. 7.~2013. 6.
7	고영태	2013. 7.~2016. 6.
8	구본국	2014. 7.~2017. 6.
9	유석조	2017. 7.~2020. 6.
10	김원장	2020. 7.~2023. 6.

소재지 및 연락처

주소 : 63/1 พระราม 9 แขวง ห้วยขวาง เขตห้วยขวาง กรุงเทพมหานคร 10310 MCOT/

Tel : 094 545 1924

▌연합뉴스

1981년 7월 태국 방콕 특파원을 신설했다. 제1대 특파원 전종만을 시작으로 2022년 현재까지 41년간 총 14명의 특파원이 파견되었다. 현재 방콕 특파원의 취재 범위는 태국을 포함 미얀마, 싱가포르, 말레이시아까지 4개국이다. 연합뉴스는 국가 기간통신사로 한국 최대인 600여 명의 기자가 하루 3,000여 건의 뉴스 콘텐츠를 생산하고 있다.

또 세계 33개 주요 도시에 60명에 달하는 취재망을 가동하고 있다. 2011년에는 보도전문채널 연합뉴스TV를 설립해 영상 뉴스도 함께 송출하고 있다.

연합뉴스 방콕 역대 특파원으로 전종만, 채성희, 서옥식, 하정조, 손재국, 김성겸, 조성부, 전성옥, 현영복, 현경숙, 김상훈, 김남권 기자 등이 근무했다.

[역대 연합뉴스 방콕 특파원]

순	이름	근무기간
1	전종만	1981. 7.~1984. 7.
2	채성희	1984. 7.~1987. 7.
3	서옥식	1987. 7.~1991. 7.
4	하정조	1991. 7.~1994. 7.
5	서옥식	1994. 6.~1997. 7.
6	손재국	1997. 7.~2000. 7.
7	김성겸	2000. 7.~2003. 7.
8	조성부	2003. 7.~2006. 7.
9	전성옥	2006. 7.~2009. 7.
10	현영복	2009. 6.~2012. 7.
11	현경숙	2013. 1.~2016. 1.
12	김상훈	2016. 1.~2019. 1.
13	김남권	2018. 12.~2022. 6.
14	강종훈	2022. 6. 27.~

▌교민잡지 Bangkok Information Magazine Co.,Ltd

〈교민잡지〉는 1998년 1월 통권 제1호 발행 이후 현재까지 24년간 격주간으로 꾸준하게 발행되는 교민 정보 잡지다. 두 번의 쿠데타, 레드 셔츠와 옐로 셔츠의 대립, 2004년 남부 쓰나미 피해 등 다양한 태국 내 자연재해와 정세 변화를 알려왔으며 페이스북과 인스타그램, 트위터를 통해 잡지와 병행한 긴급뉴스를 교민들에게 전하기도 했다. 코로나19 팬데믹 시기에는 백신 접종 가능 병원과 구입 방법, 무료 접종 등에 대한 소식들을 전하기도 하는 등 교민들의 태국 생활과 밀접한 소식들을 알렸다. 또 각종 시장정보, 생활정보, 교육정보와 베스트 레스토랑 정보 등 교민 생활 전반을 아우르는 정보의 창고로서 인정받고 있다.

장봉순 발행인과 김종민 공동발행인 겸 편집국장을 비롯, 8명의 직원이 근무하고 있다.

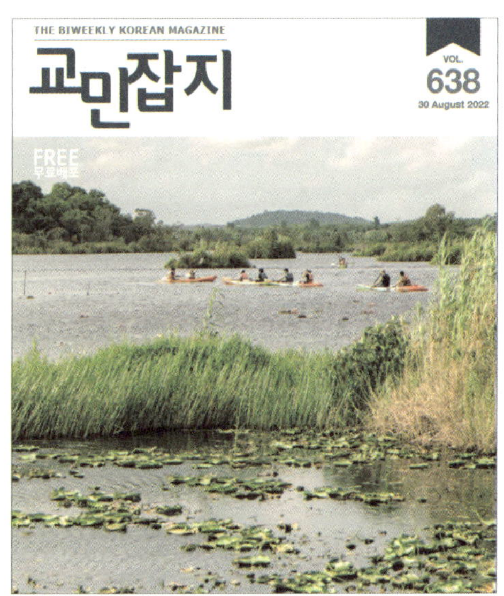

[3장]
한인 종교 단체

▌태국 한인교회

  태국 내 한인교회의 시작은 1971년 1월 24일 YWCA 강당에서 'Korean Union Chapel'이란 이름으로 설립되었다. 초대 목사는 김순일 선교사였고 같은 해 7월 10일 2대 목사로 신홍식 선교사(1971년 7월)가 취임했다. 이후 3대 목사로 김정웅 선교사(1976년 9월), 4대 목사로 신홍식 선교사(1981년 11월)가 다시 Korean Union Chapel을 섬겨오다가 1987년 1월 21일 Korean Union Church(김용식 목사), 같은 해 12월 28일에는 Korean Union Chapel(강대흥 목사) 두 교회로 각각 분립했다. 한편 현재 방콕샬롬 교회의 전신인 방콕샬롬감리 교회가 또 다른 한 그룹으로 1988년에 설립되었다.

1989년 1월 22일에는 분립되었던 두 교회(Korean Union Chapel, Korean Union Church)가 다시 통합하기도 했으나 1990년 다시 분리되어 2월과 10월 각각 태국한인교회(신홍식 목사)와 방콕한인연합교회(김용식 목사)가 설립되었다. 방콕한인감리교회는

1988년 신광준 목사에 의해 설립된 후 1996년 한마음교회(명장성 목사)가 분립 개척했고, 이후 1997년 방콕한인감리교회(윤광섭 목사)가 부임하여 사역했으며 분립된 후 10년 만인 2007년 두 교회가 큰빛감리교회로 변경해오던 중, 명장성 목사가 은퇴하고 윤광섭 목사가 현재까지 목회 활동을 해오고 있다. 2012년 당회에서 큰빛감리교회의 명칭을 다시 처음 개척 당시의 교회명인 방콕한인감리교회로 변경하여 지금에 이르고 있다. 한인교회는 1971년 첫 교회가 설립된 후 수적 성장을 계속하여 2008년에 방콕에 11곳, 파타야에 3곳, 치앙마이에 4곳, 라용과 푸껫에 각각 1곳 등 총 20개 교회가 세워져 있으며, 그 자세한 내용은 아래와 같다.

[태국한인목회자협의회 소속 교회(가나다순)]

교회명	담임목사	설립연도	소속단체	위치
방콕남포교회	신현두	1994	예수교장로회(합신)	방콕
방콕샬롬교회	김명수	1988	예수교장로회(합동)	방콕
방콕한인감리교회	윤광섭	1988	기독교대한감리회	방콕
방콕한인경서교회	김영수	2002	예수교장로회(합동)	방콕
방콕한인연합교회	신상태	1971	대한기독교성결교	방콕
아름다운선교교회	장순호	1997	예수교장로회(합신)	방콕
태국사랑의 교회	이규식	1993	예수교장로회(고신)	방콕
태국큰빛 교회	명장성/윤광섭	2007	기독교대한감리회	방콕
태국한인 교회	김용섭	1990	C.C.T./ 7노회	방콕

파타야 선교교회	심태선	2006	대한기독교성결교	파타야
파타야 한인교회	강효선	1992	예수교장로회(합동)	파타야
푸껫 한인교회	이봉우	1995	C.C.T./ 17 노회	푸껫

[태국한인목회자협의회 소속 외 교회(가나다 순)]

교회명	담임목사	설립연도	소속단체	위치
라용감리교회	신광준	1998	태국기독교감리회	라용
방콕행복한교회	김수안	2004	예수교장로회(합동)	방콕
수쿰빗 교회	황치현	2007	예수교장로회(통합)	방콕
은혜교회	정석천	1999	예수교장로회(합신)	방콕
에덴교회	권창규	2006	기독교대한감리회	파타야
짜른탐 치앙마이제삼교회	정도연	2008	K.R.P.M.	치앙마이
치앙마이선교교회	신성호	2008	예수교장로회(고신)	치앙마이
치앙마이중앙교회	김선국	2006	예수교장로회(대신)	치앙마이
치앙마이한인감리교회	임삼봉	2008	기독교대한감리회	치앙마이
파타야 선교교회	심태선	2006	대한기독교성결교	파타야

▌태국 초기 선교사들

태국 최초의 선교사인 최찬영 선교사는 1955년 4월 24일, 태국 선교사로 파송받았지만 해외여행의 자유화가 없었던 당시 비자 문제로 정작 그가 태국 땅을 밟은 것은 그다음 해인 1956년 6월 4일이었다.

그는 의사인 김광명과 결혼하여 미국 풀러 신학교로 장학금을 받고 유학 가기로 되어 있었고 그의 아내는 파사데나의 헌팅톤 기념 병원의 의사로 내정되어 있었지만, 이들 부부에게 총회 선교부는 (안광욱 목사를 통하여) 태국 선교사 파송을 제의하게 되었고, 이들은 총회 선교부 모임을 30시간을 남겨둔 채 밤새워 기도하는 중에 태국 선교사로 가기로 결정하게 되었다고 한다.

그 당시 한국은 태국보다 훨씬 못사는 나라였기 때문에 그가 비록 우리 나라에서는 인텔리 계층이었다 할지라도 방콕에서 그의 삶은 그렇게 환대받은 것은 아니었다.

그는 태국 기독교 총회가 마련해준 방콕 시내 한 중국인 교회 3층 종탑 건물 제일 윗방, 부엌도 없는 단칸방에 살면서 한국 첫 선교사로서 태국의 삶을 예수님과 같이 겸손하게 시작했다.

그러나 그의 태국에 대한 사랑은 남달라 태국어를 배운 지 1년 만에 태국어 명설교사가 되었으며, 아시아인으로는 최초로 태국과 라오스 성서 공회 총무로 취임될 정도로 그의 지도력은 탁월했다. 구체적으로 1957~1960년, 그는 태국 선교부에 속해 있는 제6노회 산하 방콕 제2교회 태국인 교회 담임 목사직을 맡아 활동했고, 그 후 잠시 방콕 기독병원 원목으로도 활동했다. 그러나 그의 가장 큰 업적은 동남아를 비롯, 아시아 태평양 전역에 성서 반포를 크게 이룬 것이다.

1962년 6월 1일, 그는 아시아인 최초로 태국과 라오스 성서 공회 총무로 취임하여 동남아 성서 반포에 힘썼으며 1971년에는 아시아-태평양 지역의 성서 반포 책임자가 되었다.

그는 태국/라오스 성서 공회 총무로 있으면서 부임할 당시 40만 부 정도의 전도용 쪽복음을 250만 권 정도로 증가 반포할 만큼 태국 성서공회 사역을 활성화시켰다.

그 후 필리핀에 상주하며 아시아 전역 성서 반포에 힘썼으며 1978년 아시아 태평양 지역 총무로 취임한 후엔 홍콩에 상주하여 1992년 정년 퇴임할 때까지 아시아 지역에서 성서공회 사역에 크게 공헌했다.

김순일 선교사 가정도 1956년 11월에 파송되어 태국 선교의 길을 개척하며 태국 선교에 힘을 더하게 되었다. 최찬영 선교사가 방콕에 머물면서 선교 활동을 한 것과는 달리 김순일 선교사는 언어 훈련이 끝난 뒤 북쪽 지역에서 선교 활동을 했다.

김순일 선교사는 특히 북쪽 치앙라이(Chiangrai)에 있는 제2노회의 순회 목사로 태국 교역자들과 함께 정글 속의 마을을 찾아 전도했고, 한때 제2노회장으

로 제2노회 산하교회 전도 부흥에 힘썼다.

그 후 Chiangmai에 위치한 Mckein 나환자 재활원을 돌보면서 송예근 의료 선교사를 초청하여 3년간 Mckein 재활원에서 봉사토록 했고, 김순일 선교사는 Chiangmai 신학교에서 강의 사역을 했다.

후에는 태국 기독교 총회(The Church of Christ in Thailand) 청년국 총무로 일하면서 학원 복음화를 위해 태국 교역자들과 매년 2, 3개월씩 여러 학교에서 전도에 힘써 한 해 결신자가 600~700명에 이르는 성과를 거두기도 했다.

김 선교사 가정은 1969년까지 선교 활동을 계속하다가 두 번째 안식년 후 1970년부터는 대한 예수교장로회(합동) 총회 선교사로서 당시 국제 선교 협력 기구 동남아-태평양 지역 총무를 맡다가 1971년 방콕 한인 연합교회를 설립했고, 후임으로 신홍식 선교사를 초청하여 담임목사 사역을 하게 하고 김 선교사는 미국 풀러(Fuller) 선교대학원에 유학(1972~1974)했다. 돌아온 그다음 해인 1975년에는 한국의 동서선교개발연구원 사역을 맡기 위하여 19년간의 선교 사역을 마감했다.

김정웅 선교사는 1976년 9월에 한국 국제 선교부(K.I.M)를 통하여 총회산하 남 서울교회 파송을 받고 태국에 왔다. 그는 안식년을 떠나는 신홍식 선교사의 후임으로 역시 태국 기독교 총회인 C.C.T에서 한국선교사가 하던 사역을 계승받아 제6노회 한인교회 사역과 제8노회 교회순회 전도사역에 열중했고 후에 미얀마 국경지대에 있는 카렌족에게 전도하여 교회를 설립하고 후원하는 한편, 윤수길 선교사 가정을 초청하여(1980. 10. 14) 사역을 준비케 했다.

▌태국 선교사의 팀 사역

1981년 이후 한국의 경제성장 부흥과 함께 선교도 붐을 이루게 되었지만, 한인 선교사들이 태국 선교에 관심을 갖게 된 것은 1990년대부터다. 1990년대에 온 태국 선교사들은 1970~1980년대에 왔던 선교사들의 4배에 달하는 숫자다. 2000년대에도 계속해서 많은 선교단체와 선교사들이 태국에 부임하여 바야흐로 한인 태국 선교의 전성기를 맞이하고 있다.

이 기간에 활동한 선교단체는 크게 둘로 나눌 수 있는데 CCT와 관계된 선교단체(KGAM,KPT,WMP)에 속한 30명, 그 이외의 선교단체와 선교사 353명은 EFT(The Evangelical Fellowship of Thailand)와 관계하여 사역하고 있다.

다음은 태국에서 활동하고 있거나 활동했던 선교사들의 팀별 사역 현황이다. 세계선교동역기구(The World Mission Partners) - 신홍식 선교사는 1987년 WMP 선교단체를 조직하면서 현재의 GMS인 PCKH에 가입했고, 1993년 그의 2남인 신영선 선교사, 1995년 김용섭,이경미 선교사, 1996년 박재천, 홍영숙 선교사를 허입하여 도시교회 개척을 팀사역을 통하여 추구하고 있다.

제2기 사역에 들어와서 한인회중목회, 방콕신학원 전임교수, 문서사역, 한국신학교들에서의 교수사역과 한인선교사 훈련사역을 했다. 신홍식 선교사가 1981년 전임교수가 된 BIT는 1940년대 개교한 CCT의 무지역 노회인 제7노회가 직영하는 신학교다. BIT는 CCT의 자유주의 신학을 좋아하지 않는 학교로 복음주의 노선의 신학적 환경을 제공했다.

신홍식 선교사는 신학교학장(1981~1986)과 부원장(1986~1999)직을 수행했다. 그는 영어로 된 Berkohf's의 〈조직신학〉 책을 태국어로 번역했을 뿐 아니라, 그가 처음 교수사역을 시작할 때 7명이던 학생 수가 1985년에는 102명으로 늘어났다.

주태 한국장로교선교부(The Korea Presbyterian Mission in Thailand) - 정승회 선교사는 서울 왕십리 교회(서재신 목사)의 후원과 태국교회진흥원(Thailand Church Growth Committee)의 위치안 박사의 초청으로 1979년 12월 27일 방콕에 도착했다. 그는 1980년 중순 태국 정부가 외국선교 단체들에 대한 규제 조치의 새로운 종교정책을 수립할 당시 1980년 10월 태국 종교성에 EFT의 파트너로서 일하는 주태 한국 장로교 선교부를 등록 설립했다. 이것은 태국적 상황에서 한국 선교사들이 선교사 비자를 공식적으로 얻을 수 있었던 마지막 기회가 되었으며, 그때까지 CCT는 태국선교사로 파송받은 한인선교사들의 유일한 교섭통로 역할을 했다. 한국교회는 1970년에 선교단체를 중심으로 조직되고 정부에 등록된 태국복음주의연맹(The Evangelical Fellowship of Thailand; 정부에 의해 통제 받지 않음)에 대해서는 아는 바가 없었다. 그러나 정승회 선교사를 통하여 선교사들이 EFT를 통하여 태국선교를 할 수 있는 새 장을 열어놓았다.(김활영, 1994 : 183)

한국총회선교회(The Korea General Assembly Mission) - 강대흥 선교사는 1987년 11월 25일 태국한인교회에 교포목회를 위해 초빙되어 왔다가 1989년 2월 24일 PCKH 선교사로 재부임했다. 이때 강 선교사는 KGAM을 조직했고, 김문수-조영미(1991), 권오혁-우종복(1993), 김농원-강명선(1994), 오영철-김보순(1995), 양덕훈-신미숙(1997), 김창수-김장숙(1998) 제 선교사들이 팀에 합류했다.

KGAM의 주사역은 ① 목회자 훈련원 사역 ② 카렌족 사역 ③ 태국 인접 공산권 사역이다.

목회자 훈련원 사역은 강 선교사가 현지에서 소속하고 있는 CCT의 제6노회에 'Pastoral Training Center for Revival and Church Growth'라 이름한 훈련원 설치를 제안하고 제6노회가 허락함으로써 1988년 발족되었다.

카렌족 사역은 현재 1995년 부임한 오영철 선교사가 전담하여 사역하고 있다.

태국 인접 공산권 사역으로 대표적인 지역은 라오스다. 라오스 복음주의 교회는 2만 3,000명의 성도를 3명의 목사와 30명의 평신도 사역자가 담당할 정도로 지도력의 부재가 매우 심해, 강 선교사가 1992년 5개의 라오스교회 지도자들을 목회자 훈련원에 초청하여 훈련하기 시작하여 현재까지 관계를 맺고 있다. 또한 라오스 찬송가 5,000권을 기증했으며, 라오스의 오래된 교회 건물을 재건축하는 사역을 시작했다.(김활영 1994 : 193)

그러나 선교 후기에는 KGAM 선교사 중 많은 선교사가 TEAM 선교단체를 발족하고 각각의 특색에 맞게 교회 개척으로 접근하고 있다. 차대영 선교사는 학원 선교를 목적으로 BIAS 미션 스쿨을 섬기고 있으며, 김문수 선교사는 동북부에서 대학생 선교를 중점으로 사역을 하고, 김농원 선교사는 소수 민족 선교를 위해 힘쓰고 있으며, 권오혁 선교사는 태국 남부의 이슬람권 지역에서 교회개척 역사를 줄기차게 섬기고 있다.

이상으로 태국 한인 선교사들의 대표적인 팀별 사역을 살펴보았고, 1980년대에 태국에 와서 특별 선교의 하나인 문서 선교를 꾸준히 섬기고 있는 김중식 선교사의 사역에 대해, 1990년대에는 78가정의 선교사들이 들어와 역동적인 태국 선교 사역을 감당하고 있는 선교사 중 특히 대학생 선교를 전문적으로 섬기고 있는 이반석 선교사의 사역에 대해, 그리고 2000년대에 태국에 입국해 충성을 다하며 교회 개척에 센세이션을 일으키고 있는 이문주 선교사의 사역에 대해서 맨 나중에 사례 연구했다. 나머지 사역에 대해서는 주태 한인 선교사의 역사편찬위원회에서 다년간 연구하고 있는 한인 선교사를 참조하기 바란다.

▌한인 태국 선교 현황

현재(2008년 8월 기준) 태국에 파송된 한인 선교사는 총 206가정에 385명(싱글 27명)으로 56개 각 선교단체 및 선교회의 이름으로 파송받아 사역하고 있다.(주태 한인 선교사회 2007년 총회회의록, 2007년 12월 현재) 이 숫자는 장단기 선교사 및 부인 선교사 포함한 전체 숫자이며, 이 가운데 G.M.S. 선교회는 총 92명으로 가장 많은 선교사를 태국에 파송하고 있는 선교단체다. 그 다음으로 G.P 27명, P.C.K. 26명, 기성 20명, G.M.P. 18명, 기감 17명, Y.W.A.M. 17명, K.P.M. 16명, T.E.A.M. 14명, 기하성 10명, 고신 8명, O.M.F. 6명, 바울 6명, 대신 4명, UBF 3

명 순으로 그 뒤를 잇고 있다. 선교사 수가 2인 이하인 선교단체나 선교회의 현황은 사랑의교회, 성서침례교회, 안디옥선교회, 예성, 예장대신, 예장보수, 예하성, 울산노회, 주영광선교회, AHM, AND, BIAS, EGF, NSM, 기타(자비량) 이상 각 2명, 어린이전도협회 1명이다.

연도별 파송선교사 현황은 한국교회가 1990년대 초반에 많은 선교사를 태국에 파송하고 있음을 보여주며 1980년대 중반까지는 선교사 파송 열기가 미미했음을 알 수 있다.

연대	파송된 선교사 수(단위: 싱글 및 가정)
1970년대	3
1980년대	15
1990년대	78
2000년대	110
합계	206가정

선교사역 기간별로는 30년 이상된 선교사가 2명, 26~30년 4명, 21~25년 6명, 16~20년 25명, 11~15년 43명, 6~10년 61명, 5년 이하가 65명으로 나타났다.

사역 연수	기간	선교사 수(단위: 가정)
30년 이상	~1977	2
26~30	1978~1982	4
21~25	1983~1987	6
16~20	1988~1992	25
11~15	1993~1997	43
6~10	1998~2002	61
5년 이하	2003~	65
합계		206

한인 선교사들의 사역의 종류는 다양하지만 크게 교회개척, 대학생선교,

교육(신학교), 지도자훈련양성(목회자 연장훈련), 사회봉사(고아원, 구제), 체육(축구, 태권도), 문서, 청소년, 어린이, 이슬람권 등 총 10가지로 분류할 수 있다.

그러나 사역종류별 현황으로 한 명의 선교사가 2가지 이상의 사역에 관계하는 경우도 있으나 대부분의 많은 선교사가 궁극적으로는 교회개척에 그 사역의 목표가 있는 것이다.

Thai Tip

태국 도박연구센터(The Centre for Gambling Studies.CGS)의 2019년 발표에 따르면, 그 해에만 태국인 70만 명이 새로 도박 인구에 편입된 것으로 나타났다. 2017년부터 도박 습관을 조사했는데 조사 당시 한 달 동안에만 전체 인구의 57%에 이르는 3,042만 명이 여러 종류의 도박을 한 것으로 나타났다.

▍방콕 한인 가톨릭공동체

▍태국 천주교 현황과 역사

불교의 나라 태국에서 가톨릭교회는 2개의 대교구(Archdioceses), 9개의 교구(Dioceses), 436개의 본당(Parishes) 및 662명의 사제로 구성되어 있다. 신자 수는 38만 명으로 전체 인구에서 약 0.58%를 차지하고 있다.(Wikipedia, 2019)

사제로서 태국에 천주교 복음을 최초로 전한 분은 1554년 포르투갈 군함을 타고 당시 시암 왕조의 수도 아유타야에 도착한 히에로니무스(Hieronymus) 신부와 세바스티안(Sebastian de Cantu) 신부다. 이후 많은 사제와 수도사들이 신앙의 불모지에서 현지인들과 태국을 기반으로 사업을 하는 중국계/포르투갈계 이민자 및 무역상들에게 복음을 전하려고 노력했다.

태국 왕조 중 하나인 시암 왕조 시절인 1662년 8월 교황 알렉산더 7세는 시암 지역을 대교구로 지정했고, 1673년 레이노(Laneau) 신부가 시암의 초대 대교구장으로 임명되었다. 당시 시암 왕인 프라 나라이(Phra-Narai)는 가톨릭 선교 활동에 호감을 갖고 교회, 선교사 숙소 및 신학원을 지을 수 있도록 토지를 제공하는 등 가톨릭 복음 전파의 기반을 조성하는 데 많은 지원을 했다. 또한 시암 왕국 내에서 선교 활동의 자유를 주었고, 가톨릭을 믿는 백성들에게 일요일에는 노동에서 면제해 주는 등 혜택을 베풀었다.

그러나 복음 전파의 길이 항상 순탄한 것만은 아니었다. 과격한 무신론자 및 버마의 무자비한 침략 세력에 의해 주교와 선교사들이 투옥되는 등 적지 않은 박해를 받아야 했다.

박해 시절에는 신자 수가 1만 2,000명에서 1,000명 수준으로 감소했다.

이러한 종교적 박해에 굴하지 않고, 태국 천주교의 복음 전파는 태국에 머무르지 않고 주변 국가에 영향을 미쳤고, 멀리 한반도에 복음을 전파하는 기지로도 활용되었다. 제1대 조선 대교구장(1981~1835)으로 임명된 브뤼기에르(Bruguiere) 소(蘇) 신부는 파리 외방 선교회 소속으로 시암 대교구의 부주교를 역임했다. 소 주교는 조선에 입국하기 위해 애쓰다가 1835년 10월 국경지대인 만주에서 사망하고 만다.(책 〈이 빈들에 당신의 영광이〉- 김대건 신부의 편지 모음)

1834년 쿠베지(Courvezy) 주교가 대교구장으로 임명되고, 박해의 고난이 약해짐에 따라 가톨릭 신자수가 6590명, 11명의 유럽계 신부, 7명의 현지 신부로 증가했다. 태국의 몽쿠트(Mongkut, 1862~1872)와 쫄라롱꼰(Chulalongkorn, 1868~1910) 왕과 대교구장과의 호혜적인 관계유지로 인해 19세기 중엽 이후 상당기간 평화를 유지하고 교회가 발전하는 계기가 되었다. 20세기 시작 무렵, 신자 수는 2만 3,000명에 이르렀고, 55개의 교회와 성당이 운영되었다.

1975년에는 인도차이나에서의 피난민 긴급구호 활동 등을 위해 가톨릭 긴급피난 구호 사무소가 설치되었다. 1984년에는 당시 교황 요한 바오로 2세는 처음으로 태국에 방문했다. 1989년 10월 태국 순교자들(the Martyrs of Thailand)이 시복(諡福)되었다. 2015년 2월 Kriengsak Kovithavnij(Francis Xavier)께서 태국의 두 번째 추기경으로 임명되었으며, 1669년 태국 교회의 시작을 알린 삼대목구 설립 350주년을 기념하여 2019년 프란치스코 교황 방문이 이루어졌다.

▌태국천주교 한인 성당의 약사

1970년대 방콕 소이 루암루디에 위치한 Holy Redeemer 성당에서 매주 주일미사에 여섯 가족의 한국 신자들이 참례하고 있었다. 주로 한국회사의 지·상사원으로 파견 온 신자나 현지 교민들로 이루어진 이들 가족들은 3개월에 한 번씩 Holy Redeemer 성당의 갓 바오(God Bao) 신부를 초청하여, 시암 스퀘어에 있는 중식 집에서 저녁식사를 겸한 친교모임을 갖는 정도였다고 한다.

방콕은 항공기들의 허브 공항 역할을 하다 보니 다른 목적지로 가다가 잠시 들르는 사제들이 종종 있어서 잠시지만 들르는 사제들의 도움을 심심치 않게 받게 되었다. 1979년 9월에는 대구 대교구의 박형진(아오스딩) 신부가 필리핀의 라디오 베리타스(Radio Veritas)를 방문했다가, 귀국길에 방콕에 들러 대사관을 통해 안홍찬(루카) 형제를 만나게 되었다. 이렇게 연락이 되어 박형진 신부는 신자들의 모임을 시작하도록 이끌어주었고, 초대 사목회장에 지백산(James) 형제가 선출되고, 총무에 안홍찬(루카) 형제가 맡아 천주교 한인 공동체 사목협의회가 구성되어 봉사를 하게 되었다. 그 후 함세웅 신부 등을 비롯하여 몇몇 사제가 잠시 들러 미사와 고해성사를 집전하고 갔다.

그러다가 1982년에는 안동 교구에서 사목 활동을 하던 백태원(Piere) 프랑스 신부가 지나가는 길에 방콕에 들러서 한인 교우들과 함께 파리 외방전교회 성당에서 미사와 고해성사를 집전해주었고, 같은 해 10월에는 김수환 추기경, 윤공희 대주교, 김남수 주교 등 한국 교회의 고위 성직자들이 아시아 주교회의에 참석차 방콕에 들르게 되어 당시 주 태국 교황청 대사인 말티노 대주교와 함께 교황청 대사관에서 성대한 미사를 가지게 되었다. 또한 그동안 준비 중이던 예비 신자들의 영세와 견진, 혼인성사 예식까지 할 수 있었다. 그리고 추기경께 부탁을 하여 사제의 파견은 어려우나 지나가실 기회에 꼭 들러서 방콕 교우들의 영성 지도를 해주실 것을 부탁함으로써 많은 신부들이 이곳 태국을 방문해 영성 생활에 도움을 주고 가셨다.

그러던 중 1983년 메리놀 선교회 소속 반기엘모(부산 교구에서 10년, 인천 교구 주안 5동 성당에서 5년간 사목 활동을 함) 신부가 방콕으로 발령받아 부임하게 되었다. 반기엘모 신부는 6개월간의 태국어 교육을 받고 농까이 지방에서 농사지으면서 선교 활동을 했다. 그때 반기엘모 신부에게 부탁을 해서 한 달에 한 번 정기적으로 한국어 미사와 고해성사를 받을 수 있게 되었다. 미사 후에는 방콕에서 800km 떨어진 농까이에서 13시간을 기차를 타고 오는 반기엘모 신부의 열성에 감동을 받아, 미사 후에는 교우들이 모두 참여하여 코리아 하우스에서 점심을 함께 하는 등 교우들이 하나 되는 은총의 시간을 갖게 되었다. 다음 해인 1984년에 반기 엘모 신부가 메리놀회방콕지회의 책임자로 부임하여 한인공동체는 한 달에 한 번 미사에 참여하다가, 이제는 매주 미사에 참여할 수 있게 되었다. 당시 사용 중이던 세인트 도미닉 학교(Saint Dominique school) 내 성당이 협소할 정도로 신자 수도 증가했다. 그래서 세인트 루이스 성당(지금의 Saint Louis Hospital 내의 작은 성당)으로 옮겨 활기찬 신앙생활이 시작되었다. 이때 성모회, 성가대 등이 본격적으로 시작되었다.

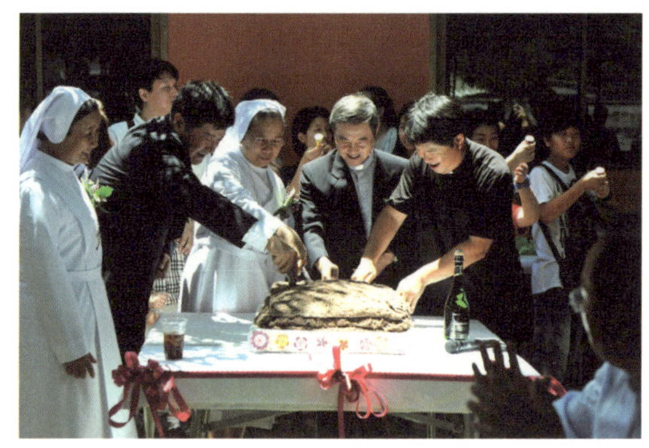

● 성당봉헌축하식

　또한 구 안토니오(프란치스코 수도회 소속) 신부가 한국에서 8년간 수도회 생활을 마치고 방콕에 오게 되어, 천주교 한인 공동체는 한국말을 잘 하는 두 명의 사제들과 함께 더욱 활기찬 신앙 생활을 할 수 있었다. 반기엘모 신부는 나중에 캄보디아로 발령을 받아 떠나셨으나, 구 안토니오 신부는 계속해서 천주교 방콕 한인 공동체를 지도해주었다. 당시 구 안토니오 신부는 남사이 지역의 나환자촌, AIDS 환자촌을 담당하고 있어서 신자들은 그곳에 가서 야외 미사도 하고, 봉사활동도 할 수 있는 기회도 생겼다. 또한 반기엘모 신부와 구 안토니오 신부는 파타야에 있는 교우들을 위하여 한 달에 한 번씩 교우들을 위해 미사를 해주었고, 피정도 파타야 구속주회 피정의 집에서 하여 많은 파타야의 교우들이 참석할 수 있었다.

　특별히 한인 공동체에 많은 관심을 가지고 있었던 주 태국 교황청 대사 말티노 대주교는 부임 기간 동안 여러 해에 걸쳐 성탄절 미사를 직접 집전해주는 등 많은 교우들이 하느님의 특별한 은총을 받고 시작된 한국 천주교회의 역사만큼 천주교 한인 공동체도 하느님으로부터 은총을 받는다고 믿고 있었다.

● 성령 세미나

　하느님의 특별한 은총으로 여러 사제들이 함께하는 가운데 천주교 한인 공동체는 안정되고 성장하게 되어 여러 믿음의 활동도 하게 되었다. 해군 사관학교·해양대학교 실습생들이 태국을 방문했을 때 함께 미사도 하고 파티도 했으며, 불우이웃돕기, 주일학교 활성화, 장애자 방문, 고아원 방문, 형무소 방문 등 많은 활동이 있었다. 크리스마스 파티, 체육대회 등 많은 행사와 봉사활동이 이어졌다.

　구 안토니오 신부가 캐나다로 유학을 떠나게 되어 다시 목자가 없는 공동체가 되는 줄 알았지만, 하느님께서는 캄보디아에서 3년 베트남에서 3년간 사목 활동을 하던 반기엘모 신부를 다시 태국으로 보내주시어 목자의 지도 아래에서 신앙생활을 할 수 있게 되었다.

　1997년에는 펫부리 로드에 위치한 돈보스코 기술학교 안에 있는 성당으로 이전하여 한국어 미사를 반기엘모 신부가 집전하면서 천주교 한인 공동체는 이제 안정적인 신앙 생활을 하는 시대를 맞이하게 되었다.

　그러나 반기엘모 신부는 자신의 소임과 한인 공동체를 동시에 맡아 지도하기에는 너무 벅차게 되어 이제 한국 신부를 초청해도 좋을 것이라고 판단하여 한국 천주교 주교회의에 사제의 파견을 요청했다.

이에 당시 주교회의 산하 이주사
목위원장이던 군종 교구의 정명조
주교는 부산 교구에서 신부의 파견
을 요청했고, 당시 부산 교구장이던
이갑수 주교는 1997년에 군종신부
소임을 마친 박만춘 신부를 천주교
한인 성당의 초대 주임 신부님으로
파견하여 한국인 신부에 의해 사목

● 성모의밤

이 되는 재 외국 한인 성당으로 승격하게 되었다.

박만춘 신부는 초대 한인 성당의 주임신부로서 본당의 기틀을 만들기 위
해 재정적으로 열악한 상황에서 신자들과 동고동락을 하며 노력하던 중에
교통사고와 와병으로 애석하게 귀국하게 되었다. 그리하여 방콕 한인 성당
은 또다시 목자 없는 신앙생활을 하게 되는 위기를 맞는다. 잠시 공백이 있
었으나 부산 교구장 이갑수 주교는 김현일 신부를 2000년 3월 제2대 방콕
한인 성당 주임신부로 파견했다. 김현일 신부는 약 5년간 방콕 한인 성당에
서 사목 활동을 하면서 성당의 기본 조직인 소공동체(구역)를 정리하고 많은
신자 재교육을 통해 그동안 부족했던 신자들의 기본 신앙 생활과 영성 생활
에 힘쓰는 등 사목 활동을 통해 방콕 한인 성당의 비약적인 발전을 돕게 되
었다. 재정적으로도 안정되어 후임 신부가 공동체의 보금자리라고 할 수 있
는 교육관을 마련하는 데 큰 도움이 되었다.

부산 교구 제3대 교구장인 정명조 주교는 2005년 1월부로 5년간의 사목 활
동을 마친 김현일 신부 후임에 김원석 신부를 방콕 한인 성당 제3대 주임신
부로 파견한다. 김원석 신부는 부임하여 그해 10월 에까마이쏘이 12에 교육
관을 마련하고 11월 16일 부산 교구장인 정명조 주교의 태국 방문에 맞추어
교육관 축성식을 갖게 되었다. 이렇게 해서 방콕 천주교 한인 성당은 에까마
이 교육관 중심의 신앙 생활 시대를 열어가기 시작했다. 그뿐 아니라 2006년
3월에는 방콕 대교구로부터 교육관을 정식 경당으로 승인을 받게 되어 부

활·성탄 등 모든 전례를 자체적으로 할 수 있게 되었다. 경당으로서 교육관은 이제 성체(聖體)를 모시고 성체 조배 등의 신심 행위와 매일미사에 참여함으로써 성체성사를 통해 신자들이 세상의 빛과 소금으로 살아갈 수 있는 영성적 토대를 마련하게 되었다.

또한 파타야 공동체의 미사를 한 달에 1회 미사 집전을 매주로 바꾸어 파타야 신자들의 신앙 생활에 큰 도움을 주기 시작했다.

방콕과 파타야 교우들만의 사목에서 태국전체를 사목하기 위하여 2006년 푸껫공소를 마련하여 교세 확장을 꾀했다. 2008년 10월 본당 설립 10주년(사제파견 10주년)을 맞이하여 김원석 신부 후임으로 이상일(요셉) 신부를 파견 하여 제4대 신부를 맞이한다. 이상일 신부는 부임 후 10주년 행사로 '화해와 쇄신 연수회'와 '방콕 1차 성령 세미나'를 성공적으로 치러내고, 2009년 사목목표인 1인 1레지오 가입하기로 정하여 3개 프레시디움을 7개로 늘렸으며 꾸리아를 탄생시키는 역할을 했다. 10여 년간 교우들의 신앙 생활을 제대로 지원해주지 못한 아쉬움에 사무실을 마련하고 사무장을 고용하여 교우들의 신앙 생활에 필요한 제반 서류 및 지원을 할 수 있는 여건을 마련했다. 어린이 미사를 신설하여 주일학교 활성화에 크게 기여했으며, 2011년 에카마이 교육관을 마감하고 펫부리 교육관을 마련하여 부족한 교리실 및 회합실을 확보했다.

2012년 5대 신부로 신동원(다니엘) 신부가 부임하여 방콕 모든 교우들의 숙원인 한인성당(2013년)과 교육관(2014년)을 람캄행 살레시오 수녀원 부지 안에 마련하여 눈치 보지 않고 마음껏 미사와 신앙 생활을 할 수 있는 토대를 마련했다.

그 결과 교육관에서 친교를 위한 식사 등을 자유롭게 하게 되었고, 성탄제나 레지오 연차 총 친목회, 주일학교 일일 피정, 바자회 등 다채로운 행사를 치러냈고 주방을 이용하여 성모회에서 김치나 반찬 등을 만들어 신자들의 먹걸이도 제공하는 기회를 가졌다.

태국 내 한인공동체의 성장을 위하여 파타야 공동체를 방콕 공동체에서 분리하여 마산교구로부터 신부님을 파견받아 한인공동체 수를 늘렸고 부산 교구의 재정관리 방법을 도입하여 체계 없이 운영되던 재정관리를 체계화하는 데 앞장섰다.

더불어 2012년 11월 태국 교황대사로 장인남(바오로) 대주교님께서 부임하시어 태국 내 한국 가톨릭의 자부심이 높아지는 계기가 되었다.

2016년에는 태국 주교회의 의장 겸 방콕대교구장 프랜시스 하비에르 끄리엥삭 꼬비타바니 추기경님, 살레시오 총원장 이븐 렝고트 수녀님, 정신철 인천교구장님 등께서 방문해주셨다.

2016년 6대 신부로 이세형(유스티노) 신부님께서 부임하시어 성당 이전으로 안정된 환경 아래에서 해외에서의 부족해지기 쉬운 영성적 목마름을 충족시키기 위하여 아가다 수녀님을 모셔와 피정 시간을 가졌으며, 방콕에 잠시 머무르시는 신부님들께 항상 피정 시간을 부탁드려 신자들의 목마른 영성을 채워주셨다.

교육관 내 사제 집무실을 만들어 언제든지 신자들이 신부님을 자유롭게 만날 수 있는 장소를 마련했으며, 평일 미사 때는 양형성체를 도입하여 신자들에게 성혈을 접하는 기회를 마련해주시기도 했고, 평일 미사 때 한 가정씩 가정을 위한 미사를 봉헌해주셨다. 2018년 교육관 활용의 일환으로 교양강좌(태국어, 한국어)를 개설하여 새로 오신 분들의 기초 태국어를 제공하고, 태국에서 자라 한국어가 부족한 아이들에게 한국어를 배우는 기회를 제공했다.

2020년 전 세계를 휩쓴 코로나19로 인하여 2020년과 2021년은 방콕한인성당의 암흑기가 되어버렸다. 총 7개월의 미사 중단(2020년 4~5월, 2021년 4~8월)과 그에 따른 교민 수 감소 등으로 재정적으로 어려움을 겪기 시작했지만 제반 비용 절감, 본당용 자동차 매각, 신자들의 적극적인 도움 등으로 어려움을 극복했다.

많은 어려움 속에서 2022년 7대 신부 이요섭(요셉) 신부님의 부임으로 그동안의 어려움을 조금씩 해소해나가면서 평일 미사 재개, 레지오 마리에 주회 재개 등 새롭게 도약하기 위해 본당 신부님과 모든 신자가 노력하고 있다.

2022년 현재에는 코로나19로 인하여 방콕과 파타야의 등록 신자가 약 300여 명이며, 주일 미사 참례 인원은 100여 명으로 급감하고 있으나, 코로나19가 안정될 2023년에는 예전의 활기찬 본당 생활을 기대한다.

방콕한인성당에서는 본당 사제의 사목의 협조 모임인 사목협의회가 한 달에 한 번씩 정기적으로 회의를 갖고, 여성 소공동체(구역모임) 역시 매월 모임을 가지고 있다.

또한 학생들의 신앙 생활을 지도하는 주일학교가 매 주일 미사 후 교육관에서 운영되고 있다. 제 단체로는 전례에서 아름다운 성가로 전례 참여자들의 마음을 평화롭게 하는 성가대, 기도하며 활동하고 선교하는 레지오 마리에, 주일학교 학생들을 위해 기도하며 봉사하는 주일학교 교사회, 20~30대로 이루어진 청년회 등 제 단체가 유기적으로 서로 도움과 영향을 주며 활발한 신심 활동을 하고 있다.

현재 매주 방콕의 주일 미사는 람캄행 로드22에 위치한 방콕한인성당에서 오전 10시 30분, 평일 미사는 화요일 저녁 7시 30분·수요일에는 오전 10시 30분에 열리며, 파타야는 파타야 수쿰윗 로드 파타야 캉(중앙 파타야)에서 방콕 쪽 방향으로 200m 쪽에 위치하고 있는 St. Nikolaus 성당에서 주일 오후 5시 30분에 미사가 있다.

▌원불교

원불교는 1916년 4월 28일, 교조인 소태산 박중빈 대종사의 큰 깨달음을 계기로 시작된 종교다. 소태산 대종사는 20여 년간의 구도 끝에 '만유가 한 체성이요 만법이 한 근원'이라는 일원(一圓)의 진리를 깨쳤다. 그 후 세계가 물질문명의 발달로 인해 정신의 세력이 크게 약해질 것을 예견하고, 인류의 정신문명을 이끌어갈 새 시대에 맞는 새 종교인 '원불교'를 열었다.

2007년 대한민국의 정식 4대 종교(천주교, 불교, 개신교, 원불교)로 승인되어 원불교 군종 활동 및 군장교가 배출되고 국가적 차원의 의례에는 다른 이웃 종교들과 함께 의식을 진행해오고 있다. 교육으로는 원광대학교를 비롯한 전국의 약 20여 개 중·고등학교, 대학 시설과 6개 대안학교 및 140여 개 유아교육기관을 운영해오고 있다. 어려운 이웃을 위해 사회복지, 의료복지, 나눔 실천을 통한 봉공으로 사회에 도움을 주기 위해 노력하고 있다. 또한 원음방송국 등을 통해 언론과 문화로써 대중과 함께 소통해나가고 있다.

2016년 개교 100주년을 맞이한 원불교는 국내(약 540여 개 교당)뿐 아니라 국외 21개국에 진출해 약 70여 개 교당과 자선 기관, 선방, 학교 등 외적 확장을 통해 인류의 정신문명을 일깨우는 세계보편종교로 성장해가고 있다.

▌이웃과 함께하는 원불교의 마음공부

원불교가 근현대에 일어난 신흥 종교 가운데 비교적 안정적으로 성장할 수 있었던 것은 열린 종교로서 이웃 종교들과 화합하며 온 인류의 평화와 상생을 근본으로 발전해왔기 때문이다. 원불교는 일원 사상을 중심으로 진리는 하나, 세계도 하나, 인류는 한 가족, 세상은 한 일터라는 하나의 사상을 핵심으로 발전해왔다. 그래서 국가와 사회의 대소사에 함께 소통하고, 이웃 종교들과 함께 협력하는 데 중심을 둔다.

세계의 외부적 평화는 국가간 원만한 합의와 소통에 의해 이루어진다. 그러나 외부의 평화를 이루기 위해서는 바로 내부의 평화가 가장 먼저 근본이되어야 한다. 그 근본은 바로 마음이다. 따라서 모든 평화의 핵심은 마음이다. 원불교는 인류의 핵심 화두인 평화와 행복을 각자의 '마음'에서 먼저 찾는다. 그래서 원불교는 마음공부를 중심으로 한다. 마음공부란 한마디로 내마음을 잘 알아서 잘 사용하며 잘 살자는 것이다. 만약 내 마음도 잘 모르고, 잘 사용할 줄도 모른다면 잘 살기란 쉽지 않다. 그래서 원불교에서는 마음을 깨치고, 마음을 찾고, 마음을 기르고, 마음을 마음대로 사용하는 공부를 가르치고 배우고 있다.

원불교는 기존 불교의 가르침을 더욱 현대화·생활화·대중화하여 일상에서의 마음공부를 강조하며 생활을 중점으로 탄생한 생활 불교다. 이를 위해교당이 도심에 주로 있으면서 쉬운 교리와 언어로써 대중이 모두 함께 같이공부와 일을 병행하는 종교다. 따라서 원불교는 과학의 신진기술을 배척하는 영성 단련만이 아닌 오히려 과학을 잘 선용하고 세상에 널리 이롭게 사용할 수 있는 도덕을 주장하는 공부를 한다.

▌원불교, 태국에 오다

원불교와 태국의 인연은 1960년 태국에서 열린 WFB(세계불교도우의회)가 주최한 세계불교대회에 원불교가 참석한 이후부터다. 그 후 꾸준히 WFB 세계불교도대회에 참석해오던 원불교는 2013년에 정식으로 최수진 교무를 태국방콕에 파견했다. 최수진 교무는 부임 후 교민들을 위한 선방, 마음공부방, 상담 등을 운영해왔고, 종교 평화 차원에서는 WFB와 함께 계속 협력해오다

2017년 정식 봉불식을 통해 태국에 원불교가 공식적으로 교화의 문을 열게 되었다. 현재는 여러 고마운 인연과 총부의 지원에 의해 코리아타운 4층에 방콕교당 및 원불교 WFB 사무실을 운영하고 있다.

▌교민과 현지인을 위한 열린 교당(법당)

방콕교당에서는 현재 교민과 현지인들을 위한 다양한 프로그램을 운영해오고 있다. 태국 방콕교당에서 운영하는 내부 시스템은 다음과 같다.

첫째, 태국 내 교민들의 마음공부를 위한 법회가 매주 일요일 오전 10시에 있다.

둘째, 매일 아침에는 세상의 평화와 기도에 동참하는 모든 가족의 건강과 사업발전을 위한 특별 기도를 진행하고 있다.

셋째, 태국 현지인들을 위해서 원광 디지털대학교와 협력하여 무료로 한국어와 한국 문화 교실을 운영해오고 있다.

넷째, 목요 선방을 통해 외부인들이 쉽게 명상과 선에 참여하도록 수행의 기회를 제공하고 있다.

원불교는 늘 열린 마음으로 교민들의 어려움을 함께 이해하고, 태국의 모든 것을 존중하고, 사랑하는 주변 이웃인 교민과 현지인, 그리고 이웃 종교들과 함께 소통하기 위한 방향으로 노력하고 있다. 혹시 내 마음이 마음대로 안 되고 삶이 너무 힘들어 따뜻한 도움의 손길이 필요하거나 혹 나의 마음을 안정시키기 위한 마음공부를 배우고 싶으신 분들은 언제든지 연락주시거나 방문해주시기 바란다.

"모두가 다 은혜입니다." "마음을 잘 사용합시다."

소재지 및 연락처

주소 : 212/16-17 Sukhumvit Plaza 4th Floor, Sukhumvit soi 12, Khwaeng Khlong Toei, Khet Khlong Toei, Bangkok, Thailand (코리아타운 4층, 한아시아 옆)

Tel : 090-297-3211(최수진 주임교무) / 097-258-4438(강세진 보좌교무)

대한불교조계종 한마음선원 태국지원
Hanmaum Seon Center of Thailand

한국 불교가 태국 한인사회에 진출한 역사는 기독교에 비해 상대적으로 늦다.

방콕에만 교회가 10여 개 있는 반면, 한국 불교 사찰은 한 곳도 없었다. 이와 같은 상황에서 한국 불교의 필요성을 공감한 불자들이 뜻을 모아 1999년, 최초의 한국 사찰인 대한불교 조계종 한마음선원을 방콕에 유치했다.

한마음선원은 한암선사의 제자로 깨우치신 21세기 대선지식(大善知識) 대행선사의 가르침을 받들어 생활 속의 참선을 실천하는 도량으로 태국에서는 유일하게 대한불교 조계종 소속 사찰이기도 하다. 한국 안양에 본원을 두고 부산, 울산 등 전국 15개의 국내 지원과 미국, 독일, 아르헨티나, 캐나다, 브라질 등 10개의 해외 지원이 있다.

한마음선원은 인생의 궁극적 목표인 대 자유인(부처)이 되는 길, 즉 모든 중생이 본래로부터 지니고 있는 불성을 밝혀 성불하도록 인도함을 목적으로 한다.

1982 대한불교 조계종에 등록한 한마음선원은 청년회, 어린이회, 거사림법회는 전 불교의 모범이 되었으며 대행스님의 높은 법력으로 하루가 다르게 변화, 발전하고 있는 현대에 맞게 수행법을 제시하여 불교의 현대화, 불교의 생활화, 불교의 세계화를 지향했다. 대행선사의 법문은 일찍이 한자로 된 의식문, 금강경 화엄경을 한글 세대에 맞게 번역했으며 영어, 스페인어, 독일

어, 러시아어, 중국어로 번역하여 미국 등지에서 크게 각광받고 있다. 또한 마음공부를 노래로 만들어 부를 수 있도록 선법가(禪法歌)로 음성 포교도 하고 있다. 더불어 조상과 후손이 같이 밝아지게 최초의 영탑공원을 설립해 좁은 국토에 현대적인 장례문화를 선도했다.

한마음선원 태국지원은 방콕에 거주하는 뜻있는 한국인 불자들이 '재태 한인 불자회'를 발족해 1999년 4월 수쿰윗 71에 태국지원이 탄생했다. 그 후 2002년 지금의 수쿰윗 63(에까마이)으로 도량을 이운했다. 매주 일요일 정기법회를 중심으로 온라인 법회, 어린이회, 신행회, 번역법회 등 생활 선 수행을 닦아가고 있다.

매주 일요일 정기법회 때는 대행스님의 비디오 법문을 보고 지원장 혜단 스님의 쉬운 설명으로 불자들에게 불법을 전파하고 있다.

부처님의 진리를 직접 체득해 깨달으신 21세기 대선지식 대행스님의 법문은 표현 자체는 쉬우나 그 내용이 심오하고 풍부한 경험과 접목시켜 가르쳐 주는 주인공관법(主人空 觀法)은 큰 공감을 불러일으키며, 깊이 있는 법문으로 유명하다.

대행스님의 높은 법력에 힘입은 일반 불자들의 숱한 체험담(신행담)으로 다져지는 믿음의 실천은 한마음선원을 이끌고 있는 강점이자 특징이다.

또한 태국지원에서는 촛불재, 부처님 오신 날, 백중 등의 불교 행사와 함께 설, 추석 때의 합동 차례를 중요하게 행함으로써 태국에서 자라서 한국 문화를 잘 모르는 어린이들에게는 우리의 전통문화를 이어가도록 노력하고 있다.

태국 땅을 딛고 태국 물과 공기를 마시며 더불어 살아가는 감사의 마음을 두루 전하고자 '한마음 바자회'를 20년째 해마다 11월 마지막 토요일에 열어 그 판매금으로 태국 대학생들에게 장학금을 주어 회향하고 있다.

- **1999.** 2. 8. 재태 한인 불자회 발족(회원 12명)

   4. 25. 대행큰스님 태국지원 개원 법회 및 점안식(방콕시 수쿰윗 71가) 신행회, 어린이회, 청년회 개설

   7. 16. 파타야시(市) 법회 개최

   12. 12 제1회 수계법회~3년마다 개최

● 개원 법회

- **2000.** 1. 1.~ 제1회 한마음 체육대회~

   12. 3. 1~1. 2. 제3회 신도수련회~

- **2001.** 9. 28. 새 불사터(수쿰윗 63) 기공식

- **2002.** 1. 13. 법당 이운·점안 법회(방콕시 수쿰윗 63에까마이) 쏘이4 86번지

● 이운법회

1. 19. 한마음선센터 사단법인 인가

5. 19. 부처님 오신 날 제1회 봉축음악회(매년 개최)

12. 4. 제4회 이웃돕기 한마음바자회

- **2003.** 3. 8. 세계불교우의회, UN여성의 날, 대행선사 훌륭한 여성 불자로 선정

- **2004.** 4. 1. 문화강좌 개설-태국요리, 카빙, 구슬장식 만들기, 태국어 강좌, 사물놀이반

  7. 8. 일반인 포교를 위한 법회(웨스틴 호텔에서 개최)

  11. 6.~7. 한마음선원 제2회 합창제「그 마음 그대로」참가 (세종문화회관)

  12. 4. 제5회 이웃돕기 바자회

- **2005.** 3. 5.~6. 제1회 태국인들을 위한 한국문화 체험

  5. 22. 부처님오신날 행사, 제4회 봉축 문화제

  9. 1.~12월 불교(동양) 사상 강좌(매주 수요일 개최)

- **2006.** 12. 23. 이웃돕기 바자회(미혼모 및 고아원 복지시설 희사)

- **2007.** 1. 20.~1. 21. 학생회 영어 캠프

  4. 13.~15. 제10회 송크란 신도 수련회

  5. 19. 부처님 오신 날 제등 행렬

● 부처날 제등 행렬

- **2008.**   6. 10. 캄보디아 씨암립 법회 개설(이후 2개월마다 개최)
- **2009.**   6. 19. 부라파대학교 한국어과 장학금 전달

  11. 22. 태국지원 10주년 기념 혜원 주지스님 초청 법회

  11. 25. 청고스님 초청 외국인 법회 외국인법회
- **2010.**   6. 17. 탐마샷 대학 동양학과–음식문화 소개

  7. 4.~12. 한국음식 강좌, 관광공사 주관, 에스파라나다(6개월)

  12. 9. 한국어 선택 태국 중·고등학생 선원 방문
- **2011.**   1. 9. 수계법회(본원 혜원 주지스님 방문)

  7. 22. 한국어 선택 중등학교 한국문화 체험을 위한 선원 방문

  11. 11.~12. 제3회 한마음선원 합창제 참가(세종문화회관)

  11. 19.~21. 조계종 지원 수해 2차 사회부 구호단 봉사활동에 동참

 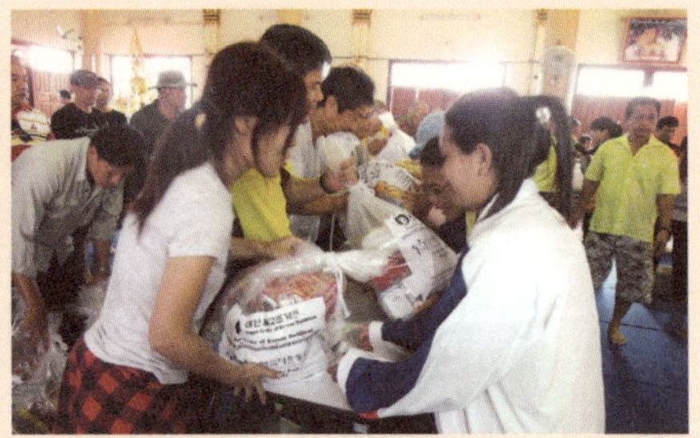

● 조계종 수해지역 자원봉사

- **2012.**   1. 6. 조계종 지원 3차 의료단, 협조 봉사활동

  4. 13.~15. 쏭크란 신도 수련회
- **2013.**   2. 25. 캄보디아 법회, 클랑하이 학교 졸업생–자전거 보시

  6월~12. 7. 한국음식 맛보기 행사
- **2014.**   7. 8. 캄보디아 쓰라이쓰남 지역 학교 봉사활동 및 자전거 보시

● 캄보디아 자전거 보시

● 문화 체험 방문

- **2015.**   4. 25. 수쿰윗 한인플라자에서 연등 및 양초 나누어주기

            8. 8. 한국문화 체험을 위한 태국 중·고등학생, 태국지원 방문

- **2016.**   1. 22.~23. 캄보디아 초등학교 교실 2칸 증축 및 의료봉사(동국대 의료봉사팀) 동참

            7. 24.~8. 3. 한마음선원 개최, 세계 청년 불자 수련회 총 413명 참가중 9명 동참(태국 청년 5명 한국인 4명)

- **2017.**   2. 24. 한마음장학금 수여식

            7. 2. 캄보디아 클랑하이 초등학교, 중학교, 전 학생에게 자전거 20대와 학용품 전달

● 캄보디아 자전거 보시, 문구용품 전달

- **2018.**   5. 19. 태국 국립대 교수, 학생 대상, 한국사 질의 응답

            실라빠껀대학교(마하위타얄라이 씰라빠껀) 동아시아 역사학과 교수 3명과 학생 26명이 내원

5월 한마음 자체 찻집 개장

11. 10. 부라파 한국어학과 선법가(마음공부 노래) 경연대회 개최

- **2019.** 1. 4. 미얀마 '양곤 한인 법당'의 혜단 혜훈 스님 점안식 봉행 (이후 2년 동안 매달 1회 법회 봉행)

  3. 12. '반라이마이팟타나' 초·중등학교 한국어 수업 개설 지원

  11. 10. 온라인 '한마음선원 태국법당' 밴드 개설 '한마음선원 태국법당' 밴드로 초대합니다.(https://band.us/n/a3a37an7E5L0V)

  11. 23.~24. 개원 20주년 기념 법회 및 문화의밤

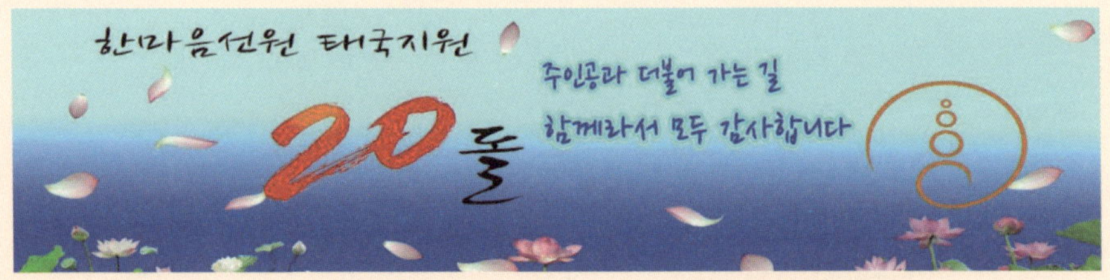

- **2020.** 3. 15.~ 4월 2주 코비드 격리 교민 반찬 나눔
- **2021.** 5. 12. 대행선사 열반 9주기 온라인합창제 참여

  6. 30. 부라파대학교 66주년 개교기념일 13년째 장학금 감사패 수여

  9. 1~4주 EM 환경교육 실시

● 부라파대학교 주최-한마음선원 감사패

● EM 환경교육

- **2022.**   1. 10. 부처님성도재일 맞이 수련회

  5. 13. 코로나19로 중단되었던 연등시연회 한인상가에서
  다시 개최
  에까마이 거리 행진 3년 만에 재개

● 부처님성도재일 수련회

● 연등행사 재개

단체장 : 지원장 총무스님

▎주요 활동

바자회, 한인학교 장학금 수여, 부라파 장학금 수여, 고아원 방문, AIDS 환자 방문, 캄보디아 중학생 자전거 보시, 캄보디아 교실 2칸 건립, 법회, 미얀마 법회, 한글 교육, 온라인 합창제 참여 외

● 한국 문화 체험

● 한마음바자회

● 차암한글학교

● 바자회 판매금-부라파대학교 한국어학과 장학금

한마음선원 태국법당
마음 공부, 대장부의 길

QR 코드 찍고 가입하세요!

소재지 및 연락처

주소 : 86/1 쏘이4 에까마이 방콕

Tel : 061-413-7000

제5부

태국 한인 기업 진출사

태국은 한국기업의 아세안 투자 진출의 거점으로 아세안 국가중 베트남, 인도네시아에 이어 세번째 투자대상국이다. 특히 한류의 영향으로 투자환경이 개선되고 투자진출도 확대되고 있다. 한국기업 400여 개사가 태국에 진출해 있는 가운데 제조업이 가장 많은 비중을 차지하며 프랜차이즈, 유통, IT기업들의 진출도 확대되고 있다.

[1장]

한국의 태국 진출 현황

한국의 대 태국투자는 태국투자청(BOI) 승인 기준 2019년 31건에 1억 달러, 2020년 22건에 6,400만 달러 규모로 12위다. 태국의 주요 투자국은 일본, 중국, 네덜란드, 싱가포르, 대만, 홍콩, 미국 등이며 일본의 주요 자동차 메이커는 모두 태국에 진출하여 현지 공장을 운영한다. 2021년 1분기 한국은 최초로 투자신청 1위, 승인 3위를 기록했는데 한국기업은 현지 파트너 및 노르웨이 기업과 합작투자를 통해 의료용 장갑 생산 관련 100억 밧 규모의 투자신청 및 승인을 획득하기도 했으며 2021년 1분기에도 일본과 중국이 외국인 투자 승인 1, 2위 지위를 유지했다.

한국의 대 태국 투자 현황(태국투자청 승인 기준)

		2016	2017	2018	2019	2020	2021. 1분기
승인건수		32	32	27	31	22	4
투자액	100만 밧	6,242	6,178	2,230	3,144	1,999	10,370
	US$ 만	177	182	69	101	64	340

주: US달러는 각 당해 연도, 분기 평균 기준으로 환산
자료: 태국투자청(BOI)

한국기업은 전자 및 철강 부문을 주력으로 약 400개 회사가 진출하고 있

다. 에어컨·냉장고 세탁기 등을 생산하는 삼성전자 및 LG전자와 협력사 위주로 진출했으며 철강산업 포스코 등 한국 철강업체가 공장을 운영하고 있다. 포스코는 2016년 하반기 아연도금강판 등 고부가가치 철강제품 공장을 추가로 준공했다.

태국은 한국기업의 아세안 투자진출의 거점으로 아세안 국가 중 베트남, 인도네시아에 이어 세 번째 투자대상국이다. 대 태국 투자가 가장 활발한 기간은 2007~2008년이었으나, 세계 금융위기로 감소했다. 태국은 아세안 회원국으로 일본, 중국, 인도 등과 13개의 FTA 협정을 체결하고, 한류 열풍 영향으로 투자 환경이 개선되고 투자진출도 회복세를 보이고 있다.

태국 진출 제조기업 192개사 중 절반 이상이 전기·전자 및 자동차 부품 분야로 삼성전자와 LG전자 및 협력업체가 태국의 촌부리, 라용 지역에 다수 진출하고 있다. 노동집약적 제조업 진출은 미미한 수준이며 섬유산업 진출은 10개 사에 불과, 최저임금 인상으로 경영여건이 악화되고 있다.

최근에는 프랜차이즈, 홈쇼핑 및 IT기업의 현지 진출이 증가 추세다.

Thai Tip

태국에서는 입헌군주제가 시작된 1932년 이후 총 19번의 쿠데타가 발생했다. 이 중 12번은 성공했고, 7번은 실패했다. 1932년부터 1991년까지 59년 동안엔 평균 3년 5개월에 한 번씩 쿠데타가 일어났다. 48개 내각 중 무려 24개 내각이 군부정권으로 구성됐다.

[2장]

태국 업종별 진출기업 현황

업종	기업수	대표기업
제조업	192	(전자) 삼성전자, LG전자, 행성전기, 문성전기 (철강) 포스코(타이녹스, CGL, TCS, TBPC), 동부제철, 동국제강 (금속) 풍산금속 (자동차 부품) 네덱, 한온, 한국타이어
도소매	51	(종합상사) 포스코인터내셔널, 삼성물산, LG상사, 현대종합상사, 효성 (홈쇼핑) GS홈쇼핑, 현대홈쇼핑 (화장품) 아모레퍼시픽(설화수, 에뛰드, 라네즈, 이니 스프리), 스킨푸드, 정샘물(JSM)
서비스업	40	(IT) 라인플러스, 비트컴퓨터, NHN (광고) 제일기획 (마이스, 엔터테인먼트) 한태교류센터 KTCC, SM트루 (요식업) 탐앤탐스, 더비빔밥, 본촌, 투다리, 충만치킨
운송, 문류, 관광	29	(항공사) 대한항공, 아시아나항공, 진에어 (물류) CJ대한통운, 범한판토스
건설, 엔지니어링	10	(건설) 두산중공업, GS건설, SK건설, BJC중공업 (엔지니어링) 삼성엔지니어링, 유진엔지니어링, 현대엔지니어링
금융	3	삼성생명, 산업은행, KTB증권
공공기관 및 기타	35	KOTRA, 한국관광공사, aT, 한국산업인력공단
합계	360	–

자료: KOTRA 해외진출한국기업 디렉토리, 방콕무역관 보유 DB

라인(Line) 등 정보통신과 프랜차이즈 진출로 확대되고 있으며 한류 확산으로 한국 호감도가 점점 높아지는 추세다.

태국은 아세안 2 위의 경제대국으로 인도차이나 반도의 중심 시장이다.

경제규모는 인도네시아에 이어 2위로 2020년 기준 GDP(단위 US$/출처 IMF)：인도네시아 1.1조, 태국 5,019억, 필리핀 3,622억, 베트남 3,408억, 말레이시아 3,383억이다. 태국과 국경을 접한 라오스, 캄보디아, 미얀마와 무역 거래 시 태국 통화인 밧화로 결제하고 있으며 베트남도 밧화 결제를 인정한다. 또 태국은 아세안 최대 자동차, 전자 생산 및 수출 허브로 폭넓고 깊은 글로벌 밸류체인(GVC)을 구축하고 있다. 2019년 연 3,800만 명 규모의 관광객이 방문했으며 쌀·새우·고무 등 세계적인 농수산물 생산 및 수출국가(2020년은 코로나19 영향으로 외국인 관광객 670만 명)이다. 태국은 중진국 함정 탈출을 위한 '태국 4.0' 정책을 추진하고 있다.

경제 전반에 ICT 기술 적용, 미래산업 육성, 인프라 구축(스마트시티), 인적자원 개발, 스타트업 육성을 추진하고 있다. 무역의존도가 높은 개방형 통상국가로 수출입이 국가 경제에 큰 영향을 미치고, 부품 소재 수입 후 가공제품을 수출하는 가공무역이 주요 특징이다.

 **Thai Tip**

태국의 국왕은 라마 10세. 짜끄리왕조의 10번째 왕인 와치라롱껀 국왕이다. 이름은 1세때 승왕이 지었다. 풀네임은 '와치라롱껀 보롬마착크라야디손산타티윙…'으로 시작하며 영어 스펠링으로 표기하면 160자가 넘어간다.

[3장]

태국 진출 한국 기업

▌금호타이어

KUMHO TIRE Co.,Inc

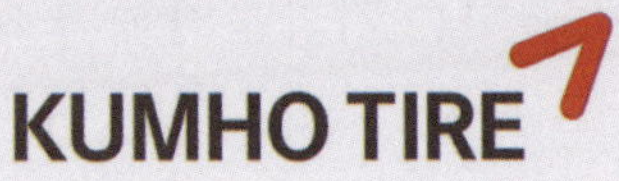

　　1960년에 설립된 기업으로 차량용 타이어 전종을 180여 개국에 수출하며 세계 10위 타이어 제조사로 도약하고 있다. 금호타이어는 본사 1개, 해외법인 9개, 지사 16개, 제조공장 8개, 연구소 4개를 운영하고 있으며 한국을 비롯해 중국, 베트남 등 전 세계 8개 공장에서 매일 약 18만 개의 타이어를 생산하고 있다.

　　금호타이어는 세계 최초로 아로마 타이어, 32인치 UHP 타이어, 15계열 타이어, 스모크 타이어를 개발했으며 항공기용 타이어와 F I Machine에 대한 자체 기술을 보유하고 있는 유일한 회사이기도 하다. 기술 리더십과 브랜드 인지도 제고를 위해 F3 모터스포츠, 맨체스터 유나이티드 후원 등 스포츠 마케팅을 적극 추진하여 고객과 소통하고 있다.

소재지 및 연락처

주소 : 55 Wave place Building 9th Floor. Unit 9.08, Wireless Rd., Lumpini Pathumwan, Bangkok 10330

Tel : +66 2-253-3911~2

Fax : +66 2-253-3913

E-mail : tirewoods@kumhotire.com

Website : www.kumhotire.com

Thai Tip

태국은 왕족이 직접 대학 졸업장을 수여한다. 1930년 이후 90년 넘게 이어져 내려오는 전통이다. 국왕이나 공주 등 이른바 '로열 패밀리'가 졸업식에 직접 참석해 졸업장을 주는데, 왕족 수는 적고 상대적으로 졸업생은 많다 보니 졸업 1년 뒤에 졸업식이 열리기도 한다.

대상

DAESANG CORPORATION

대상상사는 순창고추장, 햇살대문간장 등 전통장류부터 즉석식품, 양식, 가공육, 냉동식품, 식초, 소금발효, 조미료 등 농수산식품까지 다양한 식품을 생산·판매하고 있다. 1996년 선보인 토털푸드 브랜드 대표식품 브랜드 '청정원', 특히 한국 고추장 제품은 한국경영자협회(KMA)가 선정한 식품브랜드 파워 부문에서 10년 연속 1위, 산업자원부(현 산자부)가 선정한 세계 최고 제품으로 선정되는 등 한국 최고의 고추장으로 평가받고 있다.

간장 부문에서도 한국의 요리문화 개선에 기여했다. 대상상사는 산가수분해 간장의 유해성을 일찍부터 인지하고 산가수분해 간장이 다량 함유된 혼합간장 생산에서 손을 떼기로 과감한 결정을 내렸다.

또한 2001년 10월부터 '햇살담은 간장 청정약속' 캠페인을 통해 산가수분해간장의 유해성을 알리고 양조간장 소비를 독려하고 있다. 한편 국내 양조간장 시장에서 100% 천연 양조간장인 햇살담은 간장 시리즈를 통해 샘표 간장을 제치고 돌풍을 일으키며 양조간장 시장의 주도적 입지를 굳혔다. 아울러 청정원 브랜드 가치를 높이기 위해 유기농 브랜드 '청정원 오푸드'를 선보이며 유기농 가공식품 30여종을 출시했다. 2005년 새롭게 선보인 식품업계 블루오션 신제품 '식초-홍초'는 연간 매출 300억 원을 기록하며 500억 원 규모의 국내 식초음료 시장을 선도하고 있다.

특히 2007년 10월 3일에는 3세대 천연재료 양념인 '맛선생'을 선보이며 새로운 시장 개척을 진행 중이다. 인공첨가물을 전혀 첨가하지 않고 신선하고 깨끗한 재료만으로 만든 양념으로 맛선생은 2008년 건강 위주의 식 문화를 선호하는 주부들의 관심을 끌며 연 매출 120억 원을 달성했고, ㈜대상이 '건강한 식생활 문화를 통해 행복한 미래를 만드는 기업'이라는 비전을 실현하고 있다.

소재지 및 연락처

주소 : Rm. 2504, 25th floor, Interchange Tower, 399 Sukhumvit21, North Klongtoey, Wattana, Bangkok 10110, Thailand

Tel : 02-015-0400

Fax : 02-015-0400

E-mail : food@daesang.com

Website : www.edaesang.com. www.facebook.com/ChungJungOne.TH/

Thai Tip

2006년 쿠데타로 탁신을 몰아낸 손티 분야랏카린 장군은 1년 뒤 전역했다. 전역 직전 여러 기업체에서 스카우트 제의를 받았다. 스스로 밝힌 월 급여는 80만~150만 밧. 한국 돈으로 따지면 연봉 5억 5,000만 원. 일반 태국 대졸사원의 100배였다.

동국스틸

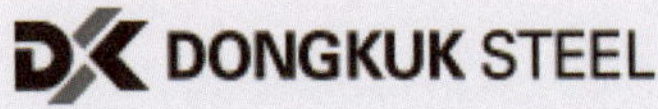

2011년 11월 7일 설립되었으며 주요 사업 종목은 가전용 철강원료 제품이다.

- 앱스틸(PCM, VCM) : 가전/냉장고, 김치냉장고, 세탁기, 에어컨, 영상 전자 등 영상 가전용 컬러강판
- Luxteel (PCM, VCM) : 방화문용 Color Steel, 승강기 내장재, 외장건재, 실내인테리어, 주방가구, 기타
- 냉간압연, 아연도금강판(CR, EGI, GI) : Ref. 백패널, W/M 백패널, 전기부품, 스탠드, 케이스, 기타
- 스테인리스(SUS) : W/M 드럼, 기타

소재지 및 연락처

주소 : Pinthong Industrial Estate Project 3, No. 219 /7 Moo 6, Bowin, Sriracha, Chonburi 20230

Tel : +66 38-110-570

Fax : +66 38-110-577

E-mail : myungil.kang@dongkuk.com

Website : www.dongkuk.com

▌락앤락

LOCK&LOCK(THAILAND) Co., Ltd

LocknLock

1978년 설립된 ㈜락앤락은 주방과 생활문화의 글로벌 리더를 표방한다. 신개념 4면 연동시스템의 락앤락 용기를 전 세계 125개국 이상에 수출하는 글로벌 기업으로 성장했다. 플라스틱 밀폐용기에서 유리, 도자기 및 스테인리스스틸 등 다양한 원료를 사용한 종합 주방용품으로 주력 제품을 확대하고 있다. 또 고객의 건강과 환경을 생각하는 친환경 자재를 사용하여 용기를 제조함으로써 경쟁력을 유지하고 있다.

소재지 및 연락처

주소 : 388 Exchange Tower, 20th Floor Unit 2002 Sukhumvit Road, Klongtoey Subdistrict, Klongtoey District, Bangkok 10110

Tel : +66 2-258-5210

Fax : +66 2-258-5214

E-mail : jason@locknlock.com

Website : us.locknlock.com, www.locknlockmall.com

▌ 로젬 로지스틱스

LOGEM LOGISTICS Co., Ltd

㈜로젬로지스틱스는 2003년 설립된 화물 운송업체다. 20년의 경험과 지식을 바탕으로 탄탄한 운영과 탄탄한 물류 네트워크를 바탕으로 다양한 기업과 개인에게 물류 솔루션을 제공하고 있다.

소재지 및 연락처

주소 : 75/18 Richmond Building., 10th Floor, Soi Sukhumvit 26, Sukhumvit Rd., Klongton, Klongtoey, Bangkok 10110

Tel : +66 2-259-5640-5

Fax : +66 2-259-5646-7

E-mail : logem@logem.co.th, mjkim@logem.co.th

Website : www.logemlogistics.com

▌비제이씨중공업㈜

BJC Heavy Industries PCL

비제이씨중공업㈜은 1994년 창사 이래 28년간 글로벌 메이저 에너지 및 광물자원 기업들의 해외 플랜트 건설 프로젝트 수행에 매진해온 태국 내 중공업 선도기업이다.

한인기업으로서는 최초로 2013년 태국증권거래소(SET)에 상장되는 업적을 이뤘으며 태국정부로부터 우수납세자 표창을 수여 받는 등 명실상부한 태국 내 중견기업으로 자리매김하여 한인기업의 위상을 고양시키고 있다.

높은 기술력을 요구하는 FPSO 모듈 건설을 필두로 원유 및 가스 산업내 채굴, 정제, 운반을 위한 플랜트와 광물자원 산업을 위한 플랜트 등 관련 산업 Upstream, Downstream 전반에 걸친 폭넓은 플랜트 건설 프로젝트를 수행하고 있으며, 전 세계적 기후변화 대응에도 발맞춰 신재생에너지 플랜트 건설 프로젝트에도 활발히 참여하고 있다. 이 밖에도, 태국 내 가장 큰 규모의 아연도금 시설을 포함해 그레이팅, 베셀 제작시설을 갖춰 중공업 플랜트 종합건설사로서 사업 면모를 갖춘 기업이다.

라용 본사와 싸타힙 야드 및 마타풋 야드에 연간 3만 톤 규모의 플랜트 건설 능력을 보유하고 있으며 ExxonMobil, PETROBRAS, Chevron, Rio Tinto 등 글로벌 메이저 에너지기업들의 해외 플랜트 건설 프로젝트를 수행하고 있다.

■ 대표자 : 이규영

■ 자본금 및 종업원수 : 4억 밧, 종업원 2,370명

■ 매출규모 : 20억 밧

- 1994년 : 비제이씨중공업㈜ 설립, 라용주 마타풋

- 2001년 : 본사 확장 이전, 라용주 니콤파타나

- 2002년 : ISO 9001:2000 인증 획득

- 2003년 : ASME 인증(S, U, U2, R & NB) 획득

- 2004년 : SQL 인증 획득

- 2006년 : 호주 Alcan Gove Calcinator Project 수행

- 2008년 : 콩고 Tenke Fungurume Mining Project 수행

- 2009년 : 싱가포르 Air Liquide H2 Plant Project 수행

- 2010년 : 우수납세자 표창 수상

- 2011년 : ISO 14001 인증 획득

- 2012년 : 호주 APLNG Pre-Assembly Unit & Wellhead Separator Project 수행

- 2013년 : 태국증권거래소(SET) 상장(Ticker: BJCHI)

- 2014년 : SET100 Index, MSCI Global Small Cap Index 편입

- 2015년 : 브라질 TUPI FPSO Compression Modules Project(01B & 02B) 수행

- 2016년 : 브라질 TUPI FPSO Compression Modules Project(03B) 수행

- 2018년 : 브라질 UPGN Comperj Project 수행

- 2019년 : 싱가포르 CRISP Project 수행

- 2020년 : 미국 Convent and Sweeny Project 수행

- 2021년 : 호주 Koodaideri Project 수행

- 2022년 : 싱가포르 CRISP Project 수행 중

소재지 및 연락처

주소 : 594 Moo 4, Makham Khu, Nikhom Patthana, Rayong 21180, Thailand

3AC

미래의 꿈과 가치를 선도하는 글로벌 기업으로 Activated Carbon, Air Cleaner, Aqua Cleaner의 약자로 환경분야 최고의 기업을 목표로 최선을 다하는 벤처인증 기업이다.

주요 사업은 Activated Carbon, Air Cleaner, Aqua Cleaner 사업으로 주요 파트너사는 삼성, 코웨이, 위니아, SK Magic, GE, SHARP 등이다. 정규직 197명, 외주 용역 70명을 고용하고 있다.

▌주요 연혁

- 2007. 04 : ㈜3AC 설립
- 2013. 12 : 태국법인 TAC 설립(Pin Thong, Si Racha)
- 2018. 11 : 새 공장 이전(Beung, Si Racha)
- 2021. 04 : 삼성 EMS 프로젝트 '공기청정기' 공장 설립
- 2021. 06 : 신모델 금형설치 및 운전 시작
- 2021. 09 : 삼성 EMS 프로젝트 '공기청정기' 첫 수출
- 2022. 01 : 삼성 EMS 프로젝트 '공기청정기' 신모델 구축(NEO, Jupiter)

소재지 및 연락처

주소 : 3AC (Thailand) Co., Ltd 41/15 Mu 8 Beung Sub-district SiRacha District, ChonBuri Province 20230 / Tel : 038-199-866 /061-026-0778

E-mail : yahn@3acltd.com / Website : www.3acltd.com

 **Thai Tip**

2021년 9월 발표된 K-POP 걸그룹 블랙핑크의 태국인 멤버 리사의 싱글 뮤직비디오 '라리사'는 는 유튜브 공개 하루 만에 7,360만 명이 시청, 일일 최다 뷰 기록으로 기네스북에 올랐다. 공개 1주일 뒤엔 1억 7,000만 뷰를 기록했다. 방송 프로에서 리사가 고향인 부리람의 어묵이 먹고 싶다고 하자 어묵이 불티나게 팔렸다. 태국 정부는 이를 소프트파워라며 그 중요성과 육성정책을 밝혔다.

▍삼성 SDS

SAMSUNG SDS GLOBAL SCL(THAILAND) Co., Ltd

삼성 SDS(Samsung SDS Thailand)는 2012년부터 태국의 Samsung Electronics에 Global Logistics Operation을 제공하여 태국 전자 시장의 수출량 1위를 달성했다.

삼성SDS는 2016년 항공(Air, 6,618 Ton)와 해상(Sea, 72,044 FEU)의 대량 운송을 처리했으며, 3PL & 4PL Biz로 3개 지점, 4개 창고에서 맞춤형 물류 솔루션을 제공하고 있다.

▍주요 서비스

■ 물류 BPO 및 첼로 시스템

- 해상 / 항공 수출 / 수입
- 통관
- 계약물류 3PL / 4PL
- 창고 관리
- CY/창고관리
- 프로젝트 물류
- 물류컨설팅
- 물류 IT 솔루션
- 전자상거래 LMD
- 인도차이나 크로스보더 비즈

소재지 및 연락처

주소 : 53 Talaythong Tower, 302 3rd floor, Moo 9, Thungsukla, Sriracha, Chonburi 20230

Tel : +66 38-401-596-9

Fax : +66 38-401-1724

Website : www.sds.samsung.com, www.cellologistics.com

Thai Tip

태국 축구선수 중에는 한국 중년들에게 잘 알려진 선수가 있다. 피아퐁이다. 한국 K리그에서 뛰었던 그는 FC 서울의 전신인 럭키금성 소속으로 1984~1986년 동안 43경기에서 18골을 기록했다. 1985년 한 해엔 21경기에서 12득점, 6어시스트를 기록했다. 은퇴 뒤인 태국에서 축구 해설가의 길을 걸었다.

▌세아 글로벌
SeAH GLOBAL(THAILAND)

SěAH Global (Thailand)

자동차, 기계, 항공우주, 원자력, 조선, 에너지 및 전자 산업 분야에서 세계적인 인증 기관의 승인을 받은 특수 강철로 고객의 요구를 충족시키는 것을 최우선 과제로 한다.

SeAH Global(태국)의 제품은 한국의 SeAH Besteel & SeAH CSS(창원특수강)가 제조한다. 연간 310만 톤의 제강 및 280만 톤의 제품을 생산하는 완전 자동화 공장으로, 특수 철강 R&D 센터에서 신제품 및 신기술을 지속적으로 개발하고 있다. SeAH CSS는 연간 120만 톤의 제강 생산량을 보유하고 있으며, 스테인리스강, 고Ni-합금강, 이음매 없는 파이프 & 튜브, 공구강, 중단조 등이 생산된다.

소재지

주소 : 399 Interchange 21, 20th Floor, Unit 2007-2009, Sukhumvit Rd.
Klongteoy-nua, Wattana, Bangkok 10110

Tel : +66-2-259-0371

Fax : +66-2-259-0372

E-mail : info.sgt@seah.co.kr

Website : www.seah.co.th

▌세아 메탈

SeAH PRECISION METAL (THAILAND) Co., Ltd

SēAH Precision Metal (Thailand)

주요제품은 TSW 튜브, 각종 응축기 및 냉매제품용 핫파이프 IPO 유닛이며 태국 시장 유통 제품은 특수강(원형봉, CHQ와이어), SUS강선, GI/PCM 제품, 탄소강관, 납땜합금 등이다. 자본금 4억 2,700만 밧으로 2004년 설립되었으며, 주요고객은 태국의 모든 가전제품 제조업체와 인도네시아, 멕시코, 뉴질랜드, 방글라데시, 필리핀, 이집트 등의 해외 고객 등이다. ISO 9001, ISO 14001 등을 취득했다.

소재지 및 연락처

주소 : 700 /809 Moo 1, Amatanakorn Industrial Estata(Phase 8). T Pantong, A Pantong, Chonburi 20160

Tel : +66 38-447-334-8

Fax : +66 38-447-339

E-mail : chiyoung.park@seahfs.co.kr

Website : www.seahfs.co.kr

▎시암풍산메탈

SIAM POONGSAN METAL Co., Ltd

△ SIAM POONGSAN METAL CO., LTD.

시암풍산금속은 동남아시아에서 유일하게 압연 구리 및 구리 합금 제품을 생산하는 업체다. 시암 풍산에서 생산되는 제품은 시트, 스트립, 동전 블랭크부터 다른 구리 및 구리 합금 제품에 이르기까지 다양하다. 시암풍산은 태국 정부에 동전 블랭크의 주요 공급 업체다. 시암풍산은 용해 및 주조에서 슬리팅에 이르기까지 완전히 통합된 구리 및 구리 합금 생산 시설을 통해 핵심 산업에 대한 대체 가공 자재를 제공함으로써 동남아시아 지역의 발전에 크게 기여하고 있다.

▎주요 연혁

- 설립 : 2000년 10월
- 주요 제품 : 구리 및 구리 합금 압연 제품
- 구리 및 황동 시트 및 스트립
- 구리 합금 동전 블랭크
- 탄약용 구리 합금 제품

소재지 및 연락처

주소 : 38 /14 Laemchabang Industrial Estate, Moo 5, T.Tungsukla, A. Sriracha, Chonburi 20230 Thailand

Tel : +66 38-400-056

Fax : +66 38-490-328

E-mail : sales@siam-poongsan.com

Website : www.siam-poongsan.com

Thai Tip

태국 여학생들 사이에서 K-POP 걸그룹들이 앞머리 몇 개로 이마를 살짝 덮는 헤어스타일이 2017년 이후 크게 유행하기 시작했다. 태국 여학생들은 '시트루', 또는 '코리안 스타일'이라고 부르는데, 미장원에서 '나마 방방'이라고 요청한다. '나마'는 '말 얼굴'이란 뜻. '방방'은 얇다는 의미. 즉, 말(마)의 얼굴(나)을 얇게 덮는 것처럼 해 달라는 뜻.

■ 씨제이로지스틱스

CJ LOGISTICS(THAILAND) Co., Ltd

CJ Logistics 태국은 1998년 설립되었다.

■ 주요 연혁

- 2004년 법인설립(어코드물류)
- 2006 CJ GLS Thailand로 상호 변경
- 2010년 수익 USD 10억 달성
- 2012 라오스 사무소 개설
- 2013년 CJ Logistics(Thailand)으로 사명 변경(태국)
- 2018 JWD 그룹과의 합작 투자
 - 매출 : THB 1,923백 만(2021)
 - 면허 : 통관 포워딩 인터내셔널 / 크로스보더 운영 창고/야드 운영 국내 유통
 - CJ Logistics 물류 및 공급망 관리 솔루션을 제공하는 핵심 사업영역
 - CJ Logistics(Thailand)은 수출입 통관부터 라오스/미얀마/캄보디아/말레이시아까지 목적지 배송까지 국경을 넘는 운송 서비스 제공

소재지 및 연락처

주소 : 598 Q-House Ploenjit Bldg., Ploenchit Rd., Lumpini, Pathumwan, Bangkok 10330

Tel : +66 2-627-3925

Fax : +66 2-627-3923~4

E-mail : bkkcs@cj.net, lcbcs@cj.net

Website : www.cjlogistics.com

Thai Tip

라마 9세인 고 푸미폰 전국왕은 시리킷 왕비 사이에 1남 3녀를 낳았다. 큰 딸은 19세에 출산한 우본랏 공주로 1951년생. 장녀와 연년생인 둘째가 와치라룽껀 현 국왕이다. 셋째인 시린돈 공주는 1955년생, 막내인 쭐라본 공주는 1957년생이다.

▌아모레퍼시픽

AMOREPACIFIC(THAILAND) Ltd

AMORE PACIFIC
아모레퍼시픽

1945년 창립 이래 '아시안 뷰티'라 불리는 아름다움에 대한 고유한 인식을 전 세계 고객들에게 제공한다는 사명을 가지고 있다. 대한민국 대표 화장품 기업으로서 '자연과 인간에 대한 깊은 이해를 바탕으로 내면과 외면이 조화를 이루는 아름다움'을 추구한다. 세계 각국에 설화수, 라네즈, 마몽드, 미쟝센, 려, 에뛰드, 이니스프리 등 전 세계 글로벌 고객들에게 큰 사랑을 받고 있는 화장품과 퍼스널케어, 헬스케어 브랜드 약 30여 개를 보유하고 있다.

1964년 오스카라는 브랜드로 국내 최초 화장품 수출에 성공한 이래 글로벌 고객을 향한 끊임없는 노력을 기울여왔으며, 1990년대 초반부터 글로벌 브랜드 전략을 추진해왔다. 중국과 프랑스에 글로벌 생산 거점을 구축하며 2000년대 초반 글로벌 진출의 새로운 국면을 열었다.

소재지 및 연락처

주소 : 87/2 CRC Tower, All Season Place 35th Floor, Wireless Rd, Lumpini, Phatumwan, Bangkok 10330

Tel : 02-685-3115-8

Fax : 02-685-7119

E-mail : jeong@th.amorepacific.com

▌LX인터내셔널
LX INTERNATIONAL CORP

㈜LX인터내셔널 방콕지사(옛 LG상사)는 생산자산 투자를 기반으로 한 원자재/산업재 트레이딩 전문 기업이다. 인류에서 없어서는 안 될 핵심 자원을 공급하고, 고객을 위한 새로운 사업 솔루션을 개발하는 것을 미션으로 한다.

▌주요연혁

- 1953년 한국 본사 설립 (반도상사 → 럭키금성상사 → LG상사 → LX인터내셔널)
- 2004년 방콕지사 설립

▌주요업무

- 태국向 석탄 판매 (연간 100~200만 톤 규모)
- 태국向 화학제품 판매
- 신규 사업 개발 (신규 아이템 발굴, 투자 대상 자산 발굴)

소재지 및 연락처

주소 : 24Floor, Interchange 21 Building, 399 Sukhumvit Road,

Klongtoey-nua, Wattana, Bangkok 10110

Tel : 02-260-6610 / E-mail : leedh@lxintl.co.kr

ACCEL

Advanced Civil Construction & Engineering Co., Ltd

2010년에 태국에서 설립되어 석유 및 가스, 발전소 등 중화학 공장은 물론 산업플랜트, 창고, 콘도, 빌라 등 다양한 분야의 건설산업에서 설계, 엔지니어링, 시공을 아우르는 종합건설회사로 성장해왔다. 자체적으로는 EPC(Engineering, Procurement, Construction) Turn-Key Project를 수행할 역량을 가지고 있다. 또 건설용 각종 크레인 및 천정 주행 크레인, 발전기, 붐리프트, 스팀장비 등 다양한 장비의 판매 및 임대사업도 진행하고 있다. 한국 주요 대기업 건설사(삼성, SK, GS, 두산, 포스코 등)에 1군 태국 협력사로 등록되어 있으며 태국에 진출한 여러 한인 기업 및 태국의 대기업과도 협력관계를 유지해오고 있다. The S Resort라는 자회사를 설립해 부동산 개발과 건설 역량을 함께 갖춘 회사로서 리조트 및 실버타운, 빌리지 타운, 콘도 등의 개발에도 앞장서고 있다.

▌주요 연혁

- 자본금 : 4억원
- 종업원수 : 상시 고용 25명, 임시 고용 100~200명
- 매출규모 : 50억~200억/년
- 2010년 : Registered as Contractor of SAMSUNG Engineering, PTT Gas, SIEMENS & TRC, IRPC

- 2011년 : Registered as Contractor of INDORAMA group, STX Heavy Industries
- 2012년 : Registered as Contractor of DOOSAN Heavy Industries Co., Ltd
- 2013년 : Added Equipment Sale & Rent Business
- 2014년 : Registered as approved company for Government Procurement System(e-GP)
- 2015년 : Registered as Contractor of NOROO COIL COATING, GHECO1
- 2018년 : Exchange share of company with POEM
  Make Consotium with POEM and start "CJ Logistics(Thailand) Delivery HUB Construction Project' as EPC Turn-Key Contractor
  Established 'The S Resort Co., Ltd as a founder and major share holder
  Added Real Estate Development Business
- 2020년 : Launch Optima Steamer Business as an Exclusive Distributor in Thailand

소재지 및 연락처

방나, 방콕

Website : https://accel.a-tems.com/

▌엘지전자

LG ELECTRONICS(THAILAND) Co., Ltd

LG전자(태국) 유한회사 방콕과 라용에 본사를 둔 소비자 전자제품 및 가전 제품의 판매/마케팅 및 제조 회사다. LG 태국은 가전 및 에어 솔루션, 홈 엔터테인먼트 및 비즈니스 솔루션의 세 사업부로 구성된다.

LG의 철학은 '사람, 성실, 기본에 충실'이다. 고객을 이해하고 끊임없는 혁신을 통해 최적의 솔루션과 새로운 경험을 제공하여 고객이 더 나은 삶을 영위할 수 있도록 돕는 것이다.

소재지 및 연락처

주소 : 75/81 Richmond Building 22nd Floor, Sukhumvit 26, Klongtoey, Bangkok 10110

Tel : 2-204-8888

Fax : 2-204-2412

Website : https://www.lg.com/th

우리회계법인

WOORI ACCOUNTING(THAILAND) Ltd

WOORI ACCOUNTING(THAILAND) Ltd는 2002년부터 Antares Accounting이라는 이름으로 태국의 70개 이상의 국내외 기업에 회계 및 세무 전문 서비스를 제공하고 있으며, 2014년부터 '우리'로 이름을 변경했다.

동급 최고의 기업 전문 서비스를 제공하고 태국 기업에 실행 가능한 솔루션을 제공한다. 주요 서비스는 회계, 세무 및 법률 서비스 분야도 포함한다. 계열사인 우리법률자문단을 두고 있다.

주요 업무

- 회계 : 월간 예약, 원천징수세, 부가가치세, 사회기금, 급여 관리, 현금 관리
- 연간 감사 및 보고 서비스 : 연간 법인세 신고서(연간 감사, PND 50), 개인 소득세 신고서(PND 90, 91, 94), 반기 기업 실적 평가(PND 51), 직원 임금에 대한 연간 원천징수세 신고서(PND 1Kor)
- 세금 자문 서비스 : 전략적 세금 계획, 세무조사 및 세무조사, 이전 가격, 세금 환급
- 법률 서비스 : 회사 등록, 외국 사업 허가증, 보이컴퍼니, 기업 비서, 비즈니스 라이센스, 비자 및 취업 허가, 태국 회사 폐쇄

소재지 및 연락처

주소 : 75/29 Richmond 12th Floor, Soi Sukhumvit 26, Bangkok 10110

Tel : +66 2-258-1643

E-mail : dhkoh99@wooriacc.com

Website : http://wooriaccounting.com

태국에서 땅을 잴 때 주로 사용되는 단위로는 라이 외에도 딸랑와 딸랑멧이 있다. 1라이=400딸랑와=1,600딸랑멧(스퀘어미터), 1딸랑와는 4딸랑멧 또는 4스퀘어미터. 1평은 3.3058딸랑멧(스퀘어미터)이다. 1딸랑와는 1.2평 정도. 100라이는 약 4만 8천 평이다.

GS GLOBAL

GS GLOBAL CORPORATION

방콕 사무소는 1977년에 설립되었으며 철강 제품, 기계 및 석유화학 제품을 중심으로 운영되고 있다. 주요 사업 활동은 한국에서 철강 및 석유화학제품을 수입하여 태국에 공급하고 있다. 태국에서 생산되는 기계 및 곡물은 한국에 수출하고 있다. 또한 지역 프로젝트 사업에도 참여하여 사업 영역을 확장하고 있다.

주요 업무

- 한국산 및 삼국 간 철강, 석유화학 제품 등 일반 산업재 수출입
- 혼다아시아 제조 모터 한국 내수 유통사향 수출
- GS EPS 등 발전 관계사향 우드펠릿 등 발전 소재 수출
- 헬스케어 제품 등 신사업 수출입 기회 지속 발굴

소재지 및 연락처

주소 : 1 Empire Tower, 22nd Floor, Tower 3, South Sathorn Road, Yannawa, Sathorn, Bangkok 10120

Tel : +66 2-670-0880 / Fax : +66 2-670-0883

E-mail : jsm@gsgcorp.com / Website : www.gsgcorp.com

포스코

POSCO

1) POSCO COATED STEEL(THAILAND) Co., Ltd

태국 완성차사의 소재 공급 현지화 정책에 대응하기 위해 POSCO에서 투자한 자동차용 도금강판 공장을 운영한다.

고품질의 자동차용 아연도금강판을 생산하는 업체로 국내 포스코센터의 축적된 기술과 경험을 바탕으로 포스코TCS가 태국 자동차산업의 경쟁력 제고와 고용창출에 기여한다. 연간 45만 톤의 생산능력을 갖춘 Clean - One - New - Top의 미션을 바탕으로 최첨단 기술과 경험으로 최고의 제품을 생산하고 고객에게 감동을 줄 수 있다는 자신감을 가지고 있다.

▌주요 연혁
- 2013. 11. : POSCO Coated Steel(Thailand) Co., Ltd 설립
- 2016. 8. : 준공

▌주요 업무
- POSCO에서 투자한 동남아 지역의 대표법인으로 자동차용 고품질 도금강판 생산

- POSCO의 축적된 기술과 경험을 바탕으로 태국의 자동차산업 경쟁력 향상과 일자리 창출 개선에 기여(연간 45만 톤 생산 능력)

▌조직 안내

- 임직원 현황 : 총 364명(주재원 11명, 현지 직원: 353명)

소재지 및 연락처

주소 : 7/448 Moo 6. Amata City Industrial Estate Soi. Mabyangporn 11, Mabyangporn, Pluakdaeng, Rayong 21140(Head Office)

Tel : +66 38-627-200

---

2) POSCO-Thailand Co., Ltd(POSCO Thailand PC)

포스코 그룹의 태국 내 가전사/자동차/건자재 시장의 철강 가공, 유통업을 위한 가공센터다.

▌주요 연혁

- 1998. 3. : POSCO P&S, 태국 법인 설립
- 2011. 11. : P-South Asia와 합병(대표법인으로 전환)
- 2019. 12. : 대표법인 TCS로 이관 후 P-Thailand.Co., Ltd로 사명 변경

▌주요 업무

- 연간 가공 능력 27만 톤 규모로 삼성 등 한국계 가전사 및 일본계/중국계 자동차/부품사 철강재 가공 유통업 운영.

- 포스코 직계 가공센터로 본사 열연/냉연/자동차강판 및 태국 생산법인의 제품 등 전 철강재 종합 유통/가공 판매.
- Products&Application : 자동차 외판/부품, 가전, 건자재, 태양광 등 철강 관련 전 제품

▮ 조직 안내

- 임직원 현황 : 총 284명(주재원 7명, 현지 직원 267명)

소재지 및 연락처

Head Office(Wellgrow Factory)

주소 : 128/1 Moo5 Wellgrow Industrial Estate T.Bangsamak A.Bangpakong Chacheongsao Thailand 24180 / Tel : 038-545-333

Amata City Factory(Rayong)

주소 : 7/123 Moo. 4Amata City Rayong Industial T.Mabyangporn, A,P;ualdaeng, Rayong 21140 / Tel : 038-650-463

Bangkok Office

주소 : 622 15/5 Floor Sukhumvit Rd., Khlong Tan, Khlong Toei Bangkok 10110 / Tel : 02-013-9200

3) POSCO INTERNATIONAL(THAILAND) Co., Ltd

포스코 그룹 내 상사 기능을 담당하는 종합무역상사다. 1978년부터 대표사무소였으며, 2022년 회사는 포스코인터내셔널(태국) 유한회사로 설립되었다.

포스코인터내셔널(태국)은 다양한 사업 분야에서 '우수인재' '창조적 도전'

'신뢰와 협력'을 실천하여 기업을 지속적으로 만들어가는 '글로벌 종합기업'이다.

  사업 영역은 철강제품과 곡물, 화학, 기반시설 등의 수입, 수출, 삼자무역을 포함한 무역사업을 포함한다. 전 세계 50여 개국에 80개 이상의 글로벌 네트워크를 보유하고 있다.

▌주요 연혁

- 1978. : ㈜대우인터내셔널 방콕지사 설립
- 2010. 10. : 포스코 그룹사 편입
- 2020. 1. : POSCO INTERNATIONL (THAILAND) Co., Ltd 법인 설립

▌주요 업무

- 포스코 직계상사로서 열연/냉연/자동차강판/스테인리스 철강 제품 트레이딩
- 종합상사로서 식량/화학/에너지 사업 및 트레이딩(태국 주요 거래선: SCG/CP/ PTT 등)

소재지 및 연락처

주소 : Emporium Tower, 15th Floor, 622 sukhumvit Road, Klongton, Klongtoey, Bangkok 10110

Tel : +66 2-033-7000

Fax : +66 2-033-7070

4) POSCO-THAINOX PUBLIC COMPANY LIMITED

동남아 Stainless Steel 시장 선점 및 고급재 시장 확보를 위해 태국회사를 인수한 태국 내 유일한 STS 생산법인이다. 프리미엄 스테인리스 냉연강판 제조 및 생산이 주 업종으로 태국 및 아시아 최초이자 최대 규모의 스테인리스강을 생산한다.

POSCO-Thainox Public Company Limited는 태국의 유일한 고급 냉연 스테인리스 강판 및 코일 제조 및 유통업체로, 1990년 7월 30일 프랑스(Arcelor), 일본(Nippon Steel), 그리고 태국(Mr.Prayudh Mahagitsiri)의 세계 유수 철강산업 그룹의 합작 투자로 설립되었다. 포스코-타이녹스는 설립 이후 연평균 20%의 성장률로 국내외 시장 점유율을 크게 높여왔다. 프리미엄 품질의 스테인리스 스틸 제품의 60%를 국내 다양한 산업 분야에 공급하고, 생산량의 40%를 스트링 네트워크를 통해 전 세계 30여 개국에 수출하고 있다. 연간 20만 톤의 생산 능력을 보유하고 있다.

❚ 주요 연혁
- 1990. 7. : 'Thainox Steel Limited' 설립 *태국 PM그룹(프라윳家), 프랑스 Ugine 합작
- 2004. 12. : 'Thainox Stainless Public Company Limited'로 사명 변경 및 증시 상장 *PM그룹 경영권 인수, Ugine 철수
- 2011. 9. : POSCO 경영권 인수, 'POSCO-Thainox Public Company Limited'로 사명 변경

❚ 주요 업무
- 연간 25만 톤 규모의 STS 제품 생산 및 내수/수출 판매
- 고객사(Juthawan 등)와 협업, 태국內 초·중·고교 급식시설(식탁/의자/식판),공

원 및 방콕 지하철(MRT) 벤치 제작 및 기부, 한인사회 기부 등 사회공헌
활동
- Products & Application : 자동차 부품, 가전, 식기 / 주방도구, 의료기기,
산업플랜트 / 건설용 자재 등

▎조직 안내
- 임직원 현황 : 총 546명(주재원 8명, 현지 직원 538명)

소재지 및 연락처

주소: 324 Moo 8, Highway No. 3191 Road, Tambol Mabkha, Amphor

Nikompattana, Rayong 21150, Thailand

Tel : +66 3863-6125-32 / Fax : +66 38-636-099

Website : www.poscothainox.com

Thai Tip

태국은 1980년대부터 30여년간은 쌀 수출 1위를 단 한 번도 놓치지 않았다. 연간 2
천만 톤을 생산해 절반을 수출하며 세계 쌀값을 좌지우지했다. 농업이 차지하는
비중은 1998년 10.3%, 2018년 8.1%로 감소세에 있으나 농업 종사자는 전체 노동인
구의 32.2%에 해당하는 무려 1,220만 명이다. 2012년 이후에는 인도, 베트남 등에
뒤지기 시작했다.

▌카카오 엔터테인먼트

웹툰플랫폼 KAKAO WEBTOON을 통한 태국 내 K-웹툰 전파 및 확산을 통해 한국 콘텐츠의 해외 매출 수익 창출에 기여하고 있다. 본사 제공 K-웹툰의 현지화 및 글로벌 플랫폼 KAKAO WEBTOON 태국 지역 운영 및 마케팅이 주요 업무다.

▌주요 연혁

- 2020. 6. : 지사 설립
- 2021. 6. : 웹툰 플랫폼 KAKAO WEBTOON 론칭
 - 론칭 직후 양대 OS 마켓 인기 만화 앱 1위
 - 론칭 3개월 만에 현지 웹툰 앱 매출 1위
- 2021. 9. : 법인으로 전환

▌조직 안내

- 총 직원수 53명(한국인 직원 6명)

소재지 및 연락처

주소 : 399 Interchange 21 Building, Sukhumvit Rd., Klongtoei-Nua, Wattana, Bangkok, Thailand 10110 / E-mail : yani.hyun@kakaoent.com

▌코웨이

COWAY(THAILAND) Co., Ltd

COWAY

창업 이래 환경 가전산업의 선두주자로 자리 잡았으며, 끊임없는 연구와 엔지니어링 및 개발을 강화하며 우수한 고객 서비스를 유지해왔다. 코웨이의 비전은 '혁신으로 건강하고 편리한 생활환경 만들기'로 'Best Life Solution Company'이다.

궁극적으로 구독 모델인 '렌탈 시스템'을 통해 글로벌 시장의 모든 가정에 양질의 생활용품과 주기적인 서비스를 제공하고 있다.

코웨이(태국)는 정수기, 공기청정기, 비데 등의 가전제품 구독 모델을 출시하며 태국 사회에 '새로운 식수 문화'를 만들어간 태국 최초의 제품이다. 고객이 전화하기 전에 앞선 서비스를 제공하는 '하트 서비스'라는 유지 보수 서비스를 진행하고 있다.

1998년 업계 최초로 렌탈 서비스 시스템을 도입하여 코디를 통해 지속가능한 케어 서비스를 제공하여 고객들의 높은 신뢰를 받고 있다. 태국 최초로 정수기 구독형 모델도 만들었다. 시장을 만들고 발전시킨 도전정신과 세상을 더 나은 곳으로 만들고자 하는 열정을 바탕으로 사회와 함께 성장해나가는 것을 목표로 하고 있다.

▌주요 연혁
- 설립일 : 1989년 5월 2일

Ranked 1st in Korea Consumer Electronics Market Share & Brand Awareness

Ranked 1st in Water Purifier Section in KCSI, KS-SQI and NCSI in 2015

Awarded 'Korea 100 Best Companies to Work For' Awards by GWP for 6 consecutive years(2011~2016)

Awarded 'Grand Prize' on "2021 Innovation Award' by Korean Standards Association

Awarded '2021 Consumer Electronics Show (CES)' innovation award for 6 consecutive years(2016 - 2021)

Won 4 awards at the Good Design Award 2021

Won 8 awards at the iF Design Awards 2022

16th consecutive year as a Red Dot Design Award Winner

Thai Tip

간편식의 대명사인 한국 라면이 태국시장에서 크게 성장하고 있다. 2019년 1,578만 달러가 태국에 수출됐는데 2020년엔 2,246달러, 2021년에는 2,359만 달러로 증가했다.

코스맥스

COSMAX(THAILAND) Co., Ltd

'글로벌 No. 1 화장품 & 건강기능식품 연구개발생산 전문기업'(OEM, ODM, OBM)으로 태국에는 2017년 5월 법인을 설립했다.

30년간 축적된 뷰티테크놀로지와 글로벌 품질표준의 제조시설 구축을 통해 2018년부터 태국내 제품개발 및 생산을 시작했으며, 현재 태국 및 아세안 30여 고객사에 K-Beauty 기반의 제품 경쟁력을 제공하고 있다. 1억 5,000만 밧의 자본금으로 연간 9,000만 개의 생산 가능 규모를 보유 중이다. 정규직 180여 명, 임시직 100여 명을 고용하고 있다.

▌주요 연혁

설립 이래 화장품 제조 및 품질관리에 필요한 국제인증을 획득하여 글로벌 품질 기준에 부합하는 법적 필수요건을 충족해왔다.

연도	걸어온 길
2017	• 법인설립 : 2017. 5.
2018	• 생산 시작 : 2018. 5. • ISO 22716 인증 : 2018. 11.

연도	내용	인증 정보
2019	• CICOT 할랄 인증 : 2019. 10.	Division: CICOT Certification: Halal Certification Contents: Halal Cosmetic
2020	• GMP 인증 : 2020. 7. • 영업사무소 방콕 이전 : 2020. 5.	Division: GMP Certification: Thai FDA Contents: Excellent Cosmetic Manufacturing Equipment
2021	• ISO 9001, 14001, 45001 인증 : 2021. 1. • MUI 할랄 인증 : 2021. 7. • SMETA 인증 : 2021. 8. • 건강기능식품 자회사 HCCA(THAILAND) Co., Ltd 설립	ISO 9001 Quality Management / ISO 14001 Environmental Management / ISO 45001 Health and Safety Management Division: MUI / Certification: Halal Certification / Contents: Halal Cosmetic Division: SMETA / Certification: Intertek / Contents: Social
2022	• 베트남 영업사무소 설립 (9월) 추진 중 • 제2공장('24년 증축) 부지 확정	

▍사회공헌 활동

• '코로나19 진단키트 기부 프로젝트' 참여

 − 2021년 7월, 태국 1위 뉴스채널 Thairath TV의 '코로나19 진단키트 기부 프로젝트' 참여

• '시각 장애인을 위한 점자책 제작 프로젝트' 참여

 − '태국 시각장애인재단'에 점자책 제작을 위한 전년 달력 및 다이어리 기부

소재지 및 연락처

Head Office

주소 : 28/6-7 Bang Pla, Bang Phli District, Samut Prakan 10540

Sales Office

주소 : 846 Lasalle Rd, Khwaeng Bang Na, Bang Na, Bangkok 10260

▌태국 삼성전자

THAI SAMSUNG ELECTRONICS Co., Ltd

1989년에 설립된 Thai Samsung Electronics Co., Ltd는 소비자 전자제품, 스마트폰, 웨어러블 기기 및 IT 제품을 제공하는 태국의 선도적 공급업체다. 모바일 사업, 영상디스플레이, 디지털가전 등 제품군에서 점유율 1위를 기록하고 있다. 영업, 마케팅 및 제조 분야에서 약 4,000명의 직원을 고용하고 공급망에서 5만 개 이상의 일자리를 창출하고 있다. 28개 국가 중 촌부리의 Sriracha SAHA 그룹 산업 단지에 위치한 태국 삼성전자 공장(TSE-P)은 한국 이외의 첫 번째 삼성 자회사이며 세탁기, 냉장고, 오븐, 에어컨, 식기세척기 등을 제조한다.

TSE-P는 전 세계적으로 삼성 가전제품의 절반 이상을 제조하여 수출하고 있다. 2021년에 총 생산 능력은 이미 1,000만 대에 도달했다. 현재까지 TSE-P는 1억 800만 대 이상을 제조했다. 경제적 기여 측면에서 TSE-P는 4,000명의 태국 직원뿐 아니라 태국 내 공급망에 있는 120개 회사의 또 다른 5만 가구도 추가로 포함하고 있다. 삼성전자는 제품 개발과 더불어 '결단력'을 의미하는 '퉁자이(Tung Jai)' 캠페인을 통해 한층 업그레이드된 '삼성 서비스'로 탁월한 고객 만족을 제공하는 데 주력했다. 계속 증가하는 고객 기반과 그들의 요구를 충족하기 위해 회사는 세 가지 개념을 통해 동급 최고의 서비스를 확장했다.

- 모든 문제에 'Listen Carefully'하고 매번 메시지를 반복하여 고객이 올바른 도움을 받을 수 있도록 한다.
- 원격 화면을 통해 'Intend to Fix'(빠른 서비스)를 통해 고객과의 약속을 절대 놓치지 않는다.
- 검사 서비스에서 'More Intense'(Premium Service)를 고객에게 제공한다.

변화하는 소비자의 라이프스타일에 부응하고 다양한 세대의 인식에 열린 마음을 보여주기 위해 서비스 개발을 멈추지 않고 있다. 젊은 세대가 브랜드 관점에서 예술적 기술을 통해 자신의 생각을 전달할 수 있는 '삼성 스마트 서비스 아이디어' 캠페인을 마련하고 있다.

태국 삼성전자는 스마트폰, 태블릿, TV, 냉장고, 세탁기 등 5개 제품 카테고리에서 'No. 1 Brand Thailand'로 인정받고 있다. 2021년, '가장 혁신적인 가전 브랜드'에서 2021년 방콕 포스트 리더스 초이스 어워드로부터 권위 있는 상을 수상했다.

2022에는 BrandAge의 '태국에서 가장 존경받는 브랜드' LED TV 부문 8년 연속 수상과 LCDTVTHAILAND로부터 2개의 Best of the Best in TV 및 Sound bar를 포함 6개의 상을 수상해 최고의 TV 브랜드로서 위상을 강화했다.

사회적 책임은 삼성 문화의 중요한 부분이 되었으며, 태국 시각 장애인 협회를 2년 연속 후원하는 민간 기업으로 전국 시각 장애인 의회에서 명예패를 수상했다.

- TSE-P는 2021년 플래티넘 인증을 획득함과 동시에 RBA(Responsible Business Alliance)의 'Factory of Choice'를 부활시켰으며 2020년 삼성품질대상, 2019년 국무총리 표창, 2018년 산업부로부터 녹색산업 4급 인증을 받았다.

한국타이어

HANKOOK TIRE(THAILAND) Co., Ltd

타이어 판매 세계 순위 상위 6위로 전 세계 2만 1,000명의 직원이 근무하고 있다. 주요 제품은 모터스포츠, 승용차, 경트럭, 버스용 타이어 등으로 생산능력은 2021년 기준 1억대 이상이다.

글로벌 기업 조직으로 한국 본사, 글로벌 본사: 중국, 아시아 태평양, 미주, 유럽이 있고 30개국(판매법인 및 영업소, 글로벌 수출: 180개국), 5개 R&D 센터가 있다. 한국(2), 중국(3), 헝가리(1), 인도네시아(1), 미국(1) 등 8개 공장이 있다.

소재지 및 연락처

주소 : 246 Times Square Building, 24th Fl., Room 24-03 Sukhumvit Rd.,
Klongtoey, Bangkok 10110, Thailand

Tel : +66 2-653-3790

Fax : +66 2-653-4185

E-mail : velvet@hankooktech.com

Website : www.hankooktech.com/th

■ 한화케미컬

HANWHA CHEMICAL(THAILAND) Co., Ltd

Hanwha Chemical (Thailand) Co., Ltd는 1989년 8월 9일 설립되었다. 주요 주주는 Hanwha Solutions Corporation(100%, 한국)으로 알칼리 가용성 수지(ASR)의 제조업체다. 주요 사업은 ASR로 수성 코팅 및 인쇄 응용 분야에서 뛰어난 특성을 개발하는 고유 기능이다. (미국, EU, 아시아 시장 15,000M/T 용량)

■ 주요 연혁

- 1990년 1월 : 제1공장 준공
- 1997년 12월 : 제2공장 및 창고 증축
- 2002년 5월 : Plant Building III 증설
- 2010년 6월 : ASR 1공장 상업운전 개시
- 2012년 10월 : ASR 2공장 증설
- 1989년 1월 : 지역 산업 리더인 Chitaram Group 및 Siam KEGO와 합작 투자
- 1989년 12월 : 투자유치 BOI 인증 획득
- 1995년 5월 : 태국 전국 화주 위원회 위원
- 2009년 9월 : ISO 9001:2000 인증획득
- 2010년 10월 : 그룹 산하 전 세계적으로 연결된 ERP 시스템 SAP 업그레이드
- 2018년 9월 : DCS 업그레이드로 생산 효율성 및 안전성 향상

▌현대자동차

HYUNDAI MOTOR(THAILAND) Co., Ltd

현대자동차(태국) 또는 HMTh는 2006년 일본의 대표적인 무역회사인 소지츠와 자동차와 함께 OEM 자동차 부품 및 부품을 제조하는 SET 상장기업인 AAPICO HITECH Public Company Limited가 합작하여 설립한 회사다. 유통과 소매업 HMTh는 태국에서 판매, 마케팅 및 애프터서비스를 담당하는 '현대' 브랜드 자동차의 유일한 공인 대리점이다. 고객의 요구 사항을 가장 잘 충족하는 혁신적인 고품질 제품을 지속적으로 선보임으로써 최고의 애프터세일즈 서비스를 제공하여 고객 만족도를 달성하고 고객 삶의 질을 향상하는 데 도움이 되는 것을 추구하고 있다.

소재지 및 연락처

주소: 92 Vibhavadi Rangsit Rd., Talad Bang Khen, Lak Si, Bangkok 10210

전화: +66 2-089-1888

팩스: +66 2-089-1878

E-mail: info@hyundai.co.th

Website: https://www.hyundai.co.th

▌효성

HYOSUNG TNC CORPORATION

HYOSUNG

'글로벌 우수성에 의한 가치 경영'이라는 목표를 실현하기 위해 현재 28개 국 총 113개 사업장으로 구성된 우수한 글로벌 네트워크를 보유하고 있다. 국내에는 15개 공장, 5개 연구소, 해외에는 제조업 33개, 무역 20개, 무역 8개 지점, 15개 무역 사무소, 17개 영업 사무소를 운영하고 있다. 2002년 개소한 태국 사무소 주요 업무는 태국정치, 사회, 경제 및 당사 사업 품목의 산업 및 수출입동향 모니터링 및 본사보고 활동 등이다.

▌사업 분야

- 섬유 [스판덱스, 나일론사, 폴리에스터사, 직물, 염색] / 무역 [카본, 합금강, 스테인리스, 화학, LED 전 제품]
- 발전소 및 산업시스템 [전력시스템, 산업기계, 효성 EBARA's Pump] / 건설
- 산업자재 [타이어 및 산업 보강재, 산업용사, 인테리어 카펫, BCF]
- 화학제품 [폴리프로필렌, 폴리에스테르 및 나일론 필름, 포장시스템]
- 정보통신 [ATM 기계 및 시스템]
- 기타 계열사

소재지 및 연락처

주소 : Room No. 1404, 14th Floor, One Pacific Place Building, 140
Sukhumvit Road, Klong Toei, Bangkok 10110

Tel : +66 2-653-2031~3

Fax : +66 2-653-2030

E-mail : dominico@hyosung.com

Website : www.hyosung.com/ www.hyosungtnc.com

Thai Tip

한국 사극들이 자막 처리로 더빙 없이 방송되면서 태국인들은 '마마'라는 말을 자주 듣게 됐다. '상감마마' '어마마마' '대비마마' '마마'가 곳곳에서 들린다. 태국에는 라면 브랜드 중 '마마'가 있다. 한국 옛날사람은 이름마다 라면 이름이 붙는다는 우스갯소리가 나온 이유다.

[4장]

한-태 항공 취항사

▶ 1968년 타이항공의 첫 한국 비행

　한국-태국 '하늘길'을 처음으로 연 것은 타이항공이다. 타이항공은 1968년 4월 1일 방콕과 서울을 오가는 역사적인 첫 비행을 시작했다. 그로부터 1년 6개월 뒤인 1969년 10월에는 대한민국 국적의 대한항공이 방콕 상공을 날았다.

　한국-태국간 첫 비행기가 뜬 지 54년이 흐른 2022년 코로나로 인한 국가 봉쇄와 방역 조치의 여파로 정상 운영되고 있지 않지만, 그 이전엔 10개 이상의 항공사가 한 달 간 왕복 800여 편의 항공기를 운영했다.

타이항공, 대한항공, 아시아나항공 순으로 취항해 운항하던 태국-한국 노선은 2009년 제주항공, 진에어 등 저비용 항공(LCC)이 취항했고, 2011년 6월부터 양국간 무제한 항공 운항이 허용되면서 항공 편수는 더욱 가파르게 증가했다.

항공 편수의 증가는 양국 사람들의 방문 규모와 함수관계가 있다. 태국을 찾은 한국인은 2006년 100만 명을 돌파했으며, 이듬해도 연속으로 100만 명을 넘겼다. 방한 태국인 수도 2004년 처음으로 10만 명을 돌파했으며, 2006~2007년 2년간 30%에 육박하는 증가세를 보였다. 2009년 무렵 이후 항공사들이 한국-태국 노선에 눈독 들일 여건이 무르익었던 것이다.

양국간 방문 인원은 2013년 170만여 명을 기록했으나 태국의 정정불안과 홍수 등 매년 이어진 악재 탓에 태국을 찾는 한국인의 수는 시소 타기를 했다. 그러나 코로나 직전인 2019년 태국을 찾은 한국인은 188만 8,000여 명으로 중국, 말레이시아, 인도에 이에 네 번째로 많았다. 방한 태국인도 57만 1,000명으로 양국 이동 규모는 246만 명에 이르렀다.

▶ FSC 항공사 & 저비용 항공사

한국-태국을 운항하는 항공사들은 크게 FSC(Full Service Carrier)와 저비용 항공사(LCC, Low Cost Carrier)로 양분된다. 대한항공, 아시아나, 타이항공이 전자고, 제주항공, 티웨이, 진에어, 타이에어아시아엑스 등이 후자에 속한다.

코로나 이전 기준으로 보면 항공사 수로는 저비용 항공사가 대형 항공사보다 2배 많다. 그러나 좌석 수는 시기별로 차이가 있지만 대형 항공사 3사가 전체의 60% 정도를 차지했다.

저비용 항공사가 살아가는 법은 가격 경쟁력에 있다. 운임이 기존 대형항공사와 비교해 70% 안팎이지만 훨씬 더 낮은 시기별 특가 등을 발표한다. 해외여행 시 가장 부담이 큰 항공료에 고민하는 이용객들의 귀가 솔깃하지 않

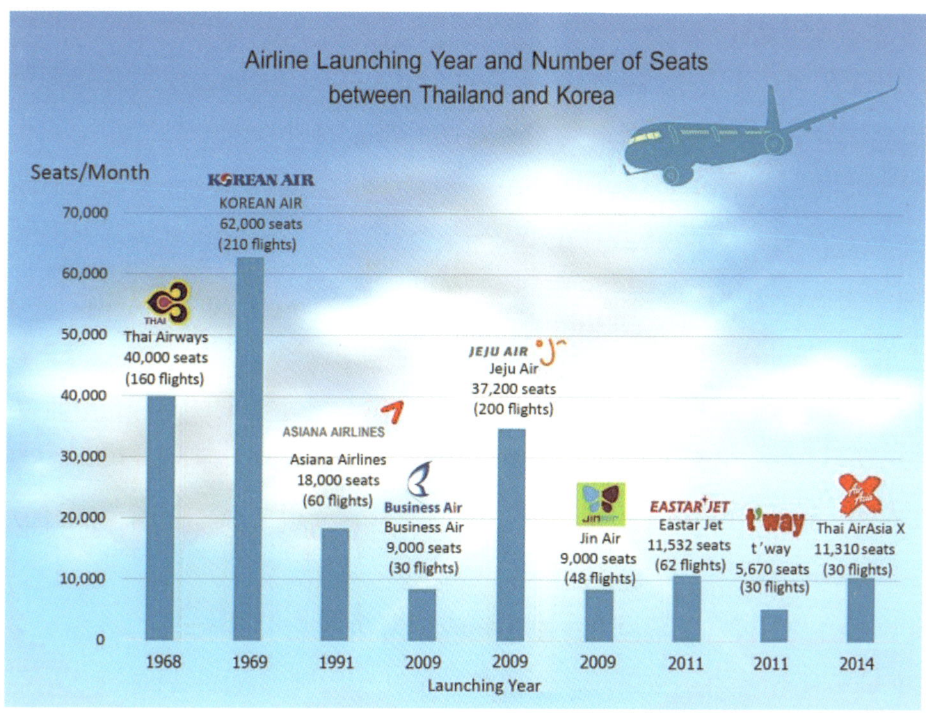

● 한국-태국을 운항한 항공사들의 취항연도 및 좌석(코로나 이전 기준)

을 수 없다.

최초의 저비용 항공사는 1971년 출범한 미국의 사우스웨스트(Southwest Airlines)였다. 비용을 낮추는 방법은 기종의 단일화, 좌석등급제 폐지, 기내식 미제공, 신문, 게임 등의 엔터테인먼트 서비스 폐지, 수화물 등 서비스에 대한 별도 비용 청구, 유지관리비와 부품재고 최소화 등을 통해서였다. 한마디로 이동에 필요한 기능 외에는 돈이 드는 서비스를 대폭 줄이는 방법이었다. 그러나 저비용 항공사들의 경쟁이 가열되면서 비용을 줄이려고 폐지했던 서비스가 부활하는 조짐도 보였다. 무료 기내식을 제공하기도 하고, 수화물 허용 범위를 늘려주고, 엔터테인먼트 서비스도 실시하는 것 등이다.

'저비용 항공사의 공룡'이라고 불리는 에어아시아의 계열사인 타이 에어아시아엑스는 2014년 6월부터 인천-방콕 돈므엉 구간을 운항하기 시작했는데, 첫 기종은 300명 이상을 태우고 프리미엄 플랫베드 12석을 갖춘 A330-300

대형 기종이었다.

한국과 태국을 운항하는 항공사 중 유일하게 퍼스트클래스를 갖춘 대한항공은 기존 좌석을 훨씬 넓히고 기종과 기자재를 최신화하는 '확실한' 프리미엄 전략을 내세웠다. 1960년 창사 이래 한결같이 'Smooth as Silk'라는 슬로건을 내세운 타이항공은 누적 적자와 코로나가 겹치자 파산법 보호신청을 통해 가까스로 회생했다.

코로나로 운항편 수를 크게 줄였던 한-태 항공노선들은 태국이 입국승인 제도를 폐지한 2022년 7월 이후 재개 및 증편을 시작했다. 그러나 한-태 항공 비즈니스의 미래 전망에 대해선 의견이 분분하다. 수요가 많으면 항공사 간 경쟁이 치열하고 글로벌 위기를 초래했던 코로나도 여전히 위험요소로 남아 있다.

세계는 '지구촌'이라는 말로 불릴 만큼 인류의 물질적·심리적 거리는 하루가 다르게 줄어들고 있다. 그 중심엔 항공이 있었다. 항공은 단순한 상업적 비즈니스의 차원을 넘어서 인류에 유·무형의 엄청난 가치를 부여하고 있는 것이다.

1950년 6·25 한국전쟁의 태국 첫 파병조인 텅랏 대령은 덴마크 상선을 타고 15일이 걸려 부산항에 도착했다. 이제 태국-한국은 5시간 30분이면 도착한다. 하루 전 점심 약속도 할 수 있다.

Thai Tip

SNS의 확산에 따라 태국 연예인의 인기 척도도 유튜브나 인스타그램 페이스북의 팔로워 수로 결정되어가는 경향이다. 가령 인스타그램 팔로워 1명당 0.1 밧(3.7원)으로 '몸값'이 책정되기도 한다. 300만 팔로워를 보유한 연예인이나 인플루언서는 1,100만원 정도의 몸값이 책정되는 셈이다.

▌대한항공

한국의 명실상부한 간판 항공사인 대한항공은 1969년 설립, 곧바로 한국-태국 노선을 취항했다. 한국과 태국을 중단 없이 53년간이나 운항하며 양국 교류와 발전에 상징적 역할을 담당해왔다. '세계 항공시장을 선도하는 글로벌 항공사'의 비전을 가지고 있다. 이를 위해 차세대 항공기 도입과 기재 고급화에 가장 적극적으로 투자하는 항공사이기도 하다. 동북아에선 가장 먼저 '꿈의 항공기'라는 A380을 도입했다.

한-태 양국을 오가는 항공사 중 단연 수송 분담률 1위다. 코로나 이전엔 한 달 210여 편이 운항되며 양국 들어 최다인 월 6만 2,000개의 좌석을 공급했다. 한-태 양국을 운항하는 항공사 중 유일하게 퍼스트클래스가 있으며, 서울을 경유해 미국, 캐나다, 유럽 등을 여행할 수 있는 시스템을 갖추고 있다. 모든 좌석에 AVOD 시스템을 갖춰 다양한 기내 엔터테인먼트를 즐길 수 있고 임신부 키트 등 특화된 서비스가 많다.

소재지 및 연락처

주소 : Amarin Tower Unit3, 12th Floor, 496-502 Ploenchit Road Lumpini, Pathumwan, Bangkok 10330

Tel: 0-2620-6900

▌타이항공

타이 항공은 1959년 설립된 태국을 대표하는 항공사다. '하늘만큼 당신을 사랑합니다'(락 쿤 타우 파)라는 태국어 슬로건을 표방한다. 영어 슬로건은 'Smooth as silk', 태국 비단만큼 부드러운 서비스를 제공한다는 뜻이다.

타이 항공은 1968년 서울-방콕 노선을 첫 취항했다. 코로나 이전에는 인천-방콕 노선(매일 운항) 외에도 부산-방콕, 인천-푸껫 등 매주 총 40편을 운항했다. 태국 고유의 매력을 바탕으로 승객에게 최고 서비스와 만족을 선사하고, 고객과 끈끈한 관계를 유지하고자 노력하는 정책을 취한다.

소재지 및 연락처

주소 : 89 Vibhavadi Rangsit Road, Bangkok 10900

Tel: 0-2545-1000

■ 아시아나항공

1988 서울올림픽의 해에 창사한 아시아나항공은 1991년 태국-한국 노선을 취항했다. '아름다운 사람들 아시아나항공'이란 모토로 안전과 서비스를 가장 먼저 앞세웠다. 코로나 이전에는 방콕-인천, 푸껫-인천 등 매일 두 편의 항공기를 운항했다. 비즈니스 28석, 트래블 271석 등 총 299석의 보잉 777과 총 290석의 에어버스 330이 태국과 한국 사이에 주로 취항했다. 현재는 비즈니스 72석, 이코노미 417석 총 495석의 세계 최대 항공기인 A380을 운항 중이다.

종교나 의료적인 이유로 일반 기내식을 못 먹는 사람들을 위한 별도 특별식을 제공하기도 한다. 전 세계에 색동 날개를 펼치는 글로벌 항공사를 추구하는 아시아나항공은 윤리, 환경, 상생 경영 및 사회공헌에 이르기까지 기업의 사회적 책임을 강조하고 있다.

소재지 및 연락처

주소 : 18th Fl Ploenchit Center 2 Sukhumvit Soi 2 Klongtoey, Bangkok
Tel: 02-016-6500, 6510

▌제주항공

　2005년 설립한 제주항공은 국내외 노선을 운항하고 있는 한국의 대표적인 저비용 항공사다. 안전과 경제성, 편리함을 내세워 매년 공격적으로 시장을 확대했다. 한국 국적의 저비용 항공사로는 가장 빠른 2009년 4월 방콕-인천 노선에 취항했다.

　이후 방콕-부산, 방콕-대구, 치앙마이-부산 등 태국과 한국의 대도시 노선에 취항하며 태국과 한국 곳곳을 다양하게 연결시키는 징검다리 역할을 했다. 189석의 B737-800 기종이 운항된다.

소재지 및 연락처

주소 : Room No.G1-060C, Passenger Terminal 1st Floor, Concourse G, Suvarnabhumi Airport 999 Moo 1 , Nong Prue, Bangphli, Samut Prakan 10540

Tel: 0-2134-3024

▌타이에어아시아엑스

　2014년 설립한 신생 항공사다. 2014년 6월 17일 방콕 돈무앙 공항과 인천 공항을 매일 왕복 1회 오가는 중장거리 노선으로 한-태간 첫 취항했다. 방콕-인천 노선에는 총 377석 규모의 에어버스 A330-300 기종을 운항했다. 저비용 항공사 최초로 프리미엄 플랫베드 좌석(타사 비즈니스석에 해당)을 12석 갖추고 있다.

　스카이트랙스(Skytrax)가 선정하는 '최고의 저가 항공사 프리미엄 클래스 좌석' 상을 수상하기도 했다. 이 좌석은 좌석을 뒤로 눕힐 수 있으며, 수화물은 40kg까지 실을 수 있다. 또한 이코노미석 중에서도 다른 좌석보다 다리 공간이 넓은 프리미엄 좌석을 마련해뒀다. 휴식을 원하는 고객을 위해 12세 이상만 사용할 수 있는 무소음 구역(Quiet Zone)도 제공하고 있다.

소재지 및 연락처

주소 : Don Mueang International Airport, 3rd Floor, Central Office Building, Room No. 3200 Vibhavadee Rangsit Rd., Don Mueang, Bangkok 10210

Tel: 0-2562-5700

진에어

2008년 설립한 진에어가 이듬해 취항한 첫 번째 국제선 노선이 태국-한국 구간이었다. 태국과 한국 간에는 189석의 B737-800 항공기가 투입됐다. 슬로건은 'Fly, better Fly'. 고객들에게 더 나은 항공여행 서비스 제공을 표방하고 있다.

합리적인 가격과 스마트한 서비스를 내세우고 있으며 2008, 2010, 2012년 국제항공안전인증(IOSA)에서 1,000개에 이르는 안전항목을 통과했다. 글로벌 저탄소 녹색성장을 의미하는 'Save the Air'라는 친환경 캠페인도 펼쳤다. 한때 태국-한국 간 매월 약 47~49회 운항했다.

인천-푸껫 구간을 2015년부터 부정기편으로 2022년 7월부터는 정기편으로 운항하고 있다. 대형항공사에 대비해 상대적으로 낮은 운임을 유지하면서도 간단한 기내식과 생수를 무료 제공하고 있다.

소재지 및 연락처

주소 : Room G2-090C, 2nd Floor Concourse G, Suvarnabhumi International Airport 999 M.1 T.Nongprue,A Bangphli, Samutprakan

Tel : 0-2134-0761

■ 티웨이

2004년 한국 첫 저가 항공사인 한성항공의 이름을 바꿔 2010년 설립됐다. 2011년 10월부터 방콕-인천 구간의 운항을 시작했다. 첫째도 안전, 둘째도 안전을 목표로 편안한 서비스를 표방하고 있다. 항공여행이 단순한 휴식이나 볼거리를 찾아다니는 개념을 넘어 색다른 문화를 체험하고 테마여행이 되는 등 그 개념이 확대 변화하고 있는 만큼 항공 서비스 자체가 즐거움을 줘야 한다는 경영 마인드를 갖고 있다. 이코노믹 클래스만 운영하며 189석의 보잉 737-800이 운항한다. 항공요금은 계절별, 출발일별로 다르지만 국적 항공사 대비 15~20% 정도 저렴하게 책정하고 있다. 저비용 항공사지만 기내식과 음료를 풀서비스하는 특징이 있다. 매년 소비자 보호원에서 실시하는 고객 서비스 만족도 조사에서 저비용 항공사 중에선 최우수 또는 우수 항공사로 평가되기도 했다.

소재지 및 연락처

주소 : 1202 Two Pacific Place 12th Floor, 142 Sukhumvit Rd, Khlong Toei, Bangkok 10110

Tel : 0-2653-2050

제6부

태국 속 한국, 기억의 발자취

한국에서 3,700여 ㎞, 비행기로 5시간쯤 걸리는 태국에는 한국을 떠올리게 하는 '특별한 것'들이 있다. 6·25 한국전쟁 참전국으로 혈맹의 관계가 오늘날까지 끈끈하게 이어져오게 하고 있고, 한국인들이 시작해 일군 태권도의 강국이기도 하다.

한국어를 배우는 세계 인구의 25% 이상이 태국인이라는 놀라운 사실을 얼마나 알고 있을까? 양국을 방문하는 관광객은 상호 4~5위의 엄청난 수준으로 다양한 항공사들이 취항하고 있다.

태국 각 분야에 한국이 시작된 출발점은 어디였을까? 한-태 관계를 특징짓는 사안들을 한데 묶었다.

[1장]

6·25 한국전쟁과 태국의 참전

▶ 태국의 한국전쟁 참전 과정

해마다 6월이면 한국인들은 아픈 6·25 한국전쟁의 역사를 떠올린다.

이제는 70년이 넘어 할아버지와 아버지 시절의 까마득한 옛 이야기로만 들리지만 오늘을 사는 한국인의 피 속에는 영원히 사라지지 않는 상처와 기억으로 남아 있다.

1950년 6월 25일부터 3년 1개월 동안 이어진 6·25 한국전쟁은 같은 모습, 같은 언어를 쓰는 민족끼리 싸우며 200만 명 넘게 사망하고 1,000만 명 넘는 이산가족을 만들어냈다. 한국은 전쟁의 잿더미에서 세계 경제강국 10위권으로 도약했고, 시간과 세월은 흐르고 흘러 전쟁을 경험해보지 못한 세대들이 한국을 이끌어가고 있다.

6·25 한국전쟁은 아픈 상처를 남겼지만 자유를 지키려는 동북아시아의 조그만 나라가 전 세계에 알려진 계기가 되기도 했다. 태국과의 관계도 6·25 한국전쟁은 중요한 전기가 된다. 한-태 양국의 문화가 서로에게 알려진 출발점이자, 한국인들의 태국 진출도 본격화되기 시작한 시점이 됐다.

1950년 6월 25일 새벽 4시. 대한민국은 정부수립 2년이 채 안 돼 소련의 지원을 받은 북한 공산정권의 공격을 받았다. 전쟁 발발 3일 만에 수도 서울이 점령당했다. 이어 한 달여 만에 한반도 남쪽 끝인 낙동강으로 밀려났다. 자유 민주주의와 평화가 위협받는 절체절명의 순간에 세계 각국은 유엔의 깃발 아래 뭉쳤다.

전쟁 하루 만에 북한을 침략자로 규정한 유엔은 참전 결의를 했고, 태국은 아시아에서 가장 먼저 한국 지원에 나섰다. 전쟁 발발 5일 후인 6월 30일 쌀 4만 톤을 제공하는 것으로 유엔 결의에 지지를 보낸 것이다. 당시 리 유엔 사무총장은 이 같은 태국의 결정에 찬사를 보냈다.

전통적으로 중립을 표방해온 태국의 6·25 한국전쟁 참전은 '서구의 제국주의자들만이 한국에 병력을 파견할 것'이라는 소련의 선전을 일축하는 데 좋은 모범이 되기도 했다.(신근혜 〈한국전쟁과 태국군 참전〉 중)

태국군은 6·25 한국전쟁 발발 후 5개월 만인 1950년 11월 미국에 이어 두 번째로 한국 땅을 밟았다. 이후 육-해-공군 및 의료지원단까지 총 6차례에 걸쳐 교체 병력을 투입했으며, 전쟁이 끝난 뒤에도 1972년 6월까지 연인원 1만 5,000여 명이 한국 땅을 밟았다. 6·25 한국전쟁 중 목숨을 잃은 태국군은

63년 전 6.25 전쟁에 파견된 태국군인들의 모습. 〈사진제공:참전용사 텅럿대령〉

● 참전 당시 태국 군의 모습

총 136명이었다.

태국이 외교부장관을 통해 유엔 사무총장의 서한을 받은 것은 전쟁 4일 뒤인 6월 29일이었다. 이틀 뒤 태국은 유엔사무총장에게 '태국은 북한의 남한에 대한 무력침공을 규탄한다. 태국 정부는 유엔 안보리의 결정을 지지하며, 어떤 식으로든 도울 준비가 되어 있다. 한국에 대한 원조 방안을 검토한 결과 쌀을 지원하는 것으로 결정했다'는 답신을 보냈다. 이어 유엔 및 미 극동군사령부는 한국 작전임무를 추가로 부여받아 유엔군사령부가 되었다며 태국 정부가 군사적 원조, 특히 지상군 병력을 파병해줄 것을 요청하는 서한을 다시 보냈다.

당시 태국의 수상은 사라씬이었다. 사라씬 수상은 유엔의 이 요청을 국가방위기구에 상정하여 1950년 7월 20일 회의를 갖고 지상군 1개 대대의 병력을 지원한다는 만장일치의 결정을 이끌어냈다. 이어 긴급 내각회의를 소집했으며 7월 22일 국회에 상정, 동의를 얻었다. 국회 비준 뒤엔 푸미폰 국왕의 재가를 받아 1950년 9월 22일 지상군 병력 파견이 최종 확정되었다. 일주일 뒤인 9월 29일에는 해군과 공군 병력 파견 추가 명령을 받았다.

사라씬 총리는 태국의 6·25 한국전쟁 파병에 대해 이렇게 말했다. "우리가 자유민주주의 국가임을 알리기 위해 국제연합에 협조해야 하고, 특히 주변 공산주의가 우리를 침략했을 때를 대비해 한국에 군대를 파견한다."

1950년 태국은 중국의 지원을 받은 베트남의 공산 세력이 팽창하고 있는 것에 대한 경각심이 커지는 상황이었다.

한국파병이 결정된 뒤 태국 국방부는 버리분 쫄라짜릿 대령을 한국전 파병 병력에 대한 책임관으로 임명하고 전투부대 편성 명령을 내렸다. 전투부대는 미국의 전투팀 편성 방식을 따랐다. 1950년 8월 22일부터는 공식적으로 파병을 위한 업무를 시작했고, 10월 16일 6·25 한국전쟁 참전을 위한 군사 편성 특별명령을 내렸다. 멈짜오 피씻디싸야퐁 피싸꾼 소장이 태국군 사령관으로 임명됐다. 육군은 제21연대와 지상군 병력 1개 대대를 보내기로 했고, 해군은 군인수송과 정찰 임무를 맡도록 했다. 쑤라낏 마이랍 대령을 책임자로 하는 선발대는 1950년 8월 9일 수송기 편으로 한국으로 먼저 출발했다.

태국군 1차 본진은 배로 이동했다. 지상군 1개 대대가 해군 프리킷함 2척, 수송선 1척에 나눠 타

● 사격 훈련 중인 태국군의 모습

고 마침내 1950년 10월 22일 방콕의 끄렁떠이 항구를 출발했다. 부산항에 도착한 것은 11월 7일이었다.

태국군 지상군 대대는 미 제8군의 작전통제 하에, 해군은 미 극동해군사령부의 작전통제 하에 작전을 실시했다. 태국 공군은 11개월 후 파병이 결정되었으며 1개 수송기 편대가 1951년 6월 23일 일본에 도착한 뒤 한국전에 대한 항공지원 임무를 수행했다.

태국군이 6·25 한국전쟁에 투입된 시기는 유엔군의 반격으로 서울을 되찾고 평양을 거쳐 압록강으로 북진하던 시기였다.

한국에 도착한 태국 대대는 4개월간 유엔군의 후방에서 병참선 경계 및 대게릴라 작전을 수행한 후 1951년 3월부터는 전방지역 작전에 투입되기 시작했다. 유엔군의 일원으로 참전했기 때문에 태국 군사령관은 21연대의 병력에 대한 작전권을 미 8군에 일임했다. 그러나 태국 대대 통제권과 관리는 여전히 태국군 사령관의 책임 아래 있었다.

유엔군에 합류한 태국군은 미국의 새로운 무기를 다루는 데 익숙하지 않았다. 시급히 총기 등 무기 사용법을 익혀야 했다. 무기 사용에 대한 기초교육을 마친 뒤에는 북한의 수도인 평양으로 이동하라는 명령을 받았다. 평양에서는 필리핀군을 대신해 평양외곽 경계임무를 맡았다. 은행, 소련대사관, 방송국, 레이더기지, 병기창, 병원, 교량, 비행장 등 평양의 주요 지점 방어 임무였다. (신근혜, 〈한국전쟁과 태국군 참전〉 중)

1950년 11월 26일 중공군의 대규모 공격으로 연합군의 전선은 무너지기 시

작했다.

11월 28일부터는 후퇴가 시작됐다. 이때 태국군은 미 8군 병력 이동지원을 도왔다. 그 후에는 미국 제1군단의 지휘 아래 있다가 오산으로 이동한 뒤 1951년 1월 1일 영국 제29여단에 배속되었다.

유엔군은 1월 3일부터 주요 고지들을 따라 방어 태세를 갖추기 시작했고, 태국군은 영국군과 대규모 방어 작전을 수행하기 위해 평택으로 남하한 뒤 여주, 춘천, 화천 등지에서 경계 및 정찰 업무를 수행했다. 1951년 3월부터는 다시 전방 지역 작전에 투입되었다.

1951년 7월 이후 전선은 교착 상태에 빠져들며 정전회담이 개시되는 동안 38도선 상의 불안정한 대치 상태가 계속되었다. 유엔군과 북한군은 고지와 계곡에서 일수일퇴를 거듭하며 끊임없이 격돌했다.

고지탈환 쟁탈전이 벌어지는 가운데 태국군은 포크찹고지 전투

● 태국군의 전투 장면

● 포크찹 고지 전투

에서 전쟁사에 기록되는 혁혁한 공을 세우게 된다. 1개 대대 병력으로 중공군 1개 연대의 세 차례에 걸친 파상 공세를 막아내며 육박전까지 벌였다.

태국군 25명이 전사했지만 중공군 500여 명이 사살됐으며 끝까지 고지를 지켜낸 것이다. 이 전투로 태국군은 체구는 작지만 용맹스럽다 하여 미 8군사령관으로부터 '작은 호랑이(Little Tiger)'라는 애칭을 얻었다. 당시 미 2보병 사단장은 "태국군의 투쟁 정신에 대해 더 말할 여지가 없다"고 말하기도 했다.

6·25 한국전쟁 첫 파병조로 참전했던 태국군들은 당시 어떤 심정이었을까?

이제 고인이 된 참전용사의 생전 인터뷰에서는 당시 목숨 걸고 전선을 누볐던 스무 살 태국 청년들의 긴장감과 패기가 묻어나 있다. 첫 파병조였던 텅랏 유푼(대령 예편)은 당시 스물한 살로 계급은 상병이었다. 6·25 한국전쟁 참전 공고가 나자 지원을 결심했다. 한국이란 나라는 한 번도 들어본 적이 없었지만 전쟁에 나갈 준비가 되어 있다고 판단했다. 이웃 나라가 공격을 당하고 있다는 생각에 도움을 주고 싶은 생각이었다. 부모도 그의 결정을 지지해 주었다.

교체병력 3진으로 배 대신 비행기를 타고 한국 땅에 내린 차웽 양짜런 예비역 대장(전 한국전 태국참전용사협회 명예회장)도 포크찹 전투에 참여한 태국군이다. '반드시 포크찹 고지를 사수하라'는 명령을 받고 세 차례의 공격을 막아 냈는데, "태국군이든 적이든 그곳을 장악하면 상대 진영 후방으로 침투할 수

● 태국군 모습

● 태국 군인들의 식사 모습

있는 전략적 요충지임을 알고 있어서 끝까지 임무를 완수했다"고 말했다.

▶ 영원히 꺼지지 않을 자유와 평화의 가치

참전용사들은 살아생전 한국 정부의 초청으로 한국을 방문할 기회가 있었으며 황폐하기만 했던 서울에 큰 백화점들이 들어서 있고 발전된 경제를 직접 보면서 한국인들이 더없이 존경스러웠다고 밝히기도 했다.

6·25 한국전쟁 당시 태국은 총 여섯 차례의 병력들이 교체 투입되었다. 전사자와 부상자의 숫자에 대해선 자료마다 차이가 있는데, 태국측 자료들에 근거하면 전사자는 136명이다. 전사자는 육군 130명(전사 125명, 실종 5명), 해군 4명, 공군 2명이었다. 한국측 자료는 전사 129명, 실종 5명이다.

휴전 후 태국 해군은 1955년 1월, 공군은 1964년 11월에 철수했고, 지상군은 1개 중대를 잔류시키고 1954년에 철수했다. 태국군은 전쟁이 끝난 후에도 육군 1개 중대 병력이 경기도 운천 지역에 주둔하다 1972년 6월 완전히 철수했다.

매년 태국에서는 태국 촌부리 태국육군 제21여단 본부 연병장에서 전몰장

● 2012년 태국을 공식 방문한 이명박 전 대통령이 참전용사들과 기념촬영을 하고 있다.

병 추모행사가 열린다. 생존 6·25 한국전쟁 참전용사 및 현역장병, 주태 한국대사를 비롯한 한국인들이 참가해 추모의식을 거행한다. 그곳은 6·25 한국전쟁이 발발하자 북한 공산군을 물리치라는 명령을 내렸던 최초의 장소다. 정문 초소에서 30여 미터 지점에 1989년 8월 한국전쟁 참전기념탑이 세워졌으며, 1991년 5월에는 한국전쟁기념관이 건립됐다.

경기도 포천군 영북면 운천리에는 1974년 10월 1일 태국군 참전비가 세워졌다. 비문에는 '자유와 평화를 위해 싸운 태국의 육-해-공군 용사들! 여기 그들의 마지막 주둔지에 피흘린 130명의 뜻을 같이 새긴다'라고 쓰여 있다.

한국 정부는 태국 참전용사와 그 후손들을 위한 감사의 표시로 다양한 프로그램을 진행해오고 있다. 'Korea Revisit' 프로그램을 통해 참전용사와 동반자를 한국으로 초청했고, 한국전 당시 부상당한 상이용사를 지원하는 프로그램도 실시했다. 참전용사 후손에게는 한국 어학연수 기회도 제공하고 있다. 주태국 한국대사관과 여러 재태 한인단체에서도 참전용사 후손에게 매년 장학금을 지원하고 있다.

72년 전 벌어진 6·25 한국전쟁을 통해 한국과 태국은 피를 나눈 형제의 나라가 되었으며, 1958년 10월 1일 정식으로 국교를 수립한 이래 오늘날까지 다양한 분야에서 교류와 협력을 이어오고 있다.

6·25 한국전쟁 기간에 파견됐던 태국 참전군인들은 대부분 별세했다. 70여 년전 들어보지도 못하던 작은 나라의 전쟁터로 떠난 참전군인들과 비슷한 나이의 태국 젊은이들은 이제 K-POP 등 한류에 열광하고 있다.

인생의 가장 젊고 화려한 시절에 타국을 위해 목숨 바쳐 싸우던 태국 참전용사들은 굶주리고 폐허된 나라의 처참한 과거를 낱낱이 지켜본 증인들이기도 하다. 한국과 태국의 역사에 가장 아름답고 강한 다리를 놓았으며, 영원히 꺼지지 않을 자유와 평화의 가치를 후대에 남겨놓았다.

6·25 한국전쟁 태국 참전용사

● 6.25 참전용사인 텅랏(왼쪽), 위차이 대령의 생전 모습

6·25 한국전쟁 첫 태국군 파병조였던 텅랏 유푼 대령과 세 번째 파병조였던 위차이 쿤개우 대령은 평양에 진군한 태국군 중 한 사람이었다.

두 분 다 고인이 됐지만 살아생전 한국의 놀라운 발전을 지켜보며 늘 기뻐했다. 텅랏 대령의 장례식에는 한국 6·25 한국전쟁 뒤 받은 훈장 달린 군복 모습이 영정사진으로 걸렸다.

텅랏 대령은 6·25 한국전쟁에 상병으로, 위차이 대령은 하사로 참전했다. 요즘 같으면 K-POP에 열광할 20대 초반 나이에 타국의 전선에서 생사를 넘나들었다.(한-태 바이링구얼 매거진 〈The BRIDGES〉 2013년 인터뷰 인용)

참전 전의 상황

텅랏 대령 UN이 한국을 지원하기 위한 전투병력을 태국 정부에 요청했고, 이를 받아들인 태국 정부는 지원병 모집공고를 냈어요. 당시 한국은 들어본 적이 없는 나라였습니다. 하지만 정부가 참전 군인을 모집한다고 했을 때 나는 준비되어 있다고 생각했죠. 이웃 나라가 공격당하고 있다는 생각에 도움을 주고 싶었습니다. 부모님께서도 지지해주셨습니다. 떠나기 전 입을 옷들을 준비했습니다. 참전 희망 군인들을 대상으로 신체검사와 훈련도 실시됐습니다. 작별을 고하는 파병기념 행진도 기억납니다.

위차이 대령 어머니는 못 가게 했지만 나는 도망치듯 집을 나와 한국행에 합류했어요. 친구들도 모두 다 지원했기 때문입니다. 가기 전 몸과 마음을 가다듬었습니다. 훈련으로 체력을 다졌습니다. 솔직히 가고 싶은 마음과 가고 싶지 않은 마음이 반반이었습니다. 한 번도 안 가본 곳이기에 가보고는 싶었지만 갔다가 영영 돌아오지 못할 수도 있다는 생각에 주저하는 마음도 있었죠. 한국에 있는 동안에는 매주 어머니께 편지를 썼습니다. 태국에서 내 편지를 일주일 넘게 못 받는다면 내가 죽었다는 신호로 생각하실 것 같아서였습니다.

방콕에서 부산까지 배를 타고 가다

텅랏 대령 한국전쟁 첫 번째 파병조로 한국에 갔습니다. 스물한 살이었죠. 불기로는 2493년, 1950년입니다. 그 해 10월 22일 헤르타머스크라는 태국 정부에서 준비한 덴마크 상선을 타고 떠났습니다. 당시 국방장관이던 육군원수 쁠랙 피분쏭크람이 끄렁떠이 항구에서 열린 파병 환송 행사를 진행했습니다. 정확하게는 기억이 안 나지만 얼마 동안 배를 타고 가다가 식량을 받기 위해 일본 오키나와에 들렀습니다. 1950년 11월 7일 부산에 도착했습니다. 부산시장과 부산시 관계자들이 나와 환영해주었던 생각이 납니다. 늦가을 한국의 날씨는 쌀쌀한 편이었습니다. 작은 아이들이 달려와 한국을 도와주려 온 것에 대한 감사의 표시로 정체 모를 꽃을 달아주었습니다. 우리 파병 육군은 보병소속이었습니다. 제21 연대 전투단과 합쳤죠. 한 대대에 2,000명 가까이 있었습니다. 육군부대였지만 실제로는 해군, 공군 그리고 재난구호 단체와 태국 적십자사도 같이 참전했습니다.

위차이 대령 내가 속한 참전조는 1952년 6월 16일 라차워라딧 항구에서 배를 타고 떠났습니다. 그 후 시창섬에서 다른 배 (허유 마루)로 갈아타고 부산으로 갔습니다. 가는데 총 7일이 소요됐습니다. 배에는 모든 시설이 다 갖춰져 있었습니다. 배 안에서 영화도 보고 미국 음식도 먹었습니다. 대략 10개국에서 온 병사들이 배에 함께 있었습니다. 부산에 도착하자 이승만 대통령이 딸과 함께 항구에 환영을 하러 나와 있었습니다.

훈련-전쟁 투입 직전의 상황

텅랏 대령 부산항에서 6~7시간 동안 기차를 타고 대구 훈련장으로 이동했습니다. UN 군수품을 사용해야 했기 때문에 전투에 투입되기 전 무기 다루는 법 등의 훈련을 받았습니다. 음식과 오버코트, 재킷, 방모침낭 같은 의류도 포함되어 있었습니다. 날씨가 추웠어요. 0도 이하로 내려가면 눈도 내렸습니다. 대구로 이동할 당시 온도는 12도였습니다. 15~20일 동안 한국에서 유엔군 지휘관으로 있던 미국인 훈련관에게 교육을 받았는데, 태국에서 훈련받는 것보다 훨씬 더 힘들었습니다. 낮과 밤 모두 훈련을 받았고 날씨도 추웠습니다. 가끔씩 왜 여기서 이 고생을 하나라는 생각도 들었지만, 다른 이들을 도와주러 왔다는 생각을 하고 인내심을 갖고 버텼습니다. 버티는 수밖에 달리 도리가 없었습니다.

위차이 대령 우리 조는 여름에 한국에 갔습니다. 하지만 날씨는 추웠고 머지않아 눈도 내렸습니다. 태국 육군이 준비해준 군수품은 사용할 수 없어 미국 군수품을 사용해야 했습니다. 옷, 음식, 무기 모두가 미국 군수품이었습니다. 부산에 도착해 서울로 갔는데 7일 동안 기차를 탔던 것 같습니다. 당시 기차 연료는 석탄을 사용했기 때문에 터널에 들어갈 때마다 연기가 자욱했어요. 우리 조는 한 달 동안 훈련을 했는데, 훈련할 시간도 없이 바로 전쟁에 투입되는 조들도 있었습니다.

전쟁에서의 역할

텅랏 대령 당시 내 계급은 상병이었습니다. 81mm 박격포를 관리하는 분대장이었는데 당시 태국에는 81mm 박격포가 없었습니다. 81mm 박격포는 선두에 있는 중대의 병사들을 도와주기 위해 사용됐습니다. 선두 병사들이 공격할 수 있게 사전에 공격하는 무기였습니다.

위차이 대령 당시 계급은 하사였습니다. 소총관리자였습니다. 우리 부대는 순찰의 역할을 맡고 있어서 항상 적진의 영역을 다녀야 했죠.

전투에서 죽음에 직면한 순간

텅랏 대령 이동하던 중 의정부에서 부대가 탱크 지뢰에 당했습니다. 앞에서 가던 1번 지프 차량은 폭발했고 차에 타고 있던 네 명의 병사는 즉사했습니다. 나는 2번 차량에 타고 있었는데 가까스로 살아남았습니다.

위차이 대령 포크찹힐 주변에서 1㎞ 정도 떨어져 있을 때였어요. 아침에 혼자 커피를 마시기 위해 걸어가고 있었는데 저격수가 숨어서 총을 쐈습니다. 총알이 가까스로 비껴갔고 살기 위해 산으로 뛰었습니다.

전쟁 영웅 '작은 호랑이'

텅랏 대령 나는 당시 태국군의 격전지인 포크찹힐 전투에 세 번째로 투입됐습니다.

위차이 대령 포크찹힐에서 3박 3일 동안 싸웠습니다. 나는 순찰조였기 때문에 밤에는 진지를 떠나곤 했습니다. 구덩이에 숨어 상황 보고를 받았습니다. 3~4명이 등을 맞대고 적의 인기척을 들었고, 손에는 수류탄을 쥐고 있었죠. 서서 보초를 설 때는 수시로 주변에 나무가 몇 그루 있는지 세고 기억하곤 했습니다. 만약 처음 셌을 때보다 나무 수가 늘어났다면 위장한 적군이 들어왔다는 뜻이었습니다. 한번은 적군 40명이 에워싼 적이 있는데 우리 병사는 7명뿐이었어요. 적군은 위쪽에 있고 우리는 아래쪽에 있어 대대에 상황을 보고했습니다. 우리 태국 병사들은 경기관총은 두 자루밖에 없었습니다. 나머지는 다 소총이어서 대포를 요청했습니다. 대포 지원이 왔을 때 비로소 탈출할 수 있었습니다. 전투에서 북한군은 계속해서 총을 쐈습니다. 당시 태국에는 그런 총은 없었습니다. 우리도 총소리를 듣는 훈련은 하지 않았기 때문에 전투에서 스스로 연습해야 했습니다. 날카로운 소리가 들리기 시작하면

머리 쪽으로 총알이 떨어질 것이란 뜻이었어요. 숨을 곳이 없었기 때문에 몸을 웅크려야 했습니다. 웅크리고 난 뒤에는 몸을 굴려야 했죠. 한번은 몸을 굴렸는데, 방금 전까지 몸을 웅크리고 있던 곳에 총알이 떨어졌습니다. 만약 구르지 않았다면 죽었을 것입니다. 가끔 폭발물 조각들이 가방이나 옷에 떨어져 구멍을 내는 바람에 총에 맞은 것으로 착각하기도 했습니다. 세 번째 파병조는 무척 힘들게 싸웠습니다. 태국 군인들은 체구가 작았지만 작아도 잘 싸운다는 의미로 'Little Tiger'라고 불리면서 21연대의 명성을 쌓아갔습니다.

태국군의 명성

텅랏 대령 우리 대대가 평양을 사수하라는 지시를 받고 산발적으로 전투를 벌이고 있을 때였어요. 열흘 정도 지났을 때 중국 공산당이 군대를 보냈다는 소식을 들었습니다. 당시 우리 대대는 철수 명령을 받고 서서히 개성으로 내려갔고 서울까지 후퇴했습니다. 적군이 뒤쫓아오지 못하게 다리와 길을 폭파하기도 했습니다. 군대가 철수할 당시 많은 영국군과 터키군 사상자가 발생했습니다. 영국군은 탱크를 모두 빼앗겼고 많은 터키군이 사망했습니다. 하지만 태국군은 능숙함과 뛰어난 기지로 거의 피해를 입지 않았습니다. 전투를 목격한 한국군을 포함한 여러 나라의 병사들은 태국 군대의 명성을 인정했습니다.

위차이 대령 외국 병사들은 우리 태국군을 보고 체구가 작아 싸울 수 있을까라고 생각했지만, 결국 우리 태국 군인들은 그들보다 잘 싸웠습니다.

텅랏 대령 한국인들도 태국 병사들이 다른 나라 병사들보다 더 결연히 싸운다고 칭찬해주었습니다. 또 태국군은 인정이 많아 이웃에게 음식이나 물건들은 나눠주었습니다. 태국군은 필리핀군과 함께 전투에서 싸운 적도 있는데, 한국인들에게는 태국 군대의 명성이 더 유명했죠.

전쟁 중의 생활

텅랏 대령 UN군에는 여러 국가에서 온 병사들이 있었고 각 대대에는 태국군과 외국군의 의사소통을 위해 통역을 해주는 연락병이 있었습니다. 지휘관들은 영어로 의사소통을 했습니다. 군수와 음식에 관한 부분은 아주 풍족했습니다. 미국식 음식으로 나왔습니다.

위차이 대령 우리는 쌀을 조금 가져갔습니다. 대부분 미국 육군이 준 빵으로 식사를 했는데, 포크찹힐 전투에서는 항상 폭격이 있었기 때문에 구덩이에서 식사를 해야 했습니다. 전투에서는 매 순간 죽음이 도사리고 있었습니다. '오늘은 내가 살 것인가 죽을 것인가'라는 생각을 했습니다. 항상 총알을 피해야 했고 가끔 벙커 앞에 포탄이 떨어지기도 했습니다. 하지만 우리 대대에서는 아무도 목숨을 잃은 사람이 없었습니다. 대대에 40명이 있었고 10명 정도가 부상을 당했지만 목숨을 잃은 사람은 없었죠. 나는 전쟁영화 보는 걸 좋아해서 영화에 나온 것들을 기억해 실전에서 사용했습니다. 예를 들어 육군 공병이 지은 다리는 걷지 않고 강을 건넜습니다. 물이 차가워도 강을 건너는 편이 더 안전했기 때문입니다. 적군이 설치해놓은 함정 지뢰를 잘 관찰해야 했는데, 모든 병사에게 초록색 철사가 보이면 멈추라고 말해주기도 했습니다. 원래 폭탄을 탱크에 장착하는 일을 맡고 있었기 때문에 폭탄의 원리에 대해 잘 알고 있었습니다.

전장에서 얻은 경험

텅랏 대령 새 무기 사용법은 물론 여러 지식을 얻었습니다.

위차이 대령 정직하고 끈기가 있어야 한다는 것입니다. 매사에 부주의하면 안 되고 조심해야 한다는 것도 알게 됐습니다. 맡은 일에 성실해야 하고 질서가 있어야 한다는 것도 배웠습니다. 질서가 없다면 끝입니다. 전쟁은 우월적 자리를 차지하기 위해 하는 것입니다. 매우 탐욕스러운 것이죠. 현재 태국 남부 지방에서 벌어지고 있는 전쟁은 베트남 전쟁보다 더 심합니다. 남부 지방의 군인들에게 모든 것을 주의하라고 전하고 싶습니다. 조심하지 않으면 목숨을 잃을 수도 있습니다. 나는 한국전쟁에도, 베트남 전쟁에도 참가했는데 모든 일에 주의했습니다.

전쟁 후 한국

텅랏 대령 전쟁 중 서울과 다른 도시의 집들은 불에 태워졌습니다. 이와 함께 가정과 집도 해체되었습니다. 하지만 전쟁은 한국 국민들을 일깨워줬습니다. 다시 한 번 나라를 좋게 만들어야 하고 더 싸워야 한다는 의식을 심어준 것입니다. 한국 정부가 참전용사들을 초청해 한국을 방문했을 때 발전상을 볼 수 있었습니다. 도로와 도시 설계가 아주 잘 되어 있었습니다. 황폐하기만 했던 서울에는 큰 백화점이 들어서 있었습니다. 한국인들이 존경스러웠습니다.

위차이 대령 오래전 한국은 발전하지 못했습니다. 태국은 현재 정치 상황의 문제로 한국에 뒤처지고 있습니다. 한국은 북쪽과 남쪽이 다투지만 태국은 정치적 문제로 싸우고 있습니다.

*고령인 두 분은 당시의 전쟁 상황을 매우 상세히 묘사했지만, 전투 날짜 등은 차이점이 있어 집필자가 일부 바로잡았다.

Thai Tip

태국에서는 전 국토의 70%에 해당하는 53개주 183곳에서 원숭이와 인간의 다툼이 벌어지고 있는 것으로도 보고됐다. 롭부리를 비롯한 끄라비, 촌부리, 뜨랑, 푸껫 등 12개 지역에서는 심각성이 더욱 컸다. 골칫거리인 10만 마리의 원숭이 중 마카크는 가장 많은 3만 4,000여 마리로 파악됐다.

[2장]

태국 속 한국 흔적

▶ 콰이강의 다리

일제의 흔적이 남아 있는 태국 서부 깐짜나부리의 대표적 관광지 콰이강의 다리와 죽음의 철도는 아이러니컬하게도 태국 한인사의 한 출발점이 되었다. 제2차세계대전 막판인 1943~1944년 일본은 해상 보급로가 연합군에게 막히자 태국의 논프라독과 미얀마의 타니차야를 잇는 415㎞의 보급 철도 건설을 시작했다.

철도건설에 동원된 인력은 연합군 전쟁포로와 인도네시아 미얀마, 말레이시아 등 식민지 국가들의 사람들이었다. 약 25만 명 정도로 추산되는 포로들은 건설 내내 강제노동에 시달리며 질병, 영양실조, 과로 등으로 11만 6,000여 명이 사망했다. 철도 침목 하나에 사망자 한 명이 나온다고 하여 '죽음의 철도'라는 이름도 붙었다.

연합군 포로를 감시하거나 통역하는 사람 가운데에는 한국인이 있었다. 한국인 군속은 일제강점기에 징용을 당해 일본 군대의 장병이나 군속으로 동남아로 끌려온 사람들이었다. 철도공사에서 한인들은 일본군으로부터는 식민지인으로 차별과 감시를 당했고, 연합군 포로들로부터는 일본 제국주의의 악행에 대한 책임과 비난을 뒤집어쓰는 이중고에 시달렸다.

● 콰이강의 다리

KBS 탐사보도 프로인 〈시사 기획 창-광복 70년 특집〉 '끌려간 소녀들 버마 전선에서 사라지다'는 2015년 기밀문서에서 해제된 태국 최고사령부의 문서 보관소를 통해 한인 여성 490여 명이 깐짜나부리 위안부 시설에 있었음도 확인했다. 죽음의 철도를 연결한 콰이강의 다리는 제2차세계대전의 상처를 말해주고 있다. 1957년 데이빗 린 감독이 만들고 윌리엄 홀든, 잭 호킨스가 주연을 맡은 영화 〈콰이강의 다리(The bridge over the River Kwai)〉는 당시 상황을 재연했다.

영화 개봉 다음 해 아카데미 시상식에서 감독상 및 작품상 7개 부문의 상을 휩쓸며 영화 주제가이자 휘파람인 '콰이강의 행진'을 전 세계에 확산시켰다. 일본의 항복으로 전쟁이 끝나자 연합국측은 동남아 각지에 일본군으로 파병된 한국인들을 아유타야 포로수용소에 집결시켰으며, 콰이강 다리 건설 군속을 맡았던 한국인들은 전범 혐의자로 체포되기도 했다. 당시 종군위안부 포함 한국인은 2,000여 명에 달했던 것으로 알려지고 있다. 한국인은 모두 귀국했으나 12~15명의 젊은이들은 수용소를 탈출해 태국에 남았는데, 이들이 1세대 태국 한인들로 전해진다.

▶ 빠따니-나라티왓 고속도로

1966년 현대건설이 완공한 태국 남부 빠따니-나라티왓 구간의 98km 고속도로 공사는 한국이 태국에서 첫 수주한 대형 공사였다. 16개국 29개 건설업체가 참가한 입찰경쟁에서 공사를 따낸 현대건설은 전동식 롤러, 컴프레서 믹서 등을 직접 고안해 만들어 쓰며 최신 공법도 익힌 것으로 전해진다. 수주 결과는 적자였지만 훗날 한국의 경부고속도로를 건설할 수 있었던 기술력은 여기서 나왔다고 전한다.

이 고속도로 공사는 현대의 명성을 세계에 알리는 계기가 됐고, 수십 년 동안 보수공사를 하지 않아도 되는 가장 잘 만든 도로로도 정평이 나 있다.

당시 공사 현장에서 경리담당 사원으로 재직 중이던 전 이명박 대통령에게 태국은 처음 밟아본 외국 땅이기도 했다. 고속도로 공사 현장에서 태국 인부들이 폭동을 일으키자 이 전 대통령이 사무실 금고를 끌어안고 저항한

● 빠따니 건설 현장

태국 건설현장 근무시절

1966년 태국에서

● 이명박 페이스북

것은 유명한 일화다. 이후 고 정주영 회장이 사건 현장을 찾아왔을 만큼 당시 사태의 파장은 컸다.

이 전 대통령은 2012년 11월 태국 방문 후 "업무상 출장이나 다자회의 참석 등을 계기로 태국을 방문한 적은 여러 번 있었으나 태국 땅을 밟은 지 46년 만에 대한민국의 대통령이 되어 공식방문하는 감회는 남달랐다. 태국도 우리도 이제, 그 당시에는 생각지도 못하던 수준까지 발전했다"며 페이스북에 태국 근무 시절 사진을 공개하기도 했다.

● 잉락 수상과의 정상회담

▶ 태국 내 첫 한국영화, 성춘향

한류가 뜨거운 태국이지만 1960년대까지만 해
도 태국에 한국 대중문화는 존재하지 않았다. 중
국과 일본 문화가 있었을 뿐이다.

태국에 첫 소개된 한국영화는 1961년도에 개봉
해 당시 36만 명의 관객을 동원하며 크게 히트한
신상옥 감독 최은희 주연의 〈성춘향〉이었다. 태
국 원로 이종화는 〈성춘향〉을 수입해 상영했으
나 성공을 거두지는 못했다. 문화적 차이도 있었
지만 중국인의 상술과 세에 눌렸고, 자금도 부족
했다고 한다. 1960년대 일시적으로 태국에 거주
하며 연예 활동을 했던 한인 중에는 강철구란 인

● '성춘향' 포스터

물도 있다. 색소폰 연주로 유명했던 그는 푸미폰 국왕의 음악고문을 맡았던
것으로 전해진다.

▶ 아리랑

팔순이 넘은 한국전 참전 용사들이 기억하는 노래는 아리랑이다. 이미 고
인이 된 분들도 흥이 나면 "아리당, 아리당"하며 어깨춤을 추기도 한다.

태국의 한국 파병은 한국문화가 태국에 들어오는 시작점이 됐다.(신근혜, 〈한
국전쟁과 태국군 참전〉 중) 한국전쟁에 참전했던 군인 중 뚬텅 촉차나란 인물이 있
었다. 그는 태국으로 돌아와 태국군 장교와 한국 여성의 사랑 이야기를 '아리
당' 또는 '씨양크루언짝까오리'(한국로부터의 노래)라는 제목을 붙여 노래로 만들
었다.

1956년에 만든 이 노래는 쏨씨 무엉썬키여우라는 가수가 불렀다. 한국의
여성이 태국으로 떠난 군인을 그리워하는 내용이었다. 한국전쟁에 참여했던

● 영화 〈아리랑〉

태국 군인들이 한국을 아리랑이란 이미지로 병치하고 아리랑 가락을 따라부르게 된 계기가 된 것이다. 〈아리랑〉은 25년 뒤인 1980년 태국에서 영화로도 제작됐다. 태국 영화사 파이브스타가 직접 한국에 가서 전쟁 장면을 촬영했고, 한국인들이 조연으로 참여했다. 뚬텅 촉차나의 〈씨양크루언짝까오리〉는 영화의 주제가로 사용되었다.

영화 〈아리랑〉은 다시 17년이 흐른 뒤인 1997년 태국 육군방송인 CH5에서 드라마로도 제작되었다. 미디어 오브 미디어 사가 제작했으며 연출은 영화 '아리랑'을 맡았던 재즈 싸얌이 다시 맡았다. 기본 줄거리와 구성은 영화와 동일했고, 주인공의 이름만 바뀌었다. 1956년 한국전쟁을 배경으로 나온 노래 〈아리랑〉이 영화와 드라마를 거쳐 〈아리랑〉으로 바뀌었고, 오랫동안 이어짐에 따라 참전용사들과 태국인들도 '아리랑'을 한국과 동화하게 된 것이다.

▶ 드라마, 대장금

태국 한류와 한식 확산에 결정적인 영향을 미친 드라마는 〈대장금〉이었다. 2005년 10월 15일부터 토·일요일 오후 6시 30분~8시까지 태국 지상파 TV CH3에서 방송된 〈대장금〉은 태국에 한국을 각인시켰다.

평균 시청률 13%대로 '초대박'이라고까지는 할 수 없으나 54부작의 긴 호흡으로 오랫동안 방송되며 한국의 다양한 면을 태국을 알리는 계기가 됐다. 특히 태국 중장년층은 〈대장금〉을 보기 위해 주말 귀가를 서두른다는 말이 나올 정도였다.

〈대장금〉은 태국 TV에서 방송된 첫 한국 사극이기도 하다. 〈대장금〉이 방송된 뒤 수도 방콕은 물론 북부지방인 치앙마이 등 태국 전역의 피자 광고 전단지는 한복을 입은 여성이 피자를 한 입 가득 베어 물어 볼까지 통통해진 모습을 등장시켰다.

● 대장금 한복

김치도 곳곳에 소개돼 김치 향의 감자칩이 인기를 끌었으며, 모 제품의 즉석 우동도 김치 맛 전략을 앞세웠다. 방콕에서 100m가 멀다하고 있는 편의점 '세븐 일레븐'에도 한국 돼지불고기 햄버거가 등장했다.

〈대장금〉이라는 상호의 한국식당들도 방콕, 푸껫 등에 등장했다. CH3은 〈대장금〉의 성공에 따라 〈허준〉〈다모〉 등 한국사극을 잇달아 수입했다. 태국 내 한국 드라마의 장르가 한층 다양해지는 계기가 된 것이다.

CH3의 교양프로인 〈블랙박스〉는 '대장금 한복'을 한국에 요청, TV 프로그램에 특별 소개하는 시간을 갖기도 했으며, 〈대장금〉의 인기로 한국 식당이

● 대장금 피자. 드라마 〈대장금〉에서 실제로 사용된 한복을 소개하고 퀴즈를 내는 태국 TV 프로그램.(오른쪽)

성황을 이루고 프랜차이즈가 등장하는 등 〈대장금〉의 인기는 오랫동안 태
국에 많는 영향을 미쳤다.

▶ 태국 국왕 이름 단 한국산 군함

한국산 3,700톤급 프리깃 함은 태국 해군의 주력 자산이다.

군함 이름은 태국인들이 가장 존경하는 고 푸미폰 아둔야뎃 국왕. 한국의
대우해양조선이 2013년부터 건조해 2019년 1월 5일 태국 동부 사타힙 해군
기지에서 입항식을 가졌다. 배수 톤 수 3,700 톤, 최고속도 30노트, 작전 거리
반경 4,000마일에 141명이 승선할 수 있으며, 가격은 146억 밧(한화 5,100억 원)에
달한다.

태국 해군은 총 130여 척의 함정을 보유하고 있는데, 1천톤급 이하는 자체 건
조하기도 하지만 스페인, 중국, 미국, 영국 등 여러 나라에서 수입하고 있다.

한국의 군함 태국 수출은 푸미폰 아둔야뎃 함이 처음이었다. 1997년 스페
인에서 수입된 1만 1,000톤급 짜끄리 나루에벗 함에 이어 두 번째로 크다. 그
러나 첨단 장비와 무기체계는 태국 최고로 태국 해군을 이끄는 주력 자산이
다. 방공, 대잠, 대함 작전을 모두 수행하며 최첨단 스텔스 기능 및 어뢰 소나,
원거리 무기 시스템 등을 갖추고 있다.

태국어로 푸미폰은 '땅의 힘', 아둔야뎃은 '비교불가의 힘'을 의미한다.

● 푸미폰 아둔야뎃함

태국 해군의 함정은 모두 앞에
'HTMS'란 수식어를 붙인다. His
Thai Majesty's Ship, 이른바 '국왕
전하의 함정'이란 뜻으로 푸미폰
아둔야뎃 함도 영어로는 HTMS
'Bhumibol Adulyadej'. 태국 해군은
미국 해군과 비슷한 조직으로 함

대와 해병대로 나뉘어 있다. 해군본부는 방콕에서 3시간 거리인 동부 촌부리의 사타힙에 있고 북 타이만 함대를 포함해 남 타이만, 안다만 함대로 나뉜다. 1만 3,000여 명의 해군과 1만 8,000여 명의 해병대가 있으며 태국 해군은 1, 2차세계대전을 포함해 6·25 한국전쟁, 베트남 전쟁, 소말리아 해적 소탕작전 등에도 참여했다.

▶ 한국전쟁 태국 참전비

태국에서는 1950년 한국전쟁에 참여했던 전몰장병을 추모하는 행사가 매년 열린다. 방콕에서 80km 떨어져 있는 동부 촌부리의 태국왕비 근위부대인 육군 21여단 본부 연병장에서다. 태국군 참전용사들과 21연대 부대장을 비롯한 현역장병, 주태 한국대사, 국방부 인사, 외교관 등이 참석해 추모 의식을 진행한다.

북한의 침공에 맞서 태국은 한국 파병을 결정하고 10월 22일 출정했다. 정문 초소에서 오른편에는 1989년 8월 한국전쟁참전 기념탑, 1991년 5월에는 한국전쟁 기념관이 건립됐다. 태국군이 3년간 전투하며 북한군과 중공군에

● 촌부리의 한국전쟁 참전 기념탑

● 태국 참전비

● 참전협회 참전비

게서 노획한 무기 등이 전시되어 있다. 태국의 한국전쟁 참전용사들도 1년에 한 번씩 모임을 갖고 동료들의 영혼을 추모하고 한국에서의 기억과 경험을 공유한다.

또 방콕 참전협회 앞에도 참전 기념비가 있으며 200년 역사를 지닌 태국 이슬람 사원 중 가장 오래된 방콕 하룬 모스코(Haroon Mosque)에는 6·25 한국전쟁 전사자 3명이 안장되어 있다. 하룬 모스코는 방콕 실롬로드 끝 방락 지역 짜오프라야 강변에 있다. 한국에는 경기도 포천군 영북면 운천리에 1974년 10월 태국군 참전비가 세워졌다.

태국 6·25 기념 행사는 코로나의 영향으로 2022년 6월 24일 3년 만에 열렸다. 생존 참전용사 15명, 참전 22개국 외교단, 태국 정부 및 군 관계자 등 약 200명이 참석했다. 이에 앞서 태국 한국대사관(대사 문승현)은 4월 28일 육군 21연대에서 다목적홀 기증식을 개최했다. 다목적홀은 185㎡ 규모로 포스코 태국법인이 완공해 기증했고, 주태국 대한민국대사관이 태국군의 한국전 참전에 대한 보은과 양국 우호증진의 의미를 널리 알리기 위해 기증식을 개최했다.

▶ 리틀 타이거홀

한국전쟁 참전 태국 군인들에게 보답하기 위한 참전용사 복지회관 1호가 2014년 3월 14일 태국 방콕 외곽의 람인트라 참전용사 마을에 준공됐다. 참전용사 회관은 한국전쟁 참전 태국 부대의 이름을 따 '리틀타이거홀'이라 이름

● 방콕, 참전용사 회관 준공식

지었다.

리틀타이거홀은 115평 2층 건물로, 1층에는 휴게실, 협회사무실, 어린이 놀이방, 2층에는 마을도서관, 청소년 공부방, 컴퓨터실이 만들어졌으며 간이주방, 샤워시설 등도 설치됐다. 앞뜰에는 미끄럼틀, 그네 등 어린이들을 위한 놀이터와 주민 휴식 공간도 조성됐다. 한국 국방부는 2013년 한국전쟁 정전 60주년을 맞아 롯데그룹과 함께 5년간 해외 참전용사 보은 활동을 시작했으며, 태국에 참전용사 복지회관은 그 첫 번째 사업이었다. 태국군의 용맹이 가장 널리 알려진 것은 1952년 11월 경기도 연천 일대에서 벌어진 포크찹 고지 전투. 1개 대대 병력으로 중공군 1개 연대의 세 차례에 걸친 파상 공격에 맞서 25명이 전사했으나 중공군 500여 명을 사살하고 고지를 지켜냈다.

이 전투로 인해 태국군은 체구는 작지만 용맹스럽다고 하여 미 8군 사령관으로부터 '작은 호랑이

● 제막식

(Little Tiger)'란 애칭을 얻었다. 현재의 람인트라의 참전용사 마을은 유엔의 개발자금과 태국 보훈처의 지원으로 조성됐으며, 참전용사 및 후손을 포함한 주민 등 300여 가구가 살고 있다.

▶ 태국 한인회관

방콕 스쿰윗 18 3/1에 위치한 한인 문화회관은 재태 한인들의 화합의 오랜 산물이다. 현재 재태국 한인회 사무실 및 태국어 강의실로 사용되고 있으며 태국 거주 한인들을 위한 교육, 문화 공간 등 다양한 용도로 활용되어왔다. 4층 규모로 1970년대에 건축되었으며, 1977년 제9대 박재기 한인회장의 임기 중 한인들이 십시일반 모은 40만 밧과 파이롯의 기부금 20만 밧 등 60만 밧으로 매입했다. 재태국 한인회의 명의로 구입해 소유하고 있으며, 한국 전통 양식에 맞춰 개축한 뒤 제24대 김장열 한인회장 임기인 2005년 12월 1일에는 태국한인문화회관으로 개관했다. 이후 한인문화회관은 한글교실 등의 목적으로 사용되고 한인회는 타 건물을 이용하다 제30대 임부순 한인회장 시기인 2017년 리노베이션을 거쳐 10년여 만에 다시 한인회관으로 쓰이고 있다.

● 방콕 한인 회관

▶ 방콕 한인상가

　방콕 스쿰윗 12에는 한인상가가 밀집해 있다. 대부분 식당인 가운데 기념품 가게 및 마사지, 한약방, 인터넷 매체 등도 들어서 있어 '한인타운'으로 불리기도 한다.

　한인상가는 1990년대 중반 이후 현재와 같은 모습을 갖추게 됐다. 그 이전에는 태국 식당 및 인도 양복점, 이발소 등이 위치해 있었다고 한다. 한인상가는 한류 콘텐츠의 확산에 따른 한식의 인기가 높아지면서 태국인의 발길이 늘고 있다.

▶ 김중업 설계의 미학적 가치 높은 주태국 대한민국대사관

　방콕 라차다피섹 티암-루암밋 로드에 위치한 주태국 대한민국대사관은 한국 근대 건축사에 중요한 업적을 남긴 고 김중업(1922~1988)이 설계하고 건축한 건물이다. 주태국 대한민국대사관은 전 세계 170여 개가 넘는 공관 중 건축가 김수근이 건축한 미국 워싱턴의 주미 대사관저와 함께 건축적으로 의미가 큰 건물이다. 2022년은 김중업 탄생 100주년이기도 하다.

　주태국 대한민국대사관 건물은 독특한 건축양식을 보여준다. 부산 UN 기념공원의 입구와 거의 비슷한 모양의 대사관 정문을 지나면 88올림픽 평화의 문을 연상시키는 중앙 조형물이 나타난다.

직선과 곡선의 과감한 처리로 동양적인 처마와 그리스 파르테논 신전처럼 딱딱 떨어지는 직선적인 건물들이 함께 조화를 이룬다.

처마의 위치는 내부도 될 수 있고 외부도 될 수 있는 개념. 하나의 영역에 다른 요소가 공존하는 상반된 개념을 공유하고 있다. 대사관 대문의 낙수 물줄기가 내려오는 처마 중간 배수구, 대문 지붕을 떠받들고 있는 네 개의 둥근 기둥 모습은 단순한 디자인을 뛰어넘는 예술적 가치를 보여준다.

국기 게양대를 지나 분수대를 중심으로 양쪽에 세워져 있는 붉은 벽돌로 쌓아올린 건축물은 경주 첨성대를 닮은 듯하다. 그 위로 높이 솟구쳐 올라있는 천장을 올려다보면 투명 유리의 피라미드 모양 천장이 보인다.

현재 문승현 주태국 대한민국 대사는 재임기간 중 대사관 건물을 최대한 보수해 개선된 환경으로 만들어 재태 한인사에 문화유산으로 남긴다는 방침이다. 역사 찾기 작업의 일환으로 대사관 역사와 건축물 소개가 들어간 책자 발간도 계획하고 있다.

[3장]

한국 혼 심은 태권도

2021년 7월 24일 저녁이었다. TV 앞에 모여든 태국인들은 입술에 침이 말랐다. 도쿄올림픽 결승전에 오른 태국 태권도 여자 대표팀의 파니팍 윙파따나킷이 경기가 끝날 무렵까지 스페인 선수에게 9 대 10으로 지고 있었던 것이었다.

종료 7초 전 기적이 일어났다. 파니팍이 왼손 정권을 상대 선수의 몸통에 강력히 적중시키며 11 대 10의 영화 같은 역전승을 일궈낸 것이다. 종료 직전 무엇인가를 말하는 코치의 장면이 카메라에 잡혔다. 그는 평소 훈련 때 종료 30초, 10초를 남겨 놨을 때의 상황을 상기시키며 무언가를 주문하고 있었다. 한국인 최영석 감독이었다. 최영석 감독은 태국 스포츠에

● 금메달이 확정된 뒤 최영석 감독과 파니팍 선수가 환호하고 있다.

● 선수와 기쁨을 나누고 있는 최영석 감독

● 런던 올림픽 은메달 리스트

한국 혼을 심은 주인공이다. 문화 한류가 있다면 '태권 한류'의 주역이라고 표현할 만하다.

도쿄올림픽에서 따낸 금메달로 태국 태권도는 올림픽 골드 메달 반열에 합류했다. 1952년부터 올림픽에 참가해온 태국이 역대 올림픽에서 따낸 금메달은 9개였고, 그전까지는 역도(5개)와 복싱(4개) 2종목뿐이었다. 역도, 복싱, 태권도 외에는 올림픽에서 일군 메달 종목 자체가 없었다.

태국 태권도는 2004년 한국의 가난한 산골 출신 최영석 코치를 지도자로 영입하며 기적의 역사를 시작했다. 2004년 아테네 올림픽에 참가한 여자 선수가 태권도 종목에서 첫 동메달을 따내며 그 서막을 알렸다.

이후 아시안게임, 올림픽 등 이목이 집중된 스포츠 축제에서 최영석 감독의 태권도는 태국인들에게 해마다 증폭된 감동을 안겨주었다.

태국 태권도 팀은 2004년 아테네올림픽 동메달을 시작으로 2008년 베이징올림픽 은메달, 2012년 런던올림픽 동메달, 2016년 리우올림픽 은과 동메달 각각 1개, 2021년 도쿄올림픽에서 금메달을 수확했다.

올림픽은 물론 각종 대회에서 태권도의 승전보가 이어지며 태국 태권도에는 엄청난 변화가 몰아쳤다. 젊은이들에게 태권도는 입신양명(立身揚名)의 지름길이 됐다. 태권도 인구는 2000년 초반 5만 명에서 2010년쯤엔 20배가 늘어난 100만 명이 넘어선 것으로 추정되기도 했다. 태권도는 태국의 전통 스포츠인 무에타이의 인기를 넘어섰으며 태국정부는 한국보다도 먼저 태권도 전용 훈련장까지 마련해 줬다.

● 송기영 사범

태국 언론들은 최영석 감독을 한국 축구의 월드컵 4강 신화를 이끈 '히딩크'에도 비교하지만 그가 태국에서 거둔 업적과 반향은 그 이상이었다. 2013년부터는 최영석의 이름을 딴 태권도대회가 열리고 있으며 수천 명이 참가하고 있다. 도쿄올림픽 감동에 벅찼던 태국 정부는 최영석 감독에게 태국 국적을 부여했다.

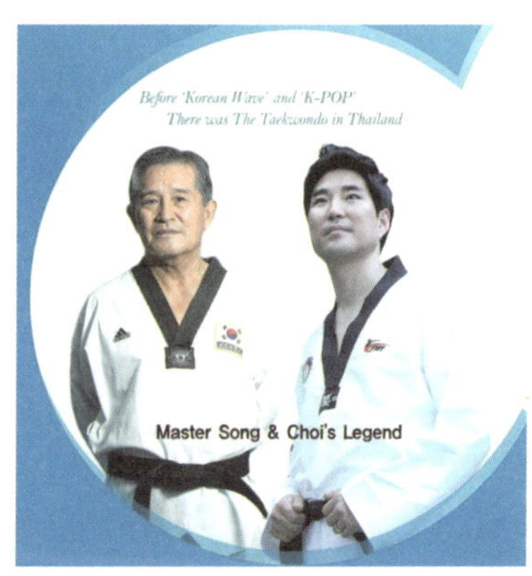

● 송기영, 최영석 사범

최영석 감독이 태국 태권도 역사를 새로 쓴 것은 한국인 특유의 초인적 집념과 열정의 결과였다. 경기도 성남에서 태어나 7세 때 아버지를 여의고 공장 일과 파출부 일을 하는 홀어머니 밑에서 자란 그의 삶은 태국에서 〈블랙벨트의 꿈〉이란 책으로 출판되기도 했다. 그는 라면 먹고 뛰었다는 초등학교 선배이자 아시안게임 육상스타 임춘애의 집안 형편을 부러워할 정도로 가난했다고도 털어놨다. 최영석과 태국 태권도의 오늘은 결코 꺼지지 않는 한국인의 오기가 있었기에 가능한 것이었다.

최영석 감독이 올림픽을 통해 태국 태권도를 화려한 불꽃으로 점화시켰다면 그 바탕엔 또 다른 한국인들이 있다.

1972년 적수공권으로 태국에 와 50년 넘게 태권도의 화랑5계를 파급시키

● 정성희 사범

며 교육한 송기영 사범과 그의 뒤를 이은 여러 한국인 사범이 그들이었다. 태국 태권도는 1982년 싱가포르 아시아대회에서 3위를 기록하고, 네팔과 말레이시아 대회에서 줄줄이 우승하는 등 국제 대회에서 이미 두각을 나타냈다. 태권도를 가르친 한국인들이 있었기에 가능한 것이었다. 송기영 사범은 태국 태권도 역사의 '대부'다.

전북 진안 출신인 송기영 사범은 1972년 태국에 온 한인 원로로 태권도와 일생을 함께했다. 태국 진출 후 방콕 로열 스포츠 클럽에서 태권도를 가르치며 지방을 순회하며 열정을 불태웠다. 그는 "초창기 서민층이 아닌 부유층에게 태권도를 가르친 게 태국 태권도 파급에 큰 영향을 끼쳤다"고 자평한다. 로열 스포츠클럽에서 가르친 제자 말리까 캄파논다라는 여성은 그가 배출한 첫 유단자로 1975년 태국 태권도 학교를 설립하고 2만여 명의 태권도인을 배출했다. 말리까 여사는 이후 각종 국제 태권도 대회를 후원하기도 했다. 태국 최남단에서는 오랫동안 송기영 태권도대회가 열렸다.

송기영 사범은 태국 태권도가 크게 발전하는 것은 최영석을 포함한 훌륭한 코치가 많고 태국 사람들의 기질 덕이라고 풀이했다. 태권도가 올림픽 종목으로 채택되기 한참 전인 1982년 태국은 싱가포르 아시아대회에서 3위를 했고, 그 뒤 네팔과 말레이시아 대회에서도 줄줄이 우승했다는 것이다. 송기영 사범은 '태권도는 사람이 살아가는 길'이라고도 말한다.

2006년부터 태국 왕실경찰사관학교를 지도하고 있는 정성희 사범은 태권도를 태국 지도층에 한층 업그레이드해 각인시킨 주인공이다.

왕실경찰사관학교가 60여 년의 역사가 되도록 한국인 사범의 강의는 그가 처음이었다. 탁신 전 총리도 왕실경찰사관학교 출신이다. 정성희 사범은

2010년부터는 한국의 대통령 경호실 격인 태국 왕실 경호부대, 2014년부터는 태국 육군학교 지도교수로 태권도를 가르치고 있다.

그가 지도한 제자들이 태국 경찰 및 군의 장성 및 지도자로 자리 잡고 있는 것은 물론이다. 2011년부터는 한국 사범최초로 왕실대회 타이틀을 받아 태국 왕실공주컵 국제태권도대회를 열고 있다. 그는 2002~2004년까지 세계 태권도 문화축제에서 창작품새 부문 3연패를 한 주인공이기도 하다. 태권도 도장을 경영하며 국제심판으로 활약하고 재태 한인회 부회장으로 태국 한인사회에 봉사하기도 했다.

태국 한인 태권도 사범들이 서로 긴밀히 협조하고 교류하는 것은 태국의 태권도 보급과 저변확대의 자양분이다. 태국 각 지방을 돌며 정기적으로 회의를 갖고 태국에서 태권도를 어떻게 정립할 것인지, 심사 등에 대한 원칙을 세우고 있다.

신영균 사범은 2017년 태국 장애인 태권도협회를 창단해 2년여 만에 세계 대회에서 금메달을 일궈낸 뚝심의 한국인이다. 2001년 태국에 와 20년간 주

● 정성희 사범이 유치한 K-타이거즈 공연팀의 방콕 시라밋 공연장 공연

● 신영균 사범

목받지도 못하는 태국 젊은이들을 자비를 들여 훈련시키며 "미래는 모두 꿈꿀 수 있다"는 희망을 주고 있다.

K-POP이 융성하기 이전, 세계 각지로 떠난 태권도인들은 그 어떤 문화 콘텐츠보다 훌륭한 한국 알리미였다. 한때 세계 150위권이던 태국 태권도 랭킹은 4위까지 점프하고 태국인들은 무에타이보다 태권도에 더 열광한다. 알아주지 않아도 하얀 도복의 외길을 걸어온 의지의 재태 한인 무도인들이 일군 결과다.

▶ 송기영 사범
태국 태권도의 전설, 태국에 바친 50년의 삶

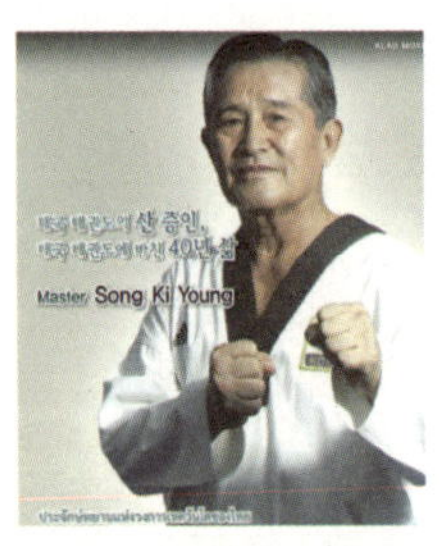

"이제 내 소원을 이뤘어요. 모든 분께 감사합니다."

고령으로 몸이 불편한 송기영 사범은 도쿄올림픽에서 마침내 금메달을 딴 것에 대한 감격과 기쁨을 거듭 밝혔다.

그는 맨주먹이 전부였다. 크지 않은 체구에 태국의 더운 날씨에 적응하기가 쉽지 않았다. 다시 고국으로 돌아갈 수 있을까 하는 생각이 스멀스멀 괴롭혔다. 믿는 것은 단 하나였다. 젊디젊은 그 자신뿐. 1972년 말 적수공권으로 태국 방콕 돈므엉공항에 발을 디딘 그의 나이는 서른셋이었다. 그리고 51년이 꿈결처럼 흘러 팔순을 훨씬 넘긴 노인이 됐다.

강산이 변했을망정 달라지지 않은 것이 있다. 그때나 지금이나 한결같이 태권도 인생을 살고 있다는 것이다. 그에겐 송 사범이란 호칭이 여전히 가장 잘 어울린다. 태국 내 한국 태권도인들은 태국 태권도를 논하려면 송기영 사범을 먼저 찾아야 한다고 입을 모은다. 그는 '태국 태권도의 대통령'으로도 불린다.

도쿄올림픽에서 마침내 금메달을 수확하며 각종 대회에서 눈부신 활약을 펼치고 있는 태국 태권도의 첫 씨를 뿌린 사람이 바로 송기영 사범이라는 것이다.

'젊은 사람들이 있지 않느냐'며 한사코 인터뷰를 사양한 그를 설득해 어느 날 방콕 시나카린에 있는 그의 집을 찾았다. 크지 않은 3층 양옥인데 그가 혼자서 수련한다는 도장이 1층에 잘 정돈돼 있었다. 도복 차림의 그가 꼿꼿이 서서 나와 기다리고 있었다. 한눈에도 무도인으로 살아온 외곬 인생이 형형한 눈빛에 고스란히 투영되고 있었다.

체육관 벽에 한글과 태국어로 함께 붙어 있는 게 '화랑 5계'죠?

내가 세운 태국 태권도의 훈(訓)입니다. 나라에 충성할 것, 스승을 존경하고 부모에 효도할 것, 친구를 신의로 대할 것, 살상하지 말 것, 싸움에서 물러서지 말 것입니다. 승단 심사할 때 외우게 하죠.

태국에만 있는 '송기영 태권도 브랜드'인 셈입니다.

지금도 태국도장 대부분에서 이를 붙여놓고 있습니다. 태국에서 태권도가 완전히 인정받은 것도 이 화랑 5계 덕이 큽니다. 스님들도 태권도를 배우라고 했을 정도이니까요. 태권도를 10급으로 나눠 한 급마다 5개씩 가르치도록 매뉴얼화하기도 했습니다. 태국인은 돌려차기는 잘하지만 옆차기는 잘 못합니다. 훈련 성과가 다소 다르게 나타나긴 하지만, 이 매뉴얼이 현재 태국의 많은 도장에서 쓰이고 있습니다.

태국에는 언제 오셨지요?

1972년 12월에 왔습니다. 인연이 있는 분이 태국 대사관에 참사관으로 먼저 나와 있었는데 몸만 오면 된다고 해서 정말 한 푼도 없이 왔습니다. 한 달

에 2,000~3,000달러는 벌 수가 있다고 했는데, 당시로선 정말 큰돈이었습니다. 돈므엉 공항에 내렸죠. 지금처럼 더운 열기가 훅 느껴졌어요. 태권도 사범으로 왔는데 처음 2년 동안은 대접을 정말 잘 받았습니다. 일주일에 세번은 방콕 로열 스포츠클럽에서 가르쳤고, 나머지 3일은 코랏 같은 지방에도 다녔습니다. 먼저와 태권도를 가르키고 있는 여섯 분이 계셨는데, 순수하게 태권도를 가르쳤다기보단 사업과 연관이 있었습니다.

태권도는 언제부터 시작한 것인가요?

전북 진안에서 태어나 전주 농고를 나왔습니다. 고등학교 졸업 후 일자리를 찾아보려고 서울에 갈 결심을 했어요. 3남 4녀 중 셋째인데, 집에선 서울 가는 것을 못마땅하게 여겼어요. 부자는 아니었지만 집이 살 만했거든요. 결국 내 고집대로 서울에 올라가 여름에는 아이스크림, 겨울에는 땔감 장사도 했습니다. 그러다 외국에 나가볼까 하는 생각으로 태권도를 하게 됐습니다. 서울 신촌 무덕관에 나갔는데 첫날 보니 덩치가 큰 어른들이 많았고, 강하게 훈련을 시키고 있었습니다. 체구가 작은 나는 주눅이 들었죠. 군 생활 마치고 태권도 가르치러 캐나다로 가보려고 했지만 비자 문제로 여의치 않아 태국에 먼저 와 있던 분의 권유로 태국에 오게 된 것입니다.

태국에 오래 살며 어떤 느낌을 가지고 계신가요?

살아남으려고 애써왔다는 것뿐입니다. 사업이나 정치 그런 건 난 모릅니다. 태권도밖에 몰랐어요. 태국에 온 뒤 처음 2년은 괜찮았지만 가르치던 미군들이 떠나면서 경제적 어려움이 시작됐습니다. 로열 스포츠클럽에 나가 가르쳤지만 입에 겨우 풀칠이나 할 정도였죠. 태권도에 대한 텃세도 적지 않아 힘들었습니다. 키가 2m나 되는 미국 해병대가 태권도 좀 한다고 다니다 죽임을 당한 일도 있었습니다.

태국 태권도가 급속히 보급됐습니다.

서민층이 아닌 부유층에게 태권도를 가르쳤기 때문이에요. 내가 있었던 로열 스포츠클럽만 해도 왕족부터 재력가까지 많은 사람이 배웠습니다. 로열 스포츠클럽에서 말리까 캄파논다라는 여성을 만났는데, 이 여성을 만난 게 태국 태권도 인구 확산의 결정적 계기가 됐습니다. 말리까 여사는 내가 배출한 첫 유단자로 1975년 태국 태권도 학교를 설립하고 2만여 명의 태권도인을 배출했습니다. 말리까 여사는 이후 각종 국제 태권도대회를 후원했습니다.

처음 배출한 유단자와의 인연이 특별합니다.

말리까 캄파논다는 나보다 두 살 위였어요. 아버지가 왕실 주치의였는데 재력가이기도 했습니다. 미국으로 떠난 김진성이란 사범이 나보다 먼저 가르쳤는데, 그 당시는 청띠였죠. 많은 도움을 받았습니다. 방콕 로열 스포츠클럽에서 태권도를 배우는 사람들의 수준도 높았습니다. 왕족도 있고, 나중에 은행 중역이 된 사람도 있었습니다. 내가 만약 가난한 사람을 가르쳤다면 태국 태권도 확산에도 어려움이 있었을 것입니다. 다른 무술들의 방해도 많았죠. 한번은 타이복싱(무에타이)에서 한번 붙자고 도전장을 보내온 적도 있습니다. 속으로 무척 걱정했는데 결국 우리가 다 이겼죠. 그 뒤로 인식이 많이 달라졌습니다.

송기영배 태권도대회가 있다고 들었습니다.

얼마 전에도 태국 최남단 3곳에서 송기영 태권도대회를 한다고 연락이 왔습니다. (송기영 사범은 1994년 이후 한동안 사비를 쾌척, 태국 태권도 선수들에게 우승컵과 메달 등을 수여하기도 했다.) 태국 남부에 태권도 인기가 많습니다. 쏭클라대학 파타니대학에 관차이란 사람이 그곳에서 태권도 관련 많은 일을 하고 있는데, 저의 제자입니다.

태국 태권도가 올림픽 등 국제 대회에서 좋은 성적을 거두는 비결이 있다면요?

우선은 최영석 같은 좋은 코치가 있기 때문입니다. 여기다 태국 사람들은 기질이 있어요. 태권도가 올림픽 종목으로 채택되기 한참 전인 1982년 싱가포르에 가서 아시아대회를 했는데, 태국이 3등을 했습니다. 그 뒤 네팔과 말레이시아 대회에서도 줄줄이 우승했습니다. 지금처럼 미디어의 주목을 받지는 못했지만 국제 대회에서 태국이 참 잘 했습니다. 태국은 태권도를 정말 잘하는 나라입니다. 타이복싱한 경력이 있어 몸이 빠릅니다. 제일 흡족한 것은 태권도의 위상입니다. 과거엔 무술협회라는 곳이 있어 가보면 구석에 앉아 있곤 했는데 이제는 태권도 덕에 이 협회가 유명무실해졌습니다. 태국 타이복싱도 머리띠를 6급으로 나눠 구분하는 등 체계화하고 있죠. 태권도의 영향입니다.

태권도가 올림픽 정식 종목으로 채택되기까진 세계를 돌아다니며 태권도대회를 연 외국 사범들의 역할이 큽니다.

태국 태권도가 국제대회에서 좋은 성적을 거두고 있는 것은 물론이지만 인구도 정말 많이 늘었습니다. 태권도 인구가 100만 명은 넘은 것으로 봅니다. 타이복싱 코치들이 모두 태권도로 전환했을 정도니까요. 인구층이 두터워진 것이죠.

태국 내 한국에 대한 인상도 많이 달라지지 않았나요?

내가 태국에 온 1972년만 해도 태국이 훨씬 잘 살았습니다. 한국 사람들을 보는 태국 사람들 눈이 많이 달라진 것은 물론입니다. 지금의 한류도 참 좋은 일입니다. 하지만 근본이 어디서 왔는지를 살펴볼 필요가 있습니다. 내가 태권도를 해서가 아니라 한류 이전에도 한국의 역사가 있었다고 봅니다.

태국인들에 대한 생각은 어떤가요?

태국인은 굶지 않고 한데서 자지 않습니다. 정이 넘치고 예의 바른 민족입니다. 내일이 아니면 다른 사람 일에 상관을 하지 않죠. 한국인이 접하는 사람들은 관광지 태국일 뿐입니다. 이를 보고 태국인 전체를 판단하면 안 됩니다. 재태 한인의 역할은 매주 중요합니다. 한국 학생들을 보면 본을 보여야 한다고 말하곤 합니다. 외교관이 되어야 한다고요. (송기영 사범은 제23대 한인회장으로 2년간 재임하기도 했다.)

한국엔 자주 가시나요?

형제들이 다 한국에 있습니다. 명절엔 안 가도 선거 땐 꼭 갑니다.

태권도에 대해 어떻게 정의하시나요?

태권도는 싸움하는 것을 가르치지 않습니다. 태권도는 일생 동안을 도와줍니다. 매일같이 잊지 말고 화랑 5계를 외우길 권합니다. 이것이 사람이 살아가는 길이기도 합니다.

후학들에 대해 들려주고 싶은 말이 있다면.

무도를 하는 사람은 사업에 밝지 못합니다. 장사를 잘 하고 싶으면 그만둬야 합니다. 무도를 하려면 제대로 해야 합니다.

태국 태권도에 바라는 점이 있으신가요?

올림픽에서 금메달 따는 것을 보는 것입니다. 꼭 그렇게 될 것입니다. (태국은 2021년 도쿄올림픽에서 송기영 사범의 말처럼 금메달을 땄다.) 이 사람들 피에 그런 것이 섞여 있습니다. 다른 나라는 태권도의 씨를 뿌린 해가 50~100년 되지만, 태국은 30~40년인데도 결코 뒤지지 않습니다. 태국 사람들은 패기와 승부욕이 있습니다.

인터뷰가 끝날 무렵 송기영 사범은 집 찬장 문을 열어 보여줬다. 돌아가신 부모님의 영정사진과 맑은 물 한 잔이 놓여 있었다. 물잔 옆에는 태권도 포즈를 취한 인형 하나가 다소곳하게 자리 잡고 있었다. 그는 매일 아침 물잔을 바꾼다고 했다. 화랑 5계의 한 구절. '부모에 효도하라!' 태국 태권도에 강하고도 질긴 씨를 뿌린 송기영 사범은 이국 땅에서 자신이 평생 가르쳐온 태권도의 훈(訓)을 몸소 실천하는 표리일체(表裏一體)의 삶을 살고 있었다. (*인터뷰는 2013년 태국어 한국어 바이링구얼 매거진 〈The BRIDGES〉의 특별 인터뷰를 토대로 재구성했으며, 2022년 7월 두 번째 인터뷰를 했다.)

▶ 최영석 감독
더 큰 꿈 꾸는 태국 태권도 영웅

★꿈은 이루어진다.

그 가운데 언제나 최영석이 있었다. 최영석 감독이 이끄는 태국 태권도는 2021년 도쿄올림픽에서 마침내 오매불망 꿈꾸던 금메달을 따냈다. 2004년 아테네올림픽에서 첫 동메달을 태국에 안기며 밟아오던 계단의 정상에 우뚝 선 것이다. 최영석의 태국 태권도는 눈부셨다. 2008년 베이징올림픽 은메달, 2012년 런던올림픽 동메달, 2016년 리우올림픽 은과 동메달, 2021년 도쿄올림픽 금메달까지 거칠 것이 없었다. 모든 순간들이 기적 같았고 그는 태국의 '영웅'으로 불렸다. 올림픽의 태권도 승전보가 전해질 때마다 태국인들은 전율했다. '태권 한국'이 태국인들의 마음 깊이 파고들었다. 정상에 오른 다음 수순은 무엇일까?

금메달 감격이 아직도 잊히지 않네요. 이제 무엇을 준비하고 있나요?

도쿄올림픽 후 정말 정신없는 시간을 보냈어요. 방송 출연에 CF까지 코로나 기간 중임에도 바쁜 날들이었어요. 돌아와서 3개월 뒤부터 2년 후 파리올림픽 준비에 들어갔어요. 항저우 아시안게임도 대비해야 하고요. 얼마 뒤 선수선발전이 있을 계획입니다. 스포츠심리학 박사로 태국 까셋삿대학 전임교수로 임용돼 강의 준비도 하고 있습니다.

태국에서 많은 것을 이뤘습니다. 이제 또 다른 꿈은 무엇인가요?

태권도가 태국에 뿌리내려 더 많이 보급될 수 있도록 하는 것입니다. 태권도가 태권도 자체만이 아닌 태국 스포츠 문화에 기여하는 것입니다. 가령 대학에 태권도학과가 생기는 것처럼 더 넓은 저변 확대가 되게 하고 싶습니다. 혼자의 힘으로는 어렵겠지만, 그 작은 디딤돌이라도 되었으면 하는 바람입니다.

도쿄올림픽 이후 태국이 국적을 부여하기로 했습니다. 태국에서 더 큰 일을 할

태국에선 태국 국적이어야 할 수 있는 일이 많습니다. 20년째 지내고 보니 더 그런 것 같습니다. 태국 국적이 없으면 태권도협회 임원이 되어 정책 수립에 참여한다든지 하는 일을 할 수 없죠. 그동안의 경험을 살려 태권도 인프라를 더욱 확대하고 싶습니다. 태권도는 곧 대한민국이니까요.

태국과 인연을 맺게 된 계기는 뭔가요?

2002년 부산 아시안게임에 태국 대표팀의 한국 코치가 개인 사정으로 귀국해 8개월간 계약직 코치를 맡게 됐어요. 당시 바레인에서 코치로 있었는데, 막 계약이 끝날 즈음이었죠. 태국으로 오게 된 것은 한마디로 말하면 대타였던 셈입니다. 2월에 코치직을 맡고, 10월에 대회가 열렸는데, 은메달 2개를 땄습니다. 태국으로선 당시 최고 성적이었습니다. '죽도록 가르쳐보자'는 생각밖엔 없었습니다.

그 뒤부터 승승장구했습니다.

2년 뒤인 2004년 아테네올림픽에선 여자 -49kg에서 동메달을 땄습니다. 올림픽에 출전한 것도 처음이지만 메달을 딴 것은 전례 없던 일이죠. 사실 당시 올림픽에 출전 자격을 얻는 것 자체가 힘들었습니다. 남-녀 각각 2체급씩만 출전할 수 있는데, 2004년 올림픽에서 태국이 4장의 올림픽 출전 티켓을 확보한 것 하나만 해도 큰 사건이었습니다. 제 인생의 터닝 포인트였습니다.

계단을 밟듯이 국제대회에서 계속 좋은 성적을 내왔습니다. 비결이 있나요?

훈련량을 늘리고, 같은 훈련도 집중해서 하는 것이었습니다. 선수들은 훈련한 게 억울해서 맨손으로 돌아갈 수 없다는 생각을 할 정도였죠. 또 정신력이 떨어지지 않도록 하는 것도 중요했습니다. 태권도는 멘털 스포츠입니다. 기록 경기가 아닙니다. 반드시 상대방이 있거든요. 선수들

의 정신력을 강하게 하는 것은 관찰하는 데
서 시작됩니다. 스포츠심리학을 공부했지만
한 달만 지켜보면 다 알 수 있어요. 성격이 경
기에서 그대로 나타납니다. 소심한 선수는 격
려해주고, 외향적인 선수는 자제토록 합니
다. 코치들의 기술 지도는 다 비슷할 것이라
고 봅니다. 선수의 장점이 80%라면 100%가

되게 끌어 올려줍니다. 단점은 보완할 수 있을 만큼 고쳐줍니다. 가령 방어가
안 되는 선수가 있다면 계속해서 발차기 공격을 해서 막게 합니다. 선수들을
공평하게 대해주는 것도 중요합니다. 못한다고 야단만 치면 절대 실력이 나
아지지 않습니다. 동기를 부여해주는 것이야말로 진정한 지도자이고 스승이
라고 생각합니다.

훈련이 강하다 보면 선수들 불만도 나오겠네요.

고된 훈련이지만 속속 드러나는 성적 결과를 보고, 인정하며 열심히 따라
옵니다. 훈련할 때와 경기할 때는 완전히 다르게 선수들을 대하는 편입니다.
경기를 앞두고는 선수들과 장난 치고 웃기기도 하지만 훈련 때는 엄격합니
다. 물 한 모금, 화장실 가는 것조차 다 허락을 받도록 합니다. 새벽 운동에
조금이라도 늦으면 돌려보냅니다. 내가 감독이라고 해서 훈련 시간에 늦는
일은 없습니다. 운동은 못해도 약속을 지키고 인성을 닦으라는 말을 자주 합
니다. 국제대회에 나갔을 때 다른 팀으로부터 태국 선수들이 착하고 인사성
도 바르다는 칭찬을 자주 듣습니다.

대표선수 선발에 전권을 쥐고 있죠?

2006년 이후부터입니다. 새로운 대표팀을 선발해 기존 선수와 경합해 선
발하는 방식입니다. 처음에는 대표선수가 90% 방콕에서 선발됐지만 이젠 전
지역에서 고루 선발될 만큼 폭이 넓어졌습니다. 한국처럼 태국도 국가대표
되기가 그만큼 힘들어졌죠. 겨루기뿐 아니라 품새 총감독도 맡고 있습니다.

태국에서 지도자 생활을 하며 수상 경력이 화려합니다.

2004년 왕실훈장을 받았고, 2005년 태국 외무부 장관이 주는 공로상, 2006년엔 총리상, 2007년엔 체육기자들이 선정한 최우수 지도자상, 2008년엔 씨암낄라 스포츠대상 및 명예의 전당에 올랐고, 2009년엔 태국 체육회 최우수 지도자상, 2010년인 지난해는 씨암낄라 스포츠대상을 또 받았죠. 이 상을 받은 외국인도 없지만, 두 번 받은 사람은 없어 앞으로도 나오지 않을 것 같다는 이야기를 들었습니다.

특별히 기억에 남는 선수가 있나요?

2004년 아테네올림픽에서 동메달을 땄던 야오와파라는 여자 선수입니다. 집안이 가난했어요. 태권도를 하기엔 신체조건도 안 좋았고, 운동신경도 뛰어나지 않았어요. 하지만 대단한 투지의 소유자였습니다. 나와 직접 대련해 입술이 깨지고 치아가 흔들린 적도 있는데, 그다음 날도 또 그다음 날도 다시 대련을 하자고 했어요. 이 친구 때문에 태국에서 지도력을 인정받게 됐으니, 어쩌면 나의 은인이라고 할 수 있습니다. 어렵게 자란 과정도 나와 비슷했습니다.

장래성 있는 선수는 뭘 보면 알 수 있나요?

눈빛입니다. 이 선수는 올림픽감이구나 하는 것을 금세 알 수 있습니다. 2002년 아시안게임에서 태국에 첫 은메달을 안긴 뷰도 마찬가지였어요. 당시 뷰보다 경험도 많고 잘 하는 선수가 있었어요. 그 선수와 겨루면 뷰는 번번이 졌죠. 하지만 나는 뷰의 눈빛을 보고 3개월만 가르치면 뛰어난 선수가 될 수 있다는 확신을 가졌습니다. 그리고 그렇게 됐습니다. 하지만 막상 아시안게임이 가까워지자 협회에서는 반대했습니다. 난 책임을 지겠다고 했고, 뷰는 결국 해냈습니다.

태권도는 어떻게 시작하게 됐나요?

초등학교 6학년 때 유단자 친구를 따라 도장에 갔다가 하게 됐습니다. 3~4개월 훈련했을 무렵 전국대회가 있었는데, 한 명이 빠져 대타로 출전하게 되어 동메달을 땄습니다. 태국 국가대표 감독도 '대타 코치'에서 시작했듯, 태권도 입문은 대타로 나가 홈런을 친 셈이죠. 그 덕에 성남 서중학교를 체육

특기자로 입학했습니다. 중학교 때까지만 해도 석차가 전교 5등 안에 든 적도 있습니다. 공부를 잘 했습니다. 대학교 졸업까지 성남을 떠나지 않아 성남풍생고, 성남에 있는 경원대 산업공학과를 졸업했죠. 집안이 어려웠는데 체육 특기생으로 대학 졸업할 때까지 학비를 면제받고 다녔습니다. 강원대에서 체육학 석사를 받았습니다. 태국 까쎗삿대학에서 스포츠심리 박사과정을 마쳤습니다.

어린 시절은?

집안이 어려웠습니다. 아버지가 저 일곱 살 때 돌아가셨어요. 위로 누나가 한 분 있는데, 어머니는 낮에는 공장 일, 저녁엔 파출부 일을 하시면서 남매를 키웠습니다. 그것도 친구 집에서 파출부를 하셨는데, 지금도 가슴 아픈 기억입니다. 86 아시안게임의 육상스타 임춘애씨가 초등학교 3년 선배예요. 신문기사에 라면 먹고 뛰었다고 실렸는데, 우리 집은 훨씬 더 가난했습니다. 어머니의 꿈은 아들이 교수가 되는 것을 보는 거였는데, 태국에 오기 직전인 2002년 돌아가셨습니다. 29세 때 바레인에서 코치를 하다 1년 반 만에 휴가를 내어 한국에 왔을 때 쓰러져 돌아가셨습니다. 어머니가 돌아가신 해 태국에 오면서 더욱 지독히 선수들을 가르치는 계기가 됐습니다.

태권도 선수로서는 어땠나요?

전국대회 1등은 해봤지만 국가대표는 못 해봤습니다. 그때나 지금이나 한국에서 국가대표가 되는 것은 어렵습니다.

다른 나라에서 스카우트 제의를 받고 있다는 것이 언론에 종종 보도됐습니다.

다른 나라에서 몇 배의 연봉 제의를 받은 적도 있습니다. 하지만 늘 태국에 감사하며 삽니다. 어머니가 돌아가시고 난 뒤 인생에서 가장 힘들었던 해인데, 그 해부터 이후까지 태국에서 많은 것을 이뤘습니다. 태국 사람들은 외국인이라고 차별하지 않고 동등하게 대해줬으며, 과분한 사랑을 주었습니다. 가르친 제자들을 상대로 타국에서 경쟁을 펼쳐야 한다는 것이 우선 부담이되고, 태국인들을 대했던 처음의 그 불꽃 같은 열정을 가지지 못할 것이 두렵습니다.

태국 태권도가 더 점프하려면 어떤 과제가 있을까요?

인프라가 더 확대되어야 합니다. 대표선수가 아니라도 선수층이 더 넓어야 합니다. 한국의 경우 아시안게임 선수 선발전에서 메달리스트들이 줄줄이 떨어지거나 고전합니다. 그만큼 선수층이 넓다는 뜻입니다.

아들이 태권도 선수를 한다면 직접 가르칠 건가요?

지금 열세 살인데 방과 후 태권도를 하고 있어요. 자기가 하고 싶다면 말리지는 않겠죠. 그런데 태권도보다는 축구를 더 좋아하는 것 같아요. 태권도 감독인 제가 봐도 과연 태권도 선수로 소질이 있는지 아직은 확신이 안 들어요.(웃음)

태국과 태국인을 어떻게 생각하나요?

20년을 태국 사람들과 살아왔습니다. 태권도를 통해 태국 문화를 볼 수 있었습니다. 태국은 최영석이란 이름을 알려줬고, 꿈을 심어줬고, 도전 정신과 미래를 또한 안겨줬습니다. 태국이 나를 필요로 하는 그날까지 오로지 열심히 할 것입니다. 태국에서 한국과 한국인이 더 좋은 모습으로 비춰질 수 있도록 최선을 다할 것입니다.

성적과 결과로만 말해주는 스포츠. 최영석 감독은 땀과 노력만 믿는 사람이다. 이국 땅 태국에서 그가 쌓아 올린 화려한 프로필의 이면엔 같은 부피, 같은 무게만큼의 고통과 번민이 자리 잡고 있었을 게 틀림없다. 오기의 한국인만이 견뎌내고 가능한 일이다. 선수는 물론 자신에 대해서도 혹독할 정도로 몰아붙이는 삶. 그는 과거에도, 현재에도 여전히 그 속에 자신을 가둬놓고 담금질하고 있다. 금메달 너머 또 다른 목표가 그에게 다시 손짓하고 있다.

태권도는 태국 곳곳에 깊숙이 파고들고 있다. 태국 국가대표 선수들의 잇단 승전보로 태권도가 빠르게 확산되는 한편에선 왕실, 군부대 등 태국의 핵심 기관을 통해 수준 높게 보급되고 있다. 40여 년간 태권도 도복을 입은 정성희 사범은 태국 왕실 경호부터 태국 왕실 경찰사관학교를 비롯해 공주컵 태권도대회 정례 유치로 태국 내 태권도의 품격과 긍지를 한 단계 업그레이드한 주인공이다.

태국 왕실 공주컵 국제 태권도대회를 유치한 계기가 무엇보다 궁금합니다.

태국 지인의 소개로 10여 년 전에 우연히 시린돈 공주님 생신에 초대받은 게 계기였습니다. 이후로도 몇 번 초대받아 가보니 비서진과 이야기할 시간이 많았습니다. 태국 공공기관에서 무료 태권도 수업을 꾸준하게 하고 있는 것에 주목하며 도와야 할 것이 있는지 물어봐서 공주님 이름으로 태권도대회를 만들고 싶다고 했습니다. 다음 해부터 타이틀 허가서를 받아 2011년부터 개최하게 되었습니다. 1회 대회 200명으로 시작해 현재 1,000여 명 이상의 선수가 참가하고 2,000여 명의 관중이 관람하는 행사로 성장했습니다. 몇 년 전부터는 주변국 및 전 세계 10여 개국에서 참가해 명실공히 태국 왕실에서 인정한 태권도 공인 국제대회로 자리 잡았습니다.

왕실 경찰사관학교도 가르치고 있지요?

태국 왕실 경찰사관학교에서는 12년째 태권도 겸임교수를 맡고 있습니다. 나콘파톰(촘롬)의 태권도 클럽에서 특별활동 시간 중 20여 명으로 시작해 3년 만에 3학년 한 학기 정식 무도 수업 4시간 과정이 되었습니다. 그 이전에는 태국인 태권도 사범이 중간중간 특별 시간에 가르쳤는데, 한국적 교육방식이 맘에 들어서인지 저를 무도 시간에 투입해 짧은 시간에 강렬하게 태권도 수업을 진행하도록 하게 하고 있습니다. 첫 제자들은 벌써 각 경찰기관의 소령, 중령 급 중간간부가 되었지요. 처음 수업 맡아 지도하던 국제 협력실장도 현재 교장선생님(한국의 치안정감)이 되어 학교 최고 수장이 되셨습니다. 2,000 밧 정도의 강의료는 담당 직원들 선물을 사주고는 했습니다. 2022년 8월부터는 한국문화원의 도움으로 한국어학당을 만들어 학생 및 교직원 50여 명을 대상으로 후배 김광일 사범님이 한국어도 가르치고 있습니다.

왕비 근위대 2사단 21연대는 한국전쟁 참전 부대로 현재까지도 한국전쟁 참전기념식을 1년에 몇 차례 하는 부대입니다. 2010년 이후 10년 이상 한인 사범연합회에서 무료 봉사활동을 하고 있습니다. 코로나 기간 동안 1년 반은 쉬었지만 매주 수요일 한국 참전에 대한 감사함을 담아 한인 사범님들이 돌아가며 수업을 하고 있습니다. 싱가포르 방콕국제학교의 중학교, 고등학교 체육 수업에 태권도가 정식 과목으로 채택되어 3년 이상 수업하고 있습니다.

태국에서는 언제부터 태권도를 가르쳤나요?

2005년 캐리어 하나 들고 방콕에 왔습니다. 처음 6개월간 태국어를 공부했습니다. 이후 곧바로 방콕 스쿰윗 타임스퀘어 4층에 월드베스트 태권도 법인을 세웠습니다. 당시만 해도 법인 태권도 도장하는 분은 없는 것으로 압니다. 송기영 사범님, 태국 국가대표 최영석 감독님, 후배 선교사님 몇 분이 교회나 학교 특별활동 시간에 태권도를 가르치고 있었죠. 당시 태권도 도장 월세는 250스퀘어 기준 12만 밧으로 태국사범들이 경영하는 태권도 도장 월세인 평균 2만 밧, 수강료 1,000 밧(지방 500 밧)보다 훨씬 비쌌습니다. 제가 문을 연 태권도 도장 수강료는 월 3,500~4,000 밧이었습니다. 만만치 않은 수강료였지만 열정이 대단한 한국 사범이 왔다고 소문 나면서 오픈 3개월 만에 50여 명이 등록했습니다. 옷, 가방, 시계에도 명

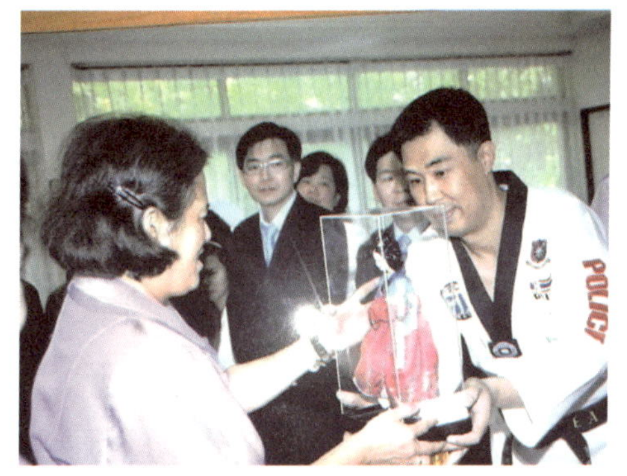

품이 있듯이 태권도도 명품 도장, 명품 강의를 만들어보고 싶었습니다. 관광
업계도 호황이었고 태국 교민들 삶의 질도 높았던 시기입니다.

태국 정부기관 수업도 많이 하고 있죠?

처음 문을 연 도장이 안정된 1년 뒤 한국대사관의 소개로 UN 에스캅 본부
에 태권도 클럽 사범으로 나가게 되었습니다. 에스캅 역사상 본관 건물에서
의 태권도 수업은 처음이라고 했습니다. 무에타이, 유도, 가라테는 있었지만
태권도는 없었습니다. 입소문이 나면서 10명으로 시작한 강의가 금세 30명
으로 불어났습니다. 2년째에는 안전요원들까지도 호신술로 태권도를 배웠
습니다. 현재 건물 보수공사로 중단됐지만 11년을 유엔 직원분들에게 태권도
를 가르치고 있습니다.

태권도 파급에 어려운 점은 없었나요?

처음에는 젊은 혈기와 열정만으로 부딪쳐 어려움이 많았습니다. 차츰 태
국 정서와 태국인들의 습성을 알고부터는 먼저 소통하고 후에 추진하는 마
음으로 생활하고 있습니다. 태국 경제, 사회 분위기, 자연재해 등 어려움이
한두 가지가 아니었지만 그때마다 태권도의 강인함과 포기하지 않은 정신으
로 최선을 다하고자 했습니다. 태권도 지도자로 한 우물만 파니 넉넉하지 못
한 형편으로 가족에게 풍족하게 해주지 못한 미안함이 많습니다.

태국 내 한인 사범 수는 30여 명입니다. 국가대표단을 지도하는 최영석 감독과 한인사범님들, 경찰 군인, 마약청을 지도하는 재태국 한인 사범님들, 장애인 태권도 단체를 지도하는 신영균 감독님이라고 할 수 있습니다. 한인사범연합회는2007년 창립해 현재 30여 명의 한인 사범 및 태국사범님들이 활동하고 있습니다. 태권도를 원하는 태국 기관을 대상으로 무료 봉사하며 태권도 보급에 앞장서고 있습니다.

태권도를 위해 향후 어떤 계획을 가지고 있나요?

40년 가까이 태권도 도복을 입었습니다. 20년간은 배웠고, 나머지 20년은 배우면서 가르치고 있습니다. 태국 생활도 20년 가까이 되는 것 같습니다. 태권도 보급을 소명으로 생각합니다. 아직도 개발이나 발전이 필요한 태국 내 태권도 수련생 및 공공기관 등에게 올바르게 태권도를 보급하고 싶습니다. 태권도는 선하고 강인하며 바른 정신으로 생활할 수 있게 해줍니다.

재태 한인 의식 조사

태국에서 삶의 터전을 이루고 살아가는 한인들은 태국을 어떻게 바라보고 있을까?

모국의 생활과 비교해 가장 큰 불편은 무엇이고, 태국 거주의 이로운 점은 어디에 있을까? 재태 한인 역사가 70년을 넘어선 오늘 한국인으로서 느끼는 자부심의 현주소는?

재태 한인사 편찬위원회는 2022년 7월 12일부터 9월 1일까지 태국 전역 거주자 252명을 대상으로 온라인 설문조사를 실시하였다.

남성 153명, 여성 99명이 설문에 응답한 가운데 연령층은 20대에서 70대 이상까지 다양했다. 조사 대상자에서 단순 여행자는 제외했으며 태국 체류 기간 1-2년이 21명, 3-5년 44명, 6-10년 55명, 11-15년 62명, 20년 이상 69명이었다.

체류 이유는 자영업(92명), 기업 파견 39명, 주부 28명, 은퇴, 장기여행 12명, 교사 학생 10명, 공공기관 7명, 선교 등 기타사유가 63명이었다.

▌ 설문조사 질의문

1. 성별

① 남　　　　　　　　② 여

2. 연령

① 10대　　② 20대　　③ 30대　　④ 40대　　⑤ 50대　　⑥ 60대　　⑦ 70대 이상

3. 태국 체류 기간

① 1~2년　　② 3~5년　　③ 6~10년　　④ 11~15년　　⑤ 20년 이상

4. 체류 사유?

① 공공기관　　　　　② 자영업　　　　　③ 기업 파견　　　　　④ 교사, 학생

⑤ 주부　　　　　　　⑥ 은퇴, 장기여행　　　　　　　　　　⑦ 기타

5. 종사 업종?

① 공공기관　　　　　② 서비스업　　　　　③ 제조업　　　　　④ 유통물류

⑤ 교사학생　　　　　⑥ 은퇴, 장기여행　　　　　　　　　　⑦ 기타

6. 태국어 이해 정도?

① 하(전혀 못함)　　　② 중(일상생활 수준)　　　③ 상(업무 및 주요 소통 언어)

7. 한국 대비 태국 물가는?

① 매우 싸다　　　　　② 싸다　　　　　③ 보통　　　　　④ 비싸다

8. 한국인으로서 긍지를 느낄 때가 있는가?

① 매우 그렇다　　　　② 그렇다　　　　　③ 보통이다　　　　④ 없다

9. 태국 거주에서 느끼는 가장 큰 불편은?(복수 선택 가능)

① 언어소통　② 문화갈등　③ 행정처리　④ 주거　　⑤ 교통　　⑥ 경제적 상황　　　⑦ 정보부족

⑧ 병원　　⑨ 음식

10. 태국 거주시 한국과 비교, 이로운 점은?(복수 선택 가능)

① 물가 등 생활편의　　② 개방적 문화　　③ 여행 편의　④ 주거환경　⑤ 날씨　　⑥ 음식

⑦ 마사지　　⑧ 태국인　　⑨ 골프 등 여흥　　⑩ 기타

11. 10년 전과 비교 태국 내 한국위상이 높아졌나?

① 매우 그렇다　　　　② 그렇다　　　　　③ 보통　　　　　④ 그렇지 않다

12. 그렇다면 이유는? (복수 선택 가능)

① 한류　　　　　　　② 한국 기업 및 물품　　③ 한국 경제력　　④ 공공기관　⑤ 기타

13. 태국 정보를 주로 접하는 곳은?

① 한국언론　　　　　② 태국언론　　　　　③ 교민매체 및 사이트

④ SNS 및 유튜브　　⑤ 공공기관　　　　　⑥ 지인 등 기타

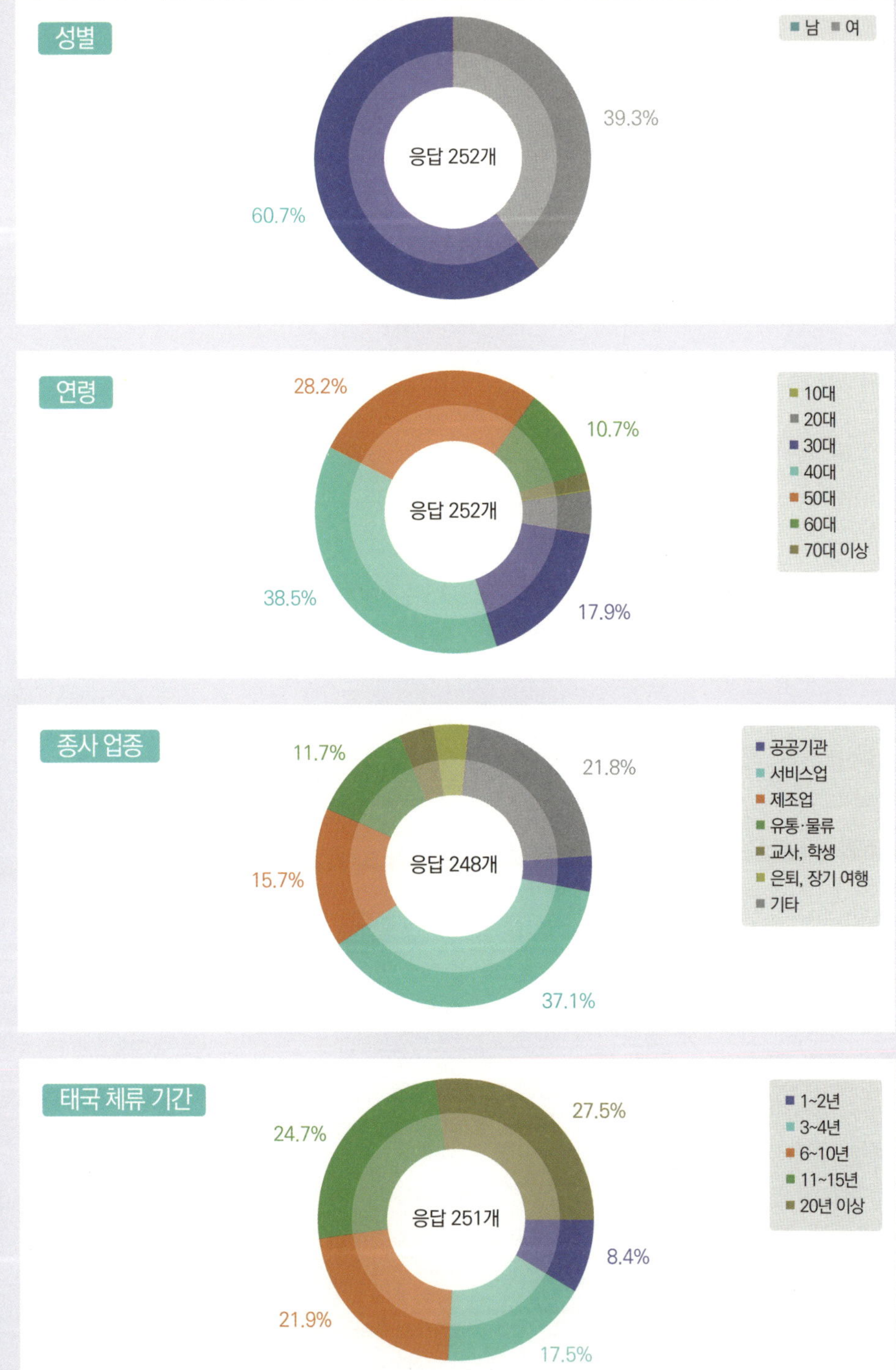

성별
■남 ■여
39.3%
60.7%
응답 252개

연령
28.2%
10.7%
응답 252개
38.5%
17.9%
10대
20대
30대
40대
50대
60대
70대 이상

종사 업종
11.7%
21.8%
응답 248개
15.7%
37.1%
공공기관
서비스업
제조업
유통·물류
교사, 학생
은퇴, 장기 여행
기타

태국 체류 기간
24.7%
27.5%
응답 251개
8.4%
21.9%
17.5%
1~2년
3~4년
6~10년
11~15년
20년 이상

태국어 잘 하세요?

1945년 광복 이후 한인사회 초창기를 비롯해 1990년대 이전까지 재태 한인들의 가장 큰 어려움은 언어소통이었다. 영어는 물론 태국어를 이해하지 못해 큰 고초를 겪었다고 말한 한인이 많았다.

2022년 재태 한인들의 언어 소통 수준은 매우 향상됐음을 볼 수 있다. 일상생활이 가능한 정도 수준의 태국어를 구사할 수 있다고 응답한 비중이 전체의 56%에 달했다. 업무 및 주요 소통 언어로 태국어를 사용한다는 사람도 252명 중 76명으로 30%가 넘었다. 태국어를 전혀 못한다는 응답자는 13.9%에 머물렀다.

특히 태국 거주 6년차 이상은 69.8%가 태국어를 구사하는 것으로 나타났으며, 종사업종에 따라서는 서비스업 종사자는 92.4%, 유통 물류 89.7%, 제조업 84.6%, 은퇴 및 장기여행자 72.7%, 공기관은 45.5% 순으로 태국어 구사율이 높았다. 태국어를 전혀 못한다고 대답한 여성은 17.2%였지만 남성은 11.8%에 머물렀다.

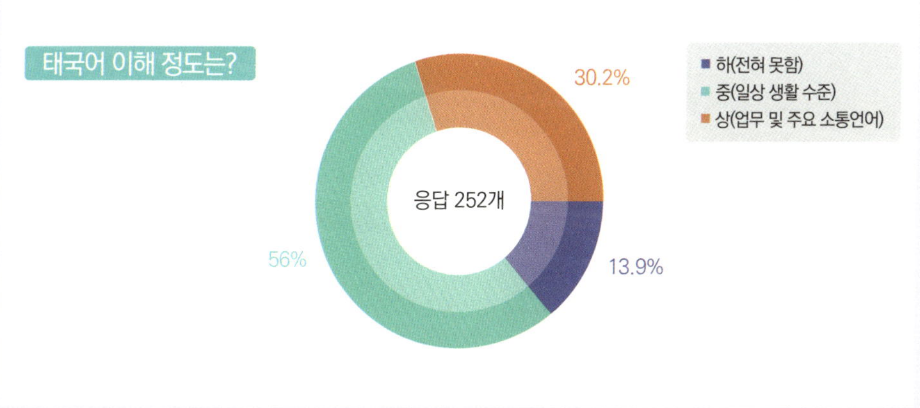

태국 물가 싸지 않아요

태국의 물가는 한국에 비해 확실히 싼 것일까? '매우 싸다'고 대답한 사람은 전체 응답자 252명 중 3명에 불과했다. '싸다'라고 대답한 사람도 29.8%에 그쳤다. 재태 한인들은 10명 중 6명(61.1%)이 '보통'이라는 답변을 선택했다. 태국이면 모든 것이 싸다고 생각하는 기존 관념을 뒤엎는 결과다.

오히려 한국에 비해 비싸다는 사람이 7.9%(20명)에 달했다. 인건비와 식료품은 몰라도 자동차, 인터넷 요금, 병원비, 수입품 등은 한국보다 태국이 비싼 경우가 허다하다.

물가에 대한 남성과 여성의 반응도 달랐다. 태국 물가가 '보통'이라고 대답한 재태 한인 남성은 153명 중 91명인 59%, 여성은 99명 중 63명인 64%로 남성에 비해 높았다. 또 한국에 비해 '비싸다'고 대답한 남성은 7%인 반면, 여성은 10%로 조사됐다. 여성들이 태국 물가가 싸지 않다고 보는 경향이 남성에 비해 높음을 알 수 있다. 재태 한인 여성 중에서 태국 물가가 매우 싸다고 대답한 사람은 한 명도 없었다.

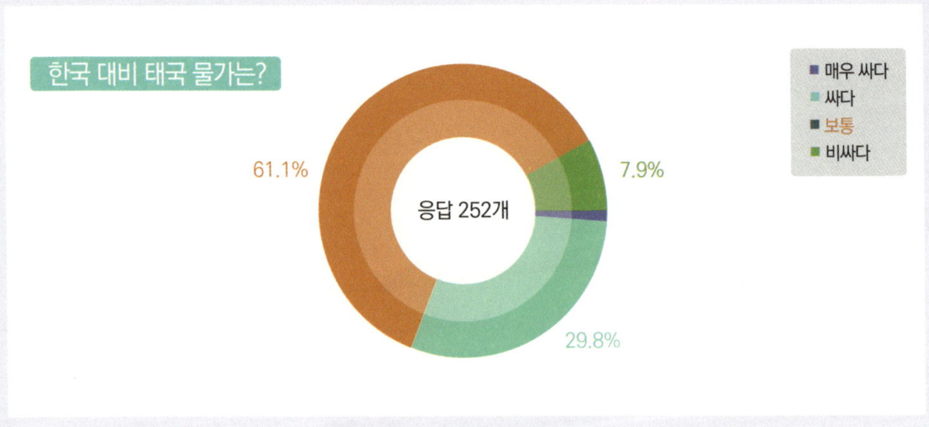

▌성별에 따른 태국 물가에 대한 인식

태국 거주 이런 것이 가장 불편해요

태국에 거주하며 가장 큰 불편은 무엇일까? 방콕의 숨막히는 교통, 향신료가 들어간 음식? 재태 한인들이 가장 힘들어 하는 것은 '행정처리'였다.

언어소통, 문화갈등, 주거, 교통, 경제적 상황, 정보부족, 병원, 음식 등의 사

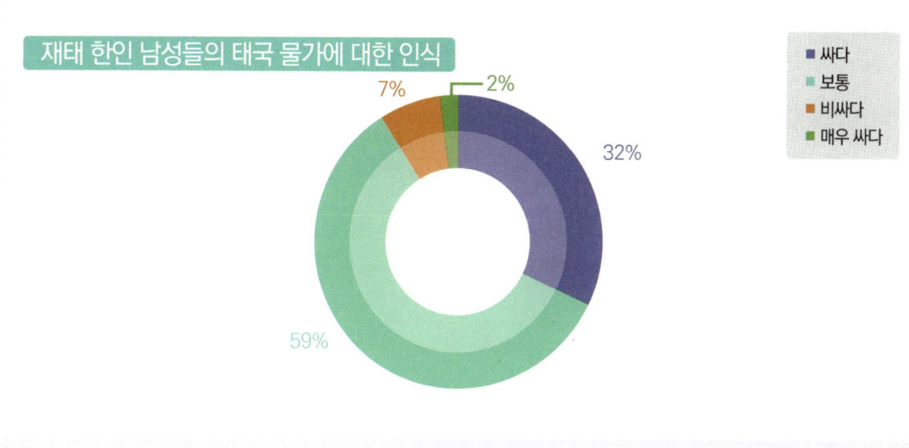

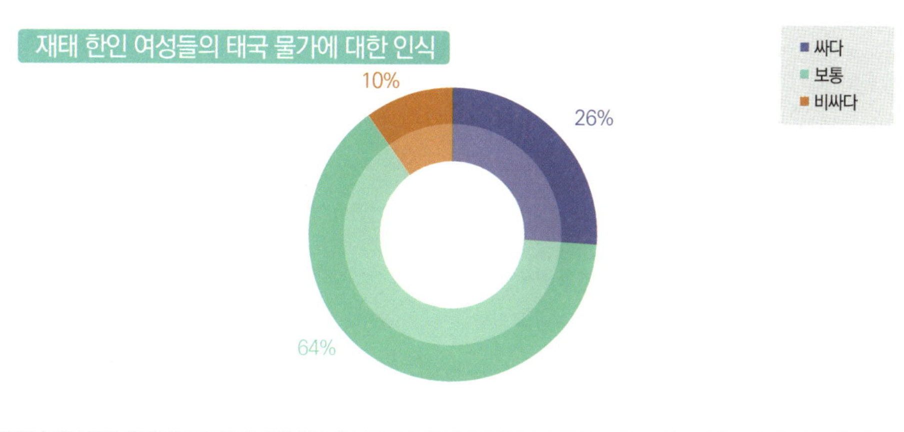

레를 제시하고 복수 응답을 선택하도록 한 결과 252명 중 가장 많은 185명이 '행정처리'라고 답했다. 이어 병원, 정보부족, 언어소통, 교통, 문화갈등 등의 순으로 불편을 호소했다.

하루 종일 걸리는 비자 갱신, 은행 계좌 하나 여는 데 필요한 수많은 서류 등의 현실이 투영된 듯하다. 한국 같은 의료보험이 적용되지 않는 병원 문제도 한인들의 고통 항목에 포함돼 있었다.

▌태국 거주에서 느끼는 가장 큰 불편은?(복수 선택 가능)

태국이 좋은 이유?

태국이 좋은 이유를 묻는 질문에는 고루 선택을 받았다. 생활편의, 골프 등 여흥, 마사지, 개방적 문화, 여행편의, 날씨 등의 순으로 선택됐다.

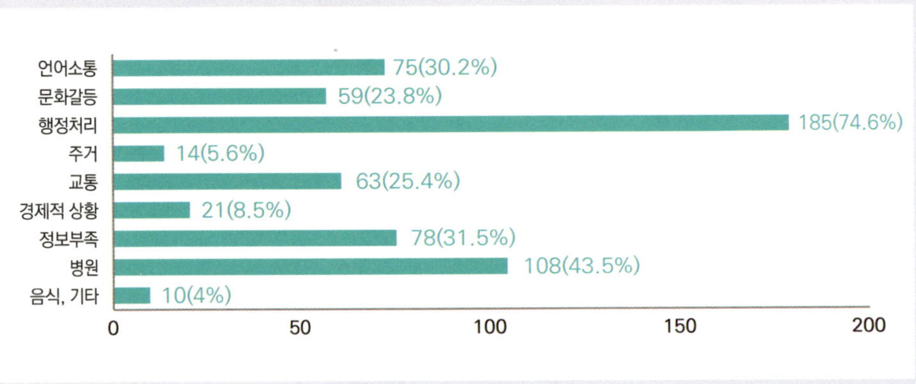

▌태국 거주시 한국과 비교해 이로운 점은?(복수 선택 가능)

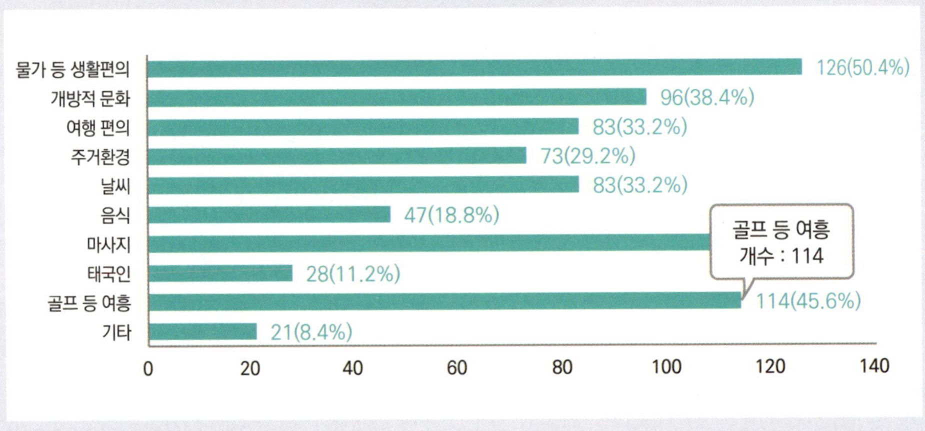

한국인으로서 긍지 느낀다

재태 한인 10명 중 7명은 한국인으로서 긍지를 느낄때가 있다고 대답했다. 부정적 응답자는 5.2%에 불과했다.

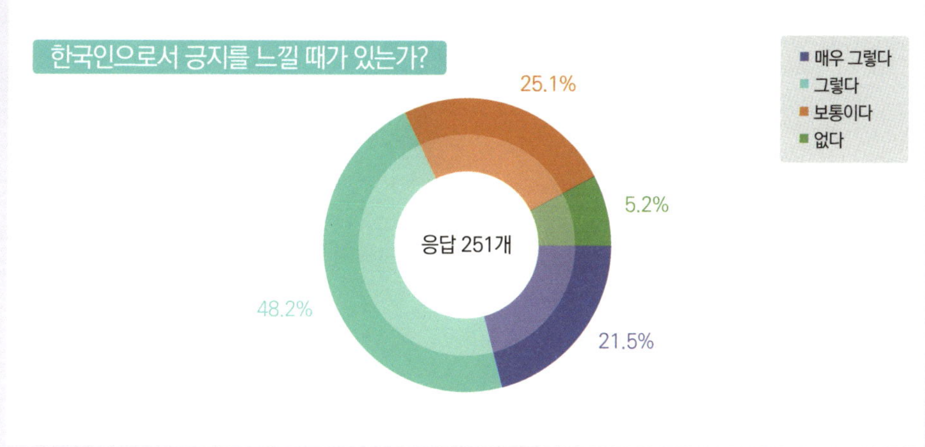

▍한국인의 긍지에 대한 연령별, 체류 기간별 분석

한국인의 긍지에 대한 연령별 조사에서는 가장 젊은 20대와, 고령층인 60대 이상의 양끝 연령대에서 긍정적 답변이 높은 것으로 나타났다. 20대의 89%는 '한국에 대한 긍지를 느낄 때가 있는가'라는 질문에 78%는 '그렇다', 11%는 '매우 그렇다'고 대답했다. 60대 이상의 연령은 50%(그렇다)와 27%(매우 그렇다)가 긍정적 반응을 보였다. 부정적 반응(없다)은 30대가 가장 많았다.

한국인의 긍지에 대한 반응은 체류 기간에 따라서도 차이를 보였는데 태국 체류 기간 1~2년 차 21명 가운데 77%, 3~5년 차 44명 가운데 71%가 한국인의 긍지를 느낀다고 대답했다. 11년 이상 장기 거주하며 태국의 과거의 현재를 경험해온 한인 총 131명의 응답자 75%는 '그렇다' 또는 '매우 그렇다'를 선택해 긍정적으로 응답했다.

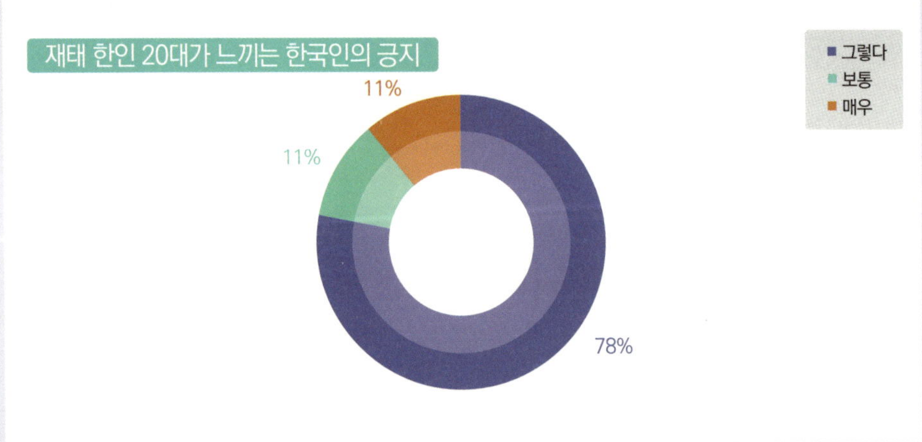

재태 한인 20대가 느끼는 한국인의 긍지
그렇다
보통
매우
11%
11%
78%

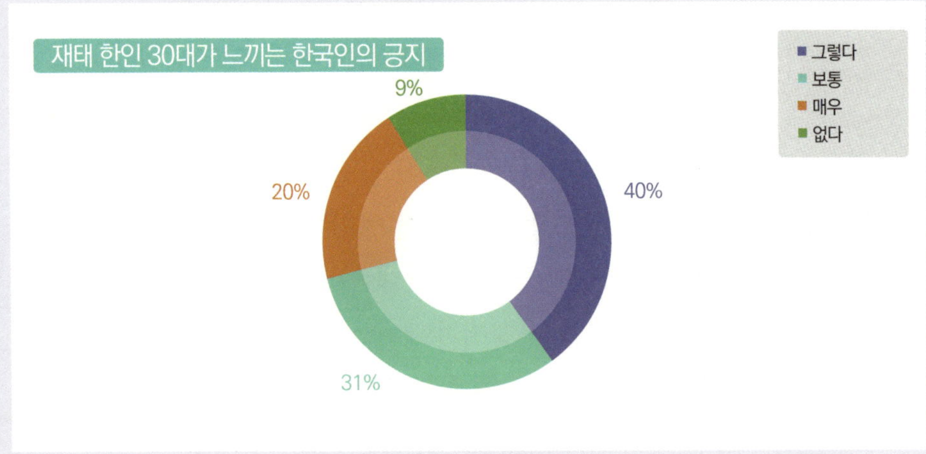

재태 한인 30대가 느끼는 한국인의 긍지
그렇다
보통
매우
없다
9%
20%
40%
31%

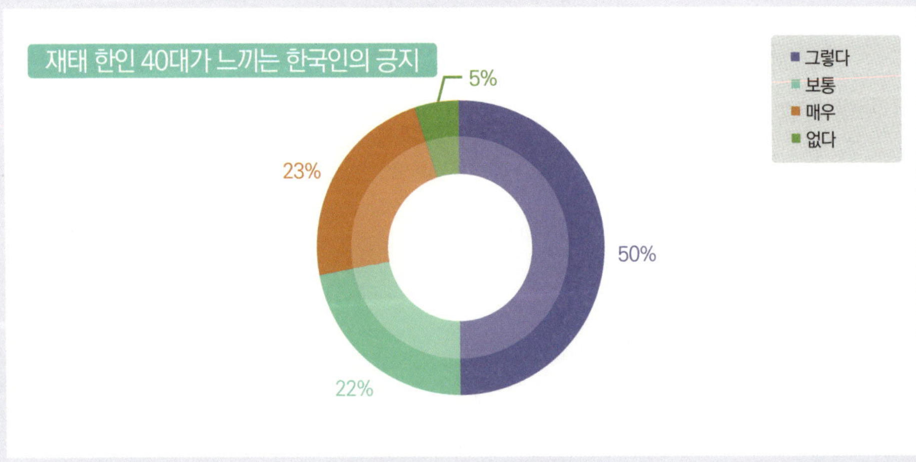

재태 한인 40대가 느끼는 한국인의 긍지
그렇다
보통
매우
없다
5%
23%
50%
22%

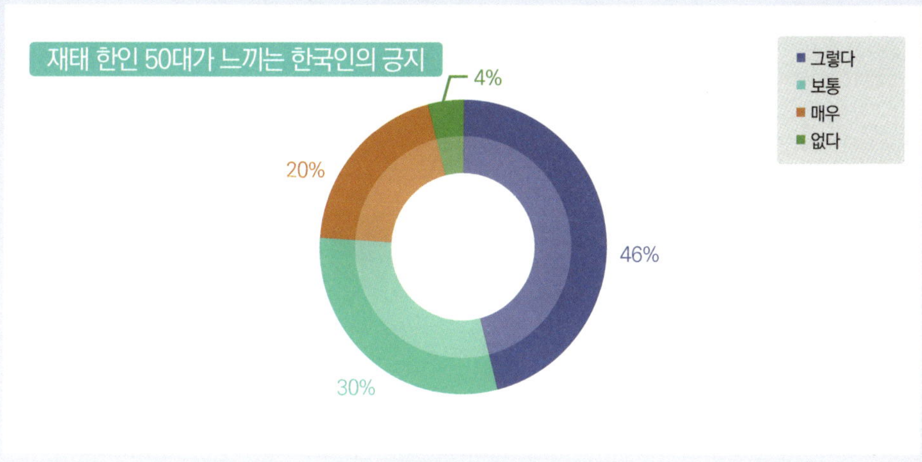

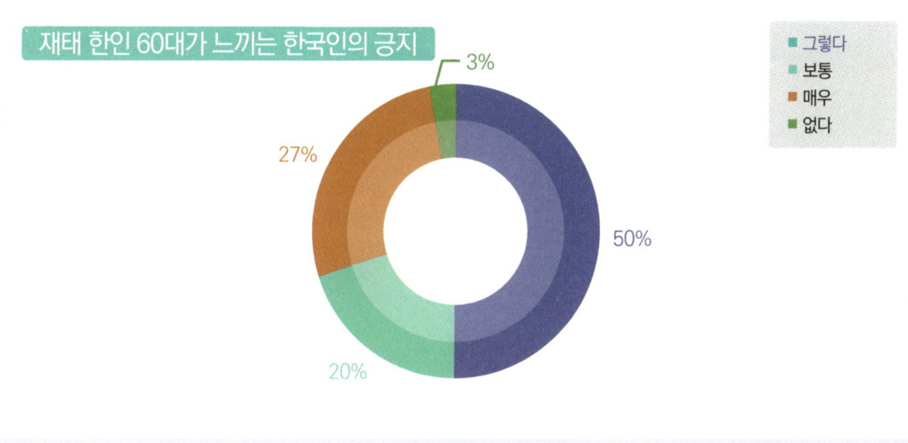

높아진 한국의 위상

태국에서 한국의 위상은 해가 갈수록 높아지고 있음을 한인이라면 모두 체감한다. 10년 전과 비교하면 어떨까? 재태 한인들은 38.4%가 위상이 '매우 높아졌다'고 응답했으며, '그렇다'는 대답도 41.2%였다. 재태 한인 10명 중 8명이 한국의 위상이 높아지고 있다고 보고 있었다.

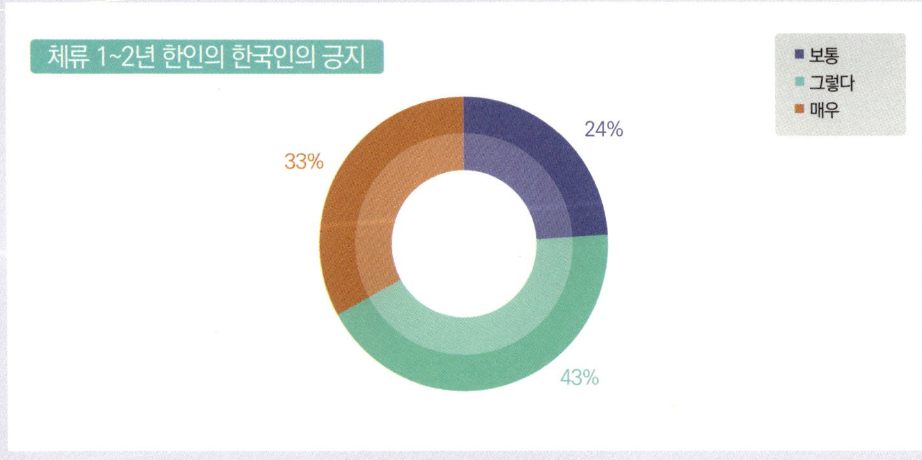

체류 1~2년 한인의 한국인의 긍지
보통
그렇다
매우
24%
33%
43%

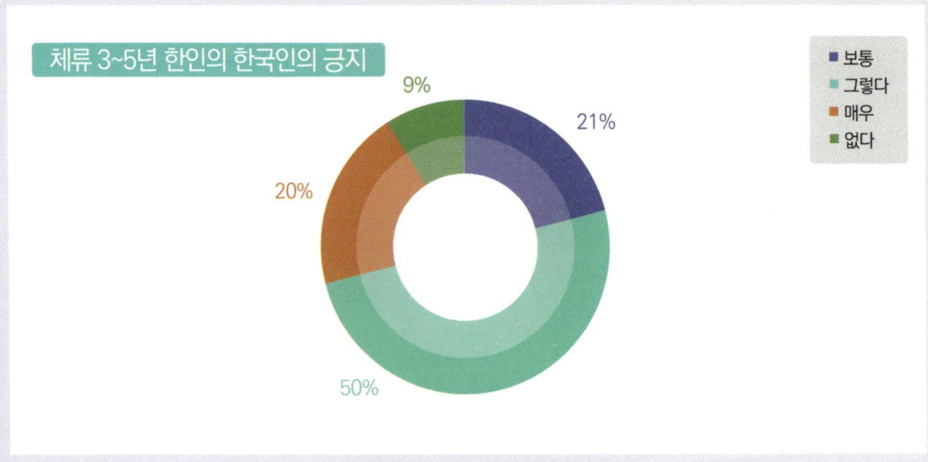

체류 3~5년 한인의 한국인의 긍지
보통
그렇다
매우
없다
9%
21%
20%
50%

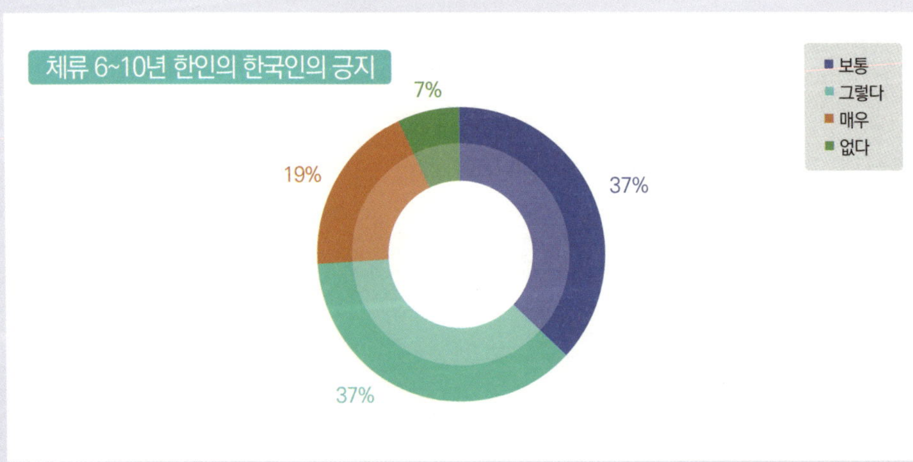

체류 6~10년 한인의 한국인의 긍지
보통
그렇다
매우
없다
7%
37%
19%
37%

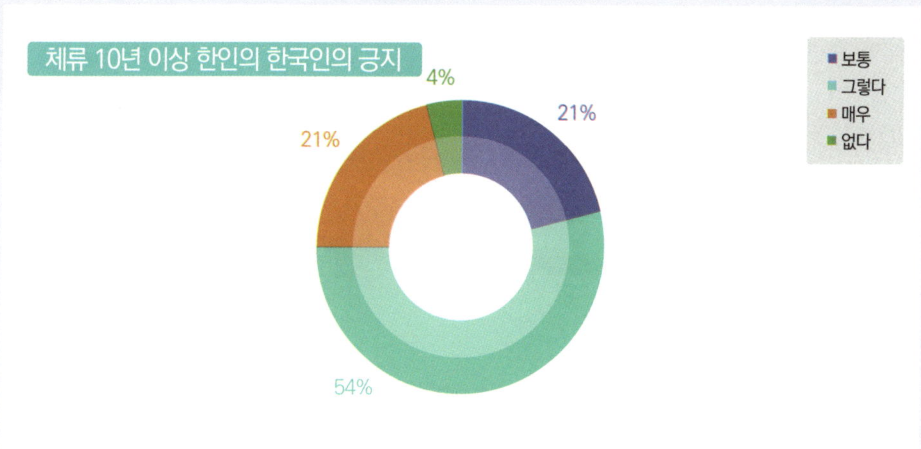

한류의 힘

그렇다면 한국의 위상이 높아지는 이유는 어디에서 비롯되는 것일까? 첫째는 한류였다. 무려 응답자의 87.4%에 달했다. 이어 한국 기업 및 물품이 38.9%, 한국 경제력이 35.1%로 그 뒤를 이었다.

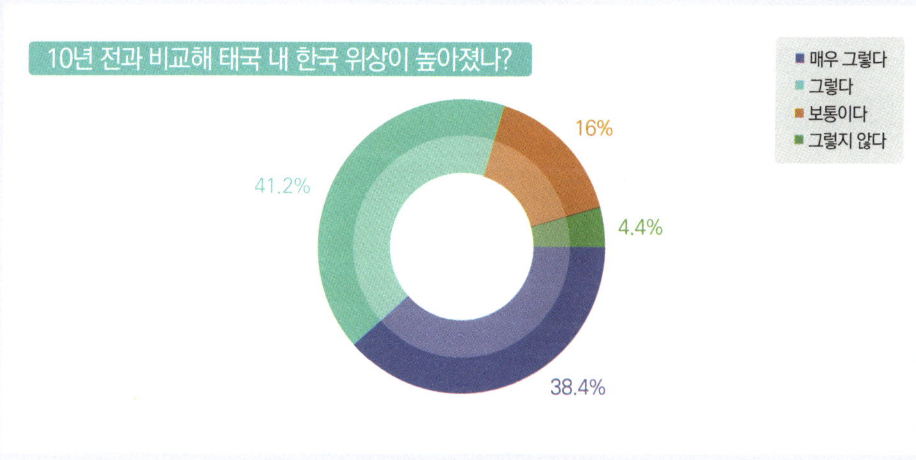

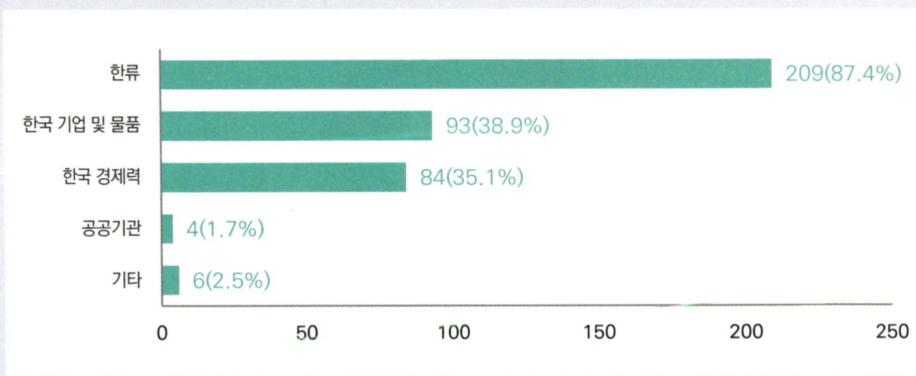

태국 정보는 교민 매체와 SNS

재태 한인들이 태국 정보를 주로 접하는 곳은 교민 매체와 사이트, SNS 및 유튜브 등으로 나타났다. 이해가 쉽지 않은 태국 현지 언론이나 공공기관의 정보 의존도는 미미했다.

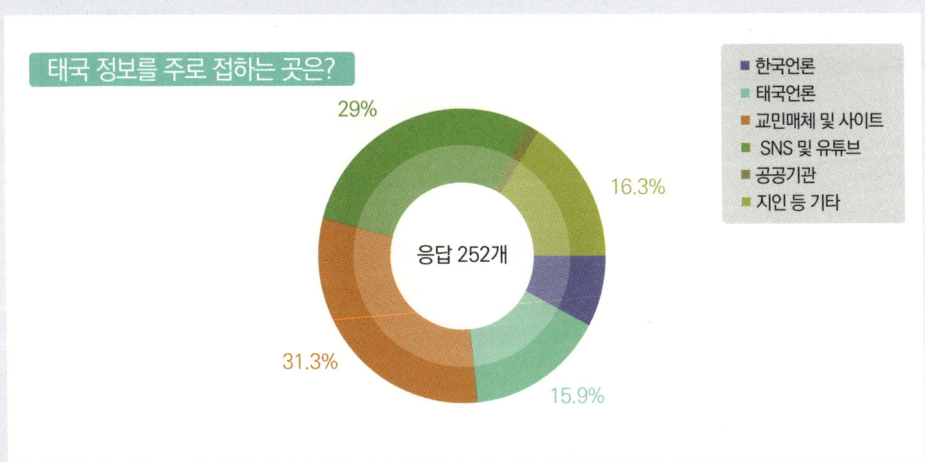

연령별 직업의 상이성

재태 한인들은 연령에 따라 종사하는 직업에서도 차이를 보였다. 50대 이상 총 101명 중 서비스업, 유통-물류, 제조업 종사 비중이 비슷한 반면, 40대

이하 연령대는 서비스업이 44.7%로 압도적인 비중을 차지했다. 특히 40대 이상에서는 제조업 종사자 비중이 18.8%인 반면, 40대 이하에서는 13.3%에 머물렀다.

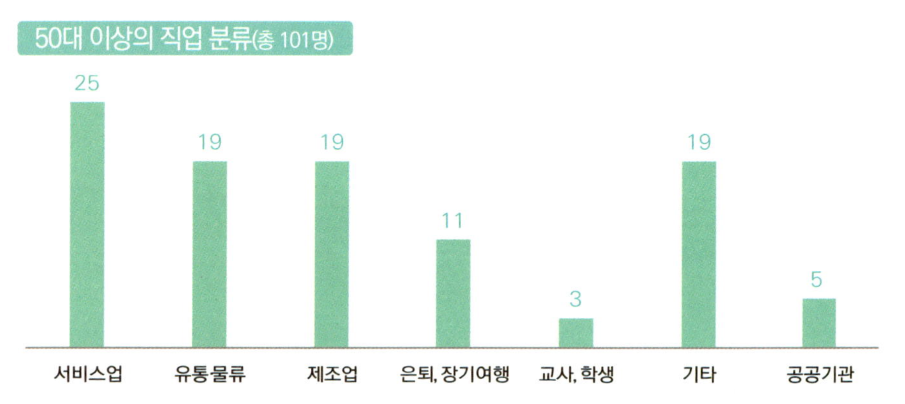

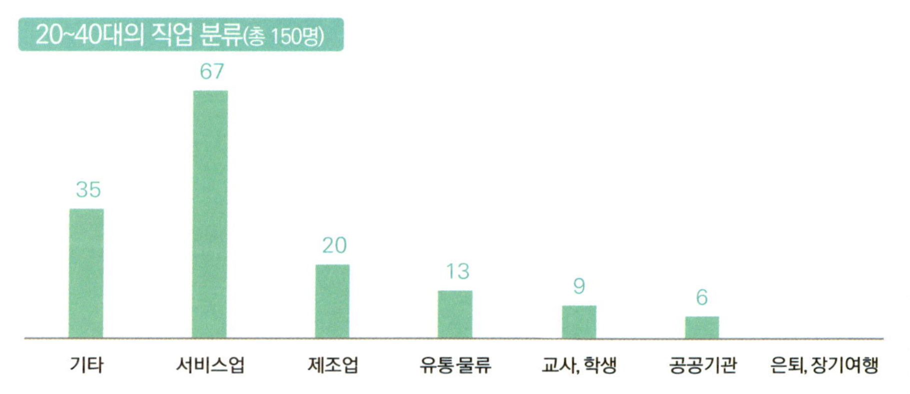

Thai Tip

태국에는 100여 개의 핫라인이 있다. 응급전화는 911 또는 191, 화재 및 야생동물 침입 1699, 1669(방콕 1646, 1554), 관광경찰 1155, 차량절도 1192, 택시승차거부 1584, 교통사고 1146, 앰뷸런스 1691, 전화번호 안내 1133 등이다.

제7부

시대와 함께한 재태 한인들

해방 이후 70년이 넘는 재태 한인 역사의 길목에는 시대와 호흡하며 한국의 정체성을 이어온 한국인들이 있었다. 이제 재태 한인 사회는 '글로벌 환경'에서 자란 한인 2, 3세가 사회에 나오기 시작하며 또 다른 전기를 맞고 있다. 후세에게 우리는 과연 어떤 이야기를 들려줘야 할까?

100세를 바라보는 한인 원로, 청년 사업가, 한국인과 태국인 부모를 두고 태국에서 태어나고 자라난 10대, 교육자, 시기별 대표 한인들을 만났다.

한국인의 뼛속까지 연구한 태국 원로학자의 애정 어린 조언은 귀 기울일 만하다.

이들의 다양한 목소리를 통해 100년을 향해 전진하는 재태 한인사회의 저력과 한국인의 자신감을 확인해본다.

한인 정체성 심은 태국 한인사의 산증인

제1대 한인회 부회장을 지낸 김석건 원로는 1927년 생이다. 1964년 태국에 와 코로나로 2021년 이후 한국에 있다.

태국에 산 세월이 57년. 그동안 신산고초가 없었으랴만 태국은 고마운 나라고 남들보다 편하게 살았다고 말했다.

그는 한국과 한글을 잊고 자랄 세대들이 가장 안쓰러웠다. 대사관 차고를 개조해 한글을 가르쳤던 기억이 생생하다고 했다. 지금 태국은 세계에서 가장 많은 인구가 한글을 배우는 나라가 됐다. 한국 근현대사의 권력자들이 태국을 방문했고, 그들을 가까이서 지켜도 봤다. 태국 한인회를 처음부터 일군 역사의 증인으로 그는 다음 세대가 더 많은 기회를 갖고 태국에 살기를 희망했다.

한국에 계신가요?

코로나가 심해져 2021년 한국 아들 집이 있는 분당에 와 있어요. 지난해까지 괜찮았는데 올해부터 귀가 잘 안 들립니다. 아픈 데는 없지만 나이가 많이 먹은 까닭이죠. 아내는 얼마 전 태국을 갔다왔지만 내가 다시 태국을 찾을 수 있을지는 모르겠습니다. 아마 어렵지 않을까 싶습니다.(아내 조현자 여사의 말)

태국하면 가장 먼저 떠오른 것이 있나요?

덥고, 음식이 맛있다는 것입니다. 태국 한인의 초창기가 고단하고 힘든 삶이었다고 말하지만, 유엔에 근무하던 나는 남들보다 잘 살았고 편했습니다. 대사관 차고에서 한글을 가르쳤던 기억도 납니다. (서울대 출신인 김석건 원로는 태국의 유엔기구인 아시아태평양경제사회위원회, ESCAP에서 사람을 구한다는 소식을 접하고 1964년 4월 태국에 왔다.)

태국에 한인들이 첫 진출한 경위는 어떠한가요?

제2차세계대전이 끝났을 때입니다. 당시 일본군에 소속되어 있던 한국인들은 크게 두 가지 형태였어요. 첫째는 징용으로 일본군 군속으로 강제노역에 동원됐던 분들이고, 둘째는 지원병이라는 명목으로 일본군에 강제 징집되었던 한국인들이었습니다. 군속이나 징집병으로 일본군에 강제로 끌려 다니던 한국인들은 해방이 되자 난감해졌습니다. 꿈에도 그리던 고향으로 가고 싶었지만 돈이 있을 리가 없었어요. 고향으로 돌아갈 여비는커녕 당장 먹고 살아갈 길 조차 막막했습니다. 운동화가 다 찢어져 너덜거려도 새로 살 돈이 없어서 그냥 발가락이 나오는 채로 다녔습니다. 머리 깎을 돈이 없으니 머리가 얼굴을 덮어도 그대로 지냈습니다. 그때의 사정은 정말 눈물겨웠습니다.

일본군에 의해 동남아 곳곳에 흩어져 있던 한국인들도 식량이 풍부하고 사람 인심이 좋은 태국을 목적지로 정했습니다. 당시 태국은 '곡물창고'라고 불릴 정도로 식량이 넉넉했죠. 그러나 아무리 식량 사정이 좋은 나라였지만 어디까지나 자기 나라 사람들에게만 해당하는 것이었지 타국 사람들마저 편하게 살 수 있는 건 아니었습니다. 해방 후 태국에서 뿌리를 내린 분들은 모두 맨주먹으로 시작해 건강한 몸과 강한 정신 하나로 삶의 터전을 일군 의지의 한국인들일 수 밖에 없었습니다.

일본군 군속으로 포로 감시원 역할을 하다가 종전을 맞아 태국에 남게 된 분들은 곤란한 처지였어요. 일본군은 포로를 감시하는 일은 주로 한국인을 내세웠는데, 전쟁에 지면 보복을 당할 것을 예상해 떠넘겼던 것입니다. 그것 하나만 보더라도 일본군이 얼마나 잔학했는지 알 수 있습니다.

역대 한인 중 기억나는 분은 어떤 분들인가요?

가장 저돌적으로 업무를 추진한 분 중에는 최도윤 한인회장(1999~2000)을 빼놓을 수 없을 것 같습니다. 회장 2년 임기가 그분에게는 너무 짧은 시간이었습니다. 최 회장은 자신이 하고 싶었던 일들을 회장 임기 동안 다 끝내질 못하자 여간 아쉬워하질 않았습니다. 그렇게 해서 다음 회장으로 바통을 넘겨받은 분이 전원수 회장(2001~2003)이었습니다. 전원수 회장을 생각하면 마음이 착잡합니다. 당시 양말 원료조달 사업도 하시면서 한인회장을 맡아 한인학교 건립에 애를 많이 쓰셨는데, 돌아가시고 말았습니다.

태국에 우리 대사관이 설치된 건 언제였나요?

태국에 우리나라 대사관이 처음 설치된 것은 1960년 3월이었습니다. 그다음 해인 1961년 7월에 주태 한국대사관의 건물이 들어서고 정식으로 대사관 업무가 시작한 것으로 기억합니다. 당시 로신영씨가 대사관의 참사관으로 근무했고 이동원씨가 주태국 대사로 근무했습니다. 이동원 대사는 몸집이 작고 가냘펐지만 침착하고 담이 큰 분이었습니다. 로신영씨는 태국 근무를 마치고 귀국한 뒤 외무부 장관으로 승진해 박정희 대통령이 태국을 방문할 때 수행했습니다.

태국을 방문한 주요 인사 중에는 어떤 분들이 있었나요?

1966년 3월 박정희 전 대통령이 방문했습니다. 1967년에는 정일권 전 총리가 태국을 찾았습니다. 태국에서는 1967년 타놈 전 수상이 한국을 방문했고, 1970년에 태국 국회의장 일행이 한국을 예방했습니다. 채덕신 대사, 유채흥 대사, 이동원 대사 등 주 태국 한국대사관의 초대 대사부터 역대 대사들이 태국의 한인사회 발전을 위해 애를 많이 썼습니다.

박정희 전 대통령이 태국을 방문했을 때 한인들을 대표하여 환영사를 하셨지요.

환영사 여러 번 해본 경험도 있고 해서 현장에서 바로 할 생각이었는데 대사관의 권병혁 공사가 펄쩍 뛰면서 반대했던 기억이 납니다. 일국의 대통령 앞에서 환영사를 하는데 사전에 준비도 안 하고 한다는 건 큰 결례라는 것이었죠. 환영사 원고를 다 쓰고 나니 새벽 3시였어요. 난 그때 환영사를 통해 태국에는 유엔기구가 많고 태국은 동양과 서양이 접하는 지역으로 지리적으로도 매우 중요한 위치를 차지하고 있기 때문에 외교 활동에 매우 중요한 국가라는 점을 강조했습니다.

우리 2세들 교육의 중요성에 대해서도 강조하셨다고요.

당시 태국에는 우리 2세들을 교육시킬 학교가 없었어요. 특히 부모를 따라 해외에 나온 자녀들에게는 한글을 비롯해 우리나라의 전통문화나 역사에 대해 교육하고 한국인으로서 갖춰야 할 국가의식이 부족하지 않도록 해야 하는데 학교가 없으니 참 답답한 일이었습니다. 그래서 임시변통으로 대사관의 차고 안에 칠판을 걸어놓고 한글교육을 시작했습니다. 컴컴한 지하 차고 안에서는 항상 퀴퀴한 냄새가 나고 지저분했지만, 당시 형편으로는 그런 걸 따질 만한 여유가 없었습니다. 그저 글자 하나라도 아이들이 더 크기 전에 가르쳐야겠다는 생각밖에 없었습니다. 그러던 차에 1966년 3월 박정희 전 대통령께서 태국을 방문했습니다. 대사관에서 브리핑을 마친 다음 학교 이야기가 나와 내가 그때 실시하고 있던 한글교육학교 현황에 대해 보고를 했습니다. 그랬더니 박 전 대통령께서는 깊이 감동하는 모습을 보이면서 내게 600달러를 별도로 쥐어 주었습니다. 요즘이야 그 정도는 목돈이라고 생각되지 않겠지만 당시만 해도 큰돈이었습니다. 지금 우리가 '십시일반'하여 세운 방콕한국국제학교는 그런 우리 교민들의 소망이 모여 이뤄진 것입니다.

전두환 전 대통령이 태국을 방문했을 때는 어땠나요?

리셉션 행사에 참석한 우리 한인들에게 'TV 중계를 통해 킹스컵이나 아시안 게임 등을 보면 태국에 사는 우리 한인들이 모두 나와 태극기를 흔들면서 우리 선수들을 응원하는 모습이 무척 인상적이었다'고 말했습니다. '언젠가 기회가 되면 꼭 한 번 태국을 다시 방문하고 싶었다'고도 했죠. 한인회에서는 전 전 대통령에게 은제 담뱃갑을 선물로 증정했습니다. 그랬더니 '공무원들은 명예가 중요하지 물욕을 가지면 안 된다'고 지적하면서 '사실 나도 오늘 태국 교민회에서 준비한 이 선물을 받지만…' 하면서 선물을 높이 치켜드는 바람에 모두들 같이 웃었던 기억이 납니다.

전 전 대통령 태국 방문 때는 보안이 철통 같았어요. 어떤 분은 행사에 참가하고 싶었는데 한인회장인 내가 중간에 간여를 해서 참가하지 못하게 했다고 엉뚱한 오해를 하는 바람에 입장이 난처한 적도 있었습니다. 그런 오해를 받을 때마다 난 내 자신을 위해서가 아니라 해외 동포들을 위해서 한인회장직을 맡아 수행하는 것이라고 스스로 각오를 다지곤 했습니다.

평소 생각하는 태국은 어떤 나라인가요?

태국은 한국에 전쟁이 터지자 곧바로 국가안전비상회의를 열고 한국에 군대를 파견하기로 결정한 나라입니다. 그 당시 유엔군 일원으로 한국전에 참전한 나라는 모두 16개국인데, 태국은 미국 다음 두 번째로 한국에 군대를 파견했죠. 지금은 우리가 태국보다 경제적으로 앞서긴 하지만 태국의 그런 도움이 없었던들 그런 경제성장이 가능했겠습니까? 우리가 어려울 때 진정한 우방으로 나서줬던 태국의 고마움을 한시도 잊어서는 안 됩니다.

태국 왕실과 결혼한 한국 여성이 있었다는 이야기가 있습니다.

한국 여성의 이름은 박명근. 태국에서는 '모팍'이라고 했습니다. '모'는 왕실의 귀족에게 붙여주는 존칭이고 '팍'은 '박'을 그렇게 부른 것이었습니다. 박명근씨는 이화여자대학교 영문과 1회 졸업생이었어요. 남편 되시는 분은 '조티시'라는 왕자였는데, 그분이 한국에서 근무하실 때 두 분이 알게 되어 인연이 맺어진 것이라고 합니다. 두 분 혼인 소식이 전해지자 한국과 태국 양쪽에서는 대단한 뉴스가 됐죠. 슬하에 아들과 딸을 두셨는데 모든 분이 한국을 무척 좋아하셨다고 합니다. 조티시 왕자는 한국 근무를 마치고 태국에 돌아와 태국 외무부 국제부장을 거쳐 뉴욕 총영사를 지냈습니다. 그분이 태국에 계시는 동안 한국에 각별한 애정과 관심을 보여주었죠. 우리가 외교적으로 어려운 입장에 처할 때면 그분이 나서서 많이 도와주셨습니다. 조티시 왕자께서 먼저 별세했고 모팍도 세상을 뜨셨습니다. 한국과 태국을 오간 아름다운 사랑 이야기입니다.

유엔기구와는 어떻게 인연을 맺게 된 건가요?

당시 경제기획원에서 근무하고 있을 때 태국의 유엔기구에서 사람을 구한다는 메시지를 받았습니다. 그 소식을 접하는 순간 '세계의 곡창'이라고 불리는 태국이 근무지라는 데 무척 마음이 끌렸습니다. 태국에서 열대작물에 대해 연구해 볼 수 있는 좋은 여건을 갖추고 있기 때문입니다. 내가 전공한 농업경제에 대한 실무를 쌓아 한국의 경제개발에 기여하고 싶은 생각이 들었습니다. 일본 사람이 근무하던 자리를 물려받는 상황이었는데 근무 기간은 2년으로 한정한다는 단서가 붙었어요. 당시 우리나라는 유엔에 정식 회원으로 가입하질 않아서 회비도 내지 않고 원조만 받고 있었기 때문에 유엔기구에 발언권을 내세울 처지가 아니었습니다. 비회원국 사람은 유엔기구의 정직원도 될 수 없었습니다.

1964년 4월 처음 태국에 온 뒤 30여 년 동안 근무했습니다. 내 인생의 거의 전부를 태국과 유엔기구와 함께한 셈입니다. 유엔기구에 근무하는 동안은 정말 밤낮없이 일했어요. 여기저기로 해외 출장도 많이 다녔죠. 그 바람에 아이들하고 같이 피부를 맞대며 살갑게 지낸 시간이 별로 없었습니다.

유엔 근무 시절은 어땠나요?

유엔기구에서 근무하는 동안 여러 일이 있었지만 그중에서 특히 잊히지 않는 건 인사개혁에 관한 것이었습니다. 당시 유엔기구에는 자리는 한정되어 있는데 승진을 기다리는 사람은 많아 엄청난 인사적체 현상을 빚고 있었죠. 그런 상황에서 내가 인사위원장을 맡게 돼 밤낮없이 고민하다 새로운 인사제도를 제안해 유엔기구의 인사적체가 상당부분 해소됐습니다. 유엔기구에서 근무하던 시절 유엔골프 회장을 5년 동안 역임했습니다. 골프 모임이 있을 때는 각국 대사들도 같이 참여하는 바람에 여러 가지 업무협조가 쉽게 이뤄지는 때가 많았습니다. 유엔기구에서 근무하는 동안 내가 힘을 기울인 사업 중에는 아시아 지역의 농업생산성 향상을 위한 프로젝트였습니다.

태국인들과 함께 일할 때 주의해야 할 점이 있나요?

태권도 사범이 스쿰윗 대로에서 살해당하고 자개 기술자도 살해당한 일이 있었습니다. 태국인들이 기술자 말을 제대로 듣지 않자 불러 야단을 치면서 주먹으로 얼굴을 때렸거든요. 다음 날 얼굴을 맞은 태국 직원은 한국 기술자를 칼로 잔인하게 살해했습니다. 불행하지만 실제로 있었던 일들입니다. 태국 사람들하고 같이 일할 경우에는 태국 사람들과 싸우거나 여럿이 있는 데서 그들을 때리는 것과 같은 일은 절대로 해선 안 됩니다. 태국인들은 누구를 막론하고 일단 화가 나면 물불을 가리지 않을 만큼 무서운 면이 있습니다.

태국에서 오래 살며 건강을 관리한 비결이 있나요?

어릴 적부터 운동을 좋아하는 편이었어요. 집안의 가르침이 항상 문(文)과무(武)를 겸비하는 것이었습니다. 그 덕에 일찍부터 태권도, 유도, 권투 등으로 단련할 수 있었습니다. 학교의 검도 시합에 나가 우승을 한 적도 있고, 학도호국단 시절에는 태권도 유단자로 활약하기도 했습니다. 그런 다양한 활동이 건강을 지켜준 기틀이 되지 않았나 싶어요. 방콕 로열 스포츠클럽에 나가 골프를 하기도 했습니다. 특별한 일이 없는 한 아침 라운딩을 취소하는 때는 거의 없었죠. 또 아침 4시면 어김없이 일어나 교회에 가서 새벽기도를 올렸습니다. 새벽기도 때는 하느님 앞에서 내가 지금까지 걸어왔던 인생의 길을 뒤돌아보고 내 형제와 아이들도 생각해봅니다. 나름대로 한평생 앞만 보고 달려왔다고 생각하지만 과연 그렇게 했는가를 스스로 점검해보곤 했습니다. 어떤 때는 갑자기 보고 싶은 사람들 얼굴이 떠오르기도 합니다. 그러다 보면 눈물이 날 때도 있습니다. 성경은 시편이나 잠언 중 아무 곳이나 펼쳐 봐도 좋습니다. 특히 잠언은 옛날 선지자(先知者)들이 영감을 얻어 쓴 것입니다. 우리 인간이 살아가야 할 길에 대한 상세한 안내를 발견할 것입니다.

* 김석건 원로는 청력이 좋지 않아 아내 조현자 여사의 도움을 받았고, 2009년 재태 한인회가 실시한 인터뷰를 참고하여 재구성했다.

▶ 채규준 원로
재태 한인사회 최고령 원로

1936년생인 채규준 원로는 재태 한인 가운데 최고령이다. 초창기 한인사회의 한인들이 작고하거나 코로나 이후 한국으로 돌아가면서 최고령의 바통을 이어받았다. 민주평화통일 자문회의 서남아협의회장을 비롯해 방콕 한국국제학교 이사, 대한노인회 태국지회 자문위원 등 재태 한인사회에서 역동적인 활동을 펼쳤다. 무엇보다 놀라운 것은, 만학의 학구열과 바위보다 단단한 애국심이다. 살아생전 남북통일을 반드시 보게 될 것이라는 확신을 가지고 있다.

재태국 한인사회의 최고령 어르신인 것 같습니다.

코로나 겪으면서 저보다 연세가 많으신 김석건 회장님이 한국으로 돌아가셔서 그렇게 됐습니다. 내년(2023년)에 미수(米壽)가 됩니다.

건강 관리를 어떻게 하시나요?

1주일에 세번씩 1년 내내 거르지 않고 골프를 칩니다. 요즘 거리가 더 는 것 같아요. 소화불량이나 두통 같은 것도 없습니다. 몸보다 중요한 것은 정신입니다. 마음가짐에 따라 건강도 좌우됩니다.

태국에 오신 계기가 궁금합니다.

중동건설 붐의 마지막 단계이던 1988년 사우디아라비아 화학 제품 공장에 부사장으로 갔다가 이후에는 인도네시아에서 ㈜대우가 국영기업과 함께 투자한 화학 공장에서 10년간 근무했고 1999년 5월 태국에 오게 됐습니다. 싱가포르 회사가 90%의 지분을 가지고 있는 콘티넨탈 피트로케미칼 타일랜드라는 태국회사에서 법인장으로 근무하게 됐습니다. 생산량을 크게 늘리고 전기 폐수 증기를 활용한 혁신 기술 등을 도입하며 성과를 인정받아 16년 동안 근무하며 사장 및 회장으로 80세까지 일했습니다.

인도네시아와 태국의 근로 환경이나 문화가 다를 것 같습니다.

인도네시아에서 옥타놀 공장을 지었을 때 일입니다. 어느 날 현장에 가보니 노동자들이 공장 부품까지 모조리 떼어 훔쳐갔습니다. 인도네시아 노동자들은 순종적이지만 너무 가난하다 보니 도둑이 많았습니다. 태국인들은 자존심이 있습니다. 저도 태국에 처음 와서는 책상을 던지고 소리도 질렀지만 통하지 않았습니다. 태국인들은 달래가며 칭찬해줘야 합니다. 인도네시아와는 국민성 자체가 확실히 다릅니다. 태국은 강압적으로 누른다고 해서 듣지 않습니다.

1980년 이후 동남아 국가들의 발전 양상이 다른 것도 직접 체험하셨겠네요.

1980년대까지만 해도 인도네시아와 태국의 수준이 비슷했습니다. 하지만 지금은 큰 차이가 납니다. 인도네시아는 수하르토 독제 체제가 발전을 가로막았죠. 강대국이던 미얀마가 빈국으로 추락한 것만 봐도 정치와 지도자의 역할이 얼마나 중요한지를 알 수 있습니다.

80세까지 현업에 종사하셨는데, 태국에 처음 오셨을 때 상황은 어땠습니까?

방콕에서 촌부리 가는 고속도로가 기초공사를 하고 있던 기억이 납니다. 많이 달라졌습니다. 라용 등에서는 아직도 많은 유대관계를 가지고 있습니다. 태국에 와서 한인회 활동에는 적극 참여하지 못했지만, 민주평통 태국 지회장과 서남아협의회장까지 5기 동안 참여했습니다.

68세에 공학 박사학위를 취득하셨습니다.

회사 다니느라 오래 이루지 못한 것을 결국 했습니다. 조선대에서 화학공학박사를 취득했습니다. 61세에 박사학위 공부를 시작했고 태국 쫄라롱꼰대학에서 2학기를 연계해 가능했습니다. 평생 해온 전문 영역을 정리하고 싶은 마음이 컸습니다. 촉매 반응속도를 연구했습니다.

태국에서 태어나고 자란 동포 2세들이 성인이 되어 사회에 진출하고 있습니다.

한국인의 정체성을 갖게 하는 교육이 중요합니다. 하지만 지금 아이폰을 쥐고 있는 아이들에게 강요할 수는 없는 일입니다. 서서히 접근하는 은근과 끈기의 교육이 필요합니다. 앞선 세대들이 모범을 보이고 솔선수범하는 것이 교육입니다. 손자 손녀가 17명인데, 추석 때나 가족모임 때마다 그런 이야기들을 해줍니다.

한인사회의 어르신으로서 후세들을 위한 말씀을 부탁합니다.

8·15 광복절 행사 만세삼창을 선창할 때 '분풀이'를 합니다. 제가 유언 같은 이야기를 하나 하자면, 원없이 공부했고 원없이 살아왔습니다. 모든 것은

정신에서 나옵니다. 대한민국은 저력이 있습니다. 내 생전에 반드시 남북통일을 할 것이고 두 눈으로 볼 것이라고 확신합니다. 코로나를 거치면서 어쩔 수 없이 여러 행사가 위축되고 중단되었지만, 더 나아지고 이런 것들을 통해 우리 정체성이 회복될 것이라고 기대합니다.

▶ 이철희 원로
재태 한인 성공 1세대

1943년생인 이철희 원로는 재태 한인 초창기 사회를 증언하는 몇 안 되는 원로 중 한 명이다. 베트남을 거쳐 1971년 태국에 진출한 그는 태국 거주만 51년째다. 수월하게 태국시민권을 획득할 수 있었던 시기가 있었지만 한국 국적을 고집하고, 태국에 처음 도착했을 때부터 지금까지 50년간의 여권을 삶의 이정표처럼 간직하고 있다.

주태 한국대사관 강당에 의자를 기부한 첫 한인이기도 했다. 형형한 눈빛으로 어디서나 재태 한인사회의 나갈 방향에 대해 송곳 같은 조언을 아끼지 않는다. 재태 한인들은 그를 태국에서 성공 시대를 열기 시작한 한인 1세대로 꼽는 데 주저하지 않는다.

태국에 오신 지 51년째라고 들었습니다.

1964년도에 태국에 먼저 오신 김석건 회장님 등이 계시지만 벌써 많이들 돌아가셔서 먼저 태국에 오신 분이 많이 계시지는 않는 것 같습니다. 1970년대 한인사회를 이룬 여러분이 계시는데, 저는 당시 거의 막내였죠.

어떤 계기로 태국에 오셨습니까?

태국에 온 것은 1971년이었습니다. 스물여덟 살이었습니다. 당시 태국이 취업할 만한 나라는 사실 아니었습니다. (간직하고 있던 당시 여권을 보여주며) 태국에 오기 2년 전인 1969년 베트남에 있는 공수부대 얼음 공장에 취업했습니다. 군물품 판매하는 PX 사업의 노무자였던 셈이죠. 그 당시 태국에도 미 공군이 5만 명가량 있었는데 태국 동부 우타파오로 옮겨 PX로 사업을 계속했습니다. 코랏, 우돈타니 등을 오가며 일을 했습니다. 월남에서 태국으로 건너온 사람이 많았습니다. 일부는 호주로 가기도 했죠.

당시 태국 분위기는 어땠나요?

월남전(베트남 전쟁)의 영향이 있었던 때입니다. 스쿰윗 24에 '미군클럽'이 있었고, 펫부리에는 '장교클럽'이 있었습니다. 1달러가 10 밧 정도였습니다. 1973년 이전에는 태국이 외국인에게도 시민권을 쉽게 내주던 시절이었습니다.

이후 태국에 베이스를 두고 중동과 비즈니스를 하신 것으로 알고 있습니다.

PX 일을 하다가 1년 간은 호주에 가 있었습니다. 일거리가 그다지 신통찮아 다시 태국으로 돌아온 뒤에는 쿠웨이트 회사에 인사 및 자재 담당으로 취업했었습니다. 당시 중동 진출 붐이 일 때였거든요. 급여가 2,000달러 정도였는데 당시로서는 많은 돈이었지만 나는 만족하지 못했습니다. 쿠웨이트에 태국인 인력을 공급하는 일을 하기 시작했습니다. 처음에 200명 모집이었는데, 태국인들이 목표 이상의 성과를 낸 것이 확인되자 인력공급이 크게 늘어났습니다. 나중에는 현대건설에 태국 인력을 처음으로 소개했습니다. 중동에서 제3국인을 고용한 것은 처음이었습니다. 맨파워+리쿠르팅+매니지먼트를 함께 하는 것이었습니다. 1978~1980년에는 사우디까지 진출했습니다. 얼마 전까지도 맨파워 일을 했습니다.

태국 내에서도 다양한 사업을 하셨지요?

1970년도 후반에는 시암스퀘어에 있던 '고려정'이란 한국식당을 인수했습니다. 당시 실롬의 식도원, 플런칫에 이경손 1대 한인회장이 세운 코리아하우스, 한일관 등 10여 개의 한식당이 있었습니다. 고려정은 4층 규모로 당시 26만 달러를 주고 매입했습니다. 지금으로 치면 5,000만 밧이 넘는 것 같아요. 그 뒤 방콕에만 14개 식당을 오픈했어요.(현재도 스쿰윗의 한식당 만찬 운영)

한인회 일에도 열심이셨다고 들었습니다.

한인회 상근부회장을 비롯해 선거관리위원 등 여러 가지를 했지만 회장선거에는 나서지 않았습니다. 저는 타인으로부터 평가받는 자리에 있는 것보다는 내 나름대로 기여하고 싶었던 마음이 있었습니다. 돈을 한참 벌 때라 한인회 기금모집 활동에도 다소나마 했고, 항공권이 없어 한국으로 돌아가지 못하는 사람들 돕기도 했습니다.

지금도 많이 걷고 골프도 자주 하신다고 들었습니다.

지금도 그렇고 골프를 좋아합니다. 나중에 한인회에서 맡아 한인회골프대회가 되긴 했지만, 태국 한인 골프 모임을 주도해 매월 100여 명 이상이 참가했습니다. 한인들이 모이는 화합의 장이 되었습니다.

1970년대 태국인들이 한국인을 보는 시선은 어땠습니까?

1971년도에 이민국에 갔더니 담당 공무원이 한국이 어디에 있는 나라냐고 묻고 지도를 보던 기억이 납니다. 이민국을 찾는 한국인이 많지 않았다는 것을 알 수 있었죠. 한국에 대한 일반적인 인식은 없었던 것 같습니다. 하지만 태국 사람들이 한국인들을 좋아한다는 인상은 받았습니다.

식당을 여러 곳에서 운영했는데 지금 방콕 스쿰윗의 한인상가는 어떤 모습이었습니까?

실롬에도 실롬 플라자라는 것이 있는데 스쿰윗 한인상가와 똑같은 구조입니다. 지금 한인상가는 1980년대쯤엔 태국 식당가였는데 분양이 잘 안 됐습니다. 아래층에는 인도 양복점이 있었던 기억이 있습니다. 1시간에 500mm가 넘는 폭우가 쏟아진 적이 있는데 물로 가득 차기도 했습니다. 지금의 상가가 조성된 것은 1990년대 이후일 겁니다.

초창기 태국 생활의 불편 사항은 무엇이었습니까?

베트남 진출에 대비해 한국에서 영어공부를 했기 때문에 한인 1세대만큼 언어소통에 불편을 겪지는 않았습니다. 하지만 그때도 외국인 태국은 힘든 생활이었습니다. 당시만 해도 반공이 국시였던 만큼 여러 면에서 영향을 받았습니다. 여권에 목적지, 경유지를 일일이 추가 기입해야 해 어디를 오고가는 것 자체가 힘들었습니다. 현재의 한국대사관 이전에도 수리웡, 사톤, 사라신로드 등으로 한국대사관이 옮겨다녔습니다. 대사관 이전 후 처음 행사인 3·1절 행사에 의자 150개를 기증하기도 했습니다. 그 당시는 그랬습니다. 태국 음식은 태국에 올 때도 지금도 잘 맞습니다.

지금의 한인사회에 권고하고 싶은 말씀은?

한인의 자발적 참여가 이뤄지는 한인회가 되어야 합니다. 한인회비를 내지 않는 사람들을 탓할 필요가 없어요. 회비를 받지 않는 나라도 있습니다. 한인회에 자발적으로 참여할 수 있는 동기를 한인회가 제공해야 합니다. 저야 그러지 못했지만, 신망 있고 능력도 있는 한인회장이 나와 한인사회의 화합과 발전을 이끌어야 합니다.

▶ 이만재 회장
태국 및 동남아 30년 누빈 한국 종합상사맨의 레전드

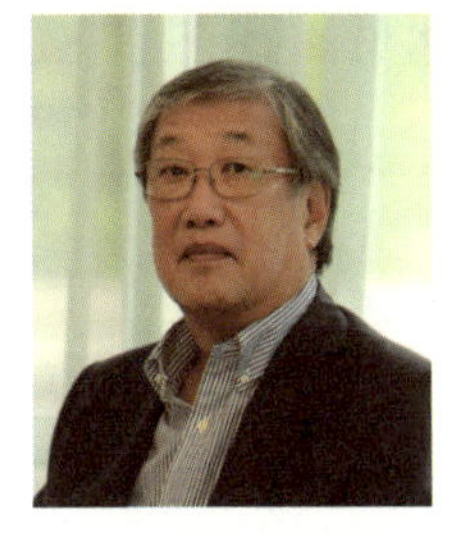

한태상공회의소 14대, 15대 회장을 지낸 이만재 전 회장은 이제 일본도 중국도 미국도 두려워하지 말라고 말한다. 우리가 더 강하다는 것을 믿으라는 자신감을 주문한다. 30여년간 태국은 물론 대만, 중동, 미국을 포함해 필리핀 말레이시아 등을 누비며 종합상사맨으로 잔뼈가 굵었고, 한국 경제의 성장과정을 현장에서 낱낱이 지켜본 생생한 경험담에서 나온 말이다. 그러나 서두르기보다는 정확하고 올바른 길을 가라는 충고도 빠뜨리지 않았다.

세계 곳곳을 누비며 한국 물건을 세일하셨습니다. 그 시작이 궁금합니다.

연세대학교 상대를 졸업하기 직전 한국에서 종합상사 순위 10위였던 율산실업에서 첫 직장을 시작했습니다. 첫 임무는 대만에 우리나라 대추를 판매하는 것이었습니다. 당시는 모든 것이 첫 경험이었습니다. 선배도 아는 것이 별로 없었던 시기라 모두가 시쳇말로 '맨땅에 헤딩'하던 시기였죠. 첫 임무인 말린 대추를 대만에 선적하는 것을 완성하기 위해 한국 재래시장을 온통 찾아다니며 수십 톤의 대추를 확보했죠.

대추는 배로 가는 중에 수분이 말라버립니다. 그렇게 되면 전체 중량이 자연적으로 줄어버리죠. 재래시장 상인 한 분이 그 부분에 대해 알려주어 미리 여분의 박스를 선적하고 좀 더 많은 양의 대추를 넣어서 보냈습니다. 그러자 대만 현지에서 그때까지 받아본 수입 대추 중 가장 만족한 결과였다는 칭찬을 들었습니다. 그때부터 제 종합상사 생활이 시작되었습니다.

태국 비즈니스는 언제부터 시작한 것인가요?

대우실업(주식회사 대우)으로 옮겨 철강 쪽 업무로 자리를 잡기 시작했는데, 1981년 필리핀 마닐라 지사로 발령받은 후 4년을 지냈습니다. 그러고는 곧바로 방콕으로 재발령 지시를 받았습니다. 1989년까지 방콕지점장을 했습니다. 역사적인 88서울올림픽을 방콕에서 지켜봤죠. 당시 삼성물산, 현대상사, 효성, 엘지상사, 쌍용, 해태상사, 대한항공과 아시아나항공, 한국화약 등의 지점이 방콕에 진출해 활약하던 시기였습니다. 필리핀 거쳐 방콕에 오기 전에는 중동, 미국 등지를 돌아다니며 자동차용 로켓 배터리와 선식용 재료도 팔았습니다. 가방 하나와 물건 샘플을 들고 다니며 현지인들에게 물건을 팔았죠. 첫 직장인 율산실업에서 실력을 인정받은 뒤 바로 사주의 부름을 받았고, 다음 임무는 해외로 나가 물건을 파는 것이었습니다. 당시 업무는 주로 사무실에서 전화와 텔렉스를 통해 외국 바이어와 물건 판매가 이뤄지곤 했습니다. 이쪽에서 물건을 소개하고 가격을 알려주고 하는 모든 과정이 텔렉스로 이루어지니 한번 거래가 성사되는 데 시간이 너무 오래 걸렸습니다. 회사 대표가 저를 부르더니 이제 가만히 앉아서 물건을 판매하는 시기는 지났다면서 나가서 팔아오라고 하더군요.

1980년대 중후반 태국 교민들의 상황은 어땠습니까?

태국에 아직 우리 기업들이 많이 진출해 있던 상황은 아니었습니다. 대부분 종합상사 주재원들과 그들의 가족 그리고 일부 일제시대 또는 베트남전과 중동붐 이후 한국으로 돌아가지 않고 태국에 정착한 사람들 일부가 태국에 있는 우리 교민들의 대다수였습니다. 태국 주변국으로 이동하는 경우에도 방콕에서 비자를 발급받아 가야 하는 상황이었기 때문에 한국에서 방콕을 찾는 인원은 항상 많았던 것으로 기억합니다. 모두들 비즈니스를 위해 방콕을 거점으로 하는 사람들이었던 것이죠.

방콕 지점장 후 한국으로 돌아갔다가 말레이시아 지사에서도 근무하셨죠?

1995년 말레이시아 쿠알라룸프 해외 지사 발령으로 다시 해외 생활을 시작하게 되었습니다. 이때는 해외 지사들의 환경이 이전보다는 많이 달라진 상태였습니다. 삼성전자가 해외에 진출하기 시작해 TV용 브라운관 등 전자제품 등을 판매했습니다. 초창기 우리나라 경제가 도약하는 기초적인 시기였다고 할 수 있습니다. 당시 저는 말레이시아에서 원유를 구입해 미얀마 등지에 재판매하거나 유엔군으로 참전하는 말레이시아에 군사용 장갑차를 팔기도 했습니다.

1990년 후반 IMF 때는 어땠나요?

4년간 말레이시아에서 지점장으로 활약하며 대우그룹의 임원으로 승진했지만 한국은 IMF를 맞았습니다. 본사 상황도 매우 안 좋아지기 시작했죠. 그래서 다시 해외 지사 재구축을 위한 베테랑들의 지사발령 명령이 떨어졌어요. 당시 저에게는 네 개의 선택권이 있었습니다. 방콕, 싱가포르, 마닐라, 뉴델리. 마닐라를 선택하고 싶었지만 집 식구들의 반대로 방콕으로 최종 선택되어 다시 돌아온 것이 2000년도였습니다. 1989년에 떠났던 방콕을 2000년에 다시 돌아온 것입니다. 10년이면 강산도 변한다는 말이 있듯, 그 사이 많이 달라진 방콕을 경험할 수 있었습니다. 1990년대 후반부터 빠른 속도로 변하기 시작한 방콕은 주재원과 지상사 관계자들의 변화로도 이어졌습니다. 전보다 그 수가 훨씬 많아진 것이죠. 교민들은 1만여 명 정도로 늘어났고 삼성과 LG, 포스코 등 대기업도 진출한 상황이었습니다. 대기업 협력사들은 물론 여행사 관계자들도 상당히 많이 태국에 진출해 있었습니다. 과거 중심을 차지했던 상사는 그 세력이 조금은 줄어들었고 삼성전자, LG전자 등이 메인 스트림이 된 상황에서 2000년부터 지금까지 23년간 태국에 살고 있습니다.

태국 및 동남아 경제 분야에서는 일본의 영향력이 여전히 큽니다.

항상 일본을 뒤쫓아가는 것이 목표였던 시대가 있었습니다. 초기의 저 역시 일본에서 무엇을 하는지를 살펴보는 것이 일이었습니다. 철강만 하더라도 일본에서 가격들이 발표되면 그제야 우리 기업들이 움직이는 것입니다. 일본 보다 조금 더 저렴하게, 하지만 품질은 비슷하게 하는 것이었죠. 이를테면 대부분의 제품이 일본측에서 우선 선도하고 가격과 품질이 기본이 되고 이후 한국이나 대만 또는 타국가 제품이 그 뒤를 따르는 형국이었죠.

일본보다 좀 더 앞설 수 있는 분야가 무엇일까를 연구했습니다. 결론은 바로 통신분야였습니다. IT와 통신분야는 우리도 해볼 만하다는 생각이 들었고 일본을 이겨볼 수 있는 분야라는 생각도 들었습니다. 그리고 그 생각은 크게 틀리지 않았습니다.

돌이켜보면, 우리는 항상 일본의 그늘에 가려져 있었던 것 같습니다. 세계적으로 유명한 쌤소나이트 여행가방을 본떠 만든 '산소나이트' 가방을 사우디아라비아 뜨거운 사막을 가로지르며 팔아보겠다고 돌아다니다 잠시 화장실에 들렀다가 나오니 뜨거운 차량 안에서 가방이 흐물흐물 녹아버린 경험이나 사전 약속 없이 방문한 회사에서 문전박대 당하던 서러움은 아마도 많은 사람에게 회자되던 우리들의 옛날 이야기일 것입니다.

상공회의소 14대와 15대 회장을 역임하셨습니다.

말레이시아에서 주재하고 있을 때에도 대사관 쪽에서 상공회의소를 설립하자는 제의를 해왔습니다. 하지만 태국이나 말레이시아 모두 상황이 그리 평탄치는 않았습니다. 대기업은 물론 파견 나온 법인장들 중에서 아무도 회장직을 겸임할 입장이 되지 않았기 때문입니다. 회사 일만으로도 벅찬 사람들이 협회 업무까지 본다는 것은 사실상 불가능한 일이었기 때문이죠. 하지만 대사관의 강한 의지로 한태상공회의소는 다시금 방법을 찾기 시작했습니다. 대사관 관계자들의 강한 뒷받침이 없었다면 지금의 한태상공회의소는 없었을 겁니다. 저는 대사관의 뒷받침을 교훈 삼아 한태상공회의소 사무국의 역량을 강화하는 데 가장 큰 힘을 쏟았습니다. 그렇게 제 임기 동안 사무국의 역할이 제자리를 찾아가면서 누가 회장이 되어도 튼튼한 단체가 될 수 있었습니다.

후배들에게 들려주고 싶은 이야기가 많을 것 같습니다.

우리는 이제 일본도 중국도 그리고 미국도 두려워할 필요가 없습니다. 더 이상 그들의 뒤를 따르며 비즈니스를 할 필요가 없습니다. 태국의 일본차 시장을 두려워하지 마세요. 우리가 더 강하다는 것을 믿으시기 바랍니다. 태국에서의 비즈니스는 진입장벽이 높다고 말합니다. 하지만 30년 이상 태국 및 동남아시아를 경험해본 저로서는 모두 틀린 말이라고 생각합니다. 최대한 태국의 비즈니스 룰과 법률을 지켜나가면서 오랜 경험을 쌓으시기 바랍니다. 태국은, 그리고 동남아시아는 단기간에 완성되는 시장이 아닙니다. 편법은 한두번만 통합니다. 편법으로 시작한 비즈니스는 끝까지 편법에 발목이 잡히게 마련입니다. 정확하고 올바른 길로 가기 위해 노력하십시오. 시간이 조금 더 걸리고 조금 더 돌아갈 수는 있습니다. 하지만 그것이야말로 가장 크게, 지속적으로 성공할 수 있는 비즈니스의 정도이자 성공의 길입니다.

▶ 강의종 회장
여행자유화 진출 1세대

1989년 여행자유화로 시작된 태국 관광 붐은 한국인들의 태국 러시를 몰고 왔다. 관광산업 종사자들의 유입으로 태국 한인들이 크게 늘어난 계기도 됐다.

태국을 찾은 한국관광객은 지속적으로 증가해 코로나 직전인 2019년에는 역대 최다인 188만 7,853명이 태국을 찾았다. 쓰나미, 쿠데타, 공항 폐쇄, 유혈 시위, 대홍수가 갈마들었지만 한국 관광객의 발길은 끊이지 않았다. 코로나가 전 세계를 휩쓸기 전까지 10년간 태국에 관광 온 한국인은 1,360만여 명. 한국인 4명 중 한 명 꼴로 찾은 셈이다.

그러나 태국 내 여행업에 종사하는 한인들의 삶은 녹록지 않았다. IMF 직후 마이너스 투어비가 등장하며 호황은 끝났고 관광업은 굴절되기 시작했다. 종사자들의 자부심도 꺾였다. 한인사회의 많은 비중을 차지했지만 관광 가이드는 태국 정부가 인정해주지도 않는 직업군이었다.

강의종 회장은 여행자유화 이후 태국에 진출한 관광산업 관계자 1세대다. 관광 가이드의 권익과 보호를 위해 노력해왔지만 이젠 올바른 방향을 찾아야 한다고 주장하는 원칙론자이기도 하다. 민주평통 동남아서부협의회 회장과 함께 2013년부터는 한태관광진흥협회 회장을 10년째 맞고 있다.

여행자유화 이후 태국에 진출한 첫 세대라고 봐도 되나요?

1989년 11월에 올 계획이었으나 미루다 1991년에 왔어요. 해외여행자유화가 시행돼 활기를 띠던 시점이었죠. 출판사에 다니고 있었는데 태국에서 여행사 직원을 뽑는다는 광고를 보고 호기심을 갖게 됐습니다. 방콕 돈므엉공항을 통해 여행 가방 달랑 하나 갖고 들어왔어요. 여행사 직원인 줄 알고 왔는데 와서 보니 가이드 일이더군요. 여행자유화 이후 첫 세대가 맞을 것 같습니다. 당시 함께 일하던 사람들은 대부분 돌아가 거의 남아 있지 않습니다.

당시 태국을 찾는 한국인 관광객이 어느 정도였나요?

체감적으로는 1992~1993년을 거치면서 많이 늘어난 것 같습니다. 여행자유화 직후 1~2년간은 그다지 많다는 느낌은 받지 못했습니다.

당시 한국인에 대한 태국인의 시선은? 어떤 어려움이 가장 컸나요?

88 서울올림픽을 거친 뒤라 태국인들도 한국에 대해 잘 알고 있었습니다. 한국을 잘사는 나라로 알고 있었죠. 남한과 북한을 분리해 생각했습니다. 지금 정도까지는 아니지만 한국은 태국인들에게 좋은 이미지였던 것 같습니다. 태국인들이 화가 나면 다혈질임을 알게 됐지만 대체로 착했습니다. 의도

와는 다르게 가이드를 했지만 관광 호황기라 수입이 좋았습니다. 태국어를 할 줄 모르는 것이 가장 큰 어려움이었죠. 나뿐 아니라 당시 태국에 온 관광 가이드들이 비슷하게 느끼는 고충이었습니다.

수입이 좋았다면 어느 정도였나요?

정산 시 관광 수입의 25%를 받고 팁도 받았으니 넉넉했습니다.

그때나 지금이나 외국인은 관광 가이드 노동 비자를 받을 수 없습니다.

당시에는 거의 단속을 하지 않았어요. 왕궁에서도 외국인이 가이드를 해도 무방했죠. 1995~1996년을 거치면서 관광객이 늘자 자국 일자리보호 차원에서 강화된 것으로 기억합니다. 태국인만 할 수 있는 왕궁 가이드가 생겨났고, 시팅가이드+외국인 가이드가 등장했으나 궁극적 해결책은 되지 못했습니다.

마이너스 투어가 등장한 것은 언제부터인가요?

외환위기로 1997년이 끝나갈 무렵 6개월 동안 한국 여행객이 뚝 끊겼어요. 그후 1997년 5, 6월 무렵 여행사들이 관광객을 받으려고 싼 가격의 프로모션을 실시하면서 마이너스 패키지 투어가 등장했습니다. 결국 여행자유화 이후 7~8년간만 호황을 누린 것이지 외환위기 이후에는 저가 단체 패키지 투어가 등장하며 관광산업이 굴절되기 시작했습니다. 다수의 한국인 가이드를 위한 보호 장치가 필요한 상황이었습니다. 태국 정부에 가이드 대신 코디네이터제도를 설득해 안정적 지위를 보장받으려는 시도를 했습니다. 1년 시행된 뒤 이어지지 못하고 있는 아쉬움이 큽니다.

한태관광진흥협회의 회장을 맡고 있습니다.

1996년 설립돼 최도현 초대회장이 선출됐습니다. 한국 관광업계의 이익을 도모하기 위한 목적이었지만 모든 협회에는 태국이 들어가야 해 한-태란 이름이 된 것입니다. 2013년 9월 5대 회장이 돼 현재까지 맡고 있습니다. 코로나 이전에는 70곳의 정회원과 130곳의 준회원이 있었지만 코로나 이후 20여 곳으로 줄었습니다.

2000년 이후 태국에 여러 환란이 있었지만 관광객은 계속 늘고 있습니다.

개인적인 생각으로는 천혜의 관광 요건을 갖추고 있다고 봅니다. 우선 날씨가 늘 따뜻한 게 가장 큰 강점입니다. 4계절을 가진 나라 사람들을 다 흡수할 수 있죠. 또 가격이 기본적으로 싸고 다양합니다. 음식의 다양성도 들 수 있습니다. 포크, 나이프, 숟가락을 함께 내놓는 나라 음식이 어디에 있나요? 한류로 인해 한국의 다양성이 확보됐다고 생각합니다. 한국의 위상은 88 서울올림픽을 거치면서 이미 많이 높아졌다고 봅니다.

한인이 많이 종사하는 관광 가이드가 신분보장을 받지 못하고 있습니다.

다른 나라들은 대부분 태국인이 가이드를 하고 있습니다. 한국만 거의 대부분 한국인이 가이드를 합니다. 덤핑 때문에 쇼핑으로 적자를 메우려고 한국말 잘 하는 한국인 가이드를 쓰는 것입니다. 한국인 가이드들의 지위 보장을 위해 계속 노력할 것이지만 인정할 것은 인정해야 합니다. 이젠 올바른 방법과 방향을 찾아야 할 때입니다.

포스트 코로나 시대의 관광업계 변화 전망은 어떻게 보나요?

예전처럼 단체 패키지는 많이 오지 않을 것입니다. 소규모 단체인 FIT, 인센티브, 자유여행이 주를 이룰 것으로 봅니다. 가이드가 주도해 쇼핑센터로 안내하는 형태에서 벗어날 것입니다. 가이드는 마이스 산업 분야 등에는 필요하겠지만 일반 여행에선 조력자에 머물 것으로 봅니다. 여행 프로그램마다 포인트를 안내하는 형식의 새로운 패러다임의 시대가 올 가능성이 높습니다. 그 시대를 맞을 준비를 해야 합니다.

▶ 배정철 교장
한국국제학교 이전으로 한인 숙원 푼 교육자

태국 방콕한국국제학교는 2020년 7월 마침내 새교정을 갖는 꿈을 이뤘다. 방콕 다운타운에서 2시간 걸리는 외곽 농촉에 있다가 도심에서 더 가까운 람인트라로 이전한 것이다. 등하교로 파김치가 됐던 아이들이 기를 펴게 되

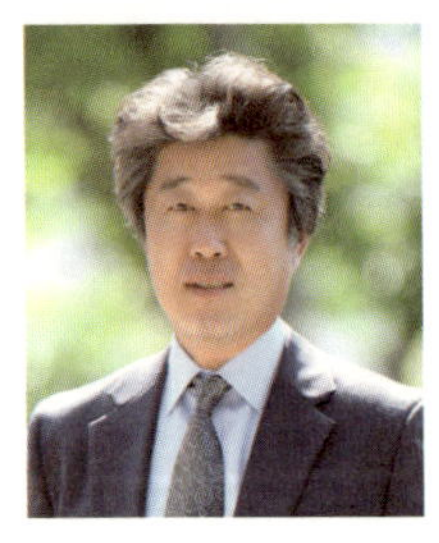

면서 학생들도 몰려들었다. 전교생 90명이 채 안 됐던 학생들은 이전 2년도 안 돼 140명으로 증가했다. 학교 이전을 이뤄낸 사람은 배정철 교장이다. 장학금 유치를 위한 '후원의 집' 프로젝트도 전개해 한인 자녀들이 다니는 학교에 대한 관심도 불러일으켰다. 그가 뿌린 씨앗이 현재 32호점으로 불어났다.

학교 이전 후 학생 수가 많이 늘었습니다.

예, 많이 늘었습니다. 2019년 부임하던 해에는 80명이 채 되지 않았습니다. 학교 이전하기 전부터 조금씩 늘기 시작해 2020년 3월에는 110명이 넘었고, 2021년 3월에는 130명, 2022년 3월에는 137명까지 늘었습니다. 학교가 가까워진 이유도 있겠지만, 한국인의 정체성을 지키면서 태국어, 영어 등 외국어 교육이 강화되고, 선생님들의 노력으로 대학입시 결과가 좋아지면서 입소문이 많이 났습니다.

2019년 부임하셨지요? 부임한 계기가 있었나요?

'태국에 꼭 오고 싶었다'라고 말씀드리면 좋겠지만, 그런 건 아니고요.(웃음) 2004년에 이집트 카이로한국학교 파견 경험도 있어서 기회가 되면 동남아 지역으로 나가고 싶었습니다. 마침 베트남과 태국에 자리가 비어 두 군데를 고민하다가 방콕을 지원하게 되었습니다. 부임하고 나서는 잘 선택했다는 생각을 했습니다.

부임 직후 학교 상황은 어땠나요?

농촌 지역의 학교는 평화로웠죠. 푸른 하늘, 넓은 녹색 잔디, 맑은 공기, 그리고 순수한 아이들이 있었죠. 그런데 좀 무기력해 보였습니다. 교사도 학생들도 기가 죽었다고 해야 하나요? 그런 느낌이 많이 들었습니다. 500명 정도를 수용할 수 있는 학교에 80여 명의 학생이 다니고 있었으니까요. 활력을 불어넣어야겠다, 그런 생각을 했습니다.

학교 이전에 어려움이 많았을 것 같습니다.

학교법인 첫 번째 이사회에서 학교 이전 계획을 보고했더니, 그러시더군요. 오는 교장들마다 이전할 거라고 했고, 모두 못하고 그냥 갔다고요. 교직원도 학부모도 모두 '이전은 불가능하다'라고 생각하시더군요. 그런 인식을 바꾸는 것이 어려웠죠. 구체적인 계획서를 만들고, 예산이 얼마나 들고, 어떻게 확보할 건지, 일정을 어떻게 할 건지, 무엇보다도 이전할 장소 선정이 급선무였죠.

지금 생각해보면 어떻게 했나 싶네요. 그땐 해야 한다는 생각, 할 수 있다는 의욕이 충만했죠. 돌이켜보면 신기합니다.

새 교정으로 이사했는데 코로나로 인한 태국 정부의 재택수업 방침 때문에 아이들을 볼 수 없어 아쉬워하던 생각이 나네요.

그랬습니다. 학교를 이전하고 아이들을 맞을 준비를 다 했는데, 아이들이 올 수 없었죠. 아쉽기는 했어도, 또 나름 다행이다 싶은 생각도 있었습니다. 마무리하지 못한 인테리어 공사도 하고, 전기 용량을 올리는 작업도 하고요. 그런 걸 하는 시간이 필요했거든요. 학생들이 수업을 하고 있었으면 시간이 더 걸렸을 텐데요. 2020년 추석 이후에는 1주일에 하루 등교를 시켰습니다. 학생들도, 학부모들도 모두 힘들어 해서 하루라도 등교해서 서로 안부도 챙기고 공부도 하면서 숨을 쉴 수 있었죠.

'후원의 집' 프로젝트로 학교에 대한 한인들의 관심이 높아졌습니다.

부임한 이후, 학교 예산을 챙겨보니 큰 문제가 하나 있었습니다. 학비 미납액이 엄청났습니다. 교육부에서 예산 점검을 나왔는데, 그때 지적 사항도 학비 미납 문제였죠. 5년째 학비를 안 내고 있는 학생들도 있었고, 많은 학비를 미납한 채 졸업하고 가버린 학생들도 있었고요.

2020년 초에는 코로나가 발생해 학부모들의 경제 사정이 더 어려워졌죠. 시내 타 국제학교에 다니다 비싼 학비 때문에 전학 오는 학생들도 있는 상황이었으니, 점점 악화될 게 뻔했죠.

형편이 어려운 학생들도 도와주고, 교민들의 학교에 대한 애정과 관심을 가지도록 하는 방법을 고민하다가 '후원의 집'을 생각하게 되었습니다. 한 번에 큰 후원을 받는 것보다는 후원의 지속성과 확산을 고려했습니다.

후원자들께서 자부심을 가지도록 명판도 준비하고, 장학금 지급 기준과 방법도 정비했습니다. 처음 예상한 것보다 후원해주신 분이 많아서 깜짝 놀랐습니다. 이렇게 어려운 시기에도 손 내밀어주시는 분들이 이렇게 많구나 하고 참 감사했습니다.

2022년 초 귀국하셨지요? 3년간 태국에서 아이들을 지도한 소회는 어떤가요?

아이들에게 정이 많이 들었죠. 저는 초등 출신이라 한국에서 학교에 근무할 때는 초등학생들만 만났는데, 방콕에서는 중·고등학교 과정까지 있으니 좀 큰 애들을 상대했잖아요. 애 먹이는 녀석이 없지는 않았지만 보듬고 안아보니 다 컸다고 생각한 녀석들도 아직 아이들이더군요.

방콕 아이들이 참 순수하다고 생각했습니다. 저뿐 아니라 오셔서 근무하신 선생님들이 대체로 다 그렇게 생각하세요. 때묻지 않은 아이들, 정이 많은 아이들, 고민하면서 바르게 성장해가는 아이들을 보는 건 참 행복한 일입니다.

외국 거주 한인 자제들의 정체성은 어떤가요? 이를 위한 교과 프로그램은 어떻게 구성했나요?

아이들 구성이 다양합니다. 12년 이상을 방콕에서 사는 아이들도 있고, 부모님 따라 몇 년 살다가 다시 귀국할 아이들도 있고, 또 한태 가정의 자녀들도 있고요. 기본적으로는 한국 국적을 가지고 있는 아이들이니 무엇보다 한국인으로서 정체성을 가지게 하는 것이 중요하죠.

한국 교육과정을 기본으로 하면서 한국의 문화와 전통을 체득할 수 있는 기회를 많이 주려고 했습니다. 거기서 그치는 것이 아니라 이 아이들이 가지고 있는 장점을 살려주려고 노력했습니다. 타 문화에 대한 개방성, 이중 언어에 대한 적응, 알게 모르게 습득되는 국제적 감각 등은 재외한국학교에 재학하는 학생들의 큰 장점이거든요.

대학 진로도 중요한 일인 것 같아요. 방콕 국제학교 학생들의 진로 지도는 어떻게 했나요? 또 아이들이 선호하는 학교는?

이건 참 어려운 부분입니다. 교육자로서 좋은 대학, 선호하는 대학을 서열화해서 진로 지도를 하는 건 사실 제 철학에도 맞지 않고요. 학생과 학부모들은 또 그걸 원하니까 고민과 갈등이 생기죠. 적절히 타협해가면서 했다고 생각하는데, 잘 모르겠네요.

제가 근무하는 3년간 학생들의 대학진학 결과가 아주 좋았습니다. 결과가 좋다는 건 학생들이 원하는 대학과 학과로 진학했다는 의미입니다. 사실 학교장으로서 학교의 위상을 높이는 방법 중 하나가 대학입학 실적이라는 걸 부인할 수 없는 형편이었죠. 같이 근무하던 선생님들의 노력이 컸습니다. 물론 학생들도 열심히 했고요. 선배들을 보면서 후배들도 할 수 있다는 자신감을 가지게 되었고, 그런 분위기가 상승 효과가 있었지 싶습니다.

전문가 멘토링 초청 강연을 자주 했습니다. 대사님, 항공사 직원, 파일럿, 여성단체 대표, 금융업 종사자, 요리사 등 전문가를 학교에 초빙해 생생한 이야기를 듣게 했죠. 학생들도 무척 좋아했습니다. 이 자리를 빌려 무보수로 강연해주시고 학생들에게 귀한 말씀을 들려주신 전문가분들께 감사 드립니다.

초·중·고교 학생이 모두 다니는 점도 어려울 것 같습니다.

저는 단점보다는 장점이 더 많다고 생각합니다. 교사들은 각각 초등학교, 중학교, 고등학교에서 근무를 하신 경험 때문에 초·중·고교 학생들이 같이 생활하고 별솔제 같은 학예회, 체육대회 행사도 같이 하고 하는 걸 의아해하거나 어려워하시는 분들이 있었습니다. 초등학교 저학년과 고등학교 2~3학년이 같이 있으니 그럴 수 있죠. 그래도 장점이 많았습니다. 선배들이 후배들을 잘 보살펴주는 것, 후배들은 형, 누나들이 하는 걸 보고 학교 생활을 배워가죠. 교육이란 교실에서만 이루어지는 게 아니잖아요. 급식소에서, 운동장에서, 강당에서, 쉬는 시간에도, 스쿨버스 안에서도 이루어지거든요. 학생들이 모두 다 착해서 그런지, 그런 면에서 학교 분위기가 참 좋았습니다.

3년간 태국 근무 경험을 토대로 발전 방향을 제시해주신다면?

앞으로는 한태 가정의 아이들이 더 많아질 겁니다. 그에 대한 대비가 있어야죠. 한국어와 태국어, 영어까지 겸비한 인재들입니다. 한국 문화와 태국 문

화, 국제감각을 갖춘 학생들이죠. 한국식으로 대학입시에 맞추어가는 교육
이 아니라 학생들 하나하나의 잠재력을 끌어내주는 교육 디자인을 해나가려
는 의지와 노력이 필요합니다. 학교의 힘만으로는 할 수 없죠. 교민사회, 이
사회 그리고 대한민국 정부에서도 눈을 뜨고 지원해나가야 합니다. 좀 지엽
적인 문제이긴 합니다만, 학교 신축… 해야죠. 신축 부지를 확보해 더 많은
학생과 교직원들이, 더 쾌적하고 스마트한 학교에서 공부할 수 있도록 학교
신축 문제를 해결하는 것이 새로운 도약의 바탕이 될 것으로 생각합니다.

2010년 이후는 태국 한류의 인기로 한국의 주가가 많이 높아졌습니다.
태국 체류 중 그런 느낌을 받으셨나요?

그렇습니다. 솔직히 놀랐습니다. 태국에서 한류 문화에 대한 인기가 그렇
게 높을 거라고는 생각 못했거든요. 2019년도에 '한태청소년 한마당'이라는
행사를 학교에서 진행했습니다. 행사에 참가한 60여 명의 태국 학생들의 한
국 문화에 대한 이해와 인기에 대한 분위기를 실감했습니다. 다만, 걱정스러
운 점도 있습니다. 문화에는 높고 낮음, 좋고 나쁨이 없잖아요. 자칫 한국 문
화에 비해 태국 문화가 수준이 낮다거나, 아이돌로 대변되는 K-POP의 인기
가 대한민국이라는 나라, 한국인에 대한 무조건적인 선망으로 오해할 소지
가 있다는 점입니다.

학생들에게는 국가나 민족간의 문화의 상대성, 대등함, 서로 다름에 대한
존중과 이해 등의 교육이 필요하다고 봅니다.

태국 근무 동안 행복하고 즐거웠나요? 잊지 못할 일이 있다면?

지난 2월에 한국행 비행기를 탔으니 인터뷰를 하는 지금(7월), 5개월이 지
났네요. 그런데도 아직도 방콕의 여운이 가지실 않습니다. 여전히 그리운 곳
입니다. 누가 시키지도 않은 학교 이전이라는 일을 하면서 많이 힘들었죠. 그
래도 행복했습니다. 아이들이 좋아하고, 학부모도 점점 학교를 자랑스러워
한다는 걸 느꼈거든요. 교민들의 관심도 높아졌습니다. 그러니 어찌 행복하
지 않을 수가 있나요?

특별한 무언가를 잊지 못하는 것이 아니라, 그곳에서 지냈던 3년간의 시간

모두가 저에게는 행복하고 잊지 못할 시간입니다.

귀국 후에는 어느 곳에서 어떻게 지내고 있나요?

주소지는 세종시인데 고향인 경남으로 내려왔습니다. 지금은 창원시 동부초등학교장으로 근무 중입니다. 4월 벚꽃이 만발하면 전국적으로 유명한 군항제를 하는 진해구에 위치한 학교입니다. 23학급, 500여 명의 학생이 다니는 아주 크지도 작지도 않은 학교입니다. 여기 아이들이 방콕한국국제학교 초등학생들처럼 순수하고 이쁩니다. 저를 보면 인사도 잘 합니다. 화단에서 메뚜기를 잡았다고 자주 보여줍니다. 교직원들도 각자 제자리에서 역할을 잘 하고 있는 행복한 학교입니다.

교육자로서 금과옥조로 삼는 게 있습니까?

'판단의 기준은 학생들이다'입니다. 교육자로서 원칙입니다. 교사로서 아이들을 가르치든, 교육청에서 교육행정 업무를 하든, 학교장으로서 근무를 하든 마찬가지입니다. 내가 하는 일이 학생들 입장에서는 어떨까 생각해보면 판단이 쉬워지죠. 다른 사람을 설득하기도 좋습니다. 모든 사람이 공감할 수 있습니다. 그런 원칙을 가지고 있으니 고민과 갈등이 덜합니다.

교육자로서 앞으로 어떤 계획이 있습니까?

현재 근무하고 있는 학교, 교장이라는 직무에 충실해야죠. 현재를 알차게 보내는 자만이 미래를 만들어갈 수 있다는 생각으로 하루하루에 성실하고자 합니다. 500여 명의 학생이 안전하고 건강하게 공부할 수 있는 학교, 50여 명의 교직원이 즐겁게 학생들과 더불어 살아가는 학교를 만들어가는 데 집중하고 노력하고 있습니다.

▶ 안미혜 교장
내실 있는 명문 한국국제학교를 설계하다

새 교정에는 다시 아이들의 웃음소리가 들리고 있다. 길고도 답답했던 코로

나의 터널을 빠져나와 마침내 기다리던 대면 수업이 실시되고 있다. 코로나 가운데 방콕한국국제학교에 부임한 안미혜 교장은 가장 먼저 학교를 후원하는 한인들을 초청해 '후원의 밤' 행사부터 열었다. 후원자 한 명 한 명에게 전화해 고마움을 전하는 세심함을 보이기도 했다. 내실있는 학교로 만들겠다는 게 취임 일성이었다. 태국에 정착한 한인들의 수가 늘면서 태국에서 태어나고 자라는 2세 교육은 한인사회에 가장 중요한 화두가 됐다. 교육 외에도 한국인의 정체성과 긍지를 심어줘야 하는 과제가 있다.

2022년 올초 부임하셨지요? 처음 학생들 만났을 때 기분이 어땠나요?

정식 부임 일자는 2022년 3월 1일이고, 태국에는 2월 16일에 도착했습니다. 도착 후 코로나 검사를 마치고 학교를 제일 먼저 와보았는데, 예쁜 학교 모습이 참 좋았습니다. 학교 이전에 쏟은 교직원들의 노력이 보였습니다. 학생들과는 3월 2일 개학식 때 만났는데, 학생들의 해맑고 순수한 모습을 보는 순간 가슴 뭉클했습니다.

태국에 오신 계기가 있나요? 이전에는 어디서 근무하셨나요?

태국에 오기 직전에는 경기도 평택의 인문계 고등학교에서 교감으로 3년 반을 근무했습니다. 2014년부터 2017년까지는 미국 워싱턴 DC에서 주미대사관 워싱턴한국교육원장으로 근무했습니다. 미국은 국비 유학으로 2년, 파견으로 3년 총 5년을 생활했습니다. 태국은 해외여행에 대한 막연한 꿈을 가졌던 교직 초기에 가장 먼저 문화적 측면에서 궁금하던 나라였습니다. 영어교사 시절 교사연수에서 나라를 하나씩 골라 영어로 소개하는 과제가 있었는데, 저는 태국을 소개했어요. 지금 생각하니 인연인 것 같습니다. 방콕한국국제학교는 한국국제학교 파견에 대해 관심을 갖게 되면서 지원하게 되었습니다. 돌고 돌아 처음 방문하고 싶었던 나라인 태국에서 재외동포교육을 하게 된 셈입니다.

코로나 가운데 태국에 오셔서 고민이 컸을 것 같아요.

네. 코로나로 정상적인 교육 활동을 하더라도 항상 신경을 써야 하는 부분이 있게 됩니다. 2020년부터 시작된 코로나로 교육 활동이 많이 축소되어 학생들의 교육을 통한 바른 성장을 지원하는 것에 대해 고민이 되었습니다. 대한민국 교육부와 태국 교육부의 지침을 준수하여 최대한 학생의 안전을 보장하면서 교육 활동을 정상화하려고 교직원 모두 노력하고 있습니다.

지금 학교 수업은 정상적으로 이뤄지고 있나요? 그래도 아이들의 건강과 안전은 중요 사안일 것 같습니다. 방역도 신경 써야 하고요.

학교 수업은 3월 개학일부터 7교시 정상 수업으로 진행하고 있습니다. 물론 중간에 등교한 학생들이 확진이 되거나 밀접이 된 경우가 있어 전수 조사를 통해 해당 학년을 귀가시키거나 온라인 수업으로 전환한 적도 있습니다. 매주 등교 전 코로나 검사를 통해 학생의 건강을 세심하게 살피고, 방역의 경우에도 등하교 시 소독과 체온 기록을 하는 등 최선을 다하고 있습니다. 2학기부터는 방과후 수업도 실시할 예정입니다.

부임 후 학교에 후원하는 분들에게 일일이 전화하셨지요. 후원의 밤 행사도 열었고요.

교민사회와 지역에서 방콕한국국제학교에 후원을 해주시는 것이 너무나 감사한 일입니다. 좀 더 일찍 일일이 찾아뵙고 인사드리고 싶었으나 전화로 대신하게 되었습니다. 부임 전 학교 홈페이지 등을 통해 '후원의 집' 정기 후원에 대해 알고 있었고, 2년이 지나는 시점에서 후원하시는 분들의 정성에 감사를 드려야 한다고 생각하여 '후원의 밤' 행사를 2022년 6월 24일㈎ 개최하게 되었습니다. 후원을 지속적으로 해주시는 것이 결코 쉬운 일이 아님에도 꾸준히 학교 발전을 위해 지원해주시는 후원자 여러분께 이 자리를 빌려 다시 한 번 감사의 말씀을 드리고 싶습니다.

교정을 방콕 시내로 옮겨 전에 비해 다소 환경이 나아지고 학생 수도 많이 늘었지요.

학교 이전이 교민사회의 숙원이었던 것으로 알고 있습니다. 지금 교정은 이전 학교에 비해 아담하지만 방콕 시내와 교통이 가까워져 학생들이 등하교에 걸리는 시간이 많이 단축되어 환경이 개선되었습니다. 학생 수는 꾸준히 늘어 2022년 8월의 2학기 개학일 현재 144명입니다.

현재 학교급별 인원 구성은 어떤가요? 또 각 학년별 교과 프로그램도 소개해 주세요.

현재 초등학교 70명, 중학교 36명, 고등학교 38명으로 총 144명입니다. 초등 교육과정에서 학년별로 각각 한 개의 교과 프로그램을 소개해드리면, 1학년의 경우 한국학교 적응 및 교육활동 운영을 위해 기초 기본 한글교육(읽기, 쓰기) 등을 합니다. 2학년 수학 교과는 기초연산, 셈하기, 한글 문장제 풀이 기본교육으로 수학적 사고의 토대를 마련하죠. 3학년은 도덕 시간에 한국의 문화 및 예절 교육을 통한 올바른 인성 키움 활동으로 글로벌 인재 바탕을 수립하고자 하며, 5학년 음악 교과 시간에 사물놀이 악기 연주 및 합주 교육으로 한국의 얼을 느끼고 한국인의 긍지를 형성합니다. 5학년 사회 교과에서는 세계 속 한국의 올바른 역사 교육을 통해 과거와 현재를 연결하고 미래를 이끄는 힘을 기릅니다. 6학년 과학 시간에는 새로운 기술에 대한 탐구와 실험 실습 교육으로 미래 사회를 위한 융합 교육을 실시하고 있습니다.

중등 교육과정에서는 국어과의 경우, '독서로 자라나는 우리'라는 주제로 독서활동과 그 결과를 꾸준히 독서기록장에 기록하며 독서의 생활화, 습관화를 추구하고 있고요. 수학과도 창의융합 문제해결 능력을 통한 정의적 영역 함양을 위해 함께 문제를 해결하고 사고력을 키워 수학적 힘을 키우고 있습니다. 수학창의대회 등을 통해 창의력을 신장하고 있기도 합니다. 외국어 교육과정은 우리 학교의 특장점이라고 할 수 있는데요. 초등에서 태국어 교육과정을 운영하며 주3시간, 중등 주2시간을 진행하고 영어는 수준별 수업을 원어민과 함께 진행합니다. 초등에서는 영어캠프를 진행하고, 중등에서는 KISB English Fair Day를 운영하여 디베이트, 환경토론 비디오 제작, 영어 합창을 하게 됩니다. 특히 올해 KISB '희망 나눔 운동화 그리기' 봉사활동 프로젝트를 진행하여 운동화에 학생들의 마음을 담아 남수단 어린이들에게 보냈습니다.

이 외에도 국제적인 TSL(Trust for Sustainable Living) 2022 International Education Summit과 2022 GLEC(Global Leadership English Contest) 등에 참가하여 우수한 성적을 내고 있습니다. 지와 덕을 겸비한 인재가 성장하고 있는 산실이라고 자랑하고 싶습니다. 정보 시간에는 워드, 엑셀, 구글 시트 등 실습 중심의 컴퓨터 활용 능력 향상을 꾀하고 11학년의 물리학과 화학에서는 PBL 중심의 수업을 운영하고 있습니다. 사회 교과는 통합적인 관점에서 사회 문화 현상에 대한 합리적 의사 결정 능력 함양을 위한 다양한 활동을 진행합니다. 또한 정체성 함양을 위해 역사 교과도 배우고 있습니다.

학교 운영에 어떤 계획을 가지고 있나요? 교과과정이나 특별활동 등 구상하시는 것이 있다면요?

우리 학교의 교육과정은 현장의 요구를 반영하여 적절하게 구성되어 있습니다. 현재의 틀을 유지하면서 초·중·고 교육과정에 내실을 기하는 방안을 계획하고 있습니다. 교과과정은 고등학교는 진로진학 프로그램을 더욱 탄탄하게 구성하고, 초·중·고교의 독서 활동과 독서교육에 대해 중점을 두고 교육공동체의 의견을 수렴하고자 합니다. 올해 프로젝트 봉사활동을 시작하여, 학생들이 계획하여 봉사활동을 진행하는 프로그램을 시작했고, 중등 교육과정에서 기말고사 이후 시간에 '주제 통합 수업' 프로젝트를 구상하여 환경문제 글로벌 조사 결과(2019년 28개국 대상 자료)를 참고하여 각 교과별로 환경과 관련되는 1개의 주제를 선택하여 교과 활동을 진행했습니다. 비 교과 활동으로는 학년별로 친환경 요리를 탐구하여 친환경 요리대회를, 환경 관련 수업 후 1가지 주제를 선정하여 반별로 벽화를 제작했습니다. 학급별로 아이디어 및 도안을 작성하고 도색 작업을 하고 작품을 발표했습니다. 이러한 일련의 교육활동을 통해 학생들은 공동체 의식을 갖고 협동하며 성장하는 배움의 기회를 갖고 있습니다.

태국에는 국제학교가 많습니다. 학비도 상당히 비싸고요. 방콕국제학교의 경쟁력은 어디에 있을까요?

네. 저도 다른 태국 국제학교의 학비가 비싼 것에 놀랐습니다. 우리 학교의 경쟁력은 첫째 우수한 교사진, 둘째 한국인으로서 정체성 교육, 셋째 대한민국 교육부의 태국 내 유일한 인가기관으로 지원을 받고 있다는 것입니다. 교사진에 대해 말씀드리면, 한국에서 오신 선생님들은 정교사 자격증을 갖추고 한국의 공교육기관에서 아이들을 가르친 경험이 풍부한 훌륭한 선생님들입니다. 두 번째, 우리 방콕한국국제학교에서는 학생들이 한국인으로서 정체성을 갖추고 태국사회에서 생활할 수 있도록 하고 있습니다. 한국어·태국어·영어 교육과정을 운영하고, 역사교육을 통해 자신의 뿌리를 알고 미래에 한국과 태국을 연결하는 멋진 인재로 성장하도록 돕고 있는 것이지요. 세 번째, 우리 학교만의 특장점이라고 할 수 있는데요, 태국 내 국제학교 중에서는 유일하게 대한민국 교육부에서 운영비 일부를 지원하고 교과서를 전부 지원해주고 있으며 교육부 인가를 받은 학교입니다. 실제로 우리 학교에서 한국으로 전학을 가거나 한국에서 전학을 오는 학생들은 나이스 시스템 상으로 전학 서류를 주고받게 됩니다.

태국에서 태어나 자란 한인 자제들이 많이 늘고 있습니다. 그만큼 학교 교육의 중요성이 과거와는 달리 높아지는 것 같습니다.

그렇습니다. 학교에 입학하는 학생들의 경우에도 1학년과 2학년은 한-태 가정의 비율이 매우 높습니다. 태국어가 훨씬 자연스러운 학생들이 늘어나고 있고요. 한국어교육과 정체성 교육이 중요한 교육활동의 일부로 편성되어야 함을 더욱 실감하고 있습니다. 2학기 들어 학생들이 애국가와 교가도 배우면서 한국에 대해 더욱 알게 하고, 각종 행사 등을 통해 한국 문화를 접하게 할 계획입니다.

지금 생활하고 있는 태국은 부임 전 생각했던 것과는 차이가 있나요?

네. 예상했던 것보다 사람들은 훨씬 친절하고 따뜻합니다. 다만 제가 태국어에 대해 능숙하지 못하므로 언어의 장애에서 오는 어려움이 있고 학교에서의 행정적 처리 절차와 시간이 생각했던 것보다 훨씬 복잡하거나 시간이 오래 걸린다는 점이 있습니다.

실생활 면에는 대중교통(버스) 노선이 많지 않은 점과 자동차 운전이 생각보다 어렵습니다. 우핸들이어도 조금 연습하면 되겠지 했는데 차도가 좁고, 인도가 없는 곳이 많아 생각보다 운전에 불편함을 느낍니다.

저의 경우에는 다른 나라의 문화를 경험하고자 하는 욕구가 있습니다. 미국에 5년 정도 근무하거나 유학을 한 경험은 있으나 동남아시아에서는 태국이 첫 나라인만큼 사람들의 삶과 사고방식에 대해 관심이 많습니다. 그래서 태국의 문화를 존중하면서 다양한 문화를 접하고 경험하고자 하며, 제 부임 기간 중 태국의 교육과 문화에 대한 경험치를 늘려가고 싶습니다.

향후 학교의 큰 운영계획과 발전방향을 말씀해주신다면?

우리 학교는 교민사회, 학교 이사회, 대사관의 전폭적 지원과 관심을 받고 있습니다. 학교가 좀 더 안정적으로 운영되기 위해서는 적정 규모의 학교가 되어야 하고 현재 학교 부지가 12년 장기임대로 2032년에 끝나는 만큼 중장기적 계획과 발전방안을 수립해야 합니다. 가장 이상적인 방법은 학교 부지를 매입하여 임대 기간 동안 시설을 확충하는 방법이 있으나 이를 위해서는 학교 발전기금이 적립되어야 합니다. 이 부분은 이사회와 대사관 그리고 대한민국 교육부와 긴밀한 협의가 필요한 부분입니다.

적정 규모의 학교가 되면 학생의 교육활동과 교사 수급 등이 더욱 유연하게 이루어져 학교의 운영이 원활하게 진행됩니다. 중장기 계획을 말씀드렸지만, 본교는 현재 외적인 기반은 많이 갖추어놓은 상태이므로 교육과정과 학생들의 교육활동에서 더욱 내실을 다지는 방향으로 학교를 운영하고자 합니다. 학생이 아이에서 어른으로 성장하는 중요한 이 시기에, 사회의 당당한 구성원으로 자존감을 갖고 성장하고 생활할 수 있도록 지원하고 지지하는 역할을 우리 방콕한국국제학교에서 하고자 합니다.

교육자로서 평소 신조나 교육관은 어떻습니까?

학생들의 몸과 마음이 건강하게 성장하도록 돕는 '마음이 따뜻한 사람'이 저의 교육자로서 자세입니다. '아이들은 한 명 한 명 빛나야 한다'에 저의 교육철학이 담겨 있습니다. 학생들은 각자의 우주를 가지고 학교에 와서, 다른 친구들과 생활하고 배우며 성장하게 됩니다. 교육은 '백년대계'이며 한 나라의 미래는 교육에 달려 있다는 확고한 믿음이 제게는 있습니다. 아이들의 미래를 바라보며 한 명 한 명에게 따뜻한 지원을 해준다면 자신과 타인을 배려하는 사람으로 성장하리라고 믿고 있고, 그 과정에서 교육자인 저와 선생님들도 많은 것을 배우게 된다고 믿고 있습니다.

▶ 홍지희 대표
코로나 위기에서 한인 구한 한류 1세대 전파자

인류의 대재앙 코로나는 재태 한인사회에도 고통과 절망을 안겨주었다. 태국은 코로나가 시작되자 2020년 3월부터 국가봉쇄에 들어갔지만 코로나의 유일한 해결책인 백신은 1년 뒤인 2021년 2월 28일에야 첫 접종을 시작했다. 재태 외국인에게도 동일한 기회를 준다고 했으나 '실질적'으로 내국인 우선이었고, 재태 한인들은 곳곳마다 기약 없는 유료 예약을 하며 감염에 그대로 노출됐다.

한태교류센터 KTCC 홍지희 대표(재태 한인회 부회장)는 이 막막하고 암울한 시간에 한인 3,700여 명에게 태국 정부 무료 백신 접종을 성사시켜 방콕은 물론 치앙마이, 촌부리, 파타야, 시라차 등 여러 지역의 한인들을 도왔다. 본격적인 태국 한류 전파의 1세대이기도 한 그녀는 한국과 태국의 튼튼한 다리이기도 하다.

백신 맞기 어려운 시기, 한인들을 위해 중요한 일을 하셨습니다.

코로나 19 팬데믹 상황 가운데 백신을 못 구해 힘들어하는 많은 한인을 보면서 안타까운 마음으로 자문을 맡고 있는 태국 정부 부처, 방송사 간부와 병원 관계자들에게 도움을 요청하며 통사정하고 매달렸어요. 특히 연로하시고 건강도 안 좋은 한인분들이 무방비로 대책 없이 감염에 노출되어 있었는데 2월부터 백신 접종을 시작해 처음엔 조금씩 조치하다가 100명씩 500명씩 접종 쿼터를 늘려 여러 달에 걸쳐 특별 백신을 맞다 보니 10월 중순 마지막 청소년들까지 총 3,700여 명의 한인이 백신을 조치받았고 태국에 거주하는 외국인으로는 처음으로 한인들이 단체로 태국 정부 무료 백신을 특별히 접종했습니다. 그동안 한인들의 백신 명단 접수부터 전화 안내 등 많은 일이 이어졌습니다. 처음 두 달 간은 혼자서 접수를 진행했지만 신청 한인 수가 늘어나면서 코윈 태국지역본부와 재태 한인회가 한인들의 명단 정리를 함께 협력했고, 단체 접종에는 주요 한인단체들이 힘을 모아 직접 한인데스크를 만들어 접수를 도왔습니다. 위험한 시기 공동체를 위해 모두가 한마음으로 힘을 모았던 그때를 생각하면 정말 가슴이 뭉클합니다. 코웨이 등 한국 기업에서도 병원에 필요한 공기청정기와 방역 물품 등을 기증하고 협력했습니다. 백신 접종을 계기로 재태 한인회와 한국대사관에서 주요 태국 종합 병원들과 MOU를 맺고 다양한 할인 혜택과 재태 한인들을 위한 특별 의료 서비스도 시작하게 되어 무척 감사하고 기뻤습니다.

태국 최초의 한류 회사를 설립하셨죠? 어떻게 설립하게 되셨는지 궁금합니다.

제2의 일본으로 불리던 태국에 한국을 제대로 알리고 싶었습니다. 태국어 동시통역사로 10년 이상 활동하면서 만나는 정부와 언론 등 많은 태국인이 한국의 역사와 문화 등 한국을 제대로 알지 못한다는 것을 접하고 한국을 올바로 알리기 위해 2003년 8월 15일 광복절에 한국과 태국에 동일한 법인인 한태교류센터 KTCC를 설립했습니다. 당시 숙소를 구하기 위해 찾아간 방콕 시내 수쿰윗의 서비스 콘도에서 일본인들의 반대로 '한국인에게는 방을 줄 수 없다'는, 믿을 수 없고 황망한 주인의 말에 억울함으로 큰 상처를 받고 태국에 대한민국을 제대로 알려 태국 곳곳에 꼭 태극기를 걸고 태국인의 80% 이상은 대한민국을 잘 알도록 하겠다고 단단히 다짐을 했습니다.

한류 관련 여러 일을 하셨는데, 어떤 일들을 하셨나요?

당시만 해도 한국에 대한 인식이 낮아 한국을 잘 소개하자는 생각에 한국 드라마를 밤새 번역해 녹음한 뒤 비디오테이프를 들고 주요 방송사들을 찾아다니며 소개해달라고 사정했고, 한국 음식 만들기와 한국 소개 프로 등 직접 방송에 출연하기도 했습니다. 〈대장금〉〈풀하우스〉〈파리의 연인〉 같은 드라마 OST도 처음으로 태국에 들여왔고 손예진, 이준기, 김래원 등 한류 스타 팬미팅과 K-POP 콘서트도 태국에서는 처음 소개하기 시작했습니다. 2008년부터 푸미폰 국왕 별세 전까지 8년 연속 재태 한인회, 주태 한국대사관과 함께 개최했던 종합문화축제인 '코리아 페스티벌'과 '한태우호문화축제'가 힘은 들었지만 의미 있고 보람이 컸습니다. 한류를 사랑하는 태국 청소년들의 한국 진출 무대로 서울신문과 함께한 'K-POP 커버댄스 페스티벌'은 코로나에도 거르지 않고 12년 연속 태국 본선을 주관했고, 아시아모델조직위원회와 함께 주최하는 '아시아 모델 페스티벌'도 10년 가까이 태국 주관사로 행사를 이어가고 있습니다.

한국을 무대로 제작한 태국 영화가 크게 히트하며 방한 태국 관광객이 크게 늘었죠?

'헬로 스트레인저'란 영화였어요. 한국 발음을 넣어 '권믄호'란 제목으로 태국 영화사 GTH와 2010년에 공동 제작했는데, 그 해 태국 영화 중에서는 박스오피스 1위에 올랐습니다. 영화관에 태국인들이 긴 줄을 끝없이 서는 것을 보면서 감독과 함께 감격했던 순간이 떠오릅니다. 태국 유명 감독이 한국을 좋아한다며 한국에서 로맨틱 코미디 영화를 꼭 찍고 싶다며 찾아왔는데, 예산이 턱없이 부족해 여러 곳에 도움을 요청하고 한국에서 매서운 추위와 싸우며 힘들게 촬영했습니다. 공동 제작자 겸 공동 프로듀서로 참여하고 첫 한국 풀 로케 태국 영화로 영화 속 여주인공이 좋아하는 한국 드라마 촬영지를 찾아가는 스토리로 서울과 강원도, 경기도에서 거의 100% 촬영했습니다. 영화가 상영된 뒤 서울시는 영화의 영향으로 태국 관광객이 전년 대비 40% 늘었다고 공식 발표했고, 주요 촬영지였던 남이섬은 태국인이 가장 많이 찾는 유명 관광지가 되었습니다. 영화 〈권믄호〉는 태국에서 큰 성공을 거두고

난 후 중국, 일본 등 총 18개 국에 상영되어 한국을 홍보했습니다. 당시 동남아 영화에 대한 인식이 낮던 시기라 각 지자체와 기업들을 찾아다니며 어렵게 지원 협조를 받았는데, 영화의 인기로 한국 홍보에 큰 효과를 거두자 한국 정부는 해외 영화 지원 정책도 바꾸어 〈어벤저스〉 등 주요 해외 영화들의 한국 촬영이 이어졌습니다. 그 뒤에도 태국 TV CH7, CH3, CH8 등 태국 주요 방송사들과 한국에서 드라마 〈아내〉〈야망의 그림자〉〈사랑의 운명〉등을 찍어 한국의 여러 지역을 소개했고 특집 다큐 등 여러 프로그램을 제작했지요. 다른 프로그램도 인기를 거두었지만 특히 초기에 성공을 거둔 영화 〈권문호〉의 한국 홍보 효과가 상당히 컸습니다.

태국 한류의 지속 원인은 어디 있다고 보시나요?

한류 등 K-콘텐츠는 스토리와 함께 구성도 아주 경쟁력 있고, 특히 한태 양국의 정서가 크게 다르지 않은 것도 주효한 것 같습니다. 일본의 인기에 가려 보이지 않던 한류의 매력은 태국에서 외국에 대한 개방적 문화와 간섭 없는 태국의 정책 덕에 더욱 힘을 받았으며, 한류를 통해 다양한 분야로 이어지는 한국의 위상이 날로 커져가고 있습니다. 젊은 태국 가수들인 리사와 밀리를 통해 태국도 '소프트파워'에 대한 중요성을 인식하고 한국을 롤 모델로 하고 있는 건 더 반가운 일입니다. 20년 전만 해도 일본으로 가득했던 태국이 한류로 인해 갑자기 태국의 문화, 경제 등 여러 분야에 큰 영향을 미치니 10년 전쯤엔 일본무역진흥공사(JETRO)에서 연락이 와 미팅을 요청한 적도 있습니다. 현재 태국 한류는 또 다른 단계를 밟고 있습니다. 아이돌 가수의 K-POP이나 유명 배우가 첫 단계였다면 음식, 교육, 기술 등 실생활에 더 가까운 영역으로 계속 확장되고 있습니다. 과거 일본에 치우치던 태국인들의 관심이 한국으로 빠르게 옮겨가고 있습니다. 특히 태국 오피니언 리더들을 중심으로 한국의 경쟁력을 벤치마킹하려는 움직임이 일고 있으며, 한류의 완성은 한국과 태국이 서로 좋은 점을 배우고 양국간 상호 영향력을 높이는 것이라고 생각합니다. 태국은 아시아 허브 국가로 태국 내에서 한국에 대해 긍정적 이미지를 만들면 자연스럽게 동남아시아 전역으로 확산되는 효과를 기대할 수 있다고 봅니다.

여성가족부 코윈 태국지역본부의 초대 회장을 역임하셨죠?

여성가족부에서 개최하는 한국 행사에 2010년부터 매년 태국 대표로 참가하면서 코윈 태국 지역본부가 절실히 필요하다는 것을 느꼈습니다. 한국 대사관과 함께 지속적인 요청을 통해 2017년에 여가부로부터 태국 지역본부 정식 인가를 받았습니다. 코윈 태국지역본부는 다른 나라에 비해 늦게 시작되었지만 여성가족들의 권익보호를 위해 여성가족권익보호센터를 만들고 심리상담센터를 운영했으며 태국 사회개발부 여성가족국, UN WOMEN 등과 협력해 여성가족권익보호포럼을 개최하기도 했습니다. 그 외 장애인 태권도 국가대표 지원사업과 참전용사 자녀 장학금 지원 등 차세대 리더십 후원을 위해서도 회원들이 힘을 모아 다양한 봉사 활동을 이어가고 있습니다.

태국 외교부 산하 태-한친선협회의 유일한 한국인 상임위원으로도 활동 중입니다.

2010년 태국 외교부 산하 단체로 발족한 태-한친선협회는 전 방콕시장이자 민주당 사무총장을 역임한 아피락 코사요딘 제1대 회장님과 전 주한 태국 대사님을 비롯하여 피몬태국 태권도 협회장, 센트럴그룹, CPALL, 드몰그룹, 칸타나 등 주요 그룹 각 분야의 오피니언 리더들로 구성된 단체로 다양한 분야의 한태 양국 교류를 이어가고 있습니다. 태한친선협회 유일한 한국인 상임위원이자 발족 위원으로 태국의 주요 기관과 언론, 기업 등에서 한국 자문으로 10여 년 간 활동하고 있으며 태국 정책 결정자들과 언론이 한국에 대해 우호적인 생각을 갖도록 양국 교류를 위해 활동하고 있습니다.

태국인들에 대한 평소 생각은 어떠신지요?

기본적으로 태국인들은 온순하고 친절하며 예의를 중요하게 생각하고, 특히 어른에 대한 공경심이 큰 것은 한국인과 비슷하다고 생각합니다. 그리고 문화와 예절을 중시하는 태국인들은 태국 문화나 자국에 대한 자존심이 무척 강합니다.

앞으로 어떤 계획을 가지고 계신가요?

한국 교육의 경쟁력을 통한 태국 교육 수준 강화를 위해 태국 주요 교육기관과 협력사업을 이어나가려고 합니다. 또 한태수교 65주년을 기념해 태국 주요 방송사와 공동 제작 등 여러 프로젝트 협의를 진행 중입니다. 한국과 태국의 미디어 분야 협력을 통한 'K-SoftPower'를 소개하는 한국 홍보는 양국 교류에도 시너지 효과가 있을 것입니다. 또 에너지, 의료 등 한국의 발전된 주요 기술 분야 협력도 확대하려고 합니다.

▶ 박서연 양
한국 웹툰 보면서 로망 키우는 교민 2세 청소년

2006년생(16세)인 박서연 양은 태국에서 태어나고 자랐다. 한국인인 부모가 태국에 정착해 사업을 하고 있기 때문이다. 초등·중학교는 한국 학생이 한 명도 없는 태국 학교를 나왔고, 고교는 국제학교를 다니고 있다.

한국어 태국어를 능숙하게 구사하고 대학은 한국으로 가겠다는 뚜렷한 목표를 세워놓고 있다. 한-태 미래의 '브리지' 자질을 갖춘 박서연 양은 한국과 태국, 한국인과 태국인에 대해 어떻게 생각하고 있을까?

태국에서 태어났지요?

부모님이 태국에서 사업하셔서 태국에서 태어났고, 초등·중학교까지는 태국 학교를 다녔습니다. 지금은 국제학교 웰스 고교 1학년이에요.

태국 초등학교 갈 때 태국어를 알았나요?

집에서 한국어를 썼기 때문에 태국어는 하나도 몰랐어요. 글은 학교 들어가서 처음부터 배웠어요. 어머니가 아무래도 태국에서는 현지어를 해야 한다고 하셔서 태국 학교를 보내셨대요. 쓰는 법은 태국어를 먼저 깨우치고 한글을 깨우쳤어요.

한국어도 잘하는데, 2개 언어 혼동되지 않았어요?

그렇지는 않았어요. 집에 와서는 주로 한국어로 말했거든요. 4학년부터 중 1(7학년)까지 토요학교에 다닌 것도 도움이 많이 됐어요. 1주일에 한 번 가지만 역사, 수학, 국어를 배우면서 한국 마인드가 생겼죠.

한국인이라는 것을 늘 의식하게 살게 되던가요?

그럼요. 부모님이 두 분 다 한국 국적이라 제가 태국 국적 취득하는 것이 쉽지도 않을뿐더러 TV로 한국 드라마, 웹툰 등을 보면서 더 한국인이라는 생각이 든 것 같아요.

태국 학교를 다닐 때 한국인이란 점은 유리하던가요?

한류 덕분에 친구들 사이에서 늘 유리했어요. 고학년으로 올라갈수록 더 그랬죠. 태국 친구들이 한글이나 한국 음식 K-POP에 대해 물어보고요. 한국 인이라는 점 덕에 인기가 있었다고 할 수 있죠. 한국인에 대한 정체성에 의 문이 든 적은 한 번도 없었던 것 같아요.

태국 친구들과 한국 친구들의 차이점이 있나요?

저는 다 똑같다고 생각해요. 사람에 따라 다른 것일 뿐 국적에 따라 어떤 차이가 있다는 생각은 한 번도 한 적이 없어요.

한국은 자주 가봤나요?

4~5차례 갔지만 오래 있다 오진 못했어요. 한국 드라마나 웹툰을 보면서 언제부터인가 한국에 대한 '로망'이 생겼어요. 그림 그리는 것도 좋아하고요. 대학도 한국으로 가겠다는 결심을 굳혔고요. 무엇이 되겠다는 꿈은 아직 없 지만 당연히 한국으로 가야겠다는 생각은 확실해요.

음식은 어떤 것을 좋아하나요?

학교에선 태국 음식을 먹으니까 집에 오면 어머니가 한국 음식을 주로 해 주셔요. 한국 음식이나 태국 음식이나 가리지 않고 잘 먹는 편이에요. 그래서 살찐 건가?(웃음)

K-POP 공연도 보러 가나요?

친구들도, 저도 너무 좋아해요. 콘서트는 아직 못 가봤지만 팬미팅엔 가봤어요. 티켓 값이 싸지는 않지만, 태국 친구들도 기회만 있으면 가보려고 해요. 무조건 가야 한대요.

한국 드라마 보면서 더 한국에 애정이 생겼나 보네요.

한국어도 배우고 문화도 배우고요. 〈오징어 게임〉 〈갯마을 차차차〉도 다 봤고, 요즘은 〈이상한 변호사 우영우〉 보고 있어요. 너무 재미있어요. 새로 나온 것은 거르지 않고 보는 것 같아요.

태국 민주평통 주니어위원이라고 들었어요.

전에는 몰랐는데 주니어위원으로 활동하면서 한국에 대한 애정도 더 많이 생기고 알게 되는 것 같아요. 통일골든벨 대회에도 참가했는데, 너무 유익한 시간이 됐던 것 같습니다. 태국에 있는 한인 청소년들에게 이런 기회가 더 많이 주어졌으면 좋겠습니다.

▶ 윤나라 양
한국 태국을 연결하는 미래의 브리지

2002년생(20세)인 윤나라 양의 아버지는 1990년대 초 태국에 진출해 태국 여성과 결혼해 가정을 꾸렸다. 윤나라 양은 당연히 태국에서 태어나고 자랐다. 두 국적의 부모를 두어 태국어는 물론 한국어, 영어에도 능숙한 재원이다.

한국인들은 1980년대 말을 거쳐 1990년대에 들어서며 대거 태국에 정착했고, 이제 윤나라 양과 같은 다문화 가정 2세들이 성인 세대로 본격 편입하기 시작했다. 한국과 태국을 연결하는 미래의 '브리지'가 될 이들은 한국과 태국을 과연 어떻게 생각하고 있을까? 한국어로 진행한 인터뷰에서 윤나라 양은 토씨 하나 어색하지 않고 되묻지 않아도 되는 완벽한 한국어를 구사했다.

어린 시절 이야기 좀 들어볼까요? 한글 이름이네요.

한국인 할아버지가 지어주셨다고 들었어요. 아빠는 한국인, 엄마는 태국인이에요. 아빠와 있을 때는 한국어, 엄마와는 태국어를 쓰고, 온 가족이 다 있으면 태국어 한국어 영어를 다 함께 쓰는, 좀 '신기한 가족'이 됩니다. 아빠와 엄마를 위해 종종 태국어로 통역을 해드리기도 합니다.

학교 다닐 때는 어떤 언어를 썼나요?

초등학교와 중학교는 태국어를 주로 쓰고 영어를 쓰는 학교에 다녔고, 고등학교는 뜨리얌 우돔쓱사를 나왔는데 이곳은 태국어를 썼어요. 지금은 영어가 가장 편한 것 같기도 해요. 초등학교는 태국 방학 때마다 한국에 가서 초등학교를 다녔고, 중학교 때는 한국어 학원에 다녔어요. 한국어를 잘 하게 된 것은 한국인 아빠의 열성 덕인데, 한국에 자주 가면서 한국에 대한 관심이 많아졌죠. 한국가는 것도 좋아하게 됐고요. 고등학교 때 방탄소년단 등 K-POP에 빠졌어요. 한국 노랫말이나 SNS에 올라온 좋아하는 스타들의 게시글을 태국 친구들의 요청으로 통역해주면 신기하다는 말과 칭찬도 많이 들었어요. 그래서인지 한국어 책 읽기를 좋아해요. 자기개발서나 소설책도 자주 읽어요.

한국인과 태국인 어느 쪽에 가깝다고 생각하나요?

한국 여권, 태국 여권 둘 다 가지고 있어요. 그런데 굳이 하나만 고르라고 한다면 한국인이라고 하고 싶어요. 한국인이라는 소리도 많이 듣고요. 사실 한국에 가면 한국인, 태국에 있으면 태국인이죠. 친구들이 그냥 '외국인'이라는 말도 해요.

한국과 태국이 월드컵 결승전을 벌이면 어느 팀을 응원할 것 같나요?

(잠시 생각하는 듯하다가) 한국 응원할 것 같아요. 그럼 한국인이네요.

한국과 태국 어느 점이 다른가요?

한국에 가면 너무 편해요. 어디를 가든 안전한 느낌이 들어요. 태국요? 음식이 너무 맛있어요.

지금 태국에서 쭐라롱껀대학에 다니고 있죠? 태국 대학을 간 이유는?

언어문학을 전공하고 있어요. 이제 2학년이 되는데, 대학원은 한국으로 가려고 생각하고 있어요. 아빠가 떨어지기 싫어서 그러는지 태국 대학에 가기를 바라시기도 했고요. 아직 확실히 정하지는 않았지만 한국어 태국어 통역사 꿈도 있고, 연기자가 되고 싶은 생각도 있어요. 새로운 일을 하는 게 좋아요. 한국과 태국을 연결하는 일을 하고 싶은 마음도 들고요.

국적 정체성에 대한 혼란은 없었나요?

부모님이 사랑으로 대해주셔서 그런 것은 전혀 없었어요. 많이 잊어버렸지만 초등학교 때는 태국 방학 때 한국에 가서 한국 역사도 배웠고, 태국에서는 태국 역사도 배웠어요. 일곱 살 아래 남동생이 있는데, 남동생은 태국어만큼 한국어는 잘 못해요. 저처럼 한국에 있는 학교나 학원을 다니지 않아서 그런 것 같아요.

부모 국적이 다른 후배들에게 들려주고 싶은 말이 있나요?

남동생에게도 하는 말이지만, 혼혈이라는 것은 감사한 일이에요. 가급적이면 한국어를 더 열심히 하라고 말해주고 싶어요. 두 가지 언어를 다 잘하면 두 나라 사이에서 좋은 점만을 골라 쓸 수가 있잖아요. 기회도 더 많고요.

▶아피락 코사요딘 회장
태-한 친선협회 초대 회장, 내가 본 한국과 한국인

아피락 코사요딘 전 방콕시장은 태-한 친선협회 초대 회장을 지낸 대표적인 친한파다.

한국 문화와 한국 음식을 좋아하고, 방콕 시장 재임 시절에는 서울과 처음으로 자매결연을 맺기도 했다. 한국을 전 세계에서 가장 혁신적인 나라라고 평가하는 데 주저하지 않는다.

태-한 친선협회 초대 회장을 역임하시면서 한국의 변화한 모습을 잘 살펴볼 수 있었을 같습니다. 10~20년과 비교해 한국의 이미지가 어떻게 달라졌다고 생각하시나요?

한국의 이미지는 긍정적인 면에서 빠르고도 의미심장하게 변화해왔습니다. 전 세계에서 경제, 비즈니스, 문화, 전통, 음악, 엔터테인먼트, 관광 등 전 분야에 걸쳐 가장 혁신적인 나라가 되었습니다.

방콕 시장을 역임하셨죠? 한국 또는 서울과는 어떤 협력을 하셨는지요?

저는 방콕시장으로 선출되어 방콕과 다른 많은 도시와 자매결연을 맺었습니다. 서울은 방콕의 첫 자매결연 도시였습니다. 2006년에 체결했고, 두 도시가 환경, 도시운영, 문화, 관광 진흥을 위해 서로 협력했습니다.

태-한 친선협회 회장을 역임하며 어떤 기억들이 떠오르는지요?

당시(2009~2011년) 정해문 한국대사와 가까이 일했다는 것은 큰 영광이었습니다. 주태 한국대사관에서 태한 친선협회를 발족했고 태한 상공회의소, 재태 여러 한국 기업과 비즈니스 및 경제협력, 문화교류, 태국 내 중등학교 및 대학에서 한국어 교육을 증진하는 일을 협력했던 기억이 납니다. 태한 친선협회의 발족을 마하 짜크리 시린돈 공주께서 공식 주재하셨습니다. 공주님께서 한국과 한국인 그리고 공공 분야, 양국 사이의 문화관계 등에 대해 연설하신 것을 기억합니다. 그 행사에서 공주님께서 방콕에 있는 주요 대학 내 한국어를 가르치는 상호 교환 프로그램을 요청하셨지요.

한국 문화가 태국에서 큰 인기가 있습니다.

태국인들, 특히 젊은 세대에게 K-POP, 드라마, 한식, 예술, 관광지 등이 잘 수용될 수 있다는 점은 저에게도 매우 큰 충격이었습니다.

한국 문화의 영향력이 너무 크면 태국 문화에는 부정적 영향을 미치지는 않을까요?

지나친 영향을 미치지는 않을 것이라고 생각합니다. 일정 부분은 영향을 주겠지만, 모든 태국인 세대에게 빠르게 변화하는 세계 속에서 필연적인 문화의 새로운 흐름을 알게 해준다고 생각합니다.

태국에서 한류가 얼마가 지속될 것 같은가요?

간편성이 장점인 소셜미디어 트렌드가 멈추지 않는 한 태국뿐 아니라 세계 모든 곳에서 한류는 지속될 것이 확실합니다.

어떤 요인이 한국 문화가 태국인들에게 사랑받게 하고 선한 영향력을 미치게 하는 것일까요?

태국의 신세대들입니다. 이들이 한국의 현대적 창의성을 비롯해 슈퍼스타, 음악, 드라마, 패션, 뷰티, 한국어 등 한국의 모든 분야에 매료되었기 때문입니다.

한국의 빠른 발전의 비결은 어디에 있다고 보십니까?

엔터테인먼트를 비롯한 디지털 분야, 신세대의 창의성 함양까지 한국 정부의 지속적인 지원에 있다고 생각합니다.

태국과 한국이 미래 어떤 분야에서 발전을 함께 도모할 수 있을까요?

엔터테인먼트, 스포츠를 포함하여 환경 분야에서 제기되는 글로벌 미래 이슈, 지속가능성, 디지털 테크놀로지 등이 협력 분야가 될 것입니다.

현재 식품사업을 하고 있지요? 어떤 분야입니까?

건강과 모든 채소를 기본으로 하는, 미래 식품에 초점을 맞춘 'V Farm'이라는 브랜드의 식품 비즈니스입니다. 바로 먹을 수 있는 옥수수를 비롯해 워터체스트넛, 고구마, 옥수수 밀크, 태국인의 입맛에 맞는 즉석 요리 채소 등 다양합니다. 한국을 비롯한 외국에 수출할 계획도 세우고 있습니다.

한국은 자주 방문하셨나요? 어떤 기억이 있는지요?

방콕시장으로서 공식적인 업무로도 한국을 여러 차례 방문했습니다. 관광객으로서도 즐거운 여행을 했던 기억이 많습니다. 2020년 코로나19 직전 직원들과 함께 회사 단합대회를 간 게 가장 최근 여행이었습니다. 서울에서 눈을 즐기며 아주 좋은 시간을 보냈습니다.

한국 드라마나 음식은 좋아하시나요?

물론이죠. 아주 좋아합니다. 좋아하는 한국 음식은 한국 BBQ와 바삭거리는 한국 치킨입니다. 열광적인 한국 드라마 팬이기도 합니다. 특히 〈이태원 클라쓰〉를 재미있게 봤습니다.

한국 친구나 파트너가 많습니까?

태한 친선협회 초대 회장을 하며 많은 한국 외교관과 사업가를 만났습니다. 사업적으로도 방콕과 서울에서 열린 수많은 한국 음식 페어에 강사로도 참석했습니다. 조만간 한국으로 사업을 확장할 생각을 가지고 있습니다.

한국과 한국인에 대해서는 어떻게 생각하십니까? 과거와 비교해 한국의 어떤 면이 가장 많이 바뀌었다고 생각하십니까?

한국은 아름다운 문화유산을 지닌 매력적인 나라입니다. 특히 한국인들은 아주 멋집니다. 친절하고 재능이 많습니다. 저는 한국이 음악 등 엔터테인먼트, 패션, 뷰티 분야에서 세계를 리드하는 나라가 되었으며 긍정적인 방향으로 의미심장하게 변화해왔다고 생각합니다. 2023년 태-한수교 65주년을 축하드립니다. 양국이 다음 세대를 위해서도 더욱 혁신적이고 생산적인 협력을 이어가는 친밀한 관계가 되길 기원합니다.

▶ 담롱 탄디 박사
한국인의 뼛속까지 연구한 한국학 태국 학자

담롱 탄디 박사는 한국 관련 120여 편의 논문 및 단행본을 저술, 태국 학자 가운데 단연 한국학 연구의 최고 권위자로 손꼽힌다. 1947년생인 그는 1970년대 이후 50년 넘게 한국을 주목해온 태국인이다. 태국 쫄라롱꼰대 교수와 람캄행대학 한국학센터장을 역임한 담롱 탄디 박사는 한국의 놀라운 발전을 언급하면서도 미래의 한국을 위한 냉철한 조언을 서슴지 않았다.

오랫동안 한국을 연구하면서 한국의 달라진 모습을 체감했을 것 같습니다.

6·25 한국전쟁 이후 태국 참전용사들은 한국에 대한 좋은 기억을 가지고 돌아왔지만 일반 태국인들에게 한국은 헐벗고 황폐한 나라로 인식되었습니다. 한국은 식량(쌀)을 보내줘 도와줘야 할 매우 가난한 나라였습니다. 이러한 것들은 1950~1970년 태국에서 나온 '아리랑'의 태국어 노랫말과 TV 드라마에도 반영이 되었죠. 1988년 서울올림픽은 태국인들의 한국에 대한 인식을 바꿔놓았습니다. 현대화되고 산업화된 모습이었죠. 한국의 산업화와 경제도약은 태국인들을 놀라게 했습니다. 한국에 대한 인식도 불과 수십 년 안에 경제적 성취를 이뤄낸 감탄으로 바뀌었습니다. 그럼에도 한국 제품이 일본이나 서양 제품에 비해 뛰어나지는 않다고 생각했습니다. 1997년 경제위기 이후 태국인들은 한국 드라마 등 한류가 태국 언론과 방송뿐 아니라 더욱 세련된 산업 상품으로 태국에 들어오기 시작하자 다시 한 번 놀랐습니다. 그런 것들이 점차 태국인들의 마음을 사로잡았죠. 학자들도 큰 역할을 했습니다. 1987년 이후 한국어와 한국학 연구를 통해 한국과 한국인에 대한 긍정적 정보를 태국에 열심히 전달한 것이었죠. 한국의 현재 같은 이미지는 한국한태교류센터KTCC 같은 문화 관련 회사와 더불어 관련 지원을 아끼지 않은 주태 한국대사관, 태국에 문화 및 경제적 기반을 구축한 각 기관 및 회사들이 펼친 다양한 노력의 결과라고 분석하고 싶습니다.

학자로서 한국을 연구하며 한국인에 대한 어떤 기억들이 먼저 떠오르십니까?

한국인들은 지구상에서 가장 열심히 일하는 사람들입니다. 아무리 힘든 일을 만나더라도 시간에 맞춰 해내고 목표를 달성하기 위해 1,000% 이상 투자합니다. 목표를 초과 달성하기도 합니다. 이런 것은 학술 활동에서뿐 아니라 수공예, 산업, 엔터테인먼트 등 여러 분야에서 목격했습니다. 한국인들은 세계를 능가합니다. 그들은 워커홀릭을 기꺼이 받아들입니다. '빨리빨리' 할 수 있다는 정신, 장시간의 노동, 최고 품질을 생산하려는 의지가 있습니다. 이러한 한국인의 특징은 한국을 배우려는 학생들에 대한 제 강의는 물론, 책과 교과서 등에 반복적으로 실리고 있습니다.

한국 문화가 태국에서 매우 유명해졌습니다. 어떻게 보시는가요?

한국의 민간부문 기업과 정부기관, 그리고 일반 대중이 한국의 전통과 현대적 문화를 세계, 특히 태국에 수출하기 위해 지속적으로 노력해온 점을 존경합니다. 한국의 의상, 전통춤, 음식, 인삼 등은 주목할 만한 전통입니다. 또 전자기기, 기계, 자동차 등은 세계 시장을 공략하고 일본과 중국, 서양의 오래된 브랜드를 사실상 대체하고 있습니다. 한국의 엔터테인먼트 기업들은 K-POP의 지속성 유지와 태국 젊은 팬들을 위해 '블랙핑크'의 리사를 영입하는 전략을 구사하고 있습니다. 한국의 정치 문화는 또 다른 감탄의 영역입니다. 태국에서는 군사정권의 침체가 지속되고 있지만 1992년 이후 한국은 문민정권으로 탈바꿈했습니다. 부패를 제외한다면 한국의 정치 발전은 동남아 나라들에 좋은 교훈이 되고 있습니다.

한국 문화가 너무 지배적이면 태국 전통문화에 영향을 미치지는 않을까요?

태국의 전통문화는 상당히 강합니다. 외국 문화에 의해 쉽게 영향받거나 대체되지도 않습니다. 외국 문화들은 종종 '유행'이나 '새 패션'처럼 다가왔지만 우리가 과거에 경험했던 것처럼 시간과 공간을 통해 사라졌습니다. 게다가 태국 문화의 여러 분야는 세계 최고입니다. 음식, 태국 복싱 등이 그것입니다. 태국 전통음악과 춤 등은 국가 정체성을 공고히 해주고 있습니다. CEO 월드 매거진은 2021년 세계에서 가장 강력하고 영향력 있는 문화유산을 지닌 국가로 태국을 이탈리아, 그리스, 스페인, 인도에 이어 다섯 번째로 꼽았습니다. 영국, 할리우드, 일본 문화가 태국 무대에서 사라지는 동안 한국 문화는 태국 젊은이들의 새로운 선택으로 부상한 것입니다. 외국 문화의 유행은 상승하고 정점을 이뤘다가 점차적으로 쇠퇴하는 법입니다.

태국 한류가 얼마나 더 지속될 것으로 보십니까?

태국에서 한류는 한국 경제의 부상과 한국 연예기업들의 콘텐츠와 스타일에 대한 적응과 변화 대응력으로인해 앞으로도 한동안 유행할 것입니다. 하지만 정확한 예측은 어렵습니다. 대만, 우크라이나, 북한, 미국, 중국, 러시아 간의 대립 등 현재 세계 사회·정치적 환경이 급변하고 있습니다. 한국은 미국과 EU 편에 서는 경향이 있는데, 파트너를 잘못 선택하면 갈등과 분쟁으로 치달을 수 있습니다. 태국을 포함한 일부 국가에서의 한류 인기에도 변화를 가져올 수도 있습니다. 알 수 없는 일입니다.

한국 문화가 태국인들과 좋은 관계를 맺으며 사랑받을 수 있는 방법이 있을까요?

독특한 콘텐츠, 스타일, 전략이 성공의 열쇠입니다. 태국에 쉽게 들어온 한국 문화는 처음부터 TV 드라마, 컴퓨터 게임, 노래, 댄스, 음식, 스포츠, 의상, 공산품 등을 함께 포함한 형태였습니다. 일본 문화는 진지하고, 훨씬 배타적이며 엄숙합니다. 일본인의 사고방식과 문화를 완전히 수용하지 않는 한 이해하기 어렵습니다. 홍콩의 쿵푸 영화는 상대적으로 인간의 능력을 초월합니다. 동남아인들의 부드러운 정신에 비추어 비교적 쉬운 한국 콘텐츠가 일본이나 쿵푸 문화보다 사랑받게 될 것입니다.

한국 경제의 급속한 발전 비결은 어디에 있다고 보나요?

박정희 정권 이후 애국심과 정치적 의지가 한국인들의 근면, 성실, 빨리빨리, 미래지향적 자기개발 정신을 갖게 한 주요인이었습니다. 경제기획위원회를 통한 정부 정책과 전략은 빠른 경제 발전을 이끈 뼈대가 됐죠. 박정희의 카리스마 있는 지도력을 빼놓을 수 없습니다. 새마을운동도 풀뿌리 발전의 원동력이 됐습니다. 여기다 한국인들의 과학 기술에 대한 열망과 혁신적 마인드가 천연자원이 부족한 땅에 빠른 산업화를 이끌 수 있었고, 오늘날까지 경제발전의 원동력이 됐다고 봅니다.

미래 한국과 태국의 발전 영역은 어디에서 찾아야 할까요?

1960년대까지 태국은 다양한 분야에서 한국에 적극적 역할을 수행했습니다. 그러나 1970년대 후반부터 한국이 태국을 추월했습니다. 한국은 양국 관계 초기의 경제, 무역뿐 아니라 기술, 문화 분야 등 대부분의 영역에서 태국

시장에 진출해 주요 파트너가 되었습니다. 1975년 이후부터는 무역 불균형이 초래되고 있습니다. 2000년 이후 양국의 비대칭적 관계는 한국 문화의 유입으로 더욱 확대되었습니다. 이는 한국과 아세안, 특히 태국 사이의 고질적인 이슈가 되고 있습니다. 반면 태국 제품, 서비스와 함께 태국 엔터테인먼트는 한국 시장에 거의 진출하지 못하고 있습니다. 동남아시아와 동남아 문화에 대한 한국의 전통적인 편견 때문입니다. 어글리 아메리칸, 경제 동물로 알려진 일본의 문화제국주의는 '친선 관계'의 어두운 면을 가르쳐주었습니다. 양국간의 장기적 불균형은 역효과를 초래할 것입니다. 이를 개선하기 위한 양측의 진지한 협력과 상호작용이 필요합니다. 정책 입안자들, 공공과 민간 부문의 고위 관료들이 조속히 풀어야 할 과제입니다.

한국을 오래 연구해오셨습니다.

한국학 연구를 가속화하고 전파하기 위해 수십 년을 지원해왔습니다. 태국에 한국을 소개한 것은 1980년대 초부터입니다. 한국과 한국인의 이미지에 대한 지식과 인식이 거의 제로인 상태에서 출발했지만, 이제는 '전국적인 현상'까지 일어날 정도로 성공적으로 바뀌었습니다. 2000년 이후 그 성취는 상상을 초월할 수 없을 정도였죠. 현재 태국 전국의 15개 대학이 한국어 및 한국학 학사 학위를 제공하고 있습니다. 선택 과목과 부전공 과목을 개설한 대학까지 합치면 30개 이상입니다. 또 200개 이상의 고등학교에서 약 5만 명의 학생이 한국어를 배우고 있습니다. 이러한 것들은 한국 상품과 문화가 태국으로 밀려드는 매개체가 되고 있습니다. 반면 태국어를 가르치는 한국 대학은 두 곳뿐입니다. 중등학교는 한 곳도 없습니다. 이러한 불균형은 주로 불법 미숙련 태국 노동자들의 한국으로의 대량 유입을 초래하고 있습니다. 현재 양국간 주요 마찰 요인이며 앞으로 더욱 심각한 관계로 이어질 것이 분명합니다. 한국어와 한국학을 배우는 태국 학생의 수를 조절해야 하기도 하지만, 한국어의 질과 한국어를 배우는 학생들의 미래에도 중점을 두어야 합니다. 한국어 궤도에 오른 태국인들에게는 적절한 직업 기회가 제공되도록 해야 합니다. 그러나 현재 태국에 대한 한국의 직접투자가 적어 전망이 좋지 않습니다.

한국에는 자주 가셨나요? 한국에 대한 특별한 기억이 있다면?

1987년 한국에 대한 첫 책을 출판한 이후 일곱 번 방문했습니다. 한국국제 교류재단과 한국외국어대학교에서의 연구 활동과 서울대 초빙교수로 장기 체류하기도 했습니다. 한국을 방문할 때마다 한국 인프라와 문화 콘텐츠의 급격한 변화를 목격합니다. 한국인들은 건물의 전통 외관을 엄격히 보존하기보다는 변화와 혁신을 선호합니다. 현대와 전통을 하나로 아우르는 미래지향적 자세가 인상적입니다.

개인적으로 한국 드라마나 음식을 좋아하는지요?

2003년 태국에 한국 드라마가 소개될 때부터 좋아했습니다. 한국 음식은 훌륭합니다. 대부분의 한국 음식을 좋아합니다.

한국 친구나 지인은 많은가요?

사업적으로는 많은 한국 친구들을 만났습니다. 그런데 놀랍게도 사업 관계가 끝나면 관계도 곧 종료되었습니다. 오래 사귀거나 깊어지지 못하는, 일종의 가림막이 있는 게 아닌가 하는 생각이 듭니다.

한국 또는 한국인에 대한 느낌과 양국 관계 발전에 조언을 하신다면?

한국은 추운 겨울이 있지만 자연의 아름다움이 큰 매력적인 나라입니다. 환경을 잘 보존하고 있고, 이를 위한 노력도 강합니다. 한국인 간에는 정이 많고 다감하며, 어느 단계까지는 외국인들에게도 우정 관계를 형성합니다. 하지만 종종 한국인들 사이에서 '외국인들을 위한 사회적 공간은 없다'는 통념이 있기도 합니다. 게다가 동남아시아인들에 대한 편견은 한국인들과의 상호우정을 형성하는 데 걸림돌이 되고 있습니다. 유엔무역개발회의(UNCTAD)는 2021년 7월 한국의 지위를 개발도상국에서 선진국 그룹으로 변경했습니다. UNCTAD가 1964년 설립된 이래 개도국에서 선진국 그룹으로 지위를 변경한 것은 한국이 처음입니다. 한국인에게는 긍지와 자부심을 주었습니다. 한국의 성공을 축하합니다. 하지만 동시에 태국과는 분명 더 큰 차이가 날 것입니다. 동남아시아인을 향한 '하향적 시선'이 심화돼 친구를 잃을까 우려됩니다. 아세안과 한국의 밀접한 관계는 여전히 공고할 것입니다.

태국 한국문화원에서 3년째 국악기 지도강사로 일하고 있는 김현지(40)씨는 태국에 한국전통음악을 알리고 있는 청년 선구자다. K-POP이 대세인 태국에서 '가장 한국적인 것이 세계적인 것'이라며 뚜벅뚜벅 한 길을 걷고 있다. 한-태전통음악동호회 '청흥둥당' 대표를 맡고 있으며, 여성가족부 태국 코윈의 회원으로도 활동 중이다.

태국에 오게 된 계기가 궁금합니다.

초등학교 국악부에서 가야금을 접하게 되어 중·고등·대학교에서까지 한국음악을 공부했습니다. 2001년 개신교 문화선교단체의 단기선교를 통해 태국을 처음 방문한 뒤 1년간 단기선교사로 태국에 머물렀고, 2006년 태국인과 결혼을 해 태국에 정착하게 됐습니다.

주 태국 한국문화원에서 국악기 지도강사를 맡고 있지요?

가야금 강좌를 시작으로 단소, 소금 등 올해 3년째 국악기 강좌를 맡고 있습니다. 강좌 참여자 간에 유대가 형성되어 2021년 5월에는 한태전통음악동호회 '청흥둥당'을 결성할 수 있었습니다. '청흥둥당'은 가야금의 소리를 표현하는 구음(口音) 중 처음 네 개의 현에 대한 명칭 '청·흥·둥·당'에서 유래한 것입니다. 숫자를 셀 때도 1부터 차례로 세야 하듯, 무슨 일이든 첫 시작이 중요하다는 의미를 담았으며, '청흥둥당'이라는 익살스러운 어감에서 느껴지듯 흥겨운 우리 음악을 재미있고 즐겁게 배우자는 다짐도 담았습니다. 현장에서 악기를 배우며 참여하는 인원은 태국인, 한국인 모두 포함하여 30여 명 정도입니다. 페이스북 팔로워는 약 300명 정도입니다. 아직 크게 무언가 이룬 것은 없지만, 전통음악을 좋아하고 즐기는 사람들이 모였습니다.

태국에서는 K-POP이 대세잖아요.

전통음악이 한류를 대표하는 주류 문화에서 약간 벗어나는 콘텐츠라는 것을 알고 있습니다. 드라마나 K-POP에 비해 다소 지루해 보이거나 생소할 수 있는 영역이거든요. 하지만 '가장 한국적인 것이 가장 세계적'이라는 다소 오래된 문장을 기억해내며 다른 어느 것으로도 대체 불가한 고유한 우리의 전통음악을 태국에 널리 알려보고자 하는 마음입니다. 현재 가야금 교육에 필요한 교재는 대부분 서양음악의 기본이 되는 오선보를 가져와 사용하고 있습니다. 가야금이라는 악기도 생소하지만, 악기를 지도하기 앞서 다수의 태국분들에게 오선보에 관한 기본적인 음악 지식을 먼저 알려드려야 하는 시간이 필요하거든요. 예를 들면 4분음표는 한 박자, 2분음표는 두 박자, 혹은 오선보에서 계이름을 읽는 방법 등등. 정말 걸음마부터 차근차근 밟아가야 하는 과정이 때로는 시간이 멈춘 듯하고, 너무나 느린 걸음 같아 보이기도 합니다.

그런 어려움을 어떻게 극복하고 있습니까?

극복한다기보다는 적응을 했다고 보는 것이 더 맞는 표현일 것 같습니다. 음악에 기초가 없어 어려워하는 분이 많거든요. 부단한 노력 끝에 악보를 보고 악기 연주를 하는 분이 있는가 하면, 여전히 어디가 '레' 음정이고 어디가 '솔' 음정인지도 헷갈려 하는 분도 있습니다. 조금은 느리더라도 속도를 맞추고 함께하는 것에 중점을 두고 있습니다.

한국 전통음악을 알리는 사람으로서 태국 문화의 적응은 어떻습니까?

온유하고 따뜻한 심성을 가진 태국분들을 많이 만날 수 있어서 크게 어렵지 않았습니다. 다만 태국 음식 중 고수가 포함된 음식은 아직도 적응을 못하고 있답니다.

언어적인 부분의 어려움은 어떻게 해결하고 있나요?

우선 일정 기간 태국어학원에 다니며 꾸준히 공부했습니다. 매일 4시간씩

투자하고 반복하여 연습하다 보니 일상생활에서도 태국어가 들려오는 게 신기하고 재밌더라고요. 조금 더 솔직히 말하면, 태국인 남편 덕에 제 태국어 발음은 큰 도움을 받을 수 있었습니다. '심플하고 정중한 태국어를 더 많이 연습하는 것이 외국인으로서 태국에 사는 데 더 도움이 되는 것 같다'는 남편의 조언이 제가 태국어를 자신있게 구사하는 데 좋은 지침이 되어주기도 했습니다.

태국인들의 어떤 점이 한국인과 다른 것 같나요?

한국 사람 간에도 지역과 학교 직장 등 삶의 반경에 따라 성향이 나뉘고 이해가 어려울 정도로 다름이 있잖아요. 태국인과 한국인을 단순 비교하는 것에는 좀 어려움이 있지 않나 생각합니다.

태국이 좋은 점은 무엇입니까?

그야말로 세계 속의 한국, 한류의 바람이 태국보다 강력한 나라가 또 있을까 싶을 만큼 그 열기가 대단히 뜨거운 나라입니다. 한국에 대한 모든 것이 태국 사람들 사이에 이슈가 되고 유행이 됩니다. 저처럼 해외(캐나다, 미국, 이탈리아, 일본, 독일 등)에서 국악기 교육에 앞장서고 계시는 분들끼리 소통하는 단톡방이 있는데요. 그곳에서 이야기를 듣다 보면 지리적으로 한국과 가까운 일본의 경우를 제외한 타 해외 지역 중에는 현지인들이 한국 연예인을 모르는 것은 물론, 한류의 기운이 전혀 느껴지지 않는 지역도 있다고 합니다. 그에 반해 이곳 태국은 한류의 흐름을 따라 활동하기에 더없이 감사한 지역입니다.

앞으로 꾸는 꿈은? 사업적 계획은?

우선 곧 있을 '제2회 청흥둥당 정기연주회'가 성공적으로 마무리되길 바라고 있습니다. 작년에는 가상 연주회로 준비해 유튜브 채널에 공개했는데요. 올해는 매주 모임을 가지며 정말 열심히 연습하며 공연을 준비하고 있습니다. 한국 전통음악도 태국 내에서 한류를 형성하는 주요한 흐름 중 하나로 자리 잡기를 꿈꾸고 있습니다. 누구나 쉽게 국악기를 접하고 배우며, 누구나 한국민요를 어렵지 않게 흥얼거릴 수 있는 그런 날을 제 눈으로 보고 싶기도

하고요. 또 태국에 사는 재외동포를 위한 전통음악교실이 열리기를 꿈꾸고 있습니다. 우리 재외동포 한 분 한 분이 곧 한류의 주역이라는 사실을 전통 음악을 통해 확인하고 민족의 정체성을 세워나가셨으면 해요. 주태국한국문 화원의 애정 어린 관심 덕에 오늘에까지 이르게 되었습니다. 앞으로 더 많은 분과도 전통음악을 통해 만나고 싶습니다.

태국 진출을 앞둔 젊은 사람들에게 들려주고 싶은 말은?

현실적인 계획에 단계를 만들어 장기적으로 세우고 서두르지 않았으면 합니다. 우선 일정 기간은 온전히 언어를 배우는 데 집중하시면 좋겠고, 그다음 태국 사람을 존중하며 친구가 되기 위해 노력하시면 좋겠습니다. 그러면서 차근차근 준비해나가다 보면 분명히 원하고 바라는 때를 얻을 수 있을 것이라 생각합니다.

▶ 이준채 대표
Total Maritime Service 해운 전문가

JS MARITIME의 이준채 대표는 해운 전문가다. 40대 중반이란 나이에 연간 100억 원의 매출을 달성하며 성공 가도에 들어섰다. 특히 태국에서 선박수리 관련 제공하지 못하는 서비스가 없을 정도의 고도 역량을 보유한 회사로 평가되고 있다.

현지 기술자들과 동고동락하며 그들의 신뢰를 얻은 덕이다. 민주평통, 재태 한인회 등 대외활동에도 열심인 그는 태국에 진출하는 청년 기업인들에게 등대 같은 방향을 제시한다.

태국에 오게 된 계기가 궁금합니다.

한국 해양대학교 운항학과 기관시스템 전공으로 실무에서 일하다 41세에 아주대학교 경영대학원에서 MBA를 취득했습니다. 현대상선(현 HMM) 소속 선박 엔지니어, STX MB&W service engineer, 파나마 정부대행 검사관 등으로 활동하다 2005년 한국 선주사 공무감독으로 태국 선박수리 인프라 조사를 위해 방콕에 출장 온 뒤 상주하게 됐습니다. 이듬해인 2006년 선박관리회사 JS MARITIME을 설립하여 현재까지 운영 중입니다. 태국 민주평통 4기 연임, 세계한인무역협회 수석부회장, 방콕한국 국제학교 운영위원회 부위원장, 한인회 기업회원, 태국 선주협회 등 한국 및 태국의 외교, 경제, 교육, 조선해양 분야 등 여러 사회단체 구성원으로도 활동 중입니다.

구체적으로 어떤 일이죠?

JS MARITIME은 국적선사에 대한 수리, 보수, 선박 기자재 및 선용품 공급, 선원 관리, 해상 안전 관리 등 선주회사가 안정적으로 선박을 운영할 수 있는 데 필요한 기술과 인적 네트워크 등 관련 서비스를 종합적으로 제공합니다. 그 외에도 태국에 입항하는 HMM, STX, H-LINE, 동원, 세인해운 등 한국 국적 선박과 태국, 중국, 그리스, 싱가포르, 타이완 등 30여 곳의 선주회사 선박을 고객으로 선박 수리 및 보수, 국제해사법률 해석과 적용 및 선박운영 컨설팅 등 Total Maritime Service를 제공하고 있습니다. 20명의 직원이 근무하고 있으며 연 직간접 매출은 약 100억 원입니다.

태국 첫 진출 시 가장 어려움은 어떤 것이었습니까?

태국은 조선소 및 각종 선박수리 기술 인력 제공 현지 업체의 경쟁력이 미흡했습니다. 선박 수리자재 공급도 원활하지 않아 해운 조선 분야 인프라가 종합적으로 열악한 상황이었죠. 선박 수리를 위해 한국, 일본에서 엔지니어를 초청해 업무를 진행해보기도 했는데, 높은 인건비 부담으로 어려움이 많았습니다. 조선소, 하청업체 등 현지 업체와 신뢰를 바탕으로 한 파트너십을 강화하고, 이들을 교육 훈련시키며 함께 걸어온 결과 태국에서 선박 수리 관련 제공하지 못하는 서비스가 없을 정도의 역량을 보유하게 됐습니다.

태국 근로자들과의 소통과 호흡이 중요했겠네요.

현지 기술자들과 업무 방식에 큰 차이가 있었습니다. 제가 봤을 때 현지 기술자들은 역량이 부족하고, 비효율적이고 안전하지 못한 방식으로 수리 작업을 진행했습니다. 이에 이들을 가르쳐야겠다 생각하고 함께 일을 했습니다. 현지 기술자들은 제 말에 공감하는 듯한 모습을 보이기도 했으나 다음 날이면 늘 하던 방식대로 수리 작업을 하는 모습을 보고 큰 좌절감을 느꼈습니다. 지각, 결근, 이직은 다반사였고요. 지친 저는 어느 날 처음부터 다시 시작해가겠다는 결심을 하고 현지 기술자들을 이해하고 이들의 신뢰를 얻는 방법부터 찾아다녔습니다. 숙소에서 함께 먹고, 자고, 생활하며 그들의 입장이 되어보도록 노력했습니다. 태국 쌩쏨도 함께 많이 마셨습니다. 그러자 현지 작업자들이 저에게 조금씩 마음을 열었습니다. 결국 우리의 기술과 작업 방식을 이해하는 현지인 파트너를 갖게 되었고, 그것이 회사의 경쟁력이 되었습니다. 태국에 와서 몇 년간은 태국인들의 부정적인 모습도 많이 보였습니다. 그러나 태국인들과 교감하려는 노력과 함께 태국 문화를 그대로 받아들이고 개선이 필요한 부분이 있다면 이들과 함께 호흡하며 점진적으로 보완해나가는 것이 도움이 된다는 것을 알게 됐죠.

태국은 사업환경에 유리했나요?

태국에 진출하기로 결심한 이유는 당시 태국이 조선해양 분야의 블루오션이라고 판단했기 때문입니다. 태국은 아세안의 핵심 국가로 역내 해상 운송이 활발히 이루어지는 국가입니다. 이런 교역의 중심지에 당시 조선업 관련 인프라가 거의 없다고 판단했기 때문에 몇 년 고생해 기반을 일구면 반드시 성공할 수 있을 것이라는 확신이 있었습니다. 한국인에게 우호적인 사회 문화도 태국에 정착하기로 결심한 가장 큰 이유 중 하나입니다. 많은 태국 사람이 감사하게도 한국 사람들을, 그리고 한국 문화를 사랑해줍니다.

앞으로 사업적 계획은?

거창하기보단 지속 성장 가능한 100년 기업을 만들어 태국에서 해운·조선 시장에 보탬이 되고자 하는 것입니다. 4차 산업혁명이 진행되고 있는 지금 한국과 태국의 장점을 잘 조합하여 서로 윈윈하는 모습을 보이고 싶습니다. K-Culture에 덧붙여 K-Engineering 보급에 최선을 다하고 싶습니다. 세계적

흐름인 4차 산업과 탄소 zero 정책을 개인이 구현하는 것은 매우 어려운 일입니다. 정보의 바다에 산다고 하지만 단편적 정보가 아닌 실제 비즈니스 플랫폼을 찾기가 더욱 어려워진 것도 사실입니다. 기업, 정부, 교민단체가 손을 잡고 한국의 정체성과 우수한 기술력을 태국에 소개 및 전파한다면 태국에서 존중받고 국력을 발휘하는 밑알이 될 수 있다고 생각합니다. 그것이 사업하는 이유이기도 하고요.

태국 진출을 하려는 후배 청년들에게 들려주고 싶은 말이 있다면 어떤 것입니까?

기성세대가 전문적으로 해왔던 비즈니스 플랫폼도 많은 장점이 있습니다. 하지만 4차 산업혁명을 현재 몸으로 부딪치고 있는 우리 차세대는 기성세대의 비즈니스를 한 단계 업그레이드하고 그에 맞는 사업을 하는 것이 중요합니다. 우리 앞선 세대들이 6·25 한국전쟁 후의 세계 최빈국 한국을 선진국에 올려놓았던 것 같은 기질이 필요합니다. 남이 잘 되는 사업을 벤치마킹하기보다는 전문 분야와 그와 동일한 선상에 있는 비즈니스를 묶는 혁신적 생각이 필요합니다. 열정과 패기 그리고 전문 지식이 있다면 70여 년 전 무에서 유를 이루어낸 우리 1세대 재태 한인 선배님처럼 밝고 빛나는 삶을 태국에서 보낼 수 있다고 생각합니다.

▶ 조병선 대표
코로나 뚫고 성장하는 청년 사업가

조병선 난다 트레이드 대표(40)는 코로나 위기에 오히려 크게 성장했다.

주류, 식음료 등 150여 개 제품을 수입해 태국 내 1만여 개 매장에 납품하며 2021년 한 해 100억 원의 매출을 올렸다.

여행가방 하나 들고 태국에 진출해 창업했지만 5년여 만에 직원 수가 50여 명으로 불어났다. 성공을 위한 실패까지 염두에 두고 도전하는 그의 청년 패기는 '기업가 정신', 바로 그것이었다.

태국에서 어떤 사업을 하고 있나요?

한국 및 중국의 주류, 식음료 등을 태국에 수입·유통하고 있습니다. 대구의 주류회사 금복주로부터 태국 독점 수입권을 획득해 난다 트레이드를 설립했고, 2년 만에 20억 원의 매출을 올린 뒤 코로나19 상황에서 성장세를 이어나갔습니다. 현재 주류, 식음료 등 150여 개 제품을 수입해 태국 내 로컬 편의점과 대형마트, 로터스, 탑스, 세븐일레븐 등 1만여 개 매장에 납품 중입니다. 취급 제품 중에서는 과일 소주, 칵테일 주류, 김, 떡볶이류, 고추장, 어육 소시지가 가장 많이 판매되고 있습니다.

2021년 약 100억원의 매출을 올렸으며 현재 직원도 50명으로 늘어났습니다. 한국인 직원 2명을 제외하고 나머지는 모두 태국인입니다.

어떤 계기로 태국에 오게 된 것인가요?

중국 톈진사범대학 국제교육학 석사를 마치고 중국 산둥성에 있는 물류회사 주재원으로 처음 직장생활을 하게 되었습니다. 좋은 조건에서 근무했지만 저만의 사업을 하고 싶었습니다. 일단 창업을 하게 되면 3년을 기준으로 세 번은 실패할 수 있을 거라는 생각을 했습니다. 당시 서른네 살이었으니까 '마흔셋에는 다양한 경험과 실패를 바탕으로 충분히 다시 일어날 수 있다'고 생각했기에 무작정 캐리어 하나 들고 태국으로 왔습니다. 주재원 시절 모은 돈으로 자신감 하나로 식당을 개업했지만, 경험과 준비 부족으로 6개월 만에 첫 실패를 했습니다.

자본, 인맥 등이 부족해 어려웠을 것 같네요.

태국에 와서 초창기에는 무모할 정도로 열심히 앞만 보고 달렸습니다. 태국에 아무런 연고지와 유통망이 없었기에 무작정 택시에 과일 소주와 소주를 싣고 혼자 한인 식당가로 달려가 판매를 시작했습니다. 한인사회에서 인지도가 낮은 지역 소주를 판매하는 것은 여간 힘든 일이 아니었습니다. 그렇지만 이 사업이 성공할 수 있다는 확신을 가졌습니다. 그리고 간절한 마음으로 매일 하루도 빠짐 없이 직접 발로 뛰었습니다. 그렇게 10박스 팔고 수입이 생기면 그 돈으로 자동차를 렌트하고, 100박스 팔아 사무실을 내며 사업을 계속 이어나갔습니다. 과일 소주 유통업이 자리를 잡자 욕심을 내 '위드 소주'라는 자체 브랜드를 만들었는데, 태국 소비자 기호에 맞지 않아 실패의 쓴맛을 보기도 했습니다. 하지만 이 모든 것을 어려움으로 생각하지 않고 제가 부족해서 생기는 일들이기에 저의 마음가짐에 따라 노력하고 발전하면 충분히 해결되고 극복할 수 있을 것이라 생각하고 있습니다.

태국 문화나 언어 등의 적응은 어땠습니까?

문화든 사람이든 모든 것은 본인이 생각하고 원하는 대로만 이루어질 수 없다고 생각합니다. 태국 문화를 이해하고 존중하려고 노력했기에 적응에 큰 어려움이 없었습니다. 현재까지 직원들과 태국어로 회의하고 소통합니다. 모국어가 아니기에 가끔 어려움도 있고, 완벽한 태국어를 구사할 수 없지만 태국어를 사용하는 것은 언어의 중요성보다 태국 현지 사회에서 직원들에게 회사에 대한 공동 의식을 심어주며 함께 회사를 성장시키고 발전해나갈 수 있다는 믿음과 마음을 전해주는 것이라고 봅니다. 비록 제가 회사 대표이지만 태국에서는 약자라고 생각하며 더불어 직원들의 의견을 귀담아 들어주고 존중하며, 생각하며 소통하려고 노력합니다.

태국과 태국인의 장점은 무엇입니까?

태국은 동남아시아를 통틀어 한류 열풍의 거점 역할을 하고 있다 해도 과언이 아닌 나라라고 생각합니다. 태국에서 한류는 반짝 인기를 넘어 자연스러운 하나의 일상이 되어가고 있습니다. K-Food와 한류 콘텐츠는 이미 익숙하게 자리 잡은 태국 문화의 한 부분이라고 생각합니다. 나와 다름을 판단하거나 평가하지 않으며 상대방의 있는 그대로 모습을 인정하고 존중하는 모습은 태국인들만이 가지고 있는 장점이라고 생각합니다.

앞으로 꾸는 꿈과 사업 계획은?

최근 온라인 유통·판매회사인 '난다 이커머스', 수입 전문 업체 '굿나래' 등 2개의 자회사를 설립했으며 2022년까지 물류회사도 세울 계획입니다. 태국 전체 국민이 우리 회사를 알고 기억했으면 좋겠습니다. 앞으로 인근 동남아 시장에도 진출해 한국 제품을 판매할 것이며, 미얀마 시장에는 한국 회사의 기술 이전 및 투자할 계획을 준비하고 있습니다. 현지에 스낵과 라면류 공장을 세워 생산한 뒤 태국과 동남아 시장에 유통하고 싶습니다.

태국 진출을 앞둔 젊은 사람들에게 들려주고 싶은 말은?

실패는 엄청난 좌절과 자기 비하를 안겨줍니다. X은 더러워 피하지만, 가끔은 피하지 말고 치울 생각도 해볼 필요가 있습니다. 실패라는 것은 없습니다. 그저 배우는 과정만 있을 뿐입니다. 항상 성공만 할 수도 없습니다. '가장 좋은 방법을 찾는 게 아니라, 지금 가장 최선의 방법을 찾는 게 중요하다'고 생각합니다.

Thai Tip

태국 '내셔널 애니멀'인 코끼리는 '인도 코끼리'에 속하지만 앞발과 몸집이 작고 몸매가 통통한 편이다. 1900년 대는 태국에 약 10만 마리가 살았지만 2007년 3,400여 마리로 줄었다가 코끼리 보존 노력의 효과가 나타나며 2017년엔 개체 수가 7~10% 늘었다고 보고되고 있다.

태국에서 한국을 빛낸 기업인_노승환

태국 한인사회뿐만 아니라 태국 정재계에서도 지명도가 높은 한인 중의 하나로 노승환을 꼽을 수 있다. 그는 삼성전기 본사 경영기획실에서 근무 중에 태국 법인 주재 발령을 받고 1994년 태국으로 부임하였다. 삼성전자 태국 법인은 태국 최고기업상(The Prime Minister Award)을 6차례나 수상하는 등 전무후무한 여러 기록으로 태국 진출 외자기업 가운데 가장 모범적인 성공기업으로 높이 평가받고 있다. 이런 평가의 중심에는 노승환 법인장의 각별한 노력이 있었음을 간과할 수 없다.

자랑스런 삼성인상 등 다양한 수상 이력

공장 건설 초기부터 주재했던 노승환은 2000년 초반에 최고 매출액 2억 5천만 불을 달성하고 4,000여 명의 직원을 고용하며, 품질 혁신과 생산성 향상 등 끊임없는 기업 경쟁력 제고 활동을 통해 삼성그룹에서뿐만 아니라 태국 현지 기업과 외자 기업들 사이에서 벤치마킹 대상이 되기도 했다. 특히 당시 삼성전기 해외 공장 가운데 최고의 수익을 창출하며 탁월한 성과를 보여준 것은 두고두고 회자되었다.

그는 이러한 공로로 삼성그룹이 주관하는 최고의 영예인 자랑스러운 삼성인상을 수상했고, 무역의 날에는 산업 유공자로 선정되어 이명박 대통령으로부터 산업포장을 수상하기도 했다. 뿐만 아니라 한국인 경영자로서는 최초로 태국 람캄행 국립대학교의 씨린턴 공주로부터 명예 경영학 박사학위를 수여받았다. 이외에도 제1회 자랑스런 한인상, 자랑스런 외대인상을 수상하는 등 다양한 수상이력을 갖고 있다.

노승환이 태국 전문가로 평가받는 이유 중 하나는 태국 문화와 역사에 전문성을 갖고 있기 때문이다. 노승환의 석사 논문 <람캉행 대왕 비문 연구>(한국 외국어 대학교)가 이를 뒷받침 해준다. "태국 총리가 입 닳도록 칭찬한 한국 경영인"이라는 기사가 한국 언론에 보도된 적도 있다.(조선일보 이항수 홍콩특파원) 태국에서 가장 성공한 한국 기업가로 노승환을 꼽는 이유이다.

태국 한인회, 한인사회 발전에 기여

그는 또한 태국 한인회를 지원하고 태국 한인사회 발전에 모범적으로 기여한 것으로도 잘 알려져 있다. 여러 한인회 행사에 솔선수범하여 참여하고 지원을 아끼지 않아 그의 공적은 지금까지 한인사회에 회자될 정도로 특별한 인물로 알려져 있다. 태국 한인회의 전용창 회장은 삼성전기가 가장 먼저 나서주어야 다른 기업체나 기관들도 한인사회를 위해 나서주었다고 말하며 그에 대한 고마운 마음을 되새겼다.

그는 한인회는 물론 방콕 한국국제학교, 태국 6.25 참전 협회와 참전 부대(21연대) 등지에도 한인사회 기업체들 가운데서는 가장 규모 있게 지원하기도 했다. 2004년 태국에서 태풍 쓰나미가 발생했을 때 그는 직원 200여명을 직접 인솔하여 팡응아 지역에 가서 봉사 활동을 하기도 했다. 직접 재난 현장 복구에 참여하며 피해 서민들을 위로하는 장면을 목격한 일본 기자가 "삼성은 평일에 근무하지 않느냐"고 질문했다는 일화는 유명하다. 일본 기업은 물품 기증만 하고 있는데, 삼성은 직접 사람들이 나서서 구조 활동을 하는 것을 보고 매우 인상적이었다고 한다.

노승환은 당시 봉사활동을 마친 후 삼성 인트라넷 게시판에 수기를 작성하여 올렸고 수기를 읽고 감동한 삼성그룹 전 계열사 임직원들이 20억 원을 모아 구호단체에 전달했다.(한겨레신문 2005년 1월 26일자) 이외에도 방빠꽁 장애자 보호소, 왓타팡키 초등학교 등 여러 어려운 기관에 매월 정기적으로 후원 봉사활동을 한 결과, 태국 정부는 가장 모범적인 사회친화 기업의 법인장으로 칭찬을 아끼지 않았으며, 태국 TV는 이를 인물탐방 기획 시리즈로 제작해 알리기도 했다.

태국 총리가 입 닳도록 칭찬한 한국인 경영자

방콕=이항수 특파원

입력 2009.10.30 02:29 수정 2009.10.30 04:17

삼성전기 태국법인 '셈타이' 노승환 법인장
봉사활동·현지인 채용 등 법인 현지화 과감히 추진
태국 최고기업상 6번 받아

"더 많은 한국 기업들이 태국에 투자하길 바랍니다. '셈타이' 같은 한국 기업들이 온다면야 언제든 환영합니다."

아피싯(Abhisit) 웨차치와 태국 총리는 지난 19일 방콕의 총리공관에서 본지와 인터뷰를 하면서 이렇게 말했다. '셈타이(SEM-Thai)'는 삼성전기 태

연합뉴스

태국 람캄행大, 삼성전기 노승환 법인장에 名博 본문듣기 · 설정

기사입력 2008.02.13 오후 12:50

1 댓글

태국 주재 17년, 정계와 재계 각별한 인맥

노승환은 태국의 정계와 재계에서도 이름이 알려져 그의 인맥은 역대 총리뿐만 아니라 각료급, 고위 인사들과도 긴밀하게 유대를 맺고 있어 한국 기업체뿐만 아니라 한인들에게도 많은 도움을 주고 있다. 태국에서 총리와 인터뷰를 하려면 노승환을 통해야 된다는 정설이 나돌 정도로 그의 태국 인맥은 넓고도 깊었다. 2019년 부산에서 개최된 한·아세안 특별 정상회의에 참석

한 쁘라윳 총리가 주관한 만찬에도 삼
성 대표롤 노승환이 참석하기도 했다.

삼성 그룹 주재원의 임기는 대략 4~5
년이다. 그런데 노승환은 태국 한 곳에
서만 무려 17년을 주재하였다. 이것은 삼
성에서는 거의 찾아볼 수 없는 경우라고
한다. 그만큼 그가 태국 전문가라는 점
이 강조되었기 때문이겠지만 그의 경영
능력 또한 회사에서 인정한 것이라 할
수 있다. 태국에서 주재 17년이라는 긴
시간을 보내고 본사에 귀임해서도 국내
뿐만 아니라 해외를 총괄하는 인사팀장
으로 책임을 맡게 된 것 또한 이를 증명해준다.

비엔지니어이면서 생산법인장을 역임하고 상무,
전무를 거쳐 본사 홍보팀장, 인사팀장 자리에까지
올라간 것은 함께 동시대를 보낸 태국 한인들의 자
랑이며 보람이기도 했다. 특히 인사팀장 시절 한국
언론에 자주 보도되는 기사를 접하며 태국 내 한인
들도 멀리서 응원의 박수를 보내며 기뻐했다. 그가
한국에 귀임해 발간한 시집 <사랑>은 교보문고에서
베스트셀러가 되기도 했다.

아직도 태국 한인사회에서 레전드로 인식되고 있는 노승환은 삼성에서 퇴
임한 후 현재 태국에 머물고 있다. "노 전무님께 신세진 한인들이 너무 많아
요" 노승환을 알고 지낸 한인들이 이구동성으로 하는 말이다. 태국 한인회와
함께 한인사회 역사의 한 페이지를 장식했던 노승환이 한국과 태국을 위해,
태국 한인사회를 위해, 다시 또 어떤 멋진 역할을 해낼 것인지 기대가 된다.

오래전부터 기획했지만 여러 사정으로 실행되지 못했던 《태국 한인 70년사》가 우여곡절 끝에 마침내 결실을 맺게 되어 매우 기쁘고 감개무량하다. 초기부터 모든 과정을 이끌어주신 전용창 재태한인회장님께 감사드리고, 다양한 측면에서 지원해주신 한인회 관계자분들, 귀한 조언으로 함께해주신 편찬위원-자문위원님들, 자료 작성으로 수고해주신 각 기관 대표자 및 예산 지원을 해주신 재외동포재단 관계자에게도 감사드린다.

특히 어려운 여건 속에서도 큰 결단을 해주신 후 본인의 사업도 제쳐놓고 집필 및 자료조사를 위해 헌신해주신 이유현 편찬위원장님께 존경을 담아 특별한 감사의 인사를 전한다. 아울러 문승현 대사님의 관심과 지원을 바탕으로 우리 공관에서도 협력하며 동행할 수 있어 보람을 느낀다.

주어진 시간과 예산 등 여러 제약 조건에서 나름 최선을 다했으나 아쉬운 부분도 많다. 이번에는 첫 발을 내딛는 것에 큰 의미를 두면서, 항후 추가 보완을 통해 더욱 발전하길 바란다. 모두 수고하셨고, 진심으로 감사를 드린다! **(박성희)**

《태국 한인 70년사》는 그동안 잘 알려지지 않은 재태 한인들의 지난 70년 간의 역사를 정립하고 다가올 미래를 준비하는 중요한 자료가 될 것이다. 또 차세대 한인들에게 어려웠던 이민 생활을 상기시키고 정체성을 유지하도록 하는 데에도 기여할 것으로 믿는다. **(김홍구)**

모든 삶은 기록되어야 비로소 역사가 된다. 지난 70년의 기록을 올올이 정리하신 편찬위원님들께 진심으로 감사드린다. **(김원장)**

어려운 여건 속에서도 한인사회를 사랑하시고 지치지 않는 열정으로《태국 한인 70년사》발간에 애쓰신 모든 분들께 감사드리며, 아쉬운 부분은 다음에 보완되기를 바란다. **(황경선)**

한태 수교 65주년을 앞두고 재태국 한인 역사상 최초로 한인 70년사가 어려운 과정을 거쳐 탄생하게 되어 감개무량하다. 짧은 기간에 수고하신 집필진과 편찬위에 감사드리며, 한인사 발간을 계기로 재태국 한인사회가 더욱 큰 발전과 화합을 이루는 계기가 되길 응원한다. **(홍지희)**

어려운 과정을 겪어 드디어《태국 한인 70년사》가 탄생함을 진심으로 자랑스럽게 생각하며 수고하신 모든 분께 진심으로 감사드린다. **(강의종)**

재태국 한인의 역사를 기록하는 첫 발자취가 드디어 세상에 나오게 되어 기쁘며, 앞으로 역사도 함께 기록될 수 있기를 바란다. **(백경빈)**

《태국 한인 70년사》발간을 보면서 30년 뒤 〈재태 한인 100년사〉를 다시 그려본다. 미래의 그날을 위해 70년사는 우리의 다음 세대에게 유산으로 남겨질 꼭 필요한 기록이자 자료가 될 것이다. **(윤두섭)**

《태국 한인 70년사》에 태국의 한국어 교육 발전사 기록을 덧붙일 수 있어서 영광이었다. 앞으로도 태국에 한국어 열풍이 지속되도록 노력하여 재태 한인의 자긍심을 높이는 데 기여하고 싶다. **(김광중)**

여러 가지 부족한 여건에서도 《태국 한인 70년사》를 펴내는 데 여러 모로 고생이 많았다. 전용창 한인회장과 많은 분들의 노고에 감사드린다. **(이응선)**

우리의 후배들은 머지않아 한-태수교 70주년, 이어 100주년을 기념하는 대대적인 행사를 하게 될 것이다. 금번에 제작된 《태국 한인 70년사》가 100주년을 기념하게 될 후배 교민들에게 도움이 되는 자료가 될 것이 분명하다. 한인사로 위대한 이정표를 세우게 되었다. 원로의 한 사람으로서 깊은 감사를 드린다. **(이정국)**

대한민국의 발전과 번영으로 이룩한 국격과 재태 교민들의 부단한 노력으로 재태 한인사회의 위상도 높아져 자부심을 갖게 되었다. 재태 한인사는 양국간의 진정한 우호증진을 위한 지난날의 역사를 조명하고 돌이켜볼 수 있는 귀중한 자료의 탄생이라는점에서 그 의미가 크다. **(박선호)**

《태국 한인 70년사》는 앞으로 80년, 90년 그리고 100년의 역사로 이어지는 초석이 될 것이다. 그 작업에 한 알의 모래라도 될 수 있어서 영광이다. **(김종민)**

'우리의 역사는 우리가 주도해 나갈 수 있는 힘을 가져야한다.'
재태 한인 70년사 편찬에 참가하여 작게나마 일조할 수 있음에 감사하며, 한태 역사에 획을 그으신 선배님들께 존경의 마음을 전한다. **(장은경)**

그 어느때 보다 힘든 시기에 한인 70년사를 거울삼아 지속적인 소통과 단합이 되길 기대한다. **(조윤정)**

[발간위원장]

전용창(재태 한인회 회장)

[편찬위원장 겸 집필]

이유현(한태교류센터 KTCC 대표)

[편찬위원]

강의종(민주평통 동남아서부협의회장)

김원장(KBS 방콕 특파원)

김종민(한-태 상공회의소 회장)

박성희(주태국대한민국대사관 총영사)

이희상(코트라 방콕 무역관장)

황경선(재태 한인 원로)

홍지희(재태 한인회 부회장)

[자문위원]

김홍구(전 부산외국어대 총장, 태국어과 교수)

이응선(대한노인회 태국지회장)

장은경(월드옥타 태국지회장)

조윤정(코윈 태국회장)

[집필 및 자료지원]

김광중(태국 한국교육원 부원장)

배경진(재태 한인회 사무국장)

백경빈(주태국대한민국대사관 2등서기관 겸 영사)

[도움 말씀]

박선호(재태 한인 원로)

윤두섭(월드옥타 태국지회 명예회장)

이정국(재태 한인회 고문)

■ 재태국한인회 〈70년사 편찬위원회〉

발간위원장 : 전용창 회장
편찬위원장 : 이유현
편찬위원 : 강의종, 김원장, 김종민, 박성희 이희상, 황경선, 홍지희
후원 : 재외동포재단

■ 재태국한인회

주 소 The Korean Association in Thailand 3/1 Soi 18
      Sukhumvit RD. Klongtoey, BANGKOK 10110 THAILAND
전 화 02-258-0331

한태수교 65주년 기념

태국 한인 70년사
– 100년을 향한 전진

2024년 2월 15일 초판 1쇄

엮은이   재태국한인회
펴낸이   김구정
펴낸곳   좋은아침
인쇄처   한영문화사
편 집   이조안 이진희
디자인   이정아
관 리   신은숙
등록일   2020년 12월 16일
등록번호   제2020-000050
주 소   서울시 강북구 도봉로 142. 4층
전 화   02-988-8358
이메일   joaabooks@naver.com

ⓒ 재태국한인회 2024

ISBN 979-11-980349-8-4 (03910)

정가 55,000원